U0748894

运河明珠

杨柳青大运河国家文化公园
历史文化采珍

杨柳青大运河国家文化公园项目指挥部 编著

天津出版传媒集团
天津人民出版社

图书在版编目(CIP)数据

运河明珠：杨柳青大运河国家文化公园历史文化采珍 / 杨柳青大运河国家文化公园项目指挥部编著. -- 天津：天津人民出版社, 2021.8
ISBN 978-7-201-17503-4

Ⅰ. ①运… Ⅱ. ①杨… Ⅲ. ①大运河—文化研究—西青区 Ⅳ. ①K928.42

中国版本图书馆CIP数据核字(2021)第147841号

运河明珠：杨柳青大运河国家文化公园历史文化采珍
YUNHE MINGZHU:YANGLIUQING DA YUNHE GUOJIA WENHUA GONGYUAN LISHI WENHUA CAIZHEN

出　　版　天津人民出版社
出 版 人　刘　庆
地　　址　天津市和平区西康路35号康岳大厦
邮政编码　300051
邮购电话　(022)23332469
电子信箱　reader@tjrmcbs.com

责任编辑　吴　丹
装帧设计　郭亚非
书名题字　冯中和

印　　刷　天津新华印务有限公司
经　　销　新华书店
开　　本　710毫米×1000毫米 1/16
印　　张　33.25
字　　数　412千字
插　　页　4
版次印次　2021年8月第1版　　2021年8月第1次印刷
定　　价　135.00元

◎“正安堂”老公所遗迹——中国最早民间禁毒组织理门发祥地之一杨柳青的唯一理门遗迹（冯立拍摄）

◎ 1930 年大同水局（胜舞老会）会众在准提庵合影

◎ 1933 年杨柳青十三街国术胜舞老会合影

◎大寺胡同石氏裕德堂大门（20 世纪 80 年代照片）

◎白衣庙前的旗杆须弥座（冯立拍摄）

◎东寓法鼓在活动（东寓法鼓提供）

◎泰山庙大殿（冯立拍摄）

◎准提庵山门（冯立拍摄）

◎20世纪40年代的文昌阁（周杰提供）

◎具有杨柳青特色的八字随墙门（西青区文保所提供）

◎杨柳青的『状元府』石马张宅外景（西青区文保所提供）

◎杨柳青的“状元府”石马张宅内景（西青区文保所提供）

◎1939年，杨柳青汽车站车票代售点。前面建筑为鼎兴张家长门。1958年成为杨柳青年画社所在地

◎20世纪40年代周家大院内景（周杰提供）

◎杨青水驿匾（收藏于天津邮政博物馆）（冯立拍摄）

◎香塔老会在活动（香塔老会提供）

◎20世纪40年代的杨柳青镇公所（原为杨柳青官斗局，曾作为张学良的奉军司令部，取自《天津县第三区杨柳青镇概况书》）

◎杨柳青药王庙前牌坊（取自《天津县第三区杨柳青镇概况书》）

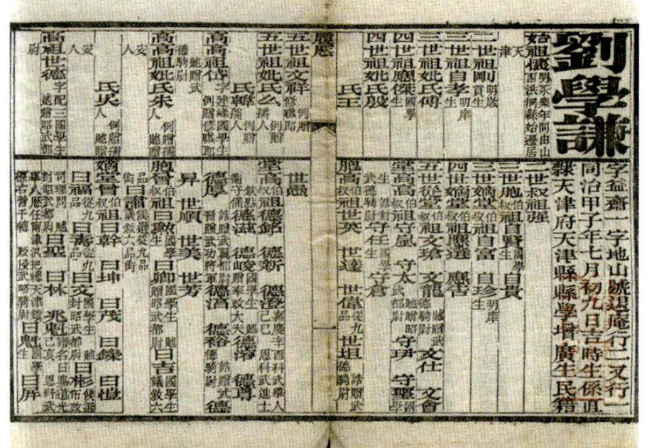

劉學謙

始祖懷 明永樂年間由山西洪洞縣始遷居天津

二世祖剛 明歲貢生

三世祖自孝 明庠生

三世祖妣氏傅

四世祖應傑 國學生

四世祖妣氏殷

氏王

字益齋一字地山號退庵行二又行一同治甲子年七月初九日吉時生係直隸天津府天津縣縣學增廣生民籍

二世叔祖强

三世胞叔伯祖自賢 國學生 自貴

三世嫡堂叔伯祖自富 自珍 明庠生

四世嫡堂叔伯祖應選 應告

五世從堂叔伯祖文珍 文龍 文任 文會

五世祖文祥 例贈修職郎

五世祖妣氏么 例贈孺人

高高祖佐

高高祖妣氏朱

高祖世德

◎刘学谦会试朱卷首页

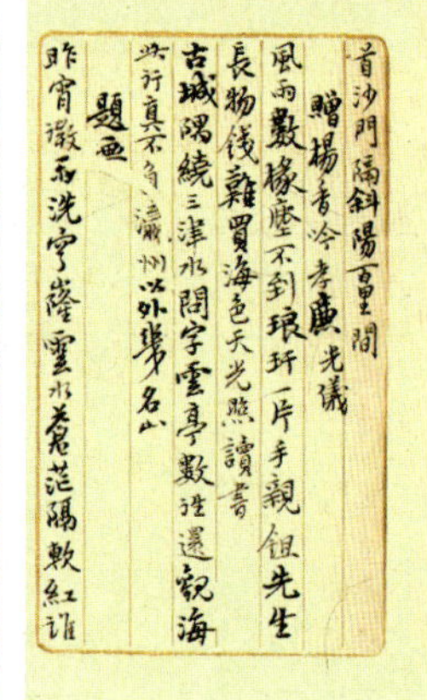

首沙門隔斜陽百里間

贈楊香吟孝廉光儀

風雨數椽壓不到琅玕一片手親鉏先生長物錢難買海色天光照讀書

古城隅繞三津水閒字雲亭數往還觀海此行真不負瀛州以外第名山

題畫

昨宵潑雨洗空濛雲水蒼茫隔數紅誰

◎吴昌硕《赠杨香吟孝廉光仪》手迹

◎ 113 岁传奇老人李忠祥（李来中）（张恩彩提供）

◎张学良第二位夫人、杨柳青人——谷瑞玉

◎抗日传奇人物冯景泉（冯国庆、冯国城提供）

◎杨柳青独有的年画灯笼画片（东寓法鼓老会制作）

编委会

前　言

历史文化名城杨柳青是大运河上一颗耀眼的明珠。2019年,西青区委、区政府决定建设杨柳青大运河国家文化公园,这将使杨柳青这颗运河明珠再次绽放出绚丽的光彩。

为使杨柳青大运河国家文化公园的规划、设计、建设有据可循,更好地体现杨柳青这颗运河明珠的独特韵味,杨柳青大运河国家文化公园项目指挥部组织力量,对西青区尤其是杨柳青镇的历史文化资源进行深入发掘,并成立了文史指导组专门负责此项工作。

文史指导组成立以来,通过深入查阅古籍文献、组织田野调查、召集专家座谈等方式,对西青特别是杨柳青的历史文化"有什么"进行了深入发掘,对这些历史文化资源"是什么"做了深入研究,对如何利用这些资源服务于杨柳青大运河国家文化公园的规划、设计、建设进行了思考并提出了意见和建议。这既是一个深入发掘西青历史文化资源的过程,也是一个对其进行思、谋、意、论的过程。

在这个过程中,我们取得了大量成果,如今我们结集成书以飨对西青,特别是对杨柳青历史文化感兴趣的读者,同时作为杨柳青大运河国家文化公园决策、规划、设计、建设的参考。

本书共有八部分内容。"史海获珠"主要介绍了在历史文化资源发掘工作中所取得的重大发现。"宝岛轶事"主要介绍与元宝岛相关的珍闻轶事。"故垣趣话"主要汇集杨柳青街道、建筑背后的典故、趣话。"人杰地灵"主要展示诞生、生活于西青、杨柳青的那些杰出的、有很大影响力的人物事迹。“调查研究”主要展示文史指导组对非物质文化遗产进行调查研究的成果。“话说运河”主要探讨大运河与西青、杨柳青的关系。“古籍拂尘”是整理与点校与西青、杨柳青相关的古籍文献。“古韵新彰”是我们新发现的与西青、杨柳青相关的古诗。

由于本书编辑人员水平有限,时间仓促,难免疏漏、瑕疵,望领导、专家和读者们予以批评指正。若本书能为杨柳青大运河国家文化公园的建设起到资政、参考的作用,即为达到了本书编辑出版之目的。

目录

· 史海获珠 ·

· 宝岛轶事 ·

·故垣趣话·

·调查研究·

·话说运河·

·古韵新彰·

史海获珠

西青区特别是杨柳青镇历史文化底蕴深厚，这与大运河的文化传播之功密不可分。2020年5月，杨柳青大运河国家文化公园项目建设工作指挥部专门成立文史指导组，负责发掘整理相关历史文化资源。经过努力，文史指导组在浩如烟海的古籍文献中发现了众多与大运河、与西青、与杨柳青相关的记述，如《清实录》中记载的康熙帝、乾隆帝到杨柳青的原文，杨柳青第一位翰林刘学谦与出自牛坨子的清初名士牛天宿的会试朱卷，西青地区五部古诗集之一的《通介堂诗稿》，记述清末内阁首辅徐桐的《静海徐相国传》等。“史海获珠”把文史指导组成立以来获得的部分重要成果呈现出来，以使大家对其有所了解。

千首古诗词助力杨柳青大运河国家文化公园的建设

文史指导组

西青是一个文蕴深厚的地方，杨柳青这个名字深具诗情画意。很多名人、诗家，如袁桷、揭傒斯、吴承恩、于慎行、孔尚任、乾隆帝等曾经为西青留下过优美的诗篇。

西青自古人杰地灵，本地也涌现出很多文人，如汪来、董积厚、徐湛恩、牛天宿父子、杨光仪等，他们颂家乡之美于内，彰西青文名于外。他们的每一首诗都是西青历史文化的瑰宝。

近年来，西青的文史工作者通过大量艰苦努力，在本区已知的八十五首古诗词（民国以前）的基础上，又相继发掘出与西青相关的古诗词八百七十九首。

文史指导组成立后积极发掘西青历史文化资源，找到大侯庄徐氏先祖、运河副总督徐湛恩的《通介堂诗稿》一百三十一首，发掘到明清两代的其他古诗词五十四首，这样西青区的古诗词（民国以前）达到了一千一百四十九首。其中很多古诗词或描写杨柳青大运河风光，或借运河、杨柳抒情，或涉及杨柳青、大运河相关人物，还有的记述了杨柳青的特产，这些是研究杨柳青地方历史文化和大运河文化不可多得的文献。

诗词是一个地方文化底蕴的显现，同时诗词也会带动一个地方文化的繁荣。相信这千首古诗词必将助力杨柳青大运河国家文化公园的建设。

《通介堂诗稿》校勘工作完成

文史指导组

《通介堂诗稿》是由清山东巡抚徐绩编辑、出版，运河东河副总督徐湛恩所写诗稿的辑录，是西青地区五部古诗集之一（另外四部是明右副都御史、延绥镇巡抚张愚的《蕴古书屋诗文集》，明山西兵备副使汪来的《北地纪》第四卷，清牛天宿、牛思任、牛思凝父子三人的《谦受堂诗草》、清末天津诗坛领袖杨光仪的《碧琅玕馆诗钞》），是西青区不可多得的古代文学成果！

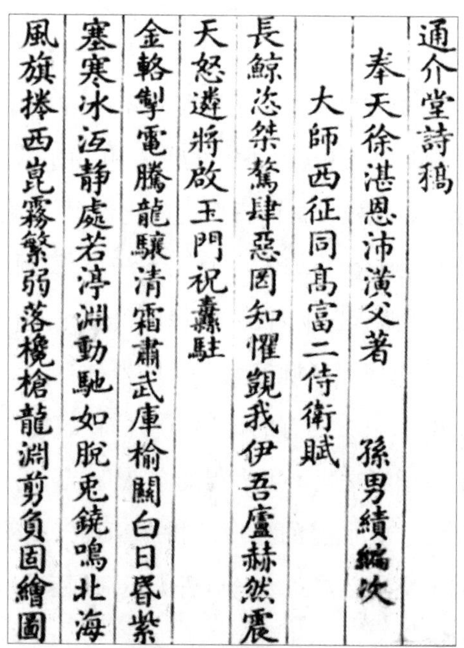
通介堂詩稿
奉天徐湛恩沛濱父著　孫男績編次
大師西征同高富二侍衛賦
長鯨恣桀驁肆惡罔知懼覦我伊吾廬赫然震
天怒遴將啟玉門祝纛駐
金輅掣電騰龍驤清霜肅武庫榆關白日昏紫
塞寒冰沍靜處若渟淵動馳如脫兎鐃鳴北海
風旗捲西崑霧繁弱落欃槍龍淵剪負固繪圖

《通介堂诗稿》书影

徐湛恩长期管理运河，而且颇有功于运河事务，诗稿的编者徐绩也曾任

山东河道总督，可以说《通介堂诗稿》本身也是运河文化的重要文献。

徐湛恩罢官后卜居大侯庄（今属天津市西青区王稳庄镇），其后辈多从政。其孙徐绩历任山东巡抚、河南巡抚，曾孙徐泽醇历任山东河道总督、四川总督，玄孙徐桐累官至体仁阁大学士，为内阁首辅。至今大侯庄百姓仍称徐家为“徐半朝”，可见徐家在历史上的地位。

其中《李中简序》《副河督徐公家传》《朱孝纯跋》《胡德琳跋》《徐绩跋》都涉及对徐湛恩生平、性情的描写，其中一些记述非常生动，本身既是美文，又是研究徐氏的重要史料。

徐湛恩“官侍卫扈驾应制赋《水猎诗》，称旨随膺，特达之知，改授文资”，并借机为其父徐万诜平反冤案。其事被人视为传奇，《清稗类钞》中即有《徐湛恩以武改文》。

他的诗本身也颇具水平。他拜见李绂时即“奋笔和诗名传都下”。因作应制诗被康熙帝赏识后，更令时人“咸惊先生异才天赋”。清代著名书画家朱孝纯称徐湛恩的诗“廉直劲正，不屑屑于俪青妃白而自然合符”“蔚然而跃龙凤，铿然而鸣韶钧。其中多有片言移人只字不朽者，正使后来怀铅椠之士穷力追之而亦只到其所能到。”清代著名文学家、诗人李中简称其诗“皆华赡流宕，自成一家之言”“先生之诗乃可以垂后而无疑者”。

徐湛恩之孙徐绩搜集徐湛恩的五言古今体二十四首、七言古今体一百零七首，共一百三十一首，近一万四千字，辑录为《通介堂诗稿》，刊印于乾隆年间。嘉庆年间出版的《钦定熙朝雅颂集》收录了其中四首。

随着时间的流逝，《通介堂诗稿》几乎被湮没，甚至在诗人的家乡都无人知道此诗集的存在。

幸好，2020年西青区委、区政府启动杨柳青大运河国家文化公园的建设工作，专门成立文史指导组以发掘西青区的历史文化资源。经过艰难寻觅，在王振良先生的帮助下,文史指导组终于找到了这部宝贵文献。此后,文史指导组克服困难,对《通介堂诗稿》及其序、跋进行了转简、点校、勘误,希望这块西青的文化瑰宝可以尽快与广大读者见面。

发现杨柳青诗人董积厚

文史指导组

董姓在杨柳青是大姓，族人是明初较早迁徙到杨柳青的移民。其先祖于明朝永乐二十年(1422)迁来，原住于西头董家坑，世代以务农为业。清嘉庆六年(1801)，住宅在洪水中被淹，因曹家胡同地势较高，即在胡同口暂居。自此，董家以自有牲畜，购磨碾开一小面铺并逐渐有了财富的积累。董家的两个儿子长大后，把原有的一个面铺分成聚德号、裕盛号两家，后来董家成为津西八大家之一。

文史指导组在发掘相关历史文化资源时发现，董家曾经出过一位诗人，他叫董积厚。

董积厚，字见省，杨柳青董氏族人，生活在明末清初。分别于明崇祯十五年(1642)和清顺治十四年(1657)中副榜。顺治十一年(1654)任州判改河南阳武县丞。因为官勤慎清廉，当地士绅给他送匾：赞符河阳，清标博浪。当地潭口寺因河水决堤被冲坏，他奉命修缮，工作积极，被当地人称为董佛。董积厚，自幼嗜古勤学，尤善作诗。康熙版《静海县志》收有他的两首诗。这两首诗不存于以前有关西青古诗词的记录中，也没有人知道董积厚是杨柳青的诗人。

家園邀飲寓平安寺
題書
茅屋疎籬一徑斜白雲深處有人家溪邊釣能
渾無事沽得村醪醉落花
秋月 邑人高緝虞
淡烟明滅水潺潺影入高樓掛碧松萬里關河
寒一色亂山深處起疎鐘
擬古絶句 邑人高緝虞
流水遶柴門經年不出村稻粱冬自足晴日弄
兒孫
靜海縣志 卷之三 詩
其二 邑人高緝虞
山家老夫婦一子自相依五里採薪去尚言兒
早歸
遊華藏菴 邑人董積厚
爲厭煩囂尋古寺特於老衲覓知音雲封戸
花封徑月在天中禪在心寶篆風微烟縷細
碑雨洗斷文深閑愁消落無多少夜半鐘
遠林
春陰 邑人[illegible]積厚
陰雲四望正漫漫春日

康熙版《静海县志》书影

这两首诗的发现过程如下。介绍杨柳青历史文化的微信公众号“名镇杨柳青”发表了《搜集西青古诗词中的轶事》一文，杨柳青董氏志诚公第十九世孙董克兴先生留言：“康熙版《静海县志》收有其先祖董积厚的两首诗。”并提供了线索，文史指导组才找到该书，但缺字并模糊。后董先生又发来清晰的抄本。今收录如下：

游华藏庵

为厌烦嚣寻古寺，特于老衲觅知音。
云封户外花封径，月在天中禅在心。
宝篆风微烟缕细，残碑雨洗断文深。
闲愁消落无多少，夜半钟声到远林。

春阴

阴云四望正漫漫，春日犹留去岁寒。
疏柳乍疑千树合，高峰只得半山看。
时逢薄暮心偏壮，酒尽长川兴未残。
愿倩东风吹雾散，邀同月影焕江千。

发现康熙帝到杨柳青记载原文

文史指导组

杨柳青民间有康熙帝曾经在杨柳青饮马的传说，据说当年康熙帝饮马的水井就在现在直流楼附近。那么，历史上康熙是否真的到过杨柳青，有无文献的记载呢？“寻根大运河”活动①中，我们查找到了一些线索，但没有找到文献原文。杨柳青大运河国家文化公园项目指挥部文史指导组成立后，查找了《清实录》中的《康熙朝实录》，找到了文献原文。抄录如下：

> （康熙三十四年五月）壬申，上巡视新河及海口运道，皇长子允禔、皇三子允祉随驾。是日启行至通州崔家楼登舟……己卯，御舟泊武清县小新庄。庚辰，御舟泊静海县杨柳青。辛巳，御舟泊静海县新庄。
>
> （康熙三十八年二月）癸卯，上南巡阅视河工，奉皇太后启行，命皇长子多罗直郡王允禔、皇三子多罗诚郡王允祉、皇五子多罗贝勒允祺、皇七子多罗贝勒允祐、皇八子多罗贝勒允禩、皇十三子允祥、皇十四子允禵随驾。自大通桥登舟……丁未，御舟泊杨柳青地方。

① “寻根大运河”活动，是2008到2019年，由西青区委、区政府组织，西青新闻中心承办的，发掘、采访西青区本地历史文化资源以及其与运河沿岸历史文化渊源的大型采访活动，本书所提“寻根大运河”活动均为此。

◯陞護軍祭領爪爾察為鑲白旗蒙古副都統調正白旗蒙
古副都統尼珥達為正藍旗滿洲副都統正白旗漢軍副都
統伽藍保為蒙古副都統。癸卯
上南巡閱視河工奉
皇太后啟行命皇長子多羅直郡王允褆皇三子多羅誠郡王
允祉皇五子多羅貝勒允祺皇七子多羅貝勒允祐皇八子
多羅貝勒允禩皇十三子允祥皇十四子允禵隨駕自大通
橋登舟是日
御舟泊近嶺地方◯甲辰
御舟泊新河長樂營◯予故原任吏部尚書科爾坤祭葬如例。

實錄卷一百九十二　五

◯乙巳。
御舟泊河西務三里屯◯直隸巡撫李光地天津總兵官潘育
龍原任山東巡撫李煒等來朝◯丙午
御船泊漢溝◯陞國子監祭酒特默德為詹事府詹事◯丁未
遣大學士李天馥祭
先師孔子◯
御舟泊楊柳青地方◯扈從大臣等會議商南多爾濟等奏請
禁止第巴遣人貿易應如所請
上諭曰前扎海保柱等來奏第巴與達賴汗曾會同商議以為
今年乃班禪胡土克圖本命之歲不便前去請俟來歲三月

《康熙朝实录》书影

（康熙四十六年正月）丙子，上南巡，阅溜淮套河工。命皇太子允礽、皇长子多罗直郡王允禔、皇十三子胤祥、皇十五子允禑、皇十六子允禄随驾。自畅春园启行……己卯，上至静海县杨柳青登舟。

发现牛天宿、刘学谦朱卷

文史指导组

朱卷是明清两代，为防考官衔私舞弊，在乡试及会试场内，应试人的原卷（即墨卷）封糊姓名，由专人用朱笔誊写一遍，送交考官批阅的试卷。朱卷一般先载姓名履历；继载始祖以下尊属，及兄弟叔侄、妻室子女；附载受业、受知师；最后选登文章数篇。是应试人相关研究的重要参考文献。文史指导组在深入发掘西青历史文化资源时，发现了牛天宿的会试朱卷和刘学谦的府试及会试朱卷。

牛氏父子一门三进士，实为西青文人之美谈。

牛氏父子中，牛天宿是父亲，牛思任、牛思凝是儿子。三人都很有文采。特别是牛思凝，为人耿直，不畏权贵，在诸城知县任上曾得罪权臣刘墉，被明升暗降。至今当地仍有歌颂他的地方戏。不能不说这与牛天宿的教育有关。

牛天宿（1664—1736），字戴薇，号青延，今西青区精武镇牛坨子村人。清康熙二十六年（1687）举人，四十二年（1703）进士。广西柳州府融县知县，吏部主事，河南同知。著有《谦受堂诗草》。

同治版《静海县志》称其“读书过目不忘，年十二下笔有奇气”“所作诗、古文、词、杂作，积而成卷，具精卓可传”。

文史指导组在发掘西青历史文化资源的过程中，发现了牛天宿当年的朱卷。牛天宿的履历在另页，也没有记载其家属情况，只收录了其应试所作的八股文。虽然如此，但旧时能够刊刻朱卷的不多。这份朱卷仍是研究西青历史文化，特别是牛氏父子的重要文献。

康熙癸未科會試硃卷 詩五房

中式第一百四十八名牛天宿直隸河間府靜海縣廩膳生習詩經

同考試官翰林院編修季 閲

薦

大總裁禮部左侍郎管右侍事兼翰林院學士加一級許 批

取

大總裁吏部右侍郎兼翰林院學士管翰林院掌院學士事吳 批

取

大總裁 經筵講官吏部尚書加二級陳 批

牛天宿朱卷书影

刘学谦,清同治二年(1863)生于杨柳青,就学于杨柳青乡绅创办的崇文书院。光绪八年(1882),乡试中举;光绪十二年(1886)丙戌科殿试,为二甲第六十名,赐进士出身,改翰林院庶吉士。其同科进士有徐世昌等人。光绪十五年(1889),任翰林院编修、国史馆协修。光绪二十年(1894),任山西道监察御史。光绪二十五年(1899),任掌云南道监察御史。光绪二十七年(1901),任礼科给事中,管理五城街道。光绪三十年(1904),任工科掌印给事中。光绪三十二年(1906),任四川永宁道,赴任途中丁忧,回家守制,同年报捐二品顶戴。宣统元年(1909),授浙江金衢严道,次年至上海,还未到任辛亥革命就爆发。1912年任直隶禁烟局总办。刘学谦晚年身体不好,1916年病逝。

刘学谦出仕颇有政绩，光绪三十一年（1905）曾奏设半日学堂，被学部采纳。他还参与组建了顺直学堂。他的书法也颇有功力，是著名的书法家。

刘学谦是杨柳青镇仅有的两位翰林之一（目前已知西青有三位翰林：徐桐、刘学谦、杜彤），他的相关资料是西青历史文化的重要组成部分。在发掘有关杨柳青大运河国家文化公园资源时，文史指导组发现了刘学谦翰林的会试、府试朱卷，让这一重要文献得以重光。

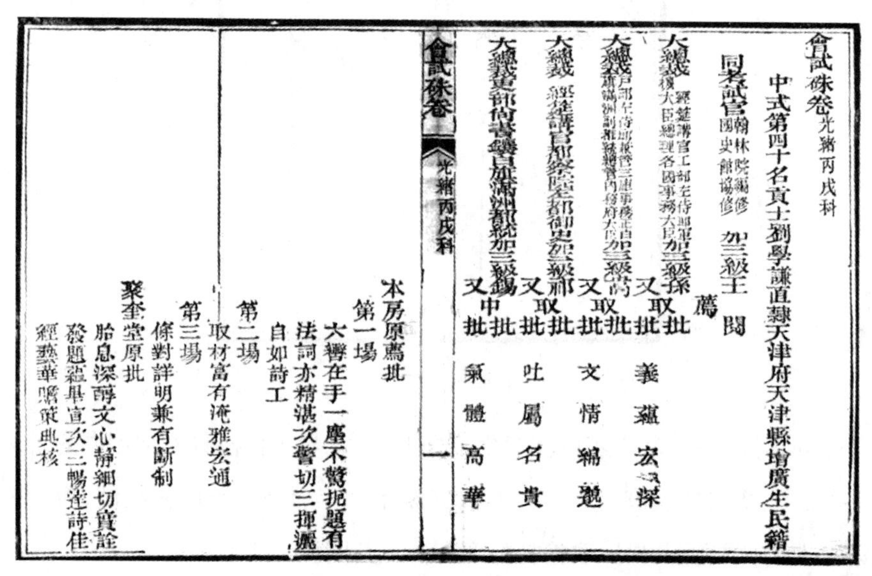
會試硃卷 光緒丙戌科
中式第四十名貢士劉學謙直隸天津府天津縣增廣生民籍
同考試官 翰林院編修國史館協修 加三級王 閎 薦
大總裁 經筵講官工部左侍郎軍機大臣總理各國事務大臣 加三級孫 取批 又批 義蘊宏深
大總裁 戶部左侍郎兼管三庫事務正白旗滿洲副都統總管內務府大臣 加三級嵩 取批 又批 文情綿邈
大總裁 經筵講官都察院左都御史 加三級祁 取批 又批 吐屬名貴
大總裁 吏部尚書鑲白旗滿洲都統 加三級錫 中批 又批 氣體高華

會試硃卷 光緒丙戌科 一

本房原薦批
第一場
大纛在手一塵不驚扼題有法詞亦精湛次藝切三揮灑自如詩工
第二場
取材富有淹雅宏通
第三場
條對詳明兼有斷制
聚奎堂原批
胎息深醇文心靜細切實詮發題蘊畢宣次三暢達詩佳經藝華贍策典核

刘学谦朱卷书影

乾隆五十二年（1787）起，会试第一场考“四书”文三篇，五言八韵诗一首；第二场考经文五篇；第三场考策问五道，题问内容为经史、时务、政治。顺天乡试的“四书”题和贴试诗题由皇帝钦命。所以，在刘学谦的朱卷中，我们不但可以看到刘学谦参加会试、乡试的八股文，还可以看到其五言八韵诗两首。

在此前的“寻根大运河”活动中，西青文史工作者多方寻找刘学谦的诗作未能找到，如今始得，希望它们与其他后发现的西青古诗词一起收入新的西青古诗词集，让西青人看到先辈们为我们留下的宝贝。

文史组再获重要发现——《静海徐相国传》面世

文史指导组

徐桐是晚清重要政治人物，生于大侯庄村（今属西青区王稳庄镇）。但西青区现有史志对徐桐的情况言之不详，许多重要信息没有记载。

文史指导组在发掘相关文史资源时，发现了徐桐从侄徐右翌请当时名士魏元旷撰写的《静海徐相国传》。该文的发现对于研究徐桐乃至晚清历史有着重要的意义。

徐桐像

徐桐（1820—1900），字豫如，号荫轩。汉军正蓝旗人。道光朝进士。1860年以前任翰林院检讨、实录馆协修等职。同治帝登位后为其师傅。1870年以后，先后任太常寺卿、都察院左副都御史、内阁学士、礼部右侍郎、礼部尚书、吏部尚书、协办大学士、体仁阁大学士等职。清代沿用明代内阁制，置三殿三阁（保和殿、武英殿、文华殿，体仁阁、文渊阁、东阁）大学士，为正一品，设满、汉头目各一人，相当于宰相。戊戌变法后，徐桐深得慈禧信任，成为内阁首辅，位极人臣。

当年崇厚因擅自与俄签订丧权辱国的《里瓦几亚条约》而被弹劾入狱，徐桐曾力阻对其赦免。他坚决维护清朝的封建体制，反对变法维新。《清史稿》称其"守旧，恶西学如仇。门人言新政者，屏不令入谒"，乃至听到"维新"二字就生气，他也极其排外，不用洋货，甚至不碰银元，因为银元多为墨西哥制造。庚子年，八国联军入北京，徐桐上吊而死。《庚子辛亥忠烈像赞》将徐桐收录其中。

《静海徐相国传》作者魏元旷(1856—1935),原名焕章,号潜园,又号斯逸、逸叟,江西南昌人。光绪二十一年(1895)乙未科进士。历任刑部主事,民政部署高等审判厅推事。辛亥革命后,魏元旷回归故里,潜心著述。曾任《南昌县志》总纂,此为近代江西之名志。又编纂《西山志》,著有《潜园全集》等。

魏元旷主张君主制,思想迂顽与徐桐近似,所以认为徐桐是朝廷正气的代表。自然乐意应徐右翌之请为徐桐作传,"以昭相国之心迹"。可谓同气相求,物伤其类。

发现吴昌硕手书《赠杨香吟孝廉光仪》

文史指导组

在进行西青历史资源发掘时，文史指导组发现了著名国画家、书法家、篆刻家吴昌硕写给清末津门诗坛领袖、木厂村（今属西青区）人杨光仪的两首诗的手迹。这两首诗是：

一

风雨数椽尘不到，琅玕一片手亲锄。
先生长物钱难买，海色天光照读书。

二

古城隅绕三津水，问字云亭数往还。
观海此行真不负，瀛洲以外几名山。

题中杨香吟指著名诗人杨光仪（1822—1900），其字香吟、杏农、庸叟，为清咸丰二年（1852）举人。光绪九年（1883）授河间府东光县教谕（未赴任），后会试不第，遂绝意仕途。曾为拣选知县，敕授文林郎，以子署衔候选训导加二级，诰封奉政大夫。著有《碧琅玕馆诗钞》四卷。

杨光仪在津门诗坛享有盛名。他曾应天津著名诗人梅成栋之邀，就任其创建的天津辅仁书院（位于天津西北角文昌宫）山长。晚年组织“九老会”“消寒社”等诗社组织，成为津门诗坛领袖。其门下才俊辈出，著名的有吴昌硕和华世奎，时人称“南吴北华”。

吴昌硕(1844—1927),初名俊,又名俊卿,字昌硕,又署仓石、苍石,多别号。浙江安吉人。晚清至民国时期著名国画家、书法家、篆刻家,“后海派”代表,杭州西泠印社首任社长,与任伯年、蒲华、虚谷合称为清末海派四大家。他集“诗、书、画、印”为一身,融金石书画为一炉,被誉为“石鼓篆书第一人”“文人画最后的高峰”。

1883年吴昌硕“奉檄进京放检”,借机到天津求学于杨光仪。此后六次到天津问学于杨光仪,是杨光仪的弟子。

发现杨柳青重要民间文献

文史指导组

鸦片等毒品曾在中国肆虐,而杨柳青吸食鸦片者很少,甚至嗜好烟酒者都非常少。而天津,乃至周围一些村落沉湎于鸦片、烟酒者众多。在杨柳青第一部地方志《杨柳青小志》里,作者张次溪道出了原因,他说:“在理一门因严禁烟酒之益颇为昌大。”可见,杨柳青的这种风俗是受到了理门的影响。

我们在搜集整理有关杨柳青的历史文化资源时,发现了一本杨柳青理门正安堂刊刻于1911年的书——《杨祖遗训》。该书作者署名为:戴文澜、翟树荣。封面为杨来如画像。书分为天理、治心、修身、齐家、言道五篇。

在书的前言中有这样一段话:

> 然溯其最大之功,最上之智,莫若预禁鸦片一事焉。夫鸦片一物,自道光年间流入中国,至今将及百年。而此百年中,上自王公,下及黎庶,无不喷云吐雾一榻横陈,国弱民贫,已达于极点矣!理门一教,孑然独立,力摒其非。而勇于改过之士,乘机断戒,由晦入明,真不知凡几矣。故至今名望愈彰云。

宝岛轶事

杨柳青的元宝岛历史文化资源丰富，是一座汇集着大运河与杨柳青文脉的宝岛。这里是明朝名将周遇吉抗击清兵的埋伏地，是乾隆皇帝的留诗地，是武林奇杰韩慕侠的演武地，是杨柳青人赶大营的出发地……这里珍闻逸事颇多。文史指导组对此进行了深入的发掘，相关成果汇聚于本章。

周遇吉伏击清兵

冯 立

旧时，杨柳青古运河南岸，今元宝岛地区地处要道，苇草丛生，是兵家埋伏的好选择，史书上曾有明末著名将领周遇吉在此伏兵的记载。清末文人樊彬曾作《津门小令》记述天津轶事，其中一首写道：

津门好，
轶事几搜罗。
杨柳营开周总帅，
桃花血溅费宫娥，
姓字未销磨。

明周遇吉于我朝大兵入关，伏兵杨柳青大战。东门内费家巷，相传明费宫人故居，即"刺贼一只虎"者。

《明史·周遇吉传》记载："周遇吉，锦州卫人。少有勇力，好射生。后入行伍，战辄先登，积功至京营游击。"此后，他屡立战功，"屡加太子少保、左都督"。崇祯十七年(1644)正月，李自成的农民起义军进攻山西，围代州。"遇吉先在代遏其北犯，乃凭城固守，而潜出兵奋击。连数日，杀贼无算。会食尽援绝，退保宁武。贼亦踵至，大呼五日不降者屠其城。遇吉四面发大炮，杀贼万人，火药且尽，外围转急。或请甘言绐之，遇吉怒曰：'若辈何怯邪！今能胜，一军皆忠义。即不支，缚我予贼。'于是设伏城内，出弱卒诱贼入城，亟下闸杀数千人。贼用炮攻城，圮复完者再，伤其四骁将。自成惧，欲退。

其将曰:‘我众百倍于彼,但用十攻一,番进,蔑不胜矣。’自成从之。前队死,后复继。官军力尽,城遂陷。遇吉巷战,马蹶,徒步跳荡,手格杀数十人。身被矢如猬,竟为贼执,大骂不屈。贼悬之高竿,丛射杀之,复脔其肉。城中士民感遇吉忠义,巷战杀贼,不可胜计。其舍中儿,先从遇吉出斗,死亡略尽。夫人刘氏素勇健,率妇女数十人据山巅公廨,登屋而射,每一矢毙一贼,贼不敢逼。纵火焚之,阖家尽死。”

当时,周遇吉部只有五千余人,但他殊死奋战,李自成虽克宁武关,但死伤近十万人。李自成曾怕再遇到宁武关这样的硬仗,不敢再前进,想退回山西。但正在这时,大同总兵姜镶、宣府总兵王承荫的降表相继到来。大喜之余,李自成继续进兵,直至拿下北京,推翻了明朝。他后来常跟人说:“他镇复有一周总兵,吾安得至此。”

周遇吉以其忠烈而名彪史册。众多民间文学、艺术作品也以其为题材,记录了这段可歌可叹的历史。京剧《宁武关》就描写了这段史实。清初屈大均有诗曰:

襟带河汾玉殿长,一朝弓剑委秋霜。
将军死战哀宁武,帝子生泽恨晋阳。
马首关山空落日,城中歌吹罢清高。
悲风处处吹松柏,谁到并州不断肠。

周遇吉大战宁武关广为人知,但是,就在宁武关之战前一年,周遇吉曾在杨柳青大败清兵,并与杨柳青的著名道士天泉法师结缘。西青人、杨柳青人应该了解这段渊源。

《天津县新志·旧迹》中的“柳口”条目记载:“柳口,在城西三十里。金以

完颜咬住为柳口镇巡检,即今杨柳青镇地。明将周遇吉尝以五百骑败满洲兵于杨柳青。”

清代著名学者王士祯的笔记小说《池北偶谈·周将军》中也记述了这段历史:“前明崇祯十五年,本朝大兵入畿辅、山东,次年始北归。封疆大帅无敢一矢加遗。周将军遇吉,时调防天津。大兵至,巡抚冯元扬令出战,周以五百骑伏杨柳青,大兵至,邀击之,自辰鏖战及酉,其夜大兵徙营北去。闻满洲诸公言:‘壬癸入关之役,往来数千里,如入无人之境,惟见此一战耳。’周后与其夫人御闯寇,死偏关,最烈。”

在杨柳青亦流传着周遇吉伏击清兵的传说。传说,周遇吉曾住离杨柳青镇不远的周家楼,清兵入侵时,他正在天津。周遇吉受巡抚之命出战后点了五百骑精兵,乘深夜潜入到了杨柳青。次日清晨,他带了几名亲兵,扮作平民模样,探察地形。在运河南岸的玉皇庙,周遇吉拜会了该庙道士张天泉。周遇吉知道张天泉是一位通晓兵法的世外高人。于是表明身份并求退敌之计。张天泉将根据杨柳青地形而设伏兵之计讲给了周遇吉。隔日,清兵沿驿道由静海北进,来到了位于杨柳青镇南的玉皇庙一带,见这里地势开阔,绿树成荫,有河有水,纷纷卸甲饮马休息。埋伏在这里的周遇吉见状,急令二百骑兵猛冲过去。把清兵打了个措手不及,慌忙夺路南逃。此后,周遇吉又按照张天泉的计策以疑兵迷惑敌军,使其不敢大规模进犯。同时,增派军马于玉皇庙打退清军骁骑营。清兵连败两阵,以为明朝大军到来,决定撤退。当夜,周遇吉又以三百骑兵尾追清兵,赶到沙窝村,截获了一批辎重车和帐篷,大胜而归。

当年周遇吉大战清兵的玉皇庙地区别具风光,被列为杨柳青十景之一,称为玉顶炊烟。如今,承载着周遇吉在杨柳青大败清兵历史的玉皇阁和天泉法师塔均已无存,但好在史籍和先辈的传说为我们保留了这段珍贵的历史。更好在,如今杨柳青镇已经开始规划玉皇阁、天泉法师塔的所在地——元宝岛的开发建设,而且这种开发首重与杨柳青历史文化的对接。于是,我们即将看到玉皇庙、天泉法师塔的重现,让后人记住周遇吉这位英雄以及他与杨柳青的渊源。

乾隆帝、管干珍与杨柳青西渡口

冯　立

旧时，因为抵临运河穿镇而过的缘故，杨柳青的街道、民居多曲折随水。一些公共建筑，如庙宇也是与运河相望，别有意趣。

在今元宝岛的西北处，隔岸相对有一处泰山行宫（俗称奶奶庙）。该庙于明宣德乙卯年（1435）建成，清同治年间为尼姑接管。其供奉的主神为泰山娘娘碧霞元君，这是北方地区群众的重要信仰。后来，庙虽改为民居，但后大殿保存完好，我们仍能一窥其建筑的气派与精美。

供水站胡同南面有胡同名西渡口。该胡同南起运河故道，北至席市大街，旧镇改造前中与河沿大街相交，隔在运河与泰山庙之间。相传于清乾隆年间形成，因直对西渡口，因此而得名。

清代名臣，也是著名诗人、运河总督的管干珍[①]曾经多次经过杨柳青，作有《卫河棹歌》一诗，诗曰：

杨柳青边紫蟹肥，娘娘庙前白蝠飞。
酒酣更买青州面，说饼篷窗醉解衣。

诗中所讲就是泊船西渡口，北望泰山庙的情形。

管干珍与杨柳青的渊源不只是留诗。他还为杨柳青久旱逢雨而欣慰，乃至上书乾隆帝，引得乾隆帝也为杨柳青作诗。

---

① 管干珍（1734—1798），又名干贞，字阴复，号松崖，常州人。

乾隆五十六年(1791)五月十一晚,管干珍因督催南漕到达杨柳青。其时正值麦收已毕,农家盼望雨水的季节。他到杨柳青时,雷雨交作,连宵达旦,至五月十二申刻雨已经下了八寸,而雨势未止。此时,两岸农家收麦工作已经完成,大田长势很好,正盼望雨水来临。得到这场甘霖而且收麦的田地也得到及时耕作,百姓们都非常高兴。于是,他连忙写下奏折报送乾隆帝。乾隆帝得到消息后也非常高兴,赋诗以志:

收麦竣时望雨优,彻宵八寸渥恩稠。
运河水长北来速,漕舸风资南送遒。
较以抵通早去岁,期当回次毕中秋。
览章岂不心生慰,此虑霖多转略愁。

乾隆五十八年(1793)六月初六,管干珍押漕船至杨柳青。中午时,阵雨如注,云气广被。大田正在望雨之时,此时沾被甘霖,农民极为欢庆。于是,他再次将杨柳青的雨情奏报乾隆帝。乾隆帝再次赋诗。诗曰:

去岁运河微欠水,今年弗闰水原通。
总因化筦为消息,度以津关无异同。
南府恰当望泽际,甘霖正喜济农功。
食天国本何非事,遇顺惟深敬畏衷。

管干珍当时泊船何处我们无从考证,但船是必然经过西渡口的,因有那首《卫河棹歌》,我们可以想象,或许他就是在停泊在西渡口的船上,听着船外的雨声给乾隆帝写下奏折的。

杨柳青，是乾隆帝赐名吗？

冯 立

民间流传着很多乾隆皇帝与杨柳青的故事，历史上，乾隆帝也确实多次经过杨柳青，并在杨柳青胡羊庄水寨驻跸。还曾写过数首涉及杨柳青的诗。可见，杨柳青与乾隆帝确实渊源匪浅。甚至民间有乾隆帝赐名杨柳青的传说。

传说只是传说，杨柳青这个名字最早可见于元代诗人袁桷的古风《朱窝杨柳青地近沧州，余爱其名雅，作古调五首》。而明人蒋一葵的《长安客话》记载："杨柳青地近丁字沽，四面多植杨柳。"后面还收录了于慎行和潘纬的诗句。于是，杨柳青这个诗情画意的名字为世人所知。

近二百年后，乾隆帝路过杨柳青时，对蒋一葵的记载提出了疑问。乾隆三十六年（1771），乾隆帝奉皇太后之命自圆明园启銮巡幸山东。二月初八途经杨柳青。后作《静海途中杂咏》一首，诗曰：

村居比栉颇宁盈，柳口由来古渡名。
不见青青杨柳色，阿谁折赠寄遥情。

在诗的第三句下的小注中，乾隆皇帝针对杨柳青的实际状况，对蒋一葵的记载提出了疑问："蒋一葵《长安客话》云：'杨柳青地近丁字沽，四面多植杨柳，故名。'今其地既无柳，且丁字沽在天津城北，杨柳青在天津城西三十里，相距甚远。柳之有无或今昔异形，而沽则历史未改，记载之不足凭往往如此。"

确实,杨柳青距离旧时的天津城有三十里,而丁字沽在天津城北。杨柳青怎么会“地近丁字沽”呢?

由此可见,乾隆帝是一个非常认真观察事物,并善于思考的人。他并不盲目相信古人的记述,而是根据他看到的现实,进行思考,提出质疑。“寻根大运河”活动中,笔者阅读相关史料无数,只有乾隆帝提出此问。

罕见的道士塔

冯 立

大运河故道在杨柳青蜿蜒而行。长期以来,运河故道南岸被杨柳青人称作河南。直到1971年,运河裁弯取直,挖开了一条新的河道,运河故道逐渐废弃。2000年,运河故道重新挖通,于是在运河故道和新道之间形成了所谓的元宝岛。

过去,有所谓“杨柳青十景”的说法。其中多数集中于元宝岛及其附近。塔林旭日便是其中之一。邑人曾这样描述该景:

> 塔在运河南岸东隅,高七级,清嘉庆八年(癸亥)春季建。镌额曰普亮宝塔,乃巫祝于公圆寂后葬此者,神话传说,津津有味,每当春夏之交,晨起步行,看东方红轮初现,霞彩浑融,骤乎之间,及塔顶,加以远树笼烟,青茵铺地,使人精神奋发,陶然一快。

其实,于公,又称于五爷,不是普通意义的巫祝,他是一名在家道士。也许读者会奇怪:佛塔都是建给和尚的,怎么一位道士也会建塔?确实,此事确属罕见。著名古建筑学家罗哲文先生就说,他一生只见过三座有规模的道士塔。虽然他没有明确提及普亮宝塔,但他到过杨柳青,“三座”中或许包括此塔。

普亮宝塔之所以是道士塔,是因为塔主人于公不是严格意义上的道教徒,他信仰的是西大乘教。西大乘教的祖师是曾经为明英宗护驾的吕尼姑,其传承是道教外衣下的佛道混合信仰。所以,于五爷建塔也就可以理解了。

其实，当年杨柳青还有道士塔。那就是位于元宝岛上的天泉法师塔。该塔位于玉皇庙东南侧下坡。玉皇庙于崇祯年间由天泉法师所建，供奉玉皇大帝。天泉法师是此庙的第一任住持，他是火居道士，即有妻室家小。据民间传说，天泉法师曾经为周遇吉出计，击败掠夺后从杨柳青经过的清军。清顺治十七年(1660)，天泉法师坐化，葬于庙东南侧下坡，其妻亦葬于此处，人们建两座墓塔纪念。据杨柳青的老人回忆，塔为青砖垒砌六角形阁楼式实心塔，通体两层，高约八米，解放初时，通往南乡的公路从两塔中间穿行而过。1957年修建营建路时塔被拆除。

如果天泉法师塔不被拆除，杨柳青一地就有三座道士塔了。可谓一大文化奇观！

刘十九刀劈武署衙门

冯　立

旧时西渡口河对岸(即今元宝岛西北处)向东不远有座紫竹庵,该地原为本镇富户张氏家庙。1929年春节间,因香火不慎被焚。镇上富户赵氏重修。庙坐南朝北,有大殿三间,供奉鱼篮菩萨、关公、二郎神。鱼篮菩萨是观音菩萨的变像,过去曾有说法供奉鱼篮菩萨为目犍连尊者。其实,按佛教说法,目犍连尊者是大阿罗汉,不是菩萨,所以那是误传。山门外有小广场,场内有高五丈余的桅杆。每年农历七月十五日开庙,晚间举行盂兰盆会,以瓜皮做河灯,顺流而下。其庙四围红色矮土墙,院中古树。过去杨柳青十景之女墙新月即此。

挨着紫竹庵的是武汛衙门,这是过去负责运河安全的军事部门。在这里发生过义和团砸衙门的事。提到此事,还得从菜市大街的三义庙说起。

三义庙位于九街菜市大街北口路东侧。建于明崇祯初年。庙有殿三间,因地势低洼,故庙台很高,无山门院落。庙内供奉刘备、关羽、张飞的泥塑像,都是明代的雕塑技法。供桌旁设一圈椅,上塑一僧,俗称"疙瘩爷"。另有神荼、郁垒、关平、周仓等泥塑像。三义庙殿堂开阔,殿门也不上锁,是旧时杨柳青人夏季纳凉的好去处。

光绪二十六年(1900)农历三月间山东人刘德胜来到杨柳青,选中三义庙,设立了乾字坛,被称为杨柳青第一坛。杨柳青的乡绅听说后认为义和团犯禁,便告知运河南岸的武汛衙门把总刘金彪,由刘金彪报告天津县。天津县派马队在武汛衙门的协助下连夜到三义庙抓捕了刘德胜。时隔不久,高村的乾字团首领刘十九听说刘德胜被捕,便派人找到武汛衙门,刀劈了衙门大门,吓跑了刘金彪。农历五月廿日,义和团砸府县衙门、军械库、监狱,救出刘德胜。刘德胜即返回杨柳青找刘金彪算账,但经保甲局劝解离开。

故事曾经广泛流传,甚至被刘宝瑞编成相声《大闹县衙门》,成为传奇。

元宝岛——武林奇杰演武地

冯 立

杨柳青运河故道北岸，原河沿大街与兴盛胡同交口西侧(今元宝岛西岛东北部河对岸)，曾经有一个坐南朝北的斗局，后又称官斗局。清初，这里为斗夫(粮食买卖经纪人)的聚集地。嘉庆末年由本地士绅出面成立斗局。义和团运动时，外地粮食运不到天津城，只能卸到这里，导致斗局收入激增，后来杨柳青开办小学及其他公益事业的费用很多出自这里。民国初年，斗局翻建为两个四合院，盖了高大的门楼，门楼上有砖雕两面交叉的民国国旗。也许正是因为建筑惹眼，不久这里成了各路军阀的司令部。二十世纪末，在旧镇改造中，杨柳青官斗局遗址被拆。如今所谓大园区的“大清税局”的门楼就是仿造官斗局门楼的样式建造的，人们还可以借此一窥官斗局昔日风采。但搞笑的是门楼上，“大清税局”牌匾与其上的两面民国国旗相交映让人感觉不伦不类。

民国期间，烽烟不断，作为交通要道的杨柳青更是城头变幻大王旗。张学良、李景林、于学忠等人都曾驻兵官斗局。

1924年，奉军16军驻扎杨柳青时，张学良曾邀请著名武术家韩慕侠训练武术团，地点就在官斗局河对岸的空地。

韩慕侠(1877—1947)，天津西青区王稳庄大泊村人，著名武术家，曾先后随李存义、张占魁、应文天等九位师父习武。1915年，韩慕侠曾应南开中学张伯苓邀请，为南开中学教授武术，其间与周恩来交好。1918年，俄国人康泰尔在北京设擂挑战中国武术界。由于官方原因，国内武术界与康泰尔比武被制止。于是，韩慕侠在北京六国饭店私下挑战康泰尔并将其击倒，康泰尔将其环游世界摆擂所得的十一块金牌献给中华武士会。韩慕侠由此名声大噪，被人誉为武林奇杰，武侠电视连续剧《十一块金牌》和电影《武林志》就是根据他的事迹改编的。

在直奉战争中，张学良拜访韩慕侠，对其执弟子礼，并邀请韩慕侠到杨柳青训练其武术团，训练地点就在官斗局对岸空地（今元宝岛中部，运河故道南岸）。韩慕侠以八卦刀和形意五行连环枪的技法训练士兵刀法和拼刺，士兵的冷兵器实战技术得到很大提高。后来张学良把武术团扩编为三个大刀队，但后来由于士兵军饷被克扣，士兵抗议，停止训练。

据一些文章记述，东北易帜后，大刀队部分官兵被编入西北军的29军，一些人参加了长城抗战，大刀队扬威沙场。

赶大营的先声——赶大河

冯　立

古镇杨柳青靠近大运河、子牙河，是漕运重镇。据《津门保甲图说》记载，当时在杨柳青的四千八百三十二户居民中，有船户四百九十四户、船伙五百二十一户，从事航运的人占了近五分之一。漕运是当时杨柳青经济的重要支柱。

但到了咸丰年间，南方太平天国运动兴起，太平军占据了长江下游各省，割断了南北运道，经过运河漕运的只剩山东、江苏二省了。而子牙河"水清性又急，每年立秋时例为涨溢，淹禾稼又不遽退，为害甚烈"。同治年间自然灾害更加频繁，多旱涝，间有蝗灾，基本没有丰年，农民的生活也没有了着落。到光绪二十七年(1901)，清政府下令停止漕运，改行海运，让杨柳青的船户失去了营生。人们不得不在传统谋生方式之外另谋出路了。他们的出路就是沿河私人贩运，做船工，俗称"赶大河"。

同治七年(1868)，左宗棠率清军在直隶一带追剿"西捻"，并在白沟与保定之间征调船只，准备转入陕西。于是，杨柳青的灾民多应征充当船工。而这时，左宗棠军也在准备入陕的物资，于是很多杨柳青人便借机大规模跑起了贩运。

其实，杨柳青船工们跑贩运是有传统的。漕运未废时，清政府是默许船只在运送粮食的同时夹带私货的。杨柳青所临的大运河、子牙河都是沟通各埠的方便渠道。《天津杨柳青小志》曾记载：

上流既多商贩运输，亦交通便利，玻璃河之石，顺德广平之陶，获鹿之冶，文安胜芳之鱼虾菱藕等，卖谷者，商旅者皆取道于此，以赴天津。而杨柳青人每有西方地名在口角上，如王家口、白沟河等，村人类常道之，因盐河之上流交通也。

子牙河与大清河相通，大清河的尽端就是白沟镇。它是沿岸最大的水陆码头，每十天有两大集，集散南北货物，以批发为主，还允许赊账。于是白沟镇成了杨柳青人赶大河的去处，再加上左宗棠在这里征船、准备物资，白沟就引起了杨柳青人更多的关注。沿河道而上，白沟成了杨柳青人谋生的重要去处。到清末，杨柳青人在白沟立业，开的大小店铺已经有十几家了，其中比较大的有恒义源、天丰号、明盛号等。白沟的商品曾有百分之八十来自杨柳青。通过赶大河，河运与营销传统成为了杨柳青商镇经济的底版和民俗风景。

同时，河运营销也为杨柳青这个商埠码头带来了商机，杨柳青的服务业随之大兴。服务于河船的旅店、饭店红火了起来。开始是些摊贩小吃，后来经营扩大便出现了很多小饭馆。原来的十五街曾有一条街就叫“饭店子”。其中最有名的、最大的饭馆是杨柳青鲜货市西的五云居。它的菜肴味美，而且经营灵活，可以送菜上船，很受过往船只的欢迎。而一些味美的小吃也从此出了名，其中孙记酥糖、槟榔糕等至今仍然保存。

可以说，赶大河为杨柳青人找到了生存途径，发展了地方经济，带动了服务业的发展，同时它也为后来的赶大营做了预演，是赶大营的先声。

玉顶炊烟　客路起点

冯　立

杨柳青镇南，今元宝岛中部偏南的地方曾经有一座玉皇庙。旧时，这里地势高，在十里之外都能见到。它东面一道相隔有三五农家傍水而居，芦荻、园圃、古墓，农人暮还，炊烟缕起，牛羊自归，一派优雅恬淡的乡村景致，别具风光，被列为杨柳青十景之一，称为玉顶炊烟。

玉皇庙为道士张天泉于明代崇祯年间募化修建，大殿三楹，供奉玉皇大帝、王母及日月雷电诸神，右东祀二十八星宿、三清教主，西祀碧霞元君、眼光、送子诸娘娘，山门内塑四大金刚。咸丰三年（1853）冬，太平天国部队驻扎于此，转移后山门被焚，四大天王门洞山墙及西殿堂被毁，后未能重修，逐渐破败，殿宇都倒掉了。再后来为生产队占为马圈，进而改建居民宿舍。进入二十一世纪，杨柳青镇大规模改造，如今已成一片平地。

玉皇庙的创建人，道士张天泉于顺治末年（1660）坐化，葬于庙东南坡下，并建二塔。据《西青区城乡建设志》介绍："该塔是以青砖垒砌呈六角形阁楼式的实心塔，通体分两层，全高约8米，各角边长1米。底基于0.7米以上转为塔身，两层均在2米处出边檐，并于塔角筑出盘子、平草砖，上托蝎子尾。在第二层齐顶处，塔角均砌有砖雕雀替，塔顶盖筒瓦，各角归拢至中央，以葫芦封顶。"解放后修营建路，路从二塔中间穿过，1959年二塔被拆毁。与普亮宝塔一样，天泉法师塔也属于道士建塔。"寻根大运河"活动首席顾问、著名古建专家罗哲文先生曾说，他见过的道士塔全国只有三座。由此可见，如果天泉法师塔能够保存将会与普亮宝塔一起成为不可多得的景观。

玉皇庙基本是杨柳青最南端的庙宇了，又靠近大路，于是这里成了旧时杨柳青人赶大营的起点。据一些老人口述，当年杨柳青赶大营的人们准备好了车马、货物和生活用品，过完正月十五选个良辰吉日，连人带车摆渡过运河，到玉皇庙拜神，祈求平安富贵。拜神之后，放了一挂鞭炮，然后就上路了，开始了不可预知的漫漫长途。

玉皇庙便成了赶大营人心中家乡的标志，这里是他们对新生活期望的开始，也是他们难以割舍、难以忘怀的家乡。

故景胜地　龙气所钟

冯　立

旧时，杨柳青十景中有一景“鸦噪寒林”也位于运河故道附近。邑人曾经描述：“津市西行至镇约三十里，过去星相家谓得聚之盈，龙尤盛。故择茔地之富家，多风购沿途地段以葬所亲。叶杨，参天蔽日。津门八景之一，‘安西烟树’亦指此。乌鸦就树营巢，冬日群集于野，觅田间遗谷草籽等哺食之。夕阳西下，噪而归，霜林烟景，绚属奇观，惜连年战乱，砍伐无馀，日寇入侵后已无鸦可寻矣。”

杨柳青最早、最气派的墓地应该就是石马张家的了。张愚去世后葬于杨柳青镇东南，墓地即今成发佳苑附近。其墓修建于明嘉靖三十一年(1552)，崇祯四年(1631)重修。墓地面积为两千平方米，原有高大封土堆、牌坊、享堂、石五供、燎炉、石羊、石马、翁仲等。正因为其墓地多石人、石马，其定居在杨柳青的后人被称为石马张家。

据记载，张愚墓有碑五，题撰者包括徐光启、李春芳、于慎行、钱象声等，都是当时的显贵人物。但随着岁月的流逝，其墓地早已没有了往日风光。只是偶有石人、石马出现，被称为石马坑。

张愚墓之所以选择这里，就是因为按照风水的说法这里是龙气所钟，所以后来一些富豪家族多选择这里作为墓地。又因为文笔玉印的说法，风水先生多以杜彤家祖坟在此，而出了翰林为印证。所以杨柳青河南东部成为了著名的“风水宝地”。

随着时代的变化，人们多不相信风水之说了。河南也由偏僻荒芜之地变成了热闹的居民区。按照过去的说法，这里已经由适合作为阴宅的地方，变为了阳宅的好场所。

不论如何,我们希望杨柳青的人气越来越旺盛,希望杨柳青人的生活越来越美好。

元宝岛边的传奇爱情

冯　立

在今元宝岛东南，杨柳青大运河国家文化公园文化小镇以东就是马庄村。如今马庄已经紧挨着杨柳青镇区了，过去中间还隔着农田和荒地。就是在这里，曾经演绎过一段爱情传奇，一位杨柳青人救下了一位江南才子和他的爱人。

清徐珂编纂的《清稗类钞》中记有“查氏女悦杨小匡”一事。杨小匡，名鼎来，清咸同年间人，字小匡，号柳岑，出身淮南名门世家。杨鼎来精于拳术，自幼随其父在苏州校官任所。署邻有海盐姓查的人家，眷属时相往来。查家有个女孩叫查婉香很有才，与杨两小无猜，情投意合。后来查婉香嫁给了吴县潘祖同。潘祖同的父亲侍郎潘曾莹在老家时，杨曾受业门下。

杨鼎来长大后则与彭氏女订婚。彭父在北京当官，杨赴京就婚，寄宿于潘家。这时查婉香已嫁入潘家，潘祖同做了翰林。咸丰己未年恩科，杨鼎来中顺天副榜。这时杨已与查旧情复燃。同治甲子年，杨又中乡举。同年，潘祖同因事被革职戍边，他哥哥潘祖荫也由侍郎降为编修，潘家骤然失势，杨就无所顾忌了。

然而其师潘曾莹尚健在，以侍郎退休，就养于京。一日，他在无意之中发现杨与查氏的唱和诗，语多狎昵，料定必有私情，十分震惊，一怒之下，遂将杨鼎来逐出。次年杨会试不第，于一天深夜翻墙入潘宅，带着查婉香私奔。

潘家请了五位拳师，追杀杨鼎来。他们追至天津杨柳青，看到杨与查叠骑而驰，上去阻击。此时，杨柳青武师李梦麟出门练武回家，见马庄西堤下跑来一马，马上双跨一男一女，后面有五人骑马追赶。前面的年轻人下马把女人安顿于树林，便持钢刀跑到老公坟迎战追赶者。双方刀光剑影，引得田间农夫远远围观，李梦麟也在旁观看。见年轻人使用的是自己家传的万胜刀法，又觉得五个人打一个欺人太甚，于是出手相助，以飞石助年轻人取胜。

年轻人感谢李梦麟相救，并告知他叫杨鼎来，被仇家追杀。李梦麟问他为什么会自己家不外传的刀法。杨告诉他自己年幼时曾被绑架，被人救下。救他的人曾受伤，后被杨的父亲挽留治伤。此人伤好后传授爱好武功的杨鼎来刀法。李梦麟听到这里知道，这是离家出走的哥哥李梦德，但没有说明，只说是同族。他留杨、查二人吃了一顿饭，并劝他们改雇快船行路。杨鼎来拜谢而去，安然回到淮安府山阳县老家。

潘家把杨鼎来与查氏私奔的事遍告同乡故旧，谴责杨的行径。于是朝臣相诫，会场若得杨卷，即抽换，不使杨这个淫凶之徒得志。然而杨鼎来竟然在同治戊辰年再次入京应试，等到拆封时，发现杨名列第九。此时，考卷已呈御览，不能改换。于是朝臣们相互告诫在殿试时抑之。杨鼎来平时工于书法，学米襄阳，人们都认得他的字。这时杨改变了字体，人们没能认出来，进呈皇帝的前十本中又有杨的考卷。朝考时才把杨鼎来的名次贬入三等，但杨鼎来仍得以任主事职，分在工部。杨自知不容于舆论，遂弃官回乡，在淮安河下镇建房居住，与查婉香日夕唱和，快乐地生活了二十余年，授徒以终。淮安人把查婉香两个丈夫的姓各取一半，叫她“汤夫人”，拿她开玩笑。到晚年，查婉香先于杨数月去世，杨写了这样一幅挽云：“前世孽缘今世了，他生未卜此生休。”有人曾见过查婉香，说她其实并不漂亮而且脸上有麻子，只是有才。

其事时人褒贬不一，但一对才子才女，历经坎坷，终成佳偶也不啻为一段充满戏剧性的传奇故事。但人们多不知，此段传奇爱情的背后还有他们在杨柳青元宝岛边的那段经历。

元宝岛的解放记忆

冯　立

1948年,东北野战军在取得辽沈战役的胜利后,于11月23日挥师入关,会同华北野战军实施对天津的战略包围,准备发起平津战役。天津战役前线指挥部就设在杨柳青。关于天津解放的许多重大事件就发生在杨柳青运河南北,如今的元宝岛也承载着相关的记忆。

东北野战军入关后,中共冀中八地委紧急通知津南县委和地方武装,要求全力支援东北野战军。津南县委研究决定,派地方武装津南支队引东北野战军第8纵队第24师第70团的先头部队夺取杨柳青镇。12月19日,解放军与杨柳青镇国民党守军激战一昼夜,将国民党军的护路第5旅一个团击溃,俘敌五百余人。部分残敌败退时曾经放火烧运河上的木桥——春青桥。这是沟通杨柳青运河南北的唯一一座木桥。解放军从着火的木桥和运河冰面上跑过,追击残敌。解放军主力经过杨柳青时,群众在沿途设立许多接待站,供应开水和各种食物,以为慰劳。军队夜间行军时,百姓也夹道迎送,不肯离去。

12月20日,杨柳青镇解放。杨柳青解放后,东北野战军第1纵队将司令部指挥所设立在此。之所以把指挥部设在这里,运河交通之便是一个重要原因。南运河是京杭大运河的重要组成部分,曾经是漕粮北运的必经之路。杨柳青镇就是因运河而兴,南北物资在这里汇聚、转运,杨柳青段大运河是南北物资、人文交流的重要节点。

另外,杨柳青抵近天津城区,不算太近,也不算太远。镇区内中部沿南运河北岸一带,形成一个东西向百余米宽、八百米长的鱼脊形高台,尤以估衣街石家大院处最高，其海拔高程达九米。担任解放天津西线指挥的李天佑将军当时就住在位于此高台上的糖坊胡同。而西面主攻方向上南开区的平均海拔为三米，市中心也基本是这个高度。李天佑曾经回忆说："站在杨柳青的高屋顶上，用望远镜可以看到二十多里外的天津市区。"

如何解放天津这样的大城市，解放军并没有现成经验可循，因此很多具体情况又需要进行实际演习，杨柳青运河两岸（南岸即今元宝岛）就成了战役演习的场所。

部队在杨柳青南运河上进行了攻城模拟演习，为期一周。军、师、团各级干部亲临现场，并组织了可渡河研讨。针对渡河问题，部队在杨柳青民众的帮助下试验成功了苇子桥。就是把苇子捆成长捆，上面加捆一片木板，由八名战士抬到河边，往河中一推，浮力很大，只需十几秒钟，便可架成通过。守敌每日在护城河上派民工轮番打破坚冰，这些冰凌浮在水面，反而增加了苇子桥的浮力，战士可持枪、扛着小炮迅速过河。苇子桥为天津战役独创，为解放天津发挥了重要作用。

1949年1月7日，天津守敌获悉平津战役天津前线指挥部在杨柳青，于是申请华北"剿总"由青岛派飞机助战。飞机在杨柳青及周边侦查、轰炸。1月9日下午，距离刘亚楼和指挥部所在的戴家钱铺仅十米的北邻佟家被炸，房屋炸塌。为确保安全，指挥部转移到十四街老电灯房。但敌机又在电灯房西十几米处投下炸弹，落入冰封的运河。于是，指挥部又转移到镇西的桑园村。

与此同时，杨柳青人借由南运河、子牙河交通之便，开展了解放天津战役的支前运动。部队组织包括杨柳青镇居民在内的破冰大军，用冰镩、大锤等原始工具夜以继日，凿开二百六十千米的河道，使数百运送物资的大船得以通过杨柳青，送往前线。

杨柳青居民还组成担架队，随军到火线上抢救运送伤员；小商贩也组织

起来，做好各类小商品的供应；组成教师服务队，配合医护人员，护理伤病员（野战医院设在运河南岸，今十六街），日夜值班负责烧水烧炕等工作。

1949年1月15日，天津解放，包括杨柳青人在内的广大人民群众为解放天津做出了重大贡献。

杨柳青画社在这里诞生

冯 立

和平大街，位于杨柳青东部，在运河南岸，形成于清乾隆年间。因旧时此地繁华且太平，故称太平街，解放后改为和平大街。

民国期间，杨柳青年画逐步衰落，至解放初期，杨柳青年画这一民间艺术濒临灭绝。1953年，已经倒闭的“德盛恒”“德记”“景记”画店的年画老艺人组织成立了年画生产互助组。1956年，互助组在杨柳青镇文化馆的协助下成立了“杨柳青和平画业生产合作社”。时任馆长戴敬勋自己做主留下了国家收购的一百一十一块画版给合作社。这期间，各级政府对其给予了大力支持，合作社在运河岸边的二街河沿大街一号的院内新建房十余间，业务也得到很大发展。1958年天津荣宝斋与杨柳青和平画业生产合作社合并，并于1959年改名杨柳青画社（又称杨柳青年画店），由原址搬到运河南岸的十六街和平大街一号。据相关人士讲，杨柳青画社在河南的店址院门朝向运河，为两进或三进四合院，院中有一棵高大的槐树。后来，画店开到市区，杨柳青原址为年画工厂。

1960年农历正月初三，周恩来与邓颖超来到杨柳青视察杨柳青画社。他们参观画店印刷、彩绘车间并与老画师亲切攀谈，还问画师们有什么困难。老画师霍玉棠说，颜料藤黄买不到。周恩来说：“我回北京后给你们想办法。”临别时，周恩来特别对老画师们说，你们都是年画老艺人，要努力发展这一艺术，随后同在场的人一一握手告别，乘车从镇南驶离杨柳青。不久后，周恩来从北京给霍玉棠寄来了藤黄。

由于当时周恩来来得匆忙，没有留下任何影像资料，文字资料也很少，

以至于很多人以为周恩来当时是到市区画店视察。其实,周恩来来的就是杨柳青,就是杨柳青的和平大街一号!

1960年3月,杨柳青画社又招收六十余名学员。成立了杨柳青年画训练班,聘请了老艺人和专业美术工作者进行授课。从而大大地增强了杨柳青年画专业技术力量。从1958年的十几人,到1966年的一百多人,杨柳青画社逐渐成长起来。

改革开放后,杨柳青年画再次焕发出强大生命力,杨柳青的年画作坊、画店如雨后春笋般生长。2006年,杨柳青年画经国务院批准列入第一批国家级非物质文化遗产名录。

回顾杨柳青年画发展的历史,我们应该记住,杨柳青画社的诞生地——元宝岛。

忆二十世纪八十年代的元宝岛

冯 立

元宝岛是杨柳青的一块宝地。它形成于1971年对运河的裁弯取直。新河道与运河故道把杨柳青镇南围成了元宝形，后人名之为元宝岛。现在西青区委、区政府正在计划把这里打造成杨柳青大运河国家文化公园，这是杨柳青人的福气。

我对于元宝岛的印象是在二十世纪八十年代初。那时去到河南有三条路。一条是从镇里连接建设路的水泥桥，一条是连接光明路与营建路的水泥桥。还有一条在中渡口，此处在石家大院东南，它的东面有官斗局遗址和石马张“状元府”。记得当年这里临河沿大街一侧有一家弹棉花的，门前挂一包着红布的棉花灯笼，算是店家的幌子。

中渡口的渡口功能早已不再。连接两岸的是一座土岗，下面有一个巨大的水泥管子，河水可以通过。这道土岗直到1984年修建带状公园才拆掉。与此相通的河南岸是一条土路，名为光华路。这条路直到1987年才铺了柏油。路两边有零散的民居，民居背后都是水塘。后来水塘逐步被填，建起了更多的民居。从土岗上河南岸的右手边有一家杂货铺，这是让孩子们印象最深的地方。它的西面，民居掩映在树丛之间。春夏时，河堤上绿草茵茵，就像一幅描绘乡村美景的国画。记得在那里看到过残碑和青条石，别有一番韵味。再往西有一处很长的土坯围墙，有半人多高。有人说那是红墙庙旧址，当时是杨柳青五小的分校。墙已经没有一点儿红色了，但斑驳的土坯却透露着这里的沧桑。

光华路最南端为二中路，二中路南就是运河新道了。光华路南端的西

侧是教师宿舍,叫园丁里。临街从南到北有四排,每排院子里有四户,每户一间半房子。卧室对面有一小间南房,作为厨房。再往西还有几排,得从胡同里穿进去,再西就是民居了。园丁里北面是六街大队的副业工厂。

园丁里东面,也就是光华路南端路东是织带厂。织带厂北面是一片很大的坑塘。夏季很多人在这里钓鱼。后来慢慢被填平,盖了房子。织带厂西有一条从坑塘通往运河新道的水沟。八十年代初沟水还很清澈,里面有小鱼。沟水从管道排入运河新道。有居民在沟上铺了简易的木桥,在对岸放杂物,养鸭子。

织带厂南侧有一片空地,杂草丛生。但这里是孩子们游戏的天堂,被称为大草地。冬天有人在这里挖地窖,存萝卜、白菜。有一年,大草地的东面,临着营建路有人搭建了简易房,垒了大灶,鼓起了风箱,开了一家专卖素丸子汤的小店。骨头棒子熬汤,碗里甩上鸡蛋,放上炸得酥脆的小素丸子,用汤一浇,再撒上香菜,色香味俱全!后来才知道素丸子汤是杨柳青独有的小吃,其他地方都没有。现在想来,这里可能是改革开放以来第一家卖素丸子汤的了。

八十年代元宝岛上让我记忆最深的还是文昌阁,“阁”字当地的老人读gǎo。它曾经是杨柳青的制高点,我就多次在杨柳青一小的楼上遥望文昌阁。觉得这个建筑大红大绿,古香古色,非常奇特,很想去近处看看。八十年代搬到元宝岛住,于是约着三四个小朋友去看阁。那时,文昌阁在杨柳青五小院内,周围院墙挡住了很大一部分。那时觉得文昌阁很高大,虽然墙面斑驳,但更显古旧,微风吹来,飞檐上的风铃阵阵作响,真是感觉到了仙境。

五小大门外是一片空场,对面是十六街村委会。每有节庆,这里会有花会表演。十六街特有的花会是普亮宝塔的主人于五爷创办的东寓法鼓。元宵节时,周边的胡同更有一套杨柳青最有特色的节目——整本三国演义绘画的灯笼展。人们在灯下津津乐道于彩灯上的三国故事。走着走着又遇到花会,再跟着鼓点高兴一回。

这就是我对八十年代元宝岛的点滴记忆,温馨而又美好!

运河故道变玉带——忆杨柳青带状公园

谢连华

京杭大运河杨柳青段，在当地俗称南运河。南运河故道曾为杨柳青公园，因运河故道为蜿蜒带状，当地人称它为带状公园。

中华人民共和国成立以后，为了遏制黄河北来造成的水患，党和政府在南运河上游修建了多处节制闸。1951年，为了承接上游洪水，开挖独流减河，南运河在大杜庄附近被减河截断。为保留南运河为城市输水的功能，在岳家开独流减河河底建设三箱涵洞。1968年，独流减河拓宽浚深，因展堤废弃河底三箱涵洞，至此，流经西青区的南运河变成了无水之渠。

二十世纪七十年代，西青区多年春旱连伏旱，北运、南运、大清、子牙等河都先后断流，天津市为确保市区海河水位，下令停止引用西河水源，境内之南运河水已近干涸，变成死水。1972年，为根治海河，将杨柳青镇内南运河段裁弯取直，将河道向南迁，开挖郝家嘴至三官庙对河一段，文昌阁、饭店子街一带均由南运河南岸变北岸。也因此，由新河道和旧河道围绕，形成了如今的元宝岛。

遗留的南运河故道遂成泥湾。为了兴利除弊，造福人民，政府将南运河故道建成杨柳青带状公园。该公园位于杨柳青镇中部，南运河故道上。东起一经路（今柳霞路），西至建设路（今青致路）。1985年前后进行了公园建设的二期工程，完成公园回填土方、电信、电力、上下水、围墙、大门、部分道路及八个景点的园林建筑工程。公园由市政园林所设计，市仿古建筑工程队负责施工，至1987年5月建成，定名杨柳青公园。

杨柳青公园青年园

杨柳青公园儿童乐园

公园分为儿童乐园、颐寿园、青年园，首尾相接，蜿蜒如带，故居民通称带状公园。全园长一千一百余米，宽三十六米，占地三万九千六百平方米。公园建成后，在颐寿园东临街光明路(柳口路)处竖起建园纪念碑一座，正面为津门书法家王颂余题写的“杨柳青公园”五个大字，碑阴为区文史专家谢玉明撰文，农民书法家郭丕承书写的碑文。

碑文如下：

古镇杨柳青，沧桑越千年，南望齐鲁，北踞幽燕，地处京津要冲。向背子牙运河之间，村闾古雅，渔航皆便，享誉北国江南。然而，风雨百年，缺杨少柳，又多断壁残垣。建国后，兴百业，镇容变，人烟渐稠，众望兴建游园。一九七二年为根治海河，乃将镇内运河南迁，遗留故道遂成泥湾，兹为兴利除弊，造福人民，始于一九八四年填土建园，全长一千一百米，宽三十六米，地占三万九千六百平方米，至一九八七年五月告竣，建有翠林莺歌，桃馆初春，临翠阁，兴碧轩等胜景佳境。分立儿童、青年、长寿及盆景诸园，展现一幅社会文明风貌的画卷。景中景，园中园，亭轩馆榭，流丹飞彩，泉湖叠石，点缀其间，为津门添胜，使古镇换颜，历代兴废，终成遗篇。

天津市西郊区人民政府立

公元一九八七年五月

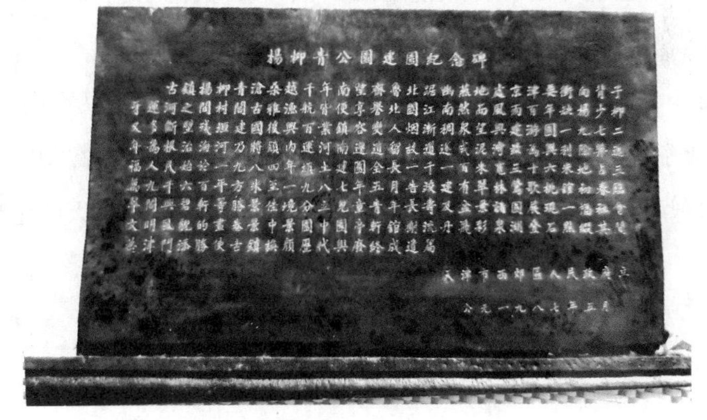

杨柳青公园碑文

公园主体为颐寿园，古典式园门外雕有石狮一对雄踞于广场，工艺别致，为公园增添了色彩。园内建有兴碧轩（大厅）和临翠阁，阁前为一尊汉白玉座的寿星雕像，再前行为一座假山，山上有亭可供游人憩坐，山旁堆有山石。1992年，由全区共青团员集资，雕雷锋半身塑像一尊，立于颐寿园之内。颐寿园以东为儿童乐园，圆形大门外有一广场，与颐寿园相对，两园之间为光明路，中设巨型安全岛，岛内为椭圆形蓄水池，夏秋之季，八面来风，为游人去暑纳凉的好去处。园内建有喷水池，中矗“五子夺莲”汉白玉石雕，其后为游戏场，内设滑梯、转椅及碰碰车场地等。1993年，园区将一尊少年英雄赖宁的半身塑像立于儿童园内，以资纪念。颐寿园以西是青年园，园内遍布花卉，有九曲游廊凌于人工水渠之上，是青年人读书看报、交际娱乐之理想场所。

三园内甬路外遍铺草坪，广植桐、杨、槐、柳等乔木六百七十八株，灌木九十余株，常绿树木六百七十五株，沿墙植“爬山虎”六百余株。

1987年国庆节，杨柳青公园正式向游人免费开放，每日清晨中老年人群集晨练，也是青年人交友、健身之场所。最让自己留恋的就是儿童乐园了，那个时候能玩碰碰车已经是很前卫的了，节假日人流不息，旧貌新颜，昔日臭水河变成了人间福地。

2002年，为了发展杨柳青文旅产业，恢复南运河故道，又重新开挖了南运河，形成了如今新河道与故道合围的元宝岛，依托南运河故道，形成了风景秀美的御河景区，而曾经的带状公园只依稀留在了那一代人的记忆中。

故垣趣话

杨柳青是历史文化名镇。许多重大历史事件发生在这里，诸多名人与这里结缘，众多的民间、民俗文化在这里传承。这里的诸多街巷、建筑的背后都有各自的典故，都各有着一段趣话。我们把这些典故、趣话汇集于此，既为古镇文脉之传承，也作为规划与设计杨柳青大运河国家文化公园的参考。

杨柳青之名最早见于何处？

——发现《朱窝杨柳青》诗

冯　立

作为地名，杨柳青充满了诗情画意。然而杨柳青之名最早形成于何时呢？据天津社会科学院出版社2005年出版的《杨柳青镇志》记载："元至正三年(1343)，文人揭傒斯游历至此，因赋《杨柳青谣》，得名'杨柳青'，始见今称。"《西青区地名志》也持此说法。长久以来，揭傒斯为杨柳青留名的说法受到广泛认同，而究其原因恐怕与《杨柳青谣》被认定为杨柳青作为地名的最早文献有关。然而，在"寻根大运河"活动中，这种说法被否定了，我们发现了比《杨柳青谣》更早的文献记有杨柳青的大名。这就是元代著名诗人袁桷的《朱窝杨柳青》诗。

我们是在查阅古代文献时，在清代乾隆年间的《钦定日下旧闻考》第一百十二卷"臣等谨按柳口镇直沽寨俱属天津"条目关于杨柳青的小注中发现有一首《朱窝杨柳青》诗，作者是袁桷。诗曰：

朱窝杨柳青，自爱青青好。
亦如远行客，相逢不知老。

诗的后面注有出处——《清容居士集》。此诗引起了我们极大的兴趣，因为包括《杨柳青古诗萃》等所有辑录杨柳青古诗的书籍均未收录过此诗。于是，我们找来《清容居士集》，在第十三卷中，我们发现了古风《朱窝杨柳青地近沧州，余爱其名雅，作古调五首》，不只是《钦定日下旧闻考》所载的那一

首,而是共有五首!今录如下:

一

朱窝杨柳青,明日是清明。
地下不识醉,悲欢总人情。

二

朱窝杨柳青,客亭尘漫漫。
为你多离别,我生无由完。

三

朱窝杨柳青,黄河泻如注。
还俟飞絮时,相同入海去。

四

朱窝杨柳青,自爱青青好。
亦如远行客,相逢不知老。

五

朱窝杨柳青,桃杏斗颜色。
颜色虽不同,时节各自得。

飛吟起霞珮馭氣躡天梯碧雲布參差纖脩與巖齊
龍口巖
弄月紅玻瓈匿雲紫芙蓉近已厭狖猶納息元虛中
靈湫
靈龜道其前游鯈殿其後歲久渼自韜淸夜巖下走
朱窩楊柳青地近滄州余愛其名雅作古調五首
朱窩楊柳青明日是淸明地下不識醉悲歡總人情
朱窩楊柳青客亭塵漫漫爲你多離別我生無由完
朱窩楊柳青黃河瀉如注還俟飛絮時相同入海去
朱窩楊柳青自愛青青好亦如遠行客相逢不知老
朱窩楊柳青桃杏鬬顏色顏色雖不同時節各自得

《清容居士集》书影

作者还特别标明:“朱窝杨柳青地近沧州,余爱其名雅,作古调五首。”元代时,杨柳青分属武清县和靖海县(今静海县)。而靖海在元代曾长期属于清州(今河北省青县),归河间路管辖。而沧州也属于河间路,确实两地相近。至于作者为什么把杨柳青称为朱窝杨柳青,我们不得而知。“朱窝”是骰子的别称,也被借指赌场。或许杨柳青在当时运河岸边以赌场闻名?这也未可知。我们注意到,《朱窝杨柳青》诗被《御选宋金元明四朝诗》《御选元诗》《元诗选》等收录,但基本没有收全五首诗的。有趣的是,有的诗集在收录时还把袁桷原来标注的“作古调五首”改为“作古调三首”。看来做搜集史料和考证工作不查阅原著不行啊!

那么《朱窝杨柳青》诗是否早于揭傒斯的《杨柳青谣》呢？这个问题关系到此诗是否为记载杨柳青地名的最早文献，我们为此查阅了相关文献。

此诗作者袁桷是元代著名才子，1266年出生，卒于1327年，字伯长，号清容居士，晚号见一居士。他是庆元鄞县(今为浙江宁波鄞州区)人，元朝重要史学家、文学家、藏书家、书法家，是浙东史学派的代表人物之一。元朝大德年间(1297—1307)，历任翰林国史院检阅官、翰林直学士、知制诰、同修国史。后来又拜为侍讲学士。袁桷奉旨修元成宗、元武宗、元仁宗三朝大典，获元英宗赏识，并参与宋、辽、金史的撰写。泰定时辞官还乡，赠中书省参知政事，逝世后被追封为陈留郡公，谥文清。

据钱基博《中国文学史》讲，元代文学“及孟頫以宋王孙征起，风流儒雅，天子侧席；邓文原、袁桷连茹接踵，而南风亦竞，于是虞、杨、范、揭，南州之秀，一时并起”。(编者按：这里所说的“虞、杨、范、揭”是指虞集、杨载、范梈、揭傒斯，这四个人被称为元诗四大家。)而纪晓岚等人在编纂《四库全书》时则称赞袁桷“其诗格俊迈高华，造语亦多工炼，卓然能自成一家。盖桷本旧家文献之遗，又当大德延祐间为元治极盛之际，故其著作宏富、气象光昌，蔚为承平雅颂之声。文采风流遂为虞、杨、范、揭等先路之导，其承前启后称一代文章之巨公良无愧色矣！”可见在文学上袁桷是早于揭傒斯(1274—1344)等人成名的前辈大家，是他们的“先路之导”。

而在《清容居士集》题跋中，《书正肃公惩忿窒欲题扁》一篇袁桷的落款为“泰定二年上巳日”(编者按：旧时指农历三月的第一个巳日)。由此可以推定《朱窝杨柳青》诗肯定作于泰定二年(1325)之前，是早于至正三年(1343)揭傒斯所作的《杨柳青谣》的。而《清容居士集》也早于收录《杨柳青谣》的揭傒斯文集《文安集》刻印出版。可见，收录《朱窝杨柳青》诗的《清容居士集》是最早记录杨柳青之名的古代文献。

话说杨柳青元宝岛部分地名

谢连华

杨柳青元宝岛，是一个由南运河故道和新河道包围而成的人工岛。这里的历史源远流长和文化资源丰厚，岛内部分地名，除名称吸引人外，其内涵和来历，亦有可说之处。

一、紫竹庵

紫竹庵位于杨柳青中部，南运河南侧，面临武汛前街，长六十米，宽三十米，在庵堂旧址扩建而成，居民约二十余户。

相传，清朝嘉庆年间这里就建有紫竹庵，它的围墙似龙脊，且为土红色，镇民习惯称呼为红墙庙，清末流传的杨柳青十景之一的女墙残月，即指此处。庵内供奉鱼篮菩萨，配有协天大帝(即关公)、周仓、关平、二郎神和哪吒。院内曾有古槐三棵，为建庵时所种，三人才能合围，树身多孔，多有神话传说。每年阴历七月十五，庵内举办盂兰盆会，至夜施放河灯，沿南运河顺流而下，绵延数里，佛音缭绕，缈若仙境。

二十世纪五十年代以后，废庵兴学，改为杨柳青第五小学十五街分校。二十世纪七十年代校址迁移，改建民宅。虽庵堂不在，此地却也以庵得名，流传至今。

二、玉皇庙

玉皇庙位于元宝岛西岛界内，为杨柳青镇十五街原居住区振兴道东端两侧(今已无存)。居住区以砖木结构平房为主。

此地名来源于一座寺庙。明代崇祯年间，为天泉法师所建，大殿三楹，内部供奉玉皇大帝、王母娘娘、日、月、雷、电诸神，左右两侧为二十八星宿、三清教主，西侧有碧霞元君、眼光娘娘、送子娘娘。山门内有四大金刚，高大威武。明末天津总兵周遇吉在此伏击窜入关内滋扰的清军，以少胜多，传为佳话。清朝顺治年间，天泉法师坐化，葬于庙东南坡下，并建三塔。玉皇庙遂托于白衣庙、大王庙道士管理，在庙北建道士宅邸。咸丰三年(1853)，庙宇被焚，逐渐破败至无存。后世在此遗址上建设住宅，遂成居住片，以庙为名——玉皇庙。

三、文昌阁

文昌阁位于杨柳青原和平南大街南侧，今属元宝岛东岛。占地29210平方米，建筑面积1013平方米。始建于明万历四年(1576)，天启二年(1622)被白莲教王好贤部队焚毁，崇祯七年(1634)本地士子又依原样重修。清咸丰三年(1853)又被烧毁，咸丰八年(1858)再次重修。1941年和1965年两次维修。

阁呈六角形，高15米。北为正面，带胎基座，砖石砌成，直径5.6米，高2.3米，正面出月台，比基座伸出0.82米，阶石12级，阁身有通天柱6根，拼成六角，边角长2.5米。文昌阁共有3层：第一层高3.4米，木柱外有廊，正面开门木柱间，砌墙有窗，墙外有木栏杆；第二层高3.2米，正面为隔扇门，周围有坎墙；第三层高2.9米，六面有窗，阁顶宝瓶下为6个龙头，每个龙嘴吞一个脊。顶和每层出檐下有阁铃。二层和三层的砖角拱出象鼻子，总体建筑工程玲巧、精细、壮观。整体尽现古老建筑风貌，造型挺拔俊秀，被誉为杨柳青“三宝”之一，也是杨柳青唯一保存下来历史较长的古建筑，此阁为市级文物保护单位。

1979—1981年，文昌阁以西曾建有村民胡同十一条，均为砖木结构，以此地名为文昌阁西，所以这十一条胡同也被称为文昌阁西一条、二条、三条……十一条。

四、张家园

张家园位于元宝岛东岛内，相传是清朝乾隆年间张姓人士的坟地。后世有人在此建房，遂成为居住地，推算为西至柳口路，东至龙王庙胡同（已拆除）。

五、冰窖前

此地位于元宝岛西岛内。杨柳青的冰窖行业始于清乾隆初年，由杨青巡检司与武汛衙门会办，在武衙(今十五街武汛胡同东侧)南墙外挖窖藏水。起初本名冰差，是为河路过往官船，所供食品防腐保鲜之用，经费出自镇中商户、船户。后与本地商户合作，本地经营饮食、肉类、鲜果等行业以及富户，每年按所需数量预收订款，作为冬季窖冰之用，冰差所需之费不再向商船户等敛款。

鸦片战争后，运河航道淤塞，船只渐少，王公大臣南北往来，多依靠海上轮船。在同治初年，冰差改为个体商户承包。承包者除对过往官船照常供献外，每年向杨青巡检司交银五十两及武汛租地费若干。政府发给承包者龙票(具有龙形图案的许可证)，不准其他户私窖冰块，冰差成为一种封建性的专卖把持势力，清末至民国后管理冰窖经营者为戴筱臣，民国后虽已无此特权，而仍为其一家所独占，1932年戴筱臣死后，为其兄戴连泉接办至解放。

冰窖前的地名，相传是清朝光绪六年（1880）形成。因此居住区位于戴家冰窖前边，而称“冰窖前”。

六、武汛胡同

此地位于元宝岛西岛内，隔南运河与石家大院斜对望。南起武汛前道，北至南运河，长四十二米，宽四米。砖木结构平房，原有居民八户，二十人。相传于清光绪年间形成，因此处曾设武汛衙门而得名，旁边另有武汛小胡同和武汛南胡同。

七、龙王庙胡同

此地位于元宝岛东岛内，相传是乾隆年间形成，因胡同北侧曾有一座龙王庙，故名。

八、佛爷庙胡同

此地位于元宝岛东岛内，北起和平大街，南至和平南大街，为砖木结构平房区，相传于清朝乾隆年间形成，因其紧靠佛爷庙而得名。胡同分为大胡同和小胡同，大胡同在小胡同西侧。

九、纸房胡同

此地位于元宝岛东岛内，北起和平大街，南至和平南大街，为砖木结构平房区，相传于清朝道光年间形成，原本无名。1915年，因住户王奎升在胡同南口开设捞纸作坊而得名。

十、草坝

此地位于元宝岛西岛内，隔南运河与石家大院斜对望，形成于清乾隆年间。此处系南运河转弯地带，汛期常决口，后用草捆成草龙，定桩加固以挡

洪水，故称草坝。中华人民共和国成立后，群众逐年建房，遂形成六条胡同。为砖木结构平房。

以上介绍，仅仅是杨柳青元宝岛独特地名的一部分，现在这些地方已经消失，但是我们把它们的名字记住，也就留住了那一段历史。杨柳青镇文化的博大精深、历史之深邃是我们很久都挖掘不完的。

杨柳青的几个建筑特点

冯　立

小时候走在杨柳青的街道、胡同中，经常被杨柳青的建筑震撼。裕德堂精美的品级图砖雕、抱鼓石，老塘子胡同的石磨盘路、青砖瓦舍，后大街承德堂门前气派的大影壁等都让我的心中一股自豪感油然而生，觉得自己的家乡是一个非常有文化的地方，这里的建筑都散发着文化的味道。

后来知道，杨柳青的建筑风格与大运河密不可分。曾经有文人描写杨柳青“临漕河，人家皆曲折随水，比屋如绣，树色郁然，风景可恋”。杨柳青的民居确实随运河而建，沿河房屋与街巷几乎没有正南正北的，而是垂直于运河，这应该是为了运输和取水的便捷。河沿大街的房屋更是沿着运河蜿蜒曲折，临河的一面是门，方便接收船只运来的货物，临街的一面也是门，方便货物的售卖。

大运河运来的不只是货物，还有运河沿岸的建筑艺术。杨柳青有一些建筑风格，北方非常少见，而南方却非常多。由花檐、瓦脸和滴水三部分组成瓦当结构就是如此。这种结构多见于安徽、江苏。

再有，比如八字门，这种院门的大门两侧的位置会在院墙处向内凹进一部分，留出的位置砌成台阶，从上部俯瞰就是“八”字的形状。这样既满足了自家院门有台阶的需要，又不会影响行人从自家门前通过；既可以节省空间，又体现了杨柳青人的公德意识。这种院门的样式，不管是在天津老城里，还是天津各郊县都没有。而在南方，却可以在常州、上海等地见到这种形式的院门，但也极少。

杨柳青八字随墙门

南方一种非常有特色的建筑形式——石库门，起源于太平天国时期。当时的战乱迫使江浙一带的富绅为安全起见，修建住宅时把门户改小，追求简约，把多进改为单进，以求门户严谨，于是中西合璧的石库门住宅应运而生。这种门大量吸收了江南民居的式样，用石条围箍而成，地上是石门槛，两边是石柱条，顶上是一条直的石门楣，或是“冖”字形石门楣，两端成弧形。它形态精致，苏州、上海保留较多。这种门因以石头做门框，所以得名“石箍门”，但因宁波人发“箍”字音为“库”，所以“石箍门”就讹作“石库门”了。石库门结合了中西方院门建筑的风格，安全实用，并不失美感。于是一些建筑以水泥抹框，仿制石库门的形式，我们把它叫作仿石库门。我在苏州就多次见到这种院门。应该说,石库门是一种江南特色建筑。但远在数千里之外的杨柳青居然也有这种建筑形式。原来石家的宅院、后来做过天津地区银行的杨柳青曹家胡同五号院就是这种门。

杨柳青的仿石库门

为什么杨柳青有那么多华北罕见,而外地甚至江南才有的建筑形式呢?我想,这应该是因为杨柳青是运河重要码头,而大运河连接着诸多江南城市,这些建筑形式就是从大运河上来到杨柳青的。可以说,杨柳青虽然是五方杂处,但建筑风格却不是简单的大杂烩,而是借着运河汇集了南北建筑的精华。

除了这些之外,杨柳青建筑还有一个非常有本地特色的地方,就是精美

的砖雕、石雕。就如前文提到过的裕德堂品级图，就异常精美，说是国宝也不过分。当然，精美的砖雕不只是裕德堂有，杨柳青的很多旧式民居都很讲究建筑的装饰。像杨柳青最早的大宅院石马张旧宅，其院墙上排泄雨水的沟门都有精致的雕刻。而杨柳青独有的砖雕、石雕风格就是对“外应音义决”的运用。“外应音义决”民间俗称谐音，在杨柳青年画里被广泛应用。而基于杨柳青年画的原因，“外应音义决”也被用到了杨柳青的建筑上。据当年杨柳青年画最大画庄戴廉增画店的第十九代传人戴敬勋讲，杨柳青的砖雕是用画师画好的画样子铺在砖上勾线再雕刻的。同时，年画里的谐音用法也搬到了建筑上，像石家大院的“辈辈封侯”砖雕就是代表作。

“外应音义决”是基于中华传统文化天人合一的世界观和取类比象的方法体系的一种认识世界、改造世界的具体方法，它根植于中华传统文化这棵大树。杨柳青年画、杨柳青建筑都是这棵大树上的果实。当我们欣赏杨柳青的建筑之美时，我们不得不叹服中华传统文化的博大精深，它是我们的根本！

蘼芜：杨柳青的另一种标志性植物

冯　立

杨柳青，一个充满诗情画意的名字。这是全国为数不多的，以植物命名的地方。杨柳自然是当地标志性的植物。明人蒋一葵在《长安客话》里说："杨柳青地近丁字沽，四围植柳，故名。"

其实，在河流堤岸种植杨柳是保护堤岸的普遍做法。杨柳青之所以成为地名，还有一个原因，旧时这里是地理上的重要节点。元代著名诗人袁桷说"杨柳青，地近沧州"，明代名臣于慎行的《杨柳青道中》有"望望沧州路，从兹遂渺然"句，清代诗人查曦的《杨柳青舟中》有"南望沧州曲，浮云淡远天"句。在古人看来，杨柳青是远路的开始，是重要的地理节点。而柳是留的谐音，古人有折柳送别的习俗，所以杨柳成为了倾诉别情的寄托，也成就了一个美丽的地名。

也是因为寄托别情，这里还有一种植物与杨柳一样一度成为杨柳青的标志性植物，它就是蘼芜。

蘼芜是川芎的苗，叶有香，又名蕲茝，薇芜，江蓠。蘼芜苗似芎藭，叶似当归，香气似白芷。其叶子风干后可以做香料，作为香囊的填充物。在古诗词中"蘼芜"一词多寄托夫妻分离之情。

古时，很多诗人在杨柳青所留诗句中以蘼芜与杨柳对仗。如明中书舍人潘纬就有名句"客路蘼芜绿，人家杨柳青"，于慎行亦写道"杨柳青垂驿，蘼芜绿到船"，清代著名的散文家、诗人纳兰常安《舟行杨柳青》诗中则有"落日蘼芜绿，晚烟杨柳青"之咏，顾宗泰也有诗描绘"杨柳青垂驿，蘼芜绿到船"。诗人们非常形象地描绘了旧时杨柳青蘼芜夹河、杨柳依依的美景。同时，由

于蘼芜与杨柳一样具有寄托别情的寓意,又让这些古诗和杨柳青这个名字一样有了深远的意境。

杨柳青的民间节日风俗

谢连华

民间节日风俗作为一种文化现象，有它形成和发展的条件。杨柳青交通便利，古有京杭大运河（南运河）、大清河、子牙河（西河）流经此处，把杨柳青同南方及周围各地联系起来，许多民俗文化得以传入。

明清时期，杨柳青的经济繁荣，漕运的兴盛、集市的形成使此处成为农副产品的集散中心，带动了杨柳青的商业、服务业发展。店铺林立，摊贩通衢，尤其是年画业，画店达几十家之多。因此该镇不乏殷实大户，出现了杨柳青"八大家"。这些为民间节日风俗的形成、发展奠定了物质基础。在佛教和道教的影响下，全镇先后建起寺庙三十余座，宗教文化的渗入和影响使杨柳青民间节日风俗日渐完善。

下面我们按照节日顺序，向大家介绍一下：

立春旧俗立春日，挂春牛图（年画）；祭春神，祝请粮菜丰收；烙薄饼，称春饼；豆芽与韭菜同炒，名春菜；或以面皮裹馅油炸，曰炸春卷，切萝卜蘸甜面酱谓"咬春"。

正月初一日食素，取一年素净之义。清晨更衣迎祖先，对家中尊长依次磕头行礼，再去近族尊长处行礼。

初二日接财神，晨起洗漱后，内外门大开，放鞭炮迎神。商家富户礼仪更加郑重，迎送神后全家聚早餐，稍息持名帖，往相识亲友处祝贺新年。

正月初五、初八、初九、十八、十九、廿八、廿九等日均为吃饺子例日，包圆形饺称"合子"，传说"合子夹八，越过越发，合子夹九，越过越有"。

正月十五日为元宵节。全镇各街道悬灯结彩，热闹非凡，各庙宇山门大

开接待香客,仕女接踵在灯下钻行,谓之“钻灯去百病”。太平岁月,举办民间花会。入夜,关帝、火神之偶像乘舆出巡,杂技歌舞,笙歌彻夜。

正月二十五日为添仓日。农户先于前一日晚,撒灰于地做圈形,中置五谷杂粮,谓之“打囤”;晨起用簸绕灰圈一周,谓“围囤”,取“一年丰收,仓囤皆满”之义。是日吃米饭鱼汤。神话传说:当夜为老鼠娶媳妇,全家不许点灯照明。其实春暖季节正是鼠类繁殖季节,不照明为观察是否有鼠类出没,鱼汤剩余刺骨正是对猫捕鼠的一种奖励。

二月初二日称“龙抬头”,有传统之顺口溜:“二月二,龙抬头,一年吃喝不用愁。”“二月二,照房梁,蝎子蜈蚣无处藏。”“二月二,敲炕沿,蝎子蜈蚣不见面。”“二月二过啦!懒老婆挪挪。”其意思是春节已过,毒虫开始活动,妇女也要挪挪身子找些活计干了。应节食品为摊煎饼,炒豆菜,煎焖子,此时已进入蔬菜淡季。例规当日不能挑水,怕挑进懒龙来。

二月选干支第一个丁日,文人齐集文昌阁祭供孔子。

三月清明节,在前后十天内祭供先人坟茔称扫墓,增土于墓称添坟,此时天气已暖农民开始播种。

四月份庙会较多。四月初八日,报恩寺(大寺)庙会,后改为河南佛爷庙庙会;四月初十日,白滩寺庙会;四月十五日,柳仙堂庙会;四月十七、十八日,泰山行宫(奶奶庙)庙会;四月二十三日至二十八日,药王庙庙会。清代杨柳青以药王庙庙会最热闹,庙内外各地商贩带百货云集,也有附近村花会来此演出。

五月初五日为端午节,系全年三大节之一。商店催讨外欠。住户门前插蒲艾,门上坎贴天师符红葫芦,小儿耳、头顶、肚脐间抹雄黄粉,衣后挂布虎头五色缕,屋内悬钟馗像,用黑纸雕剪形,绿纸雕蝎形,以蝎尾夹入剪刀口处,粘壁间以警惕毒虫。是日糯米粽子、三角蒸饼等均为当令食品。

五月十三日关帝庙启山门，接待香客，俗谓老爷磨刀，主雨。农谚“大旱不过五月十三”，如遇旱年仍无雨，地方上就要设坛求祈，由地方士绅上坛拈香祈祷，执苇把做草龙，涂泥巴以蚌壳做鳞，以木板承托，用四人抬起，游行于市。数十名儿童，光身化装为鱼兵虾将，摇舞随行。“天阴咧，下雨咧，谁家小孩求雨咧。”“一喝喝，两喝喝，熟了玉米吃饽饽。”“一拳头，两拳头，熟了麦子吃馒头。”街上也挂满横标，有“大雨时行”“商羊鼓舞”“普降甘霖”“础润而雨”等。绕街一周后回庙，将泥龙置庙院朝阳处终日暴晒，降雨后才将泥龙送河中。

六月六看古绣(谷秀)。六月近多雨季节，空气湿度大，容易霉变，是日宜将衣物字画等取去晾晒通风。咸丰三年(1853)以前，报恩寺有晾经会，展示经卷、袈裟、开山祖师遗像、玉印等镇庙之宝供人观赏。下旬为大雨季，有说法六月二十三日马神生日，六月二十四日关公生日，六月二十五日为灵官生日，此三日皆主雨。六月二十八日，为“秃尾巴老李”(为一无尾秃龙出巡)，更主暴风雨，遇连阴雨不晴，用纸剪一扫帚，妇女放门外，谓之“王大娘扫天晴”。

七月立秋日，希望晴天，农民称秋吊，对花生、芝麻、元豆、棉花等油料作物有利。下雨称秋傻子，主涝。立秋日食瓜叫咬秋。七月初七日，牛郎织女鹊桥相会，可称中国情人节；当日青年妇女乞巧，以绣花针放水碗中飘浮者为巧。七月十五日为中元节，去坟地祭祖。元宝岛内紫竹庵举办盂兰盆会，晚间以纸做荷花灯，下承木板，上燃小蜡烛(亦有用瓜皮放小蜡或油捻)置河中，顺河而下，备大船上载永盛清音法鼓，奏乐往返于河，至夜半始才止。

八月初一日宜晴，农谚有：“八月初一下一阵，旱到来年五月尽。”“八月十五云遮月，正月十五雪打灯。”八月十五日为中秋节，为全年三大节日之一。商号催讨外债。居民晚间于院中，摆圆形桌，陈瓜果月饼，供月神，谓之“圆月”，皆妇女儿童为之，有“男不圆月，女不祭灶”的谚语说法。八月时称旺秋，农民新谷已经登场，渔民捕鱼捉蟹，瓜果大部分成熟，各行各业，购销两旺。

九月初九日为重阳节，各家以糯黄米、糯黍米等磨粉糕，文人雅士饮宴登高于文昌阁。地主预征明年地租，在此月集市上，大批农民携粮入市求售，以支付租金，故粮食供过于求，粮价亦低于平时。

九月十七日为财神诞辰，西关帝庙、东土地祠均有财神殿堂，香火独盛，住户当日安装避风门，说把财神关在屋内。

十月初二日祭祖，以花纸剪成衣裤形，焚之曰送寒衣。立冬日谚语“立冬晴，一冬凌”“立冬阴，一冬春”。是日食水饺，以西葫或冬瓜做馅，传说“立冬吃个瓜，年年发”。

十一月冬至，做九九消寒图，绘方孔古钱八十一枚，得每日阴、暗、风、雨顺序填古钱格中，有口诀说明填画方法“冬至一阳生，河水冻成冰，上孔涂天阴，下孔涂天晴，左雾右刮风，雨雪涂当中”。填满八十一日，绕计推测土壤冷暖干湿，再过二十四天，就要春播下种了。

十二月初八日称“腊八”，以杂粮，佐菱角、果仁合煮粥。莲子、板栗、枣熟烂加糖，全家围食。泰山行宫中庵尼亦煮秫米粥施舍，普结善缘。商家则开结账单，催讨欠款。

十二月二十三日祭灶神，供饴糖球、干草料豆，将灶神像取下焚之，表示上天。

十二月最末一日为除夕。家家扫净屋宇，供奉天地神像。早在月初，各种应节商品，陆续上市，采购各种副食叫办年货，购买年画、春联、窗花、吊钱、鲜花、香烛、鞭炮等直忙到晚。拜叩尊长曰辞岁，晚间小贩沿街叫卖粽子、糕干、糖葫芦。粽子取“种子添丁”之义，糕干“步步登高”，糖葫芦是“糖堆一枝红，到老不受穷”，均取其吉利的谐音，预祝美好愿望成真。

理门与杨柳青的民风民俗

冯　立

文化名镇杨柳青是中国最早的民间禁毒组织理门的发祥地之一，而理门也对杨柳青的民风民俗产生了一定影响。

理门是严禁烟酒的，这对杨柳青民风影响很大，著名的民俗学家张次溪在他的《天津杨柳青小志》中就记载杨柳青“在理一门因严禁烟酒之益颇为昌大”，而“杨柳青以北之村乡则十之八九皆沉湎也”。旧时的杨柳青也正因为禁烟酒使人们节约了钱财，有了旺盛的精力，再加上地理位置的优越，使得杨柳青人在商业上得到很好的发展，超出周围村镇一头。近代著名思想家、政治家谭嗣同曾考察过津西理门，在他的名著《仁学》里，做了记述：理门“严斯烟酒，亦能隐为穷民节不急之费。故不论其教如何，皆能有益于民生……”

理门是中国最早的民间禁毒组织，在杨柳青曾流传有它的宣传词“外国鸦片，吗啡药针，金丹白粉，共烈十分，流入中国，害我人民，坑家败产，妻离子分，更有甚者，断子绝孙……立志戒除，断此祸根”（凭记忆）。尽管理门的禁毒没有什么严厉的约束手段，但是还是发挥了很好的作用，旧时杨柳青吸食鸦片者是很少的，这和理门的禁毒有很大的关系。

杨柳青和它的周围地区有个民俗就是喜爱葫芦，甚至把它当作一种吉祥物，近年更是出现了很多的葫芦工艺品。其实，爱葫芦的风俗是受理门影响形成的。在理门，葫芦是吉祥八宝之一。而杨柳青是理门的重要发祥地，所以人们对葫芦就更加重视了。理门内部曾有“东凭葫芦，西凭法”的说法。而民间更是流传有理门的《葫芦歌》：“小小葫芦尖又圆，天地得相装道全。

束所房屋修在内，未知仙屋未知凡。也有老来也有少，也有女来也有男。大众一同登甘露，金鼎玉炉正中悬……小小葫芦尖又圆，里面倒比外面宽。乾坤普世全装满，剩下子地放芝兰。”

杨柳青老人们还有个风俗，就是摩核桃。其实这也是理门流传下来的。过去这也是理门的一种标志。有一首《核桃歌》可以为证：“核桃本是慧人留，遗留弟子手中揉。有朝一日光明现，五字真经在里头。”

理门对杨柳青的语言也有一定影响。过去理门规定，凡是男性的成员，不论年纪大小一律互相称“爷”或者“大爷”。后来，随着这种习惯在民间的变化，也有按排行称“爷”的。杨柳青著名的理门人物就有邵二爷、于五爷、郭九爷。随着理门在天津的传播，“爷”这个叫法也就成了人们的一种习俗。过去曾有“天津卫爷多”的说法，就是源于这种习俗。

杨柳青、天津还有一种地方语言叫“缘儿了”，也是由理门而来的。过去理门承担着慈善组织的角色，在一定时候会舍粥，舍衣物等。腊八时，他们还有一种舍豆子与百姓结缘的做法，在舍豆子时还要叫喊“缘儿了，缘儿了”以吸引群众。由于百姓对这种舍豆子活动的喜爱和当时人们要豆子时争先恐后的情景，渐渐地，“缘儿了”演化成抢了、分了的地方语言了。后来由此演化出的“包缘”一词则成了买下全部商品的专用词了。

理门对杨柳青民风民俗的影响还有很多，这有待于民俗文化研究者的继续发掘。民俗文化是一种能体现地方民风和历史文化的特色文化，我们相信在杨柳青获得文化传承名镇的称号之后，随着政府对文化事业的进一步重视，杨柳青的民俗文化会得到更好的发掘。

文昌阁三奇

冯 立

文化名镇杨柳青的元宝岛上有座奇特的建筑——文昌阁。说文昌阁奇，是有原因的。因为这座始建于明代的古建筑有三个奇异处不同于其他建筑。

二十世纪九十年代的文昌阁

一、文昌阁一奇——偏僻位置

文昌阁坐落在杨柳青镇东南。过去，运河以南住户就已经比运河以北

少多了，而这里更是开洼地了。在这样一个地方建一座保佑地方文运，象征文化的建筑确实让人感到奇怪。

然而在考证之后我们发现了文昌阁这一“奇”的道理。原来，按照过去的说法，东南洼而地轻，地气外溢而难出人才，须建塔以镇之。按中国古代的《易》文化，东南属于巽地。《易·巽》说巽象风：“随风，巽。”疏云：“风既相随，无物不顺。”而按儒家说法，巽为文章之府。所以在杨柳青镇的东南洼地建这样一座塔形建筑是为了使杨柳青多出人才，这也正合了文昌阁护佑文运的性质。

二、文昌阁二奇——独特朝向

大家知道，一般北半球的建筑，特别是重要建筑，都是朝南的，这样有利于采光。而寺庙里的神像一般也都面南背北，因为这是正座。除非有特殊原因，才建坐南朝北的房子。然而，文昌阁虽然地处开洼，有的是可用土地，却不是通常的朝向。它坐南朝北，很是奇特，以至于因光线的问题很多摄影爱好者很难从正面为它拍照。

那为什么文昌阁采取如此奇特的朝向呢？其实，说来也不奇怪。文昌阁地处杨柳青南方，要护佑杨柳青镇的文运，所以它的对象应该是杨柳青。这样它便要面朝北了。而文昌阁三楼的魁星也正好把手中的朱笔点向杨柳青，似乎也因此杨柳青镇出了两位翰林，多位进士举人，至今文运昌盛。

三、文昌阁三奇——精异结构

文昌阁下层为砖石砌筑的六角形基座，前出高大的月台。首层正面开券门，阁内供奉孔子像，其余各面砌封闭型砖墙。第二层正面开设木构槅扇门，阁内供文昌帝君，其余五面以青砖围护，开设圆形或八角形透窗，外檐做木构回廊一周。三层开敞,内供奎星,六面均开设槅扇门窗,外檐为木构回廊。造型别具一格,为外地罕见。如此建筑可谓精致。而细想起来,这种精致中又透露出一种奇异。

我们发现:文昌阁一层可以说是完全由砖建成,比较密闭;二层则由砖墙和木质槅扇门和透窗构成,相对通透;三层则是六面均开设槅扇门窗,完全通透。

文昌阁为什么采取这样的结构呢?我们粗看会从建筑学的角度发现,这样下重上轻,下实上虚,有利于建筑的坚固。但与阁内布局相联系,又发现了另一层关系。阁中一层供奉的是孔子,而历史上孔子确有其人,距我们最近,很现实;二层供奉文昌帝君,他是神,而据传说他在人间有化身济世行善,似乎与我们既遥远又接近,曾有劝善书《文昌帝君阴骘文》流传;三层的魁星则是完全的神格了,让人感到有些缥缈了。文昌阁这种下实上虚的结构似乎也暗合了这种关系。

文昌阁此“三奇”反映出古镇的文化底蕴之深。而“三奇”又暗寓了文昌阁的性质。古人认为,“三奇”为“乙丙丁”,乙为东方,丙丁为南方,而文昌阁正在杨柳青东南;乙为木,丙丁为火,火明木秀有名声。而火象征文明,木象征文化,杨柳青必在文化上为人称道。

如今杨柳青被评为文化传承名镇,我们说,杨柳青在文化上确实有很多东西是值得我们继承的和继续挖掘的,也希望杨柳青能乘此“三奇”,焕发出更大的文化魅力。

杨柳青的"文笔玉印"

冯　立

杨柳青是千年古镇,也是文化名镇。历史上,杨柳青有很多人学业有成,取得功名,出过两位翰林和一批举人、秀才,在各个领域做出了自己的贡献。古人迷信堪舆,据他们的说法,杨柳青的风水极好,所以出文人,甚至有了"文笔玉印"的说法。文笔玉印要从运河岸边的文昌阁说起。

过去有杨柳青十景之说,魁阁濛雨是其中之一。魁阁即元宝岛上的文昌阁。它曾被称作杨柳青三宝之一。其他二宝——牌坊、戏楼——今已不存。其实,全国各地多建有文昌阁,为什么杨柳青的文昌阁就成了"宝"呢?

文昌阁虽然地处开洼,有的是可用土地,却不是通常的朝向。它坐南朝北,很是奇特,以至于因光线的问题很多摄影爱好者很难从正面为它拍照。

那为什么文昌阁采取如此奇特的朝向呢?其实,说来也不奇怪。文昌阁地处杨柳青南方,又要护佑杨柳青镇的文运,所以它的对象应该是杨柳青,这样它便要面朝北了。而文昌阁三楼的魁星也正好把手中的朱笔点向杨柳青。这就是所谓的"文笔"。距离文昌阁不远的大佛寺中有汉白玉石碑座,形似玉印。于是,堪舆家称其为文笔玉印。说杨柳青必然会出翰林。不管这种说法有无道理,杨柳青倒是真的出过两位翰林。

一位叫刘学谦,清同治二年(1863)生于杨柳青,就学于杨柳青乡绅创办的崇文书院。光绪八年(1882),乡试中举;光绪十二年(1886)丙戌科殿试,为二甲第六十名,赐进士出身,改庶吉士。其同科进士有徐世昌(二甲第五十五名,后任民国大总统)等人。光绪十五年(1889),任翰林院编修、国史馆协修。光绪二十年(1894),任山西道监察御史。光绪二十五年(1899),任掌云南道监察御史。光绪二十七年(1901),任礼科给事中,管理五城街道。光绪三十年(1904),任工科掌印给事中。光绪三十二年(1906),任四川永宁道,赴任途中丁忧,回家守制。宣统元年,授浙江金衢严道,次年至上海,还未到任辛亥革命起。刘学谦晚年身体不好,1916年病逝。其家南临猪市大街,北面有一后门。因为刘学谦做翰林,其家后门所在的胡同被称为翰林院后门。

另一位翰林叫杜彤。清朝同治三年(1864)出生于杨柳青,字子丹,又字仰滋。光绪十八年(1892)壬辰科二甲十四名进士,选庶吉士,入翰林,官至新疆提学使并署布政使。工书行楷。

由于这两位翰林的出现,普通百姓就更相信文笔玉印的说法了。甚至认为是,文笔与玉印形成了一条直线,这条直线正指向了刘学谦和杜彤的家宅所在地。文昌阁、大佛寺玉印与杜彤、刘学谦的家宅在一条直线上。

可以说,这是人们的一种附会,同时也是一种美好愿望的寄托。刘学谦、杜彤能中进士,点翰林与他们孜孜以求的治学精神密不可分,是勤奋努力的结果。当然,文笔玉印也许给予他们——特别是杜彤以精神上的信心和鼓励。我们权且把文笔玉印当作激励后人的美丽传说吧!希望杨柳青出现更多学业有成的人!

杨柳青的水局

谢连华

明永乐十三年(1415),京杭大运河开通后,杨柳青市面逐渐繁荣,成为南北货运交流的集散地,店铺、作坊、酒肆、茶楼、货栈鳞次栉比,构成沿河三趟各长三千米的大街。此时的杨柳青房屋均为砖木芦苇结构,且做饭、取暖均用柴火,夜晚照明也是明火,如油灯、蜡烛,一家不慎失火,往往殃及其他家。

杨柳青发展到如此,必须出现一种带有公共行会性质的救火组织,也就是类似于今天的消防组织。发生火情时,“招之即来,来之能战”。这一组织,在杨柳青称为水局。

杨柳青最早的水局,产生于清朝乾隆年间。据传说,皇帝与太后,赴泰山降香,路过杨柳青,驻跸围站(由苇席、毛毡搭成的简易房间),不想夜间失火,围站被焚,幸好黄马褂侍卫将皇帝和太后救出,没有发生不测。皇帝龙颜大怒,要处理地方官员和领侍卫内大臣,经多人求情,皇帝方才作罢。为防范发生类似情况,杨柳青地方士绅筹办灭火器具,安排身手敏捷人员,每次在皇帝巡游杨柳青或者朝廷大员前来办事休息时,负责值班值守,严防火灾,这一组织被称为支更水会,后有办公、议事场所,在围站以北。为了图个吉利,支更水会取“天子平安”之意,改称天安水居,成为杨柳青第一家水局。后来皇帝、大臣出巡减少,水局又为民间所用。

后来杨柳青又出现了位于十街奶奶庙的安离水局,位于十四街平安路的平安水局。虽有三家水局,但因相距甚远还是满足不了杨柳青救火的需求。于是各街热心好义人士,出头兴办水局,至乾隆末年,杨柳青共建有十八家水局。

这些水局的基本情况如下：

东善助水公所，在一街小梁庄火神庙旁。该所规模较小，工具仅有扁担、水桶，遇灾向其他水局助挑供水。

天安水局，一街口直门大街北口。

预防水局，二街天齐庙前大街北口路东。

天泰水局，三街天泰大街同乐胡同北口迤西。

溽德水局，四街关帝庙前大街南口路西。

普安水局，六街大寺胡同内。

众善助水公所，六街大寺胡同内。

保安水局，六街大寺胡同北口泄水沟。

六安水局，七街估衣街东口路南。

忠善水局，七街靳家大场内，一部灭火机具在运河南岸草坝下坡存放。

扫垫水局，八街改善街路北。

天一水局，八街后大道扫垫西。

安离水局一局，十街娘娘庙内。

安离水局二局，十五街紫竹庵后广场。

公议水局，十一街公议胡同。

大同水局，十三街准提庵内。

平安水局，十四街平安路中间路西。

公善助水公所，十四街白衣庙南。

1930年大同水局(胜舞老会)会众在准提庵合影

水局由总会头、各水局会头、承办、伍善、仕善组成,其具体情况如下。

总会头,为十八个水局的总协调人,一般为当地德高望重的士绅,参与各水局的章程、人选工作;遇水局修缮房屋、购置器具情况,出面协调当地官府,组织募捐;划定水局管理地段;排解各水局之间的纠纷矛盾。

水局会头,为本地域内水局的组织管理者,救火工作的总指挥和协调者。常有世代相袭情况,也有水局出资承办人兼任,但必须具有领导能力。

伍善,救火主力军,体格必须强壮,热心公益、自愿参加。主体大都为农民、小商贩、搬运工等个体工作者。平时组织救火演练,以老带新。一旦火情发生,闻锣即动,穿上号坎,到水局集合,迅速到火场灭火。可以说伍善的工作能力是一个水局至关重要的因素。

仕善,在水局只有名册,没有职务,是各水局财力的支持者,由水局界内大小商号、生活比较稳定的居民户组成。以溶德水局为例,每年春分、冬至节气,水局聚会各一次。聚会一是为了检验器械、机具残坏程度,加以修复;二是酬劳伍善,会餐相聚,有条件滋补银两。平时救火遇到苦难户,无力犒劳伍善的,也有仕善出资解决。

水局工作救火程序:

发生火情,水局闻讯,鸣锣聚集伍善,会头开锁,发放灭火机具,迅速赶赴火场;同时传锣、吹口哨、摇串鼓,按照规定路线,各水局相互传递延伸,顷刻之间,全镇铜锣、串鼓响成一片,不在片域内的水局也相应赶到支援。伍善在火场,择选有利地形,架起水机子,挑水伍善排起长队,接龙从南运河里挑水供应。如灾情较小,则迅速扑灭,相应赶来的其他水局回撤;如灾情较大,则各水局协同作战,彼此支应。灭火后,被救户,准备一堆饭菜,款待水局会头、伍善;如遇困难户,则由水局仕善款待。

水局的工具有杠杆式水压机、大旗、小旗、水桶、扁担、唧筒、喷枪、水龙布软管、挠钩、板斧、口哨、大小铜锣、串鼓、灯笼等。一个水局,至少需要千两白银支撑。除大寺胡同普安水局,由天锡堂石氏独资建立外,余者皆系集资兴办。

古寺藏春在,垂杨绿到楼

冯　立

顺运河过周家庄再往杨柳青镇里走,运河岸边曾有一古庙——白衣庙。如今,旧址犹在。

白衣庙由原处的大王庙分出。当年的大王庙信众以船户河工为主,香火收入少。于是道士在明洪熙年间募修大士殿,宣德三年(1428)建成,并筑墙与大王庙隔断,形成白衣庙。

白衣庙主要供奉白衣观音。据杨柳青的老人们讲,该庙所供奉的白衣观音背后一面塑愤怒相,因为怕小孩们看到害怕,故用布挡住。

据杨柳青地方传说和地方史志记载,天启二年(1622),山东徐鸿儒率东大乘教徒起义失败,其师父、东大乘教创始人王森的儿子王好贤率所部于当年十月过杨柳青,驻扎各寺庙,不久明兵追至,放火焚毁了白衣庙。崇祯年间,当年领兵焚庙的明军监军,忏悔焚庙事,倡议捐资重修白衣庙。崇祯十六年(1643)白衣庙重修建成并镌碑二。

民国时,废庙兴学风潮中,白衣庙被改为小学,解放后学校扩大,将大殿拆盖课室,大王庙也圈入。今杨柳青第四小学旧址是也。白衣庙有重修碑存世,二十世纪八十年代地名普查时,有关方面抄录了碑文。现今,在白衣庙附近还有很多古迹可寻。

紧挨着白衣庙遗址,有杨柳青著名的花会——三佛瑜伽会旧址。该会以表演硬气功、下油锅捞铁球、手舞烧红的铁链等为特色,曾经非常著名。

说到白衣庙,必须说说曾住锡于此的眼觉和尚。释眼觉(1796—1855),字大空,俗姓杨,青县人,住锡杨柳青之白衣庵、青县城北碧霞宫。眼觉是一个非常有文采的僧人，与天津著名才子梅成栋交好。梅成栋编写的《津门诗钞》录有眼觉的《酬赠慈珍上人》等三首诗。诗皆深具禅意。梅成栋并作按语："大空髫年落发。性明慧，日读百行，通儒书，遍阅梵典，学为吟咏。自以文翰为僧家余事，不肯炫饰。日参禅理，贫无妄求，人钦重之。"在梅成栋的诗集《欲起竹间楼存稿》也收录了他写给眼觉的《寄僧大空》等三首诗，足见二人情谊，以及梅成栋对眼觉的敬重。其中一首有"古寺藏春在，垂杨绿到楼"之句，似乎就是描写杨柳青白衣庙的。二人诗词往来，不能不说是天津文坛和杨柳青、白衣庙的一段佳话。

话说杨柳青准提庵

冯　立

在杨柳青十三街，从运河岸边，穿过板桥胡同，斜对北胡同口有一座古香古色的小庙准提庵。据史料记载，旧时的杨柳青曾有三四十座寺庙，在清道光年间刻印的《津门保甲图说》中，我们可以看到，小小的杨柳青寺庙林立。随着时光的流逝，杨柳青的众多寺庙已经淹没在岁月的长河中。而这座准提庵成为了杨柳青宗教文化的重要见证。它是《津门保甲图说》中众多寺庙中至今保存较好的一座。

准提庵是津西八大家之一的董家施舍自家住宅为庙，无住持，由董家后人世代看守。清末时成为胜舞老会练武场地，后为村委会老年活动中心。准提庵有坐北殿堂三楹，供奉木雕贴金十八手准提菩萨，刻艺精致，以各种宝石做成五脏装藏（后来毁于“文化大革命”）。殿中供器也非常古雅，不是其他寺庙能比的。山门涂朱漆，配以铜色角门环，肩墙磨砖对缝，建筑风格似北京八旗世家，很有特色。山门两侧原有石枕，刻工古朴，是元代文物，今已不存，以石狮子代替。

杨柳青的老百姓深信准提菩萨就是杨柳青的保护神。据民间传说，1948年12月30日，国民党飞机轰炸平津战役天津前线指挥部，这时菩萨显灵，就见有两只手将炸弹推到南运河中，使指挥部及当地老百姓免遭遇难。至今，杨柳青人仍把准提庵当作杨柳青的瑰宝，维护、修缮。

2014年，西青电视台《游说西青》节目专门拍摄了一集《话说准提庵》。后来，该节目在网上传播，有了一定的影响。2016年，一位朋友告诉我，他在拍摄杨柳青老镇区时，遇到一群意大利人，声称看了互联网上的视频，要来朝拜准提庵，可见杨柳青古迹魅力之大。

经堂庙胡同青石铺路所闻

王桂生

杨柳青的经堂庙胡同有一独特景观，即胡同中的青石板路。该路由四排长一米、宽三十厘米、厚二十厘米的青色条石铺砌而成。旧时的杨柳青街巷多土路，雨田泥泞，唯独这里干净、好走。至于它是怎么形成的，其说不一。

二十世纪八十年代，随着改革开放的深入，宽松的社会环境使长期禁锢的思想也有所放松，一些过去不敢提及的话题也开始成为人们闲谈的内容。

一次岳母在闲聊时谈起经堂庙胡同青石路面的事。自古以来做善事者多不愿意扬名，随着时间的推移，这件事也众说纷纭，有的说是有明年间一位李姓乡绅发财后为乡亲们出行方便而为，也有的说寺庙高僧和善男信女，捐募铺设……其实真实的情况是和岳母父亲的婚事相关。

岳母娘家是菜市贾家，祖籍山西。清朝中叶迁至西马庄村，以农业和经商为业，在运河北岸开垦了著名的贾家园。传至岳母的祖父一代共弟兄五个，岳母的祖父行五，人称贾五爷。同光年间三爷贾墨林、五爷贾怀林迁至杨柳青创业。三爷贾墨林盖起了贾家楼（大寺胡同与估衣街交口），五爷贾怀林则为自己的五个儿子均置办了一个四合院。岳母的父亲行三，生于1889年，原配夫人是前义张家的姑奶奶，因病去世，无子嗣。按当时的礼俗，丈夫需为亡妻守制三年。三年后，岳母的爷爷奶奶自然要为儿子操持续弦之事。贾家也算殷实人家，当时虽已进入民国，但门弟观念仍然很重，讲究门当户对。经过一番深思熟虑后，他们相中了聚兴布铺掌柜李二爷（字子古）的嫡长女（年龄般配，人也娴淑），李家经营农业和棉布绸缎庄，可谓门当户对。于是托人去李家说媒。岳母的父亲长得非常英俊，贾家家境也殷实，

李家自然没得说。由于是续弦，李家起初有些犹豫，但最终还是答应了这门亲事。可是，提出了一个条件：把经堂庙到后大道这段土路铺上青条石。对于这个要求，贾家一口应承下来。当然，也是花费不小。铺上青条石，李家（李家的宅院把经堂庙胡同北口）及整条胡同的住户都多有方便，善男信女前往经堂庙礼佛也不用再走泥泞土路了。二十世纪五十年代初，我与祖母去经堂庙附近煤铺买煤常走此路，那时条石尚好。如今，这条路历经百余年的沧桑，人来车往，青石板路已磨损得凹凸不平，成为了历史的痕迹。

也就是说，经堂庙的青石板路是贾家为了娶李家的女儿，应李家的要求而铺设的。

杨柳青有座"状元府"

冯 立

过去，在杨柳青大寺胡同和河沿大街交口的东南方向，兴盛胡同东面（即前文所说官斗局的东侧）有一座坐南朝北的老式青砖建筑。青石高台阶，台阶两侧有垂带石，门楼高大气派。它就是明御史中丞张愚后代所居的宅邸，人称张大中丞宅，又称会元府。

旧时科举，各省举人到京会考，称为会试，会试第一名为会元。老百姓不懂会元是什么，就把这个会试第一误解为殿试第一的状元了，把本来的会元府讹传为状元府了。经查，张愚为明嘉靖壬辰科进士，当年的会元为林春，并非张愚，其后人中是否有中过会元的，难以考证。其实，不论其家有没有出过会元，但因其祖上有战功子孙而得其荫庇，实在是杨柳青的大家族。过去其府中曾有戏楼，逢年过节要演出堂会。只从这一点就可以想见当年会元府的繁华。后来，其家逐渐衰落，该宅一度成为同丰面粉厂、军队家属宿舍。到二十世纪八十年代时，其大门就长期封闭了，但从门楼、建筑便可想见当年的气派和繁华。

会元府的初祖叫张愚，字若斋（1500—1552），明嘉靖壬辰科殿试二甲第四十六名进士，是明代戍边名将，曾任延绥镇（明代九个边防重镇之一）巡抚之职。因当时的巡抚在都察院挂御史衔而为右副都御史，故而称其为张大中丞。《卫志》记载："愚由户部主事，历升右都宪。赋性刚直，莅政明敏。巡抚延绥，严饬戎务，边境乂安。钦赐蟒玉。以劳瘵卒于官。赐谕祭，荫一子。"不仅如此，张愚还在嘉靖二十九年（1550），蒙古土默特部对明朝发动的庚戌之变中有驰援救驾之功。他五十三岁卒于官，赐谕祭，入延绥名宦祠、

天津乡贤祠。

张愚不仅是一位戍边的武将，他还著有《蕴古书屋诗文集》《浙西海防稿》等著述，《津门诗钞》中录有他的诗《思归》：

投老惟耽物外情，青山原有旧时盟。
才疏谋国无长策，学薄持身耻近名。
贫剩蠹余书百卷，家遥蝶梦月三更。
水云何日梅花外，结个茅庵了一生。

张愚去世后葬于杨柳青镇东南，即今元宝岛东南部对岸的成发佳苑所在地。其墓修建于明嘉靖三十一年(1552)，崇祯四年(1631)重修。墓地面积为两千平方米，原有高大封土堆、牌坊、享堂、石五供、燎炉、石羊、石马、翁仲等。正因为其墓地多石人、石马，其定居在杨柳青的后人被称为石马张家。

据记载，张愚墓有碑五，题撰者包括徐光启、李春芳、于慎行、钱象声等，都是当时的显贵人物。其碑现已无存，我们只能看到旧版《天津县新志》中记载的徐光启所撰写的碑文《重修张大中丞公墓碑记》，碑文记述了张愚的生平和张愚墓曾经的风貌，并介绍了重修张愚墓的情况。

据碑文载，张愚镇守延绥时：

军中感愤乐战，有投石超距之气，皆愿得一当虏，而公特严防御，以伺叵测，不欲邀功。所修筑城堡，墩台四千六百所，特有备以无患，每遇虏入寇，出拒战，斩首辄百许级，所获器械，名马以数千计，时套贼入犯辄不利，乃相戒曰："张太师在，我何以自贻伊感。"于是，督府及部使者上功格，赐宝钞、飞鱼锦嘉劳之。未及满秩而卒。奇谋秘画，多不传于世。

张愚卒于任上，“嘉靖甲寅（编者按：嘉靖三十三年，1554年）十二月二十七，葬于杨柳青之原。东西六十飨台以便祭扫，又前十六步□之处，二十四步为墓门，门以内五步左右为亭者四，一碑，两表，一碑墓记，而左右所列翁仲石物等如常仪。基图弘广，木石壮丽，松柏森蔚，风烟杳霭，真巨观也，历年即远，公子孙各附葬于后，凡三封”。可见当时张愚墓的规模。从徐光启等人能应邀为张愚墓撰写碑文，我们也可以知道张愚在当时的地位和影响力。

但随着岁月的流逝，其墓地没有得到很好的保护。石人、石马等文物被毁坏、盗掘，只是偶有石人、石马出现，成为旧时杨柳青的一景，被称为石马坑。“文化大革命”时曾有农民发现坑中有石赑屃，但因文物保护意识缺乏，只是想着用它搞生产，创造价值，于是把石赑屃脑袋砸下来，沤了白灰。可见，对文化的无知导致对文化价值的无视，而急功近利则是破坏文化的元凶。

正安堂老公所
——世界最早的民间禁毒场所

冯 立

杨柳青的很多民间习俗与大运河分不开，她更是一些民间文化、民间信仰传播的中转地。很多民间习俗、民间文化、民间信仰在杨柳青得以发扬光大。如今，您还能在杨柳青寻访到与此相关的很多遗迹，杨柳青十街的正安堂老公所遗迹就是其中之一。

正安堂老公所位于十街老公所胡同。有青砖拱门一座。拱门高约三米多，古朴淡拙，风格素雅，上砌花檐，镶有青方砖匾额，砖上刻隶书“正安堂老公所”六字，旧时六字刷有红漆，如今已经褪色。此胡同因旧时有“正安堂老公所”坐落其中而得名，如今胡同中的六号院就是正安堂老公所的遗址。

正安堂老公所是理门信众的活动场所。理门是一个产生于清朝初期，于清朝中后期兴盛起来，带有民间宗教色彩，以禁戒烟酒、鸦片为主要特色的民间慈善组织，曾盛行于大江南北，过去曾有“南洪门，北理门”之说。

理门的创始人叫羊来如。羊来如是明末清初的民间传奇人物，本姓杨，名泽，字廷贤，山东即墨县人。史书记载，明崇祯十六年(1643)，杨泽二十二岁时，中癸未科进士。未及殿试，李自成攻陷北京。当时杨泽正在其朋友吏部考功司员外郎许直家中。杨泽忠于明朝，得知崇祯死讯后欲殉国。许直劝其“君未仕，尚可全孝，宜归里奉母，以策后图”。次日早晨，杨泽发现许直已自缢身亡，乃遵许直所嘱，挥泪回乡。杨泽回乡孝奉其母终老，后又守墓三年。此时清朝已定都北京，征召明朝遗老。杨泽为避征诏，改姓羊，名宰，后取号来如，隐居于蓟州岐山澜水洞，参禅打坐，研究理学，闭关四十九年。

后来羊来如心有所得，创立了一套以儒家忠孝思想为主，综合了佛、道两家的思想，后来系统化，称为在理，也叫理门。由于羊来如极其反对烟酒，禁戒烟酒便成为了理门的最主要特色。康熙四十年（1701），羊来如八十一岁时下山传道，从正定到东安（今河北省廊坊市安次），历时五载，跋涉千里，度化八处，择孝子义士，传弟子十五人，史称羊祖八度。其中第五度在天津，第六度在杨柳青。

据理门传说，当年羊来如来到了杨柳青碾坨咀渡口，见此间景致秀丽，民风淳朴，心忖此地必有贤士，不如在这里观察一下，收一弟子。于是，羊来如面向运河，在河边双杨柳树下盘膝打坐观察过往行人。有一位叫董琥的人，见这个老者两眼炯炯有神，相貌不凡，心生尊敬。于是二人相互问答，越来越投机。

此时又有刘姓、达姓二人踊跃向前道："老人家大发慈悲，也收我们二人为弟子吧。"羊来如看二人面貌善良，审其来意，又很至诚，于是答应了他们的请求，为他们一一讲解了世界、人生的道理。此后分别赐他们法号董来真、刘来纯、达来鼎。讲毕，羊来如飘然离去。

后来，董来真并不满足于所学，希望能得到羊来如更多的教诲。于是，董来真便到羊来如的隐居地蓟州岐山去朝山。可是谁知，这是羊来如已经"火炼金身"（去世）。董来真正在悲伤之际，发现羊来如的遗蜕旁有一个包裹。于是，董来真打开查看。原来是羊来如为使理门流传所整理的一套包括集会、歌赞、摆斋等内容的较为完善的规章制度。董来真得到包裹便回杨柳青去，按照包裹规定的程序开始传播戒烟酒的思想。乾隆三十二年（1767），董来真在杨柳青老公所胡同建立了杨柳青理门的第一个活动场所——正安堂老公所。该公所位于现在的老公所胡同六号院。过去，院内正房为佛堂，东厢房为伙房，西厢房为活动休息室，在厢房与南方之间有月

亮门，门旁种有竹子，是杨柳青人独有的公众活动场所，很多老年人至今记忆犹存。这是世界上最早的理门公所，也是中国最早的民间禁毒活动场所。从此，理门在杨柳青便传开了。《天津杨柳青小志》记载，杨柳青"在理一门因禁烟酒之宜颇为昌大"。

清朝中期，鸦片开始流入我国，许多人吸嗜成瘾，搞得意志消沉，形销骨立，弄坏了身体，更有甚者竟至妻离子散，倾家荡产。而以古镇杨柳青为代表的西青地区吸毒者却很少，杨柳青人也因此能够积累资金，使杨柳青的商贸越来越发达。这得益于西青地区的民间禁毒风潮。对此，理门功不可没。

宣统三年(1911)，杨柳青正安堂理门传人翟树荣、戴文澜曾专门作《杨祖遗训》，记述了在理教禁毒的情况，称其"最大之功，最上之智，莫若预禁鸦片一事焉。夫鸦片一物，自道光年间流入中国，至今将及百年。而此百年中，上自王公，下及黎庶，无不喷云吐雾一榻横陈，国弱民贫，已达于极点矣！理门一教，孑然独立，力摒其非。而勇于改过之士，乘机断戒，由晦入明，真不知凡几矣。故至今名望愈彰云"。

理门禁毒有功，也因此获得了很高的社会声誉。道光十八年(1838)，林则徐任湖广总督，同年十一月，任钦差大臣，查禁鸦片，并节制广东水师。这期间，林则徐以"在理戒除"再加上查禁贩卖来禁烟，三个月立收成效。南方各省群众纷纷投入在理门下，互相劝勉戒烟。因在理教协助政府禁烟，林则徐曾给予其数次嘉奖。1925年，毛泽东同志在其撰写的《中国社会各阶级的分析》一文中甚至将"在理会"(理门)视为潜在的革命力量。[①]在1936年4月25日发布的《为创立全国各党各派的抗日人民阵线宣言》中，中共中央更是专门点名号召理门加入抗日人民阵线中。可见理门在当时的影响之大。

---

① 见《中国社会各阶级的分析》，《毛泽东选集》(第一卷)，人民出版社，1991年，第8页。

解放后，尽管当时大多数民间组织，特别是有宗教色彩的民间组织被定为反动会道门，但理门没有被定为反动会门组织，仍然在民间活动。到了1957年，国家实现公私合营，理门失去了原有的以小商贾为主要支持者的经济来源，但港台和海外仍有理门后裔，并且有相当影响。

如今理门另一个支派五方派发源地积善堂公所已经完全没有了遗迹。理门的祖庭遗迹只有老公所胡同和其中的六号院了。这应该是全世界建立最早的理门公所遗迹了，对研究理门历史和世界禁毒史有着重要的文物价值。

太平天国北伐在西青

李　刚

清咸丰三年(1853),太平天国定都南京后,决定派兵北伐,早日夺取在全国的胜利。太平天国组成的北伐军计两万余众,其首领是天官副丞相林凤祥、地官正丞相李开芳。是年五月,北伐军从扬州出发,至浦口,与春官副丞相吉文元、检点朱锡锟部会集,先后北上。遵照洪秀全关于"师行间道,疾趋燕都,无贪攻城夺地"之命,迅速入皖,连下滁州、临淮关、凤阳、怀远、蒙城、亳州。六月,大败清河南巡抚陆应谷部,占领重镇归德(今商丘市),攻开封未果,进驻朱仙镇,派人带密奏(即《林凤祥、李开芳、吉文元、朱锡锟北伐回禀》)返京,报告入豫战况。寻于汜水、巩县觅船渡过黄河(因船少人多,追兵又至,一部分未及渡河,经新郑、长葛、许州、遂平、确山等地南归,经湖北麻城。八月,至安徽太湖,后与西征军会合),克温县,围怀庆(今沁阳)。九月,撤围,自济源进入山西,克垣曲、绛县、曲沃、平阳(今临汾)、洪洞,经屯留,占领潞城、黎城折回河南,自河北涉县、武安进入直隶。克临洺关(在今邯郸市永年区),击败清钦差大臣、直隶总督讷尔经额所部万余人,乘胜占沙河,旋下任县、隆平(今隆尧县)、柏乡、赵州(今赵县)、栾城、藁城、晋州、深州等地。十月十三日,抵张登镇,距保定仅六十余里,北京大震,设巡访所,宣布戒严,咸丰帝准备逃往热河行宫,官绅逃迁达三万户。北伐军因北面敌屯重兵,转而东进,克献县、交河、沧州等地,继占静海及所属独流镇,前锋抵达杨柳青。

太平军北伐进入直隶后,沿途不断招募收编,所以队伍规模不断扩大,其先头部队驻扎杨柳青后,太平天国北伐军的兵力已逾四万。十月廿九日,经沧州到达静海县，知县江安澜闻讯投水自杀。林凤祥即据静海县城，驻守指挥。三十日，李开芳即率领北伐军兵分两路向东进发，一路由静海县良王庄沿运河南岸进抵今西青区汪庄子附近；一路由杨柳青出发，沿运河开进今西青区曹庄子附近一处叫黄家坟地的开阔地。黄家坟地位于曹庄子北，占地约百亩。太平军北伐部队到此后，便埋锅造饭，伺机向天津城发起进攻，曹庄子距天津城仅十余里。是日中午，沿运河两岸挺进的北伐军部队很快便控制了今西青区大、小稍直口以西沿河的各村庄。北伐军的先头部队约五百人，已与防守天津的地方民团交上了火。当时防守天津的清军只有一千余人，防守大沽口与军粮城、葛沽等地。天津城厢有长芦盐运史杨霈和盐御史文谦招募的练勇（芦团）约一千人，盐商张锦文与知县谢子澄招募的团练四千人，还有释放出来的囚犯及留守的老弱残兵及宜兴埠猎户等，兵力总数约七千人，是北伐军的六分之一。张锦文与谢子澄所招募的临时团练和新组织的狱囚等，都是没有经过战阵操练的乌合之众，所依赖的只是芦团的一千杆大抬枪和城外的几尊大炮。

张锦文、谢子澄受到九月初三日大雨运河水漫芥园堤岸的启发，他们灭绝人性地扒开河堤，让河水向西南漫灌，汹涌的大水很快便淹没了上百个村庄，其水势直达沧州南的捷地村，这样就迫使北伐军只能从大水东北面一条狭长地带进攻。在狭长地带里，芦团布置抬枪火力，并在南路水浅处布置了宜兴埠的“鸭子排”（打野鸭、大雁用的小船，上置火枪）。战事进行到晚，北伐军的三次猛攻皆告失败。号称“开山王”的颜三指挥部队予以强攻，双方反复争夺，拼死肉搏，但由于只投入一千余人参加战斗，加之地形不熟，指挥失误，所以北伐军的三次冲锋都失败了，先锋官颜三壮烈牺牲，部下伤亡二百余人，清军芦团亦被打死十几人。太平天国北伐军初攻受挫，部队退回汪庄子、杨柳青一带，退入杨柳青的北伐军部队驻扎在报恩寺、山西会馆、文昌

阁、玉皇庙等处扎营休息。北伐军集合在一起，于运河北岸镇内构筑工事，只留少数通道出入口，其他朝外的街道、巷口一律使用木板、沙袋等封闭，准备长期固守，等待援军。

北伐军在固守待援的同时，积极开展了强劲的政治宣传活动。他们利用杨柳青年画传播太平天国革命思想，征年画画师为其作宣传画，当时著名的杨柳青画师"阎美人"所画的《北伐图》摹本，迄今仍有流传。并召开"英雄会"，褒奖作战有功的将士，有一幅寓示"英雄会"的杨柳青年画曾由其首领李开芳亲自题字。太平天国北伐军在杨柳青驻扎期间，还印制了甲寅历（太平天国纪年，即1854年）。一首"争天下，打天下，穷爷们天不怕来，地不怕，杀到杨柳青，北京朝廷发了懵！杀到天津卫，咸丰皇帝快让位"的太平天国革命歌谣，在西青境内的运河两岸地区广为流传。

不久，清军统帅胜保率精锐的八旗兵一个营（约五百人），从子牙河北岸进入天津。同时清政府又派出参赞大臣、蒙古王公僧格林沁率军进驻武清县王庆坨镇。这样便对驻守在杨柳青镇的北伐军形成夹击之势。李开芳考虑到林凤祥在静海，相隔较远，不便呼应，认为率领部队转迁独流更为有利。十一月初七日，部队由水路浩浩荡荡地向独流镇开进。临行时，为阻挡清军，北伐军将报恩寺、山西会馆、玉皇庙、文昌阁等建筑物予以焚烧。清军得知太平天国北伐军败退情报后，开赴杨柳青，清军胜保部队到达杨柳青后并没有扑灭正在燃烧的熊熊大火，而是越过火场，将镇内西部的商号、典当洗掠一空。原本市面繁盛的街道，变得死气萧条。十一月下旬，清军将领将大营移驻良王庄。李开芳在独流筑起坚固的寨栅，挖壕注水，开始了艰苦的阵地防御战。起初北伐军全体将士不畏牺牲保卫战打得颇为顺利，在几次战斗中，杀死清军副都统佟鉴、天津县知县谢子澄以及清军数百人，缴获大炮四尊与大批枪支弹药。迨进至转年一月，天寒地冻，风雪飘扬，北伐军多为两广人，有的还光着脚板，身着单衣，严重影响了战斗力。北伐军在此坚持了近百日，时粮弹不继，隆冬缺衣，援军不达，困难重重，只好向南突围。经大城、束城、献县退至东光县连镇、冯家口等地待援。未几，清军重兵攻陷连镇，林凤祥被俘，至此太平天国北伐失败。

话说席市大街

冯　立

如果说杨柳青因运河而兴，那么我们能够找到的考古证据就是席市大街古遗址，它于1992年在杨柳青席市大街的基建工程中被发现，面积约一千平方米。据《西青区志》等资料记载，按地层分层次地发现了包括金、元、明三个不同历史阶段的陶器、瓷器残片和墓砖、度量衡用具以及一枚日本“宽永通宝”钱币。在出土文物中，有一大批纹饰繁复、款式多样的明代青花瓷器的残片。据当时进行考古挖掘的天津市考古专家推断，此遗址是当时漕运的中转站。

可以说，席市大街的古遗址证明了杨柳青自金代就是大运河上的重要节点，同时也证明了席市大街一带自金代就已经有居民了。随着岁月流逝，能够证明杨柳青历史的很多东西都已不见，但好在席市大街仍在。

席市大街西起药王庙前大街，东至菜市大街南口，东与猪市大街相接，长两百零七米，宽四至五米。旧时每逢一、六集日，外乡如杨芬港、胜芳、台头和本镇居民来此出售苇席和荆柳筐蓝等，因此得名。

旧时的席市大街也是杨柳青寺庙的聚集地。其东口紧邻泰山庙（即娘娘庙），中段北侧有建于明代宣德乙卯年（1435）主祀玄武大帝的玄帝庙，中段南侧有火神庙。席市大街西口有地藏庵，供奉地藏菩萨和观音菩萨等，清道光年间绘制的《津门保甲图说》称其为菩萨庙。在河南紫竹庵（紫竹林）未建时，每逢农历七月十五盂兰盆节，地藏庵都要举行盂兰盆会，超度亡灵。晚间，杨柳青的男女老少以瓜皮置油捻，放到河中，顺流而下，河灯一片流星，数里始熄。还以大船载清音法鼓老会，吹奏法鼓，沿河往返，至午夜方息。

旧时,在地藏庵和玄帝庙之间有税局,《津门保甲图说》有明确记载。而税局是在相当级别的地方才设立,从税局的存在,我们也可以看出当年杨柳青的重要性。西青区一些志书上说的“境内各项税收由天津县衙及静海县衙负责征集”“由‘户房’掌管财政与税赋”的说法似不正确。

旧时,席市大街的重要性还在于,它是人们买卖杨柳青年画的集市所在地。杨柳青的画市位于席市大街,玄帝观至泰山庙中间,平时并无集市。每年农历腊月十一日起,贩画者就把南乡炒米店、古佛寺及本镇等年画作坊刊印的木版年画,以及门神、灶王、全神像、春联趸来,把样画挂在墙上供人选购。此外剪纸、窗花、吊钱等节日装饰品也都集中在此贩卖,直至除夕晚间,始行画市才收,这热闹的场面需要等到第二年再见了。

可以说,席市大街是杨柳青历史和文化的重要载体,我们应该予以应有的重视和保护。

话说菜市大街

冯　立

菜市大街位于杨柳青镇中部，南起猪市大街，北至后大道，西与药王庙东大街相通，东接永兴利横街（已拆毁），全长两百一十多米。《天津市地名志·西青区》说菜市大街“相传于清光绪八年（1882）形成”。但我们发现在清道光年间绘制的《津门保甲图说》中，菜市大街的格局已清晰可见，所以，菜市大街的形成应不晚于清道光年间。

旧时，沿运河两岸的杨柳青及其周边村庄盛产蔬菜，特别是青麻叶大白菜、沙窝萝卜尤为知名。大批量的蔬菜，往往以船只通过运河运往天津市区。而一些种园圃的小户，则在一大早担担来到杨柳青贩卖，其价格与天津市区相差无几。而这些小贩集中卖菜的地点就在现在的菜市大街南头，这也是菜市大街之名的由来。

菜市大街地处杨柳青中心，且有较悠久的历史，至今保留着一些古旧而又精致的建筑。《西青区第三次文物普查宣传手册》中列举的菜市大街七号院就是一例。据介绍，菜市大街七号院为一进三合院，布局紧凑，坐东朝西，临街开有随墙门，北侧跨一厢房，门道内开门，厢房后檐用筒瓦砌瓦画并与随墙门砖栏板相连。北房三间东侧跨一间耳房，五檩硬山，清水脊，布瓦墙面，砖挑檐，素面戗檐砖，坎墙砌海棠池。东厢房两间，石台明，砖坎墙，帘架门。该书评价说，此处院落布局虽有些紧凑，但建筑做法规矩，非一般小户人家能比。

其实，从照片看，虽然由于居民晾晒衣物及放置杂物，院子稍显凌乱，但遮不住原本的雅致。这或许只是杨柳青众多藏在深处无人知的雅致院落的一个吧？或许有更多这样的杨柳青先人留给我们的历史文化珍宝等待我们去挖掘，去保护，去认识呢！

霍元甲的武功学自这里

冯　立

精武文化是西青历史文化的重要组成部分，它的创始人霍元甲是西青精武镇小南河人。那么，精武文化、霍元甲与大运河、杨柳青会有密切的关系吗？有！

众所周知，霍元甲家传武术是迷踪拳，但霍元甲创立精武会之后，精武会的精武潭腿名扬天下。那么，霍元甲的潭腿功夫是跟谁学的呢？

中国武术有“南拳北腿”之称，“北腿”以潭腿等为代表。据传，潭腿始创于宋初，其创始人为昆仑大师。昆仑大师原名不详，只知其本为五代后周的大将。他曾奉命远征东海，此间，赵匡胤黄袍加身，篡周立宋。他自知无力回天，当即解散军队，削发为僧，隐居临清龙潭寺（今属临西），法号昆仑。大师身怀绝技且精通医术，恐失传，遂在龙潭寺（当时属于临清地界）立门收徒，又见流传武功多重拳法，而失于腿法。腿长力大，且极富隐蔽性，故大师将武术与医术融为一体，研创出以腿功见长，独具特色的潭腿武术。潭腿之“潭”因龙潭寺之“潭”而名，又称临清潭腿。据传，宋太祖赵匡胤曾召集天下英豪比武，选出十八家最好的拳术，定名为宋朝十八家，潭腿被列为十八家之首。明代时，临清潭腿与少林罗汉拳互换。于是临清潭腿有了罗汉拳，少林寺也有了潭腿。后来，少林寺又将拳架有所改动，并增添了两路，形成了少林十二路潭腿。至今，在武术界流传有十二路潭腿和十路潭腿的练法。潭腿发展至清代，达到鼎盛时期，并逐渐传入更多其他门派。

而西青地区也有潭腿的传承。

清末杨柳青有一位王国立，其家族为旗人。年轻时曾在北京做镖师，入昆仑派潭腿门。王国立回到杨柳青后在杨柳青三不管的东一胡同开了家旅店，人称王家店(这条胡同因此被称为王家店胡同)。他在店里教徒弟武功，并成立了武术组织——风云老会。杨柳青人称这个传承的武术为王家店的功夫。

王国立为人忠厚，行侠仗义，与霍元甲交情甚厚。据王家后人和高龄弟子回忆，当时霍元甲经常从南乡(小南河)来杨柳青向王国立探讨武艺，王国立还将霍元甲介绍给他在河北景县的弟子、有“赵家五虎”之称的赵连和、赵连城等，让他们切磋潭腿技艺，使霍元甲的武功有了很大的飞跃。霍元甲在上海创办精武会时，王国立应邀携弟子赵连和、赵连城前往助威，为霍元甲捐款并传授了潭腿十路拳。

2012年，笔者对杨柳青风云老会进行采访，该会老人曾经提到当年南乡的“霍喜儿”经常来老会向会头王国立学习潭腿。他们所说的“霍喜儿”其实就是霍元甲，“霍喜儿”是霍四发音的儿化。

可以说，临清潭腿沿着大运河传到北京，而后又从北京传到杨柳青，再由霍元甲承接进而形成精武潭腿，传遍了世界的。精武与大运河、杨柳青密不可分。

2012年，笔者参加西青区委、区政府组织的“寻根大运河”活动，在进行本地文史采访时，杨柳青的老人们经常提到，杨柳青人不排外，天生具有包容、融合的精神。这或许是杨柳青人借由运河从四面八方而来，互帮互助而形成。其实，这包容、融合不也正是大运河的精神内涵?

有人说，霍元甲与传统武师不同的是打破门户之见，融合了各种武术。而精武精神也充分体现了包容、融合。其实，这种包容和融合从杨柳青的风云老会就开始了。它就是包容、融合了多种武术流派。而这种精神不能不说是受了依运河而居的杨柳青人包容、不排外文化的影响。可以说是大运河孕育了精武文化。

徐宰相搭救霍元甲

晨　曲

光绪末年的一个初春，农劲荪邀霍元甲去茶馆喝茶聊天。两人谈兴正浓，忽听运河边有吵闹声。

原来，从南运河上游来一长串运皇粮的漕船，到达北大关，要在这里停泊歇脚。粮船约有百只，无法靠岸。保镖的镖师把一根木桩扔上岸，自己也跟着跳上岸来。镖师上岸后转了一圈，没找到适合打桩拴船的地方。他有些着急，一抬脚把近前的席棚子立柱踢断。这席棚子是一家简陋的炸果子铺，主人正在棚子里炸果子，席棚塌陷，祸从天降，跑出去一看，才发现棚子后面有个横眉立目的大汉。主人上前问究竟，镖师蛮横地说："皇家粮船停在此处，要在这儿打桩拴船。你这席棚子碍事了！"果子铺主人向他诉苦，逃荒到此，做个小买卖，经不住亏赔，希望镖师能给点儿补偿。没想到镖师竟破口大骂，把果子铺主人推了个仰面朝天。镖师态度傲慢，旁若无人，把木桩尖头朝下，以臂做锤，打起桩来。果子铺的主人爬起来继续跪求，镖师不耐烦，一脚把他踢开，在木桩上拴好缆绳，要扬长而去。

霍元甲看不下去了，拦住镖师与他理论。镖师自恃是皇家粮船的镖师，没把霍元甲放在眼里，让他别多管闲事。霍元甲还是拦住不让他走，希望他能给赔偿。镖师有些恼火，出言不逊，说霍元甲不知天高地厚，皇家运粮船队的事也敢管。霍元甲见他拿皇差压人，恼怒了，说："你在我怀庆药栈门口耍赖，今儿这件事我管定了！"镖师露出凶相，要教训霍元甲，突然出拳就打。霍元甲接住，与镖师过了几招，没分胜负。霍元甲有些不耐烦，挥拳直奔镖师中路。镖师急闪身，想顺势牵羊，可是没拉动，又以泰山压顶之势，扑向霍元甲。霍元甲见来了机会，使出迷踪艺中闪步劈拦掌手雷的式子，跳到镖师身后，紧跟着朝他背上猛击一掌，镖师朝前踉跄几步，一头栽倒，气喘不休。

这时，船上的运粮官看见镖师被人打倒，不禁大惊，大喊一声："不好，贼寇要抢皇家粮船。来人呀！快给我把强盗抓起来！"清兵急忙下船，把霍元甲捆了起来。

农劲荪见霍元甲被抓，急得不知怎么办好。这时，恰巧当朝体仁阁大学士徐桐（民间称为徐宰相）在不远处下船换轿。农劲荪灵机一动，忙跑去喊冤。徐桐听农劲荪禀告后，让运粮官把霍元甲带来。徐桐问清情由后，赞叹霍元甲是条好汉，又问霍元甲是哪里人。霍元甲说是卫南洼小南河人。徐阁相大喜。原来，徐桐的封地就在卫南洼大侯庄一带，离小南河不远。徐桐念及乡土之情，决心搭救霍元甲，对运粮官说："是镖师欺人在前，霍元甲打抱不平，怎能乱加罪名，说他要抢皇粮呢？把他放了吧！"运粮官只好依从，放了霍元甲。

风云老会逸事

李福鑫

千年古镇杨柳青，每年元宵节的民间花会有着悠久传统文化的历史，而其中的风云老会就是杰出的代表。

一、风云老会的兴起

大约在清朝道光、咸丰年间，山东人王国立(人称王九爷)、王子兰(人称王二爷)父子迁居杨柳青。他们以开旅店为生，俗称王家店，并创立了风云老会。以此推算，风云老会距今已有一百六十余年的历史了。

王二爷共收正式徒弟十人，大徒弟岳家霖，以下有蒋四、张五把、任连杰、宋振中、赵成祥、黄老，其他三人有待访询。

岳家霖生于1898年，出身贫寒，以打短工务农为生，原籍静海，民国初年来杨柳青。他一生习武，共拜过九位师父，将毕生精力倾注于武术之中，堪称一代武术宗师。其共传授徒弟百余人。然而，集百余人之所学，也未尝抵岳师父十之六七！

二、风云老会的武术精华

风云老会属于武林昆仑派溍腿门。溍腿为开蒙授徒第一拳术。然而，流传于世的均为十趟溍腿，能会十二趟溍腿者寥寥无几，后两趟溍腿为何会者不多呢？据老人们讲，王家店教徒分为“前店”“后店”，“前店”只教十趟溍腿，只有去“后店”练习的才教十二趟溍腿。

风云老会拳术不下百余种，涉及各个门派的各种拳种，其中又不少已经失传。如达摩二十四式,岳师父曾传授于苏延泽(天津武术协会主席苏长来之父),可惜苏延泽已故去,不知还有何人会此技艺。此外,拳术中有不轻易传的,如阴太极只曾耳闻,未见其实。此拳术属于内家功夫,一般人难以企及,岳家霖师父也仅授予李梦海。二十世纪七十年代,李梦海又将此技艺授予李家盛。至今,此拳术在武术界少有人会。据传,此拳术专打人穴位,相隔数米之外,一拳向丹田大便失禁,十分厉害故而少传。当年,李梦海练此拳术均于凌晨三四点钟,寒暑不辍。二十世纪六十年代初,一武林高手找到岳师父,要以武会友,实为踢馆。当时岳师父已年过花甲体寒力微,欲让李梦海代为对阵。来人闻之自知功夫不如,便不辞而别。此事一时传为佳话,见证者尚有数人健在。

风云老会器械达几十种,其精华莫过于枪术,其中最具代表性的当推阴手枪。当今,弟子中人会阴手枪者不少,然而,如何拆招、破招却知之者甚少。笔者于五十余年前,曾见过岳师父讲授枪术之拆招一两次。当时岳师父手握一根白蜡枪与徒弟对峙,不过几招对方身上已尽是土点。岳师父究竟是怎么进招,怎么打上的观者谁也没看明白。可见,岳师父的进招是何等地快速和敏捷,让人领略到了枪术的奥妙。岳师父在世时曾讲过,使枪最主要的:一是眼神,二是活把;可进可退,可长可短,就势进招,突出“快,活,准”三个字。

关于阴手枪的奥妙和神奇,还有一个更为传奇的故事。据传,清末风云老会的阴手枪已经誉满武林了。曾经,有一位山西武林高手,要“以武会友,拜师学艺”,要以大镗领略风云老会的阴手枪,可见来人并非等闲之辈。适时恰逢王二爷正值壮年,艺业旺盛,当场允诺。二人便在后店下了场子。阴手枪舞动起来,犹如怪蟒缠身,只见红缨子转起来如车轮大小,根本看不见枪尖儿。来人也不善,大镗舞起来呼呼带风,一般兵器根本上不了前。二人

打在一起，几十个照面未见输赢。最后，二人兵刃搭在一起，枪进不去，大镋也走不了。相持片刻来人将大镋一扔，口中叫到："我走了这么多地方，还没有人赢我的大镋呢。"此后二人结为师友切磋技艺。来人将大镋的技术全部传给王二爷，王二爷将阴手枪也传授给了来人。这一出叫作一大镋换一枪。从此风云老会便有了大镋及它的习练者并流传至今。大约在十年前，内蒙古呼和浩特市电视台采访了一位杨姓老者，其所演习的枪术称为阴把枪，与风云之阴手枪如出一辙。想必是一百多年前阴手枪又从山西流传到了内蒙古，有待考证。

民国十七年(1928)岳师父参加河北省国术比赛，以阴手枪和达摩二十四式夺得一等奖。笔者曾在二十世纪六十年代，见过此奖状，白底黑字盖有方印镶在镜框中，挂在岳家霖北屋的东墙上。可惜后来遗失，后人不能得见。

岳师父历经几位师父，所学武术甚多，只可惜许多武术未能流传至今。二十世纪六十年代，一位弟子参军入伍。行前，岳师父手指挂在墙上的一对双镢，掉着泪说，这对三十六趟翻天镢谁也没教，就教会了他。二十世纪三十年代，流传于世的评书《三侠剑》之中的夏侯商元使用过一对双镢。然而，书中对这一兵刃的叙述却是少之又少，这对兵刃如何使用、套路如何，恐怕张杰鑫(编者注：清末评书名家，《三侠剑》的创编者)老先生也未曾见过。故此，近百年来能够使用这对兵刃的真是少之又少。进入二十一世纪后，国家文化部门对中华民族传统文化越来越重视，唯独风云老会能将此技能展示给世人并录制成像流传于世，确实是武术文化的幸事。

谈及风云老会的武术精华不能不提它的器械对练，俗称打套子。风云老会传承一百多年，每年正月元宵节都要出会，打套子无疑是重头戏。现如今能够流传的武术对练套路仅几十种，在此列举一部分：双手带进枪、双刀进枪、双钩进枪、三节棍进枪、单刀进枪、刀加鞭进枪、大枪进镋、单手夺枪、龙虎斗(刀剑对练)、群大刀、醉汉擒猴等。

风云老会的对练绝不是戏剧舞台上的武打花架子,它是真刀真枪真功夫,因此每年出会都有徒弟受伤。为此,会上常年备有几十种名贵中药配制的刀伤药,即时敷上绝无问题。每年正月出会,风云弟子个个精神抖擞拿出最精彩的节目奉献给观众。每个对练节目少则二三人多则数十人,个个出彩。究竟是谁编导的呢?我想,这绝不是一两位在短时间内所能编导的。它是历经了数代武术大师跨越数百年所形成的。

以前,每年出会最为精彩的压轴大戏是岳师父的大枪进镋了。此时,岳家霖师父手握大枪一捋枪杆,枪出一条线,四平八稳,确实与众不同。对面二爷岳家存手中转动大镋摆开架势。二位兵器相交,像粘在一起似的在场子里转动。虽然没有闪展腾挪,但稳重有大将风度。到精彩处,喊好声、掌声一片。这是当年花会的高潮,也是圆满收官处。

三、风云老会的传承

风云老会传承了百余年来,几起几落、喜忧参半,个中缘由不必表述。

风云老会兴于王家店,盛于七姓庄,这是有历史渊源的。风云老会自创立以来,几十年来王家店为会头。王二爷一直掌管着“大图”。大图相当于军中的大纛旗,谁掌管着大图谁就是三军司命,就可以发号施令。到了二十世纪三四十年代,王二爷年事已高,有些力不从心。而此时,岳家霖师父正戳把式场子,一时人才济济,艺业正盛,这样风云老会的重心从杨柳青五街转移到三街七姓庄了。当时岳师父便与王二爷相商,二爷应允后,风云老会便由岳师父掌舵了。以后,每年出会、拜会等事务便由岳师父承担了。

尽管岳家霖没有文化,也没有后人,但他把热情都放在武术的传承上。

当年他主持把式场，无论徒弟们练到多晚，他都陪着，耐心传授武艺，甚至有的徒弟食宿在其家中，他也不要求回报。而徒弟们谁有困难，他都解囊相助。

作为民间花会组织，主持人就应该具有奉献精神。一代宗师岳家霖师父倾注了毕生的心血，令中华民族传统武术发扬光大。此种精神影响着一代又一代的人。

进入二十一世纪，风云老会有了长远的发展。以李家盛为代表的一代武林仁人倾注了大量的心血，以杨柳青东咀小学为基地培养了一大批青少年。让我们看到了希望，这是有目共睹，功不可没的。

随着时代的进步、社会的变迁，人民的思想观念、生活方式和文化需求都发生了翻天覆地的变化，然而中华民族的传统文化是不能丢的。传统武术是传统文化的重要组成部分，传承好传统武术是当代人的责任和使命。祝传统武术发扬光大，永放光辉。

白玉霜情断杨柳青

张一然

在评剧历史上，白玉霜大概是独一无二地拥有“电影明星”和“评剧皇后”头衔的双冠皇后，但年仅三十四岁便香消玉殒，其命运坎坷多舛，令人不胜唏嘘。

白玉霜于1907年生于天津，原名卢慧敏，幼年被其母卖给在同庆后桂花书院做跟班的李卞氏（人称胖李奶奶）当养女，改名李桂珍。养父李景春是在评剧班里唱老生的。但白玉霜的养女小白玉霜曾在回忆文章中说母亲是李景春的亲生女儿。因历史久远，已难考据。

旧社会，艺人地位低下被称作“戏子”，属下九流行业。别看白玉霜是响当当的名角，但台下的她处处受人摆布，在社会上是吃尽了苦头，也得不到家庭的任何温暖。

在养女小白玉霜的记忆中，她母亲（白玉霜）的日子真不好过，到处跑码头，担风险，赔不是。袁良当北平市长时借故嫌她演的戏有伤风化，勒令其限期离开北平。有时她不得不用全团人员挣得的血汗钱招待伪军警和记者，自己却只能啃窝头。

白玉霜在外面受了欺辱，养母并不关心她，只是想方设法地从她身上榨取钱财，逼着她迎合权贵。虽已成名，但她的命运被养母牢牢把持，她想追求美好的爱情，渴望拥有一个幸福的家庭，但养母担心白玉霜婚后的收入会被丈夫把持不再交给她，所以多次阻挠她的姻缘。白玉霜满肚怒火，却对养母毫无办法。

白玉霜活在戏班里，恋爱自然也生发在戏班里。著名评剧表演艺术家

新凤霞曾撰文讲述过白玉霜和情人私奔的往事。

白玉霜在上海唱戏红得发紫时，除去演戏，每天过着老爷太太包围、坐汽车、去饭店、打牌、跳舞、吃吃喝喝的生活，不久她就厌烦了那种庸俗无聊的生活，可又无法摆脱。在与戏班众人的日日相处中，她爱上了一个乐队里给她打梆子的乐师李永起。白玉霜跟养母一提出来，养母立马就急了，坚决不答应，哪怕白玉霜许诺给她买房、买地，外加开买卖。

白玉霜在台上唱戏，李永起在台上打梆子，二人免不了眉目传情，常被养母看见。她为了保住摇钱树，花钱买通了流氓把李永起毒打了一顿。

闯荡多年的白玉霜看清恶势力不过把她当作玩物，养母不过把她当作摇钱树，都不允许她做人妻。她痛定思痛，抛却评剧皇后的"凤冠"，以与人私奔的极端方式来争得女人正常生活的权利。戏剧家张庚当年曾撰文写道："这位红伶竟毅然决然地抛别了她的名誉地位，一走了之。这使我想起阮玲玉，想起艾霞，并且把她们和白玉霜相比。我竟觉得白玉霜是一个难得的女性。"

1937年正月的一天，白玉霜借口跟人打牌，同李永起坐飞机由上海飞到天津，跑到李永起的老家杨村。此后，她担心养母找寻，又跟着李永起跑到了运河商业名镇杨柳青。

李永起带着白玉霜住进了杨柳青的客栈邱家店，当时正处正月里，人人在家过年，店里住客稀少。这冷清局面正合了白玉霜的心意，一住就住到出了正月。这段时间，她拜当地老人孟海山做了干佬，在杨柳青算是有了熟人。

过完了年，南来北往的商客云集杨柳青。白玉霜唯恐暴露身份，不敢再住客栈，于是就拜托干佬孟海山出面帮忙在狮子胡同租了一个小宅院，随意挑了个吉日就搬了进去。

据文史学者晨曲所著《白玉霜在杨柳青》一文中描述，搬家那天，李永起在同合居饭馆里叫了六十个三鲜锅贴，并一锅木樨汤，叫送到狮子胡同去。可巧跑堂的刘二和李永起是表兄弟，二人当场相认了，饭由刘二用提盒提着和李永起一同回到了狮子胡同的新居。白玉霜久闯江湖，为人机警，得知二人的亲戚关系后，问李永起："你去叫饭还有谁知道？"刘二插嘴道："只有账桌上掌柜的知道。"

白玉霜担心掌柜的泄露了新居地址，送去个带唱盘的留声机做礼物，唱盘里灌的是她在上海拍的电影《海棠红》的唱段。其实，掌柜的是个老实人，压根儿不会多嘴。没过多少时日，又遣刘二将留声机送还给白玉霜。

白玉霜和李永起在狮子胡同住了几个月，二人感觉杨柳青实在是太热闹了，怕镇上人多口杂，万一哪天被养母找上门来呢！

于是，白玉霜跟随李永起回到男方老家。她携带的积蓄颇丰，为李永起买房置地，打算定居下来，自己也一改昔日装束，身着粗布衣衫，淡妆不假粉黛，一副村妇模样。她曾宣称："我跟李永起认命了。"她甚至还学过种地。据说，白玉霜时常与李永起架着空车兜风，玩得高兴，竟无视乡下女人不能赶车的旧规，挥舞鞭杆，大声喝道："驾！驾！"又有传说，白玉霜曾开过豆腐坊，一对情人双双磨豆腐，卖豆腐。传说是否可靠，无从稽考，但是可以想见，白玉霜决心亲手缔造不受人摆布的自由生活。跑堂刘二曾去探望过李永起，回来后念叨说："表哥表嫂干得满带劲，一个除泥，一个泥房呐。"

离开了纸醉金迷的十里洋场，告别了压迫与欺辱，展现在白玉霜面前的是无际的田野和乡民们朴实的面孔。自己心爱的男人就在身边，这让白玉霜感到无比酣畅，大概这是她一生中最幸福的时光了。

后来，有说李永起的赌瘾犯了，背着白玉霜将她带来的私蓄全都赌了个精光。这让白玉霜彻底寒了心，才决定结束私奔，重返梨园。也有评剧前辈

回忆这事时说:(跟着情人回到老家做农妇)说起来简单,做起来不容易。她(白玉霜)习惯了人人簇拥的舞台生活,看惯了阔佬、太太,少爷和小姐们。农村里满目的一片黄土庄稼,(她)怎么受得了。再加上,农村人看不惯她,过了没多久白玉霜就住烦了,待不下去了。上海的观众们想看白玉霜的戏,养母不能少了这棵摇钱树,于是托了上海有名的能人大老魏。他亲自跑到农村将白玉霜接回上海,再登舞台。李永起倒是得了白玉霜在老家帮他置办的房子和地。

等回到上海,李永起是万不能再给白玉霜打梆子了,只能另去搭班。这一段轰动全国的桃色事件就这么结了尾。

杨柳青的城墙和它的四门

徐文路

自小总听老人们说起北门,我就很好奇。记得二十世纪六七十年代,以北门取名的商店有北门粮库、北门煤场,好像这个具体的地址就在建设路(八十年代前称和平路)与新华路交口处。难道杨柳青还有城墙?就北门一个城门吗?后来偶然看到一个人的住址是东口直门。东口直门在哪儿?这东口直门是不是跟西城门有关系?这引起了我的探求欲望。按照中国建筑和习惯,有北门就有南门,如果有西门的话肯定就有东门。到底有没有东西南三门?具体地址在哪儿?

从最早记录杨柳青的清康熙本《天津府志》内查找,没有发现城门一说;清道光版《津门保甲图说》一书中也没标注有关土墙、城门的图片;民国时期的东莞张裁江撰写的《天津杨柳青小志》一文,也未见其踪影。难道说它是清以前之建筑?如果是,历史资料必有其踪迹,但通过查询,皆无。

在采访了几位九十余岁高龄的老人后,我对杨柳青土城有了一个初步的概念。第一,它始建时间大约在1931年前后,曾有老人口述,他在七八岁时看到白脖国民党士兵在夯土修墙。第二,它有四门,通常由白脖把守。

北门在旧镇(2003年以前)的新华道西段搬运宿舍与团结里之间,现在的时代豪庭(二期)社区内,具体位置大约在十号楼左右。

据我母亲讲:北门有门楼,门楼顶上能走人,两扇大铁门,有国民党士兵把守。冬天早晨开门时间一般在七点钟左右,关门时间在晚上六点钟之前;夏天开门时间比冬天早一些,大约六点钟,晚上略往后延长大概在七八点钟,有紧急时候不到点就关门了。听老人们讲,1948年12月28日北门还

在。修土城是为防止八路军游击队进入,特别是北门防备得更严,每天都有几个国民党士兵盘查路人,害怕有子牙河北岸的游击队混进杨柳青镇内。

南门在哪儿呢?大多数杨柳青人都认为没有南门,依据的是杨柳青南有南运河,以河做屏障,而事实恰恰相反。据九十余岁的阎树清老先生回忆,南门不但有,还很坐实(编者注:坚固),外人进入得费点劲儿。他描绘:紧挨运河北岸是用木桩排起来,一直接东西门城墙。从木桩中部打眼,又用铁链把它们串在一起,使木桩成为一体。从运河北岸看木桩墙,看不出它能有多大防护作用,人可以钻过两木桩之间的空隙,但钻过去却无插脚之地,自然滚落河内,有死无活。而从河面一边观瞧木桩墙极为险峻,因为下面是纤道,要想爬上河坡不借助绳索根本不可能。有人在六十年代初还看到河边埋着长短不齐的木桩。他们认为这些木桩是阻挡流坡之用,想不到它们是土城南墙。据阎老讲,他家是开澡堂子的,使用的是南运河水。每天清晨四点多钟都要把运河水挑到十几个缸内,囤一天,晚上进锅炉,第二天早上正好烧开了使用,而空着的十几口缸还要在清晨四点钟挑满。澡堂子紧挨河边,却隔着城墙,确切说透过木桩之间的空隙可以清晰看到南运河水,必须出入南门才能把水挑进缸内。阎老先生的父亲每天早上头一件事就是求看守士兵开城门。杨柳青城南门到底在哪儿呢?据阎老先生说,它大概在南运河北岸串心堂子与老堂子胡同之间,即现在的石家大院西围墙西与御河人家之间。我推测有可能南门就设在直对石家大院后门的木头桥北口,也就是现在的石家大院车大门对过。

东大门在哪儿呢?口直门大街和土城门没有关系。过了一经路市场就是二街地界。有人说再往东就是东门了,具体在哪儿说不清楚。有的说在小梁庄,有的说在三官庙附近一段不太长的土台子上,有的说在现在的四中和钢圈厂附近。我和几个人一起曾去四中和钢圈厂做了勘查,这两个地方没有任何遗迹,而且和我心中想象的土城走势不符。倒是“三官庙附近有一段不太长的土台子”,这句话引起了我的关注,查一查这个土台子的前世,走访了几位岁数在八十往上的老人,又查了几份资料。问题又出来了,三官庙在土城外,而城墙离三官庙还有一段距离,这一段土台子是否与土城有关系还需仔细调研。有上岁数的老人告诉我说,他家附近有东门内大街及东门外大街两条街,然后描述了这一区域的景象,它大概就在现在的青水家园内。这样我们终于找到东门了,位置大概就在一街刘家菜园周围,即现在的青水家园与星河湾社区相结合的大圆盘或南或北一点儿。

有老人讲,他六七岁时,经常登上东门玩耍,上城墙是从城门旁的土台阶爬上去。台阶特别陡。在此居住的谢家芹老人回忆,东门没有门楼,两扇大铁门上是半圆形,通天。东门直通天津卫,城门叫卫门,这条路叫卫道。老人说,土城墙与运河之间还留有一条土路,方便城外百姓进城购物,其宽度几乎能过马车,这条路直通街里。我推测这条路像是运河大堤。形势紧张时,国民党士兵紧闭城门,便道也用桩堵上,拉上蒺藜尬(即铁丝网)。城外人时常进城购物,有胆大的人偷着把铁丝网绞开,钻过去。

杨柳青土城墙大致是从北门向东沿着新华道内侧至大寺胡同与新华道交口处。这里有杨柳青最高的土台子,大约离地面两米多。越过大寺胡同向东顺着五街的发廊一条街再向东跨过一经路,向东南方向,止于一街的三官庙大街西,与运河大堤相接(大堤与运河之间留有一条便道)。

从北门向西顺后大道,在药王庙大街北口向西南穿进,跨过药王庙大街进十一街文明大楼后的建华一条胡同。向西望去路南突兀高出地面一米五的土台子,延绵向西而去。据在此居住的老户孙玉坤介绍,他小时候路面是土路,道南向是一堵土墙,足有两米高。在孙玉坤的指点下,我们顺着他童年时代的记忆,穿越这条土城墙遗址。

这条小马路沿着土墙一直向西，至赵家大场，土墙被平安大道斩断，我们比较平安大道两边的民居的房碱，它们均高于我们脚下的这条公路地面。孙玉坤指着对面的民居房屋土台说，他小时上学就是爬过这儿的高坡。我回过头再望来时的土墙与他说的高坡正好合垅。我们爬上去，穿过一段土路，下了高坡站在了胜利路上，发现路东向一堵高墙，民居就在高墙的上方。我们顺着高墙往南走，越走高墙越矮。一直到建设路，一条胡同高墙变成民居房屋底碱，它的斜对面就是现在的杨柳青第二小学校。这里找不到土墙的遗迹。再往西南走就是十四街香塔老会现在的活动会所，旧址是十四街老机井（老机房已拆除，旧道路被御河墅小区占据）北面的尊美道。在它们的交界处三角地带，老人指给我说，这就是西门位置。土城并没有结束，它折向南从御河墅园中的西部穿过，一直接到运河北岸。

据老人讲杨柳青土城墙遗留下来的唯一一段旧墙体，是与大寺胡同相交汇的后大道东北角处，即大众食堂后身的大土坡。从大寺胡同一面看，土台长约三十余米，从其南端向北走越走越高，至十五米处到达最高点，这是一大平台，上面一个大院子居住着人家，然后是六七米的大斜坡走道。它背面在杨柳青影剧院后院内，一堵青砖高墙与土台隔开。据老人讲，土城墙的土台子呈上窄下宽正梯字形，上宽度大约十余米，平面，靠外又砌两三米宽、高一米五的土墙垛子，上方留有瞭望孔。

墙外有护城河，河面大约三十余米宽，河中间竖有一排木桩子用铁链子系在一起，这些木桩子高大约一米九。这些木桩子的作用是防止有人偷渡。解放后，在杨柳青后大道以北开辟一条新道路，取名新华路，这条路就是护城河旧址，是拆了土城墙填埋垫起来的。据刘彦生先生讲，杨柳青邮电局就是在土城墙地基上盖起来的，施工时先扒的城墙。

杨柳青的武术记忆

冯 立

杨柳青不仅是年画之乡,还是武术之乡。这里有传统的民间武术组织风云老会、胜舞老会,走出诸多武术冠军,霍元甲曾在杨柳青王家店学习潭腿,韩慕侠在杨柳青官斗局对河训练过东北军武术团。

二十世纪八十年代,杨柳青更有诸多武术爱好者每天晨练,站桩,打拳,操练兵器。本文就对那时杨柳青的武术记忆略做记述。

一、意拳

我不是武林中人,对于武林中的传说不能负责任,也不愿争论。现在只是把那时写的东西发在这里,希望朋友们能借此沟通心境,或者悟到前人所讲的道理,而不想介入任何武林纠纷。

意拳的前身叫心意六合拳,相传为岳飞所创。流传到后世变为形意拳,到形意大师李洛能收了一个非常笨的徒弟叫郭云深。他是教了前招忘后招,教了后招忘前招,什么也记不住。李洛能实在没办法,就教了一招比较简单的崩拳。谁料想,郭云深是个极憨厚的人,学了这招后就实心实意地练习,到后来竟把这招崩拳打得出神入化,连他师父也挡不住他的这招崩拳,而且一通百通,郭云深也因此开了窍,把整个的形意拳都融会贯通了,成了一代宗师。但他的绝招还是那招别人用来很普通的崩拳。因为打出崩拳时要前跨半步,后来人们送他一个绰号叫半步崩拳打天下。

中国武术是有它秘而不宣的东西的。郭云深掌握了武术的精髓,也了解了形意拳的秘密。他把真功夫传给了儿子,但他儿子在一次意外中骑马

摔死了，只好另觅传人。同村的王家的孩子叫尼宝，后来起名叫王芗斋，体弱多病，其父送来习武。郭云深见他极聪明，便把真传教给他了。这真传便是站庄。到王芗斋十几岁时功夫已经很高，刚奉命外出历练就出名了。再后来他云游访师求友，几乎是打遍天下无对手。只是与福建南少林的心意门大师方怡庄打平手，从没胜过湖南的心意门巨匠解铁夫。但解铁夫极看重王芗斋，把他看作振兴中国武术的希望。

王芗斋也确实不负众望，通过求师访友，苦心修炼，把形意拳和少林绝学心意把相结合，创出了极富名声的实战技击拳术——意拳，也被人誉为大成拳。

世界拳击冠军英格在上海摆擂挑战中国武术，在打败几个名家后便认为中国武术是花架子，不堪一击。王芗斋听说后便向其挑战。英格看王芗斋很瘦小，拒绝跟他打，怕一拳把他打死。王芗斋说，没事，你就来吧。结果英格一拳打来，王芗斋不躲不闪，轻轻一拍英格的拳头，英格整个人便飞了出去，昏死过去了。当人们把他救醒后，他描述当时像被电击了一下，从此他也衷心地拜服中国武术。此后王芗斋曾想组织武术团在世界巡回宣传中国武术。但因抗日战争爆发而没能实现。

二、魏师傅

我有个练意拳的同学，他有个表哥姓魏，是王芗斋的再传弟子。我在1988年第一次去拜访他，那时我十四岁，他三十四岁。后来又有过几次接触，尽管接触不多，但当时认为他的事还是很传奇的，我也挺尊敬他。他个子不高，长得挺好，白白净净，不像是练武的人，倒像是个文人。

他小时候体弱多病，他爸爸就请了人教他武功以强身健体。他拜了一位青县的袁师傅学意拳，袁师傅自称是王芗斋的再传弟子。由于王芗斋的学生弟子很多,所以他这么说也应该是真的。而且他的功夫也挺好。但魏师傅的一次奇遇竟让他们俩成了师兄弟。

那是二十世纪八十年代初中期,魏师傅到处去求师访友,一次他在北京八大处公园练站桩,旁边一个人一直在看他。他练完后那人问他是否练站桩。他说不是。那人说你练得挺好但姿势不对。然后给他指点了一下,魏师傅一试果然不一样。那人问他是否愿再学,是否愿拜师学习。魏不置可否,但稀里糊涂地跟着去了那人家里拜了师。回家后,他还不敢跟原来的师父说,但袁师傅看了出来。因为他的站庄姿势跟以前不一样了,而且功力大大提高了。在袁的反复逼问下魏说了实话。袁就要去北京看个究竟。到那后,袁还是声称自己是王芗斋的再传弟子,但人家拿出了传承的谱系,根本没有袁这一号。袁恼羞成怒,声称要在那儿挂上这一号,言外之意是要比武。那个魏的新师傅叫过一个小徒弟,嘱咐点到为止。那小徒弟只一下就打得袁飞出去了。他心服口服,重新拜师,与魏成了师兄弟。这个故事很有传奇色彩,不知有无夸张的成分,我认为就是有夸张的成分也很少。北京确实是藏龙卧虎,有很多高人,有很多奇事。这也是我后来喜欢北京的原因之一。

魏师傅不但学武功,还学了道家龙门派的内丹功夫。据说他的剑术也很好但没见过。二十世纪九十年代他还去了西藏,学了一些西藏的修炼方法和一些藏医的东西。他家住在子牙河的岸边,自己盖了一个院落,院外还开辟了一个练功场,有沙袋、木桩之类。

前几年他去了美国,以中医针灸为业,听说是挣了很多钱。但我更喜欢他在我印象中的淡薄潇洒的形象。

三、慧而莫用

以前,我们杨柳青的人是很爱练武术的。这里甚至可以称得上是武术

之乡。现在四五十岁的那代人有些练得还很好呢。我初中同学的表哥是王芗斋的再传弟子,他也很入迷地练武功。我也练一些意拳的基本功和一点儿擒拿之类的东西,当是陶冶性情。意拳是很注重内功和技击的。我再练了一段时间后感觉相当好。当时身体、精神都很好。

但武功是在不知不觉中增长的。可一次偶然的事件却在一定程度上影响了我的性格。一次,我与一位同学有了冲突,其实也不是什么大事。当时是火撞顶梁,一脚踢在人家脸上,他整个人飞起来摔倒。当时踢到人家后马上感到这是在欺负人家,真的从心底里后悔,觉得非常对不起人。那个同学起来后打了我一个嘴巴,我一动没动,当时全班同学都在看。我想当时那个同学生气是完全可以理解的,后来我和初中同学们的关系还是很好的,包括他。

从那之后我再也不和人动手,甚至不和人口角,也确实没打过人,没和人吵过架。可有时人家会以为你这是好欺负,有时我也觉得自己很窝囊,觉得自己变得越来越懦弱。直到年纪大了才知道那不是懦弱,而是自己心里还有对别人欺侮的畏惧。真正无敌的人是心怀仁爱的人,而不是武功第一的人。

记忆中杨柳青的老房子

徐文路

我是“五〇后”的小尾巴，对于儿时记忆，也就是二十世纪六七十年代的事印象比较深。我家住后大道（杨柳青“三不管”）附近，这里商业繁荣。你想买嘛，在这条街上全有；你想玩嘛，什么小孩玩的、大人玩的、应时的、仿古的……不出这条街你可以玩个遍。

但别看这里有酒肆茶楼、乐坊书场、鳞次栉比的字号旗幡，热闹非凡，人们的住房却很破败。为嘛用“破败”两字形容。从材质上说，这些房屋都是用柴草、土坯和黏土黏合在一起的，也就是说除了土就是草，这种房与大地依存，冬天保暖却潮湿。那时父辈得寒腿的多，这种病一生痛苦。最恐怖的是夏天，现在我们几乎看不到大暴雨一连几天，以及小加中雨一连半月的情景。然而我小时候，一到夏天这种天象几乎不断。有人说下就下呗，管他呢。现在高楼大厦就是下上十天半月也无妨，而土和草组成的老房子就不同了，如果是小、中雨连绵不断，屋子里房顶开始“嘀嗒”漏雨水，一处、两处，把盆放在漏水的地方，三处、四处，盆用完，用锅接水。“这又嘀嗒水了！”小弟妹们蹦着跳着似乎在找寻宝贝，而我们大一点儿的孩子们在与大人忙活着找寻接水的家伙，屋里地上摆满了锅盆碗勺。大人们担心再下去，就会“天鹅下蛋”（不知何时屋顶某一处塌下来）。如果是大雨连绵，就会出现折檐子、墙角坍塌。这种现象总是出现在夜深人静时候。“咣当”一声，听声音的远近大人们能判断谁家的房檐子掉下来（折檐子）了，赶紧起来看看。如果听到“胡噜”一声闷响，那是墙角坍塌。

六十年代中期，孩子们几乎都长大了，能赚工分了，但房屋不够住的了，

需要盖房。那时盖房依然是土坯房，盖起来比较容易，因为人手多了。有些有条件的农户能做到“三白、三青”。房顶、墙皮都用白灰掺麻捣(熟毛麻坯子用铡刀切成两厘米长掺入白灰膏内)平抹一层，屋内也一样。“三青”是屋顶，墙壁白色上青灰，檐子是小青瓦。这种房子每年需要维护一次，即在入夏之前重新刷一层青灰，这样的房子并没有改变土坯和茅草的本质，下连绵雨依然令人担忧。

二十世纪七十年代中期，生产队经济积累比较宽裕了，农民的孩子们也该娶媳妇了。婚房成为农民心中一块大病。当时盖房子依然以土坯为主，但重要的地方可以加砌些红砖，限于条件红砖只卖半大砖头。有的外面砌砖里面垒土坯，这叫里生外熟。木料包括房檩、门窗均采用榆木、槐木，不重要的地方，比如门窗、过梁都用棺材木(“文革”破“四旧”，平坟头，挖出许多棺材木)。榆木、槐木大都是大队许可在苗圃林子地里砍伐而来。哪家盖婚房与大队通报一声，书记就会指派大队修缮组去几位师傅做主力，需要拉建筑材料的指派运输队出车(马车)。其他小工都是邻居和亲朋好友一起帮忙。有条件的主家，中午管顿饭，一般是大饼，大白菜烩肉(先炖肉)，大白菜唱主角，肉少许。馒头、面条不解饱(干到三四点钟肚子就开始咕噜)。不论邻居还是好友都是义工。

这里特别要说的是棺材木做门窗，这是很无奈的事。这些上百年的棺木确是好料子，材质硬，又有大漆保护再有一百年也不会腐朽。用在做门窗上必须再加工，先把吓人的黑漆(大漆，一种天然橡胶制作而成)用刀子刮下去，然后再用刨子刨去被黑漆浸透的一层，露出灰白色木茬儿。这样虽达不到露出木材本色，但至少从外观上看不出是棺木，可是气味却掩饰不了它的本质。走近时，它依然漫漫散发着棺木特有的气味。老人常说，时间长了嘛味也没了。他在宽慰别人，也在宽慰自己。门窗无论用嘛材质也改变不了整座房屋的材质，即土和土坯以及茅草，依然害怕老天下雨，依然害怕“天鹅下蛋”。

二十世纪九十年代中期，随着生活水平的提高，人们的住宅开始追求宽大敞亮，人们开始用水泥、钢筋做房檩，而房柁依然使用木材。当时水泥、木材和钢材都实行双轨制，即国家供给和市场购买，市场购买需要高价才能买到。农民手里有了一点儿活钱，就能买到比国家供给价格高，比市场价格低的材料。如果一间房用房檩七棵，最少有四至六棵是水泥做成的，而中间一棵必须是木材。有的农户没有关系，只能全部用水泥的。这种水泥房梁的长短在一个区域基本一致，它们的形状大都呈梯形。当时盖房的基本材料均是红砖，泥土换成沙子、白灰膏及炉灰，三者按1∶2∶3比例调和，买不起沙子就用炉灰代替。

我在1993年结婚时，因为老宅子的西房山始终没换过，旧时用土坯垒成，墙体五十厘米厚度，成了老鼠和后来的黄鼠狼做窝的地方，墙体早都被掏空，所幸的是房山的另一边是别人的后房墙体，在人家的屋里，他们每年都修修补补也算是好歹这几十年过去了，没出问题。这次我趁结婚把房好好拾掇拾掇。这房山看着没嘛，一拆开那土真是不少，除了留作砌墙用土外，拉走好几车。然后烦人在轴瓦厂锅炉房弄了些废煤灰渣，我自己用了一天把它筛成细灰渣（当时没钱买沙子，用它来充当沙子）。砌墙时就用“混蛋灰”，即炉灰渣子、白灰膏、少许沙子（没有钱买沙子）加黄土。我当时用的黄土是拆下来的土坯。

这种房住起来不像旧时的房子冬暖夏凉，而是冬冷夏热，因它墙皮薄，我们现在的红砖墙体均为二四（厚度厘米，下同），就青砖是三七，如果是里生外熟的至少墙体厚度也是五十，如果想达到三七就必须有旧时的大青砖，现在很少有会烧这种砖的师傅，就是有钱人想做里生外熟五十厚度的墙体

也只能用别的代替。看上去这些并不起眼的技术再找这样的师傅弄也很难了。

另外,我最深的还有估依街、大寺胡同、猪市大街等街上的四合院、青砖大瓦房,这些地方有我小学和中学的同学,在这些大瓦房里玩耍、学习,感受到了它的宽敞、豁亮,还有冬暖夏凉。二十世纪七十年代,我们在石家大院上初中时,有的教室由于年久失修,有的墙体“呼啦”垮塌一些碎砖头和土,而露出的是非常结实的外墙,那是用白灰膏砌得相当整齐的大青砖。有时为了方便,需要拆出一面墙,在拆时,不断从墙体内拆出一整条整条的红松木材板子,厚度基本与青砖一般。有的长五六米,宽三十厘米,有的宽五十厘米。据老人们说,在墙体中间放板子主要起互相连接的作用。防止里生外熟不合缝。为嘛垮塌只是小局部,就是因为墙体内有连接的东西。

从无到有 去伪存真
——概说首批霍元甲史料征集挖掘

谢连华

1983年,香港电视连续剧《霍元甲》登录全国各电视台,一时间,街头巷尾到处是谈论霍元甲的相关话题。那么霍元甲是谁?是哪里人?电视剧中有哪些内容与现实存在不同?人们找不到答案。

因为霍元甲是小南河村人,且小南河村隶属于天津市西郊区(西青区),人们纷纷致电、致信西郊区委、区政府,希望能得到霍元甲的相关史实。

由于时代久远,部分档案散失,且在小南河村的霍氏后人也因霍公远赴上海,很多事情不熟知。基于此,西郊区委、区政府成立了霍元甲史料征集办公室(以下简称"霍办"),系统性整理挖掘霍元甲的相关史料。笔者的父亲谢玉明成为"霍办"唯一工作人员,1984年5月至1985年7月,他九渡长江、六赴上海、南下广州,从那时起霍元甲的史料在西青区从无到有。

起初,一无任何材料,二又缺乏经验。父亲谢玉明后经多方采访联系,迅速取得进展,走访了包括国家电影资料馆、广东省武协、广州医学院、上海精武会、上海体委、上海博物馆、上海文史馆等三十余家单位;拜访包括广东省武协副主席、年近九十岁的精武元老李佩弦,上海市著名掌故学者郑逸梅先生等知名人士二十余人,其中包括全国文史掌故专家、精武元老、学者、教授,还有老上海通、老天津通及各界群众。共征集征借各类历史资料三百多种,珍贵历史照片和海外照片两百多张,这些资料中有十余种是国内仅存孤本、孤版,或是手抄资料。

挖掘过程中,发现了霍元甲在天津活动多年的旧址以及有关遗物、碑志

等，并且找出了1944年拍摄的《霍元甲》影片孤本，还搜集到东南亚五国的精武会会刊、资料集等重要历史文献。

经过大量史料分析，去伪存真，正本清源，写出了历史原真性的《霍元甲正传》和《霍氏练手拳及其在近代的承袭》两篇文章，发表在体育出版社《中华武术》杂志上，且在《天津日报》《沈阳日报》等省市级报刊上发表有关报道四篇，后又被《文摘报》《中国青年报》《南京日报》《梧州日报》等十余家报纸转载，扩大了霍元甲史料影响，收到全国各地来信百余封，起到了澄清事实、弘扬爱国主义的作用。可以说当时西郊区掌握的霍元甲信息和研究成果居于全国领先地位，为此上海精武会和体委，邀请父亲前往上海，参加《中国精武会发展史》《世界精武会发展史》等编写工作。此外，广西电视台拟重拍一部反映历史真实情况的电视剧《霍元甲》，由武术界聘请父亲与霍元甲之侄霍文亭担任历史顾问，父亲因工作关系，不便接受此类邀请，婉言谢绝。但随后父亲被聘为《中华武术》特约通讯员和上海精武会名誉会员。

1985年3月1日至3月31日，基于掌握的霍元甲史料和挖掘的内容，由天津市西郊区、上海精武会、天津历史博物馆联合举办了"近代爱国武术家霍元甲生平事迹展览"，具体布展工作由父亲负责。原定于三个月筹备展览，后因市委、区委要求春节前展出，故提前两个月，工作量激增。因此展览设计、起草大纲、书写版面说明，编写讲解词，印制展览简介均由父亲一人完成。为了保存好资料，展览还请市文化局对全部展览进行了录像，并由父亲做示范讲解。

"近代爱国武术家霍元甲生平事迹展览"于天津历史博物馆开展的消息在全国见报后，从当年正月初五开始，一个月之内，就收到十余个省市来电、来函、来人接洽，纷纷邀请霍元甲展览到各省市巡展。新华社、天津日报、今晚报和外地记者纷纷前来采访，新华社还向全国发出通稿，各地报刊大都进行了摘登。

近代爱国武术家霍元甲生平事迹展览在扬州

仅在天津和扬州两市展出期间，就接待观众四万人次，其中包括港澳台和海外人士、外宾三千余人，在天津工作的十余位外国友人（含香港原港督夫人）也参观了展览。通过此次展览，加强了天津市西郊区与世界各地的联系，传播了爱国主义精神，为天津市及西郊区精神文明建设工作增添了一项重要内容。

1985年7月“霍办”工作停止，父亲在离开工作岗位前，又为霍元甲陵墓设计了一套图纸，共有十几张，全部上交区政府资料室，由白秉刚同志收存。

忆杨柳青的民间花会

谢连华

“一街的碌碡，二街的高跷，八街的狮子，十街的龙灯，还有盛舞和少林……”“十四街的香塔老会、十六街的东寓法鼓”，这是我儿时，常听老人们念叨的杨柳青花会。

那时正是二十世纪八十年代，每逢正月十五元宵节前后三两天，杨柳青的街面上，时常锣鼓喧天，人声喧杂，那个时候正值学生假期，坐在家里，不管做什么，只要一听到这些，就知道“出会了”，马上飞似地奔出家门，走向街道，寻找那锣鼓声的所在。

据老人们讲，杨柳青的花会起源于庙会。明清以来，杨柳青日趋繁盛，药王庙会曾经是最热闹的了。农历四月二十三至二十八为药王庙会期，开庙会期间，正是各种花会表演的最佳时机，根据爱好和各地区情况，不同街道各立一会。

各会名称不同，内容不同，自杨柳青分街道后，又按地域分属各街道。

扫垫会，为清扫街道和迎接上差负责洒水铺路的清洁工作队伍。到了清代中期，又成为一个水局，负责地域内救火工作。在庙会期间，其主要工作是开道和维持秩序。出会前清扫街道；出会时手执会旗，部分前导，部分随各会两旁。其会址在后大道“三不管”地域内，后划为七街管辖。清朝咸丰年间，扫垫会又分出“万善会”，任务相同。

狮子会，产生于清朝同治年间，为本镇西头一张姓人士创办。该会表演狮子打滚、舔犊、抓痒、抖毛、哺乳及各种摇摆起卧姿势。后因张某犯了官司而充军。杨柳青的狮子会便时常邀请姜家井狮子会助演。

高跷会，清朝末年，杨柳青镇有“二任一赵”三个人表演高跷。任兆，绰号“白辫绳”，高跷中饰演头陀僧，在天津北马路演出，技术精湛。能一跳坐地，四方翻滚劈叉，后挺身而起，仰面可以翻打七十二棒，单腿过桥。动作一气呵成，干净利索。另一任姓，绰号“任花样子”，高跷中饰演老渔翁，白须弯腰弓背，打网捉鱼，动作娴熟。后有赵金，也饰演头陀，技艺不错。后高跷会分属二街和四街。

碌碡会，用布做一假碌碡，晚间在假碌碡内燃烛，另配管弦乐器伴奏。一少妇推挽碌碡，轧苇织席，边推边唱，其声悲伤。另一饰老太婆者，涂脂搽粉，边走边骂儿媳。此剧反映封建社会妇女受压迫形象。后为一街碌碡会。

武术技艺会，共分两会：一为风云，一为盛舞。均有十八般兵器。教师多讲门户派别，演员平时习武，多练习散打技击，每人会多种套路，出会时真刀真枪，如失误造成伤害，会中有专人以金枪红药及时解救，立即止血止疼，不影响演出。按街域划分，盛舞会隶属杨柳青镇十二街、十三街。

龙灯会，按照龙灯会演练图案，分为“江云图”和“海云图”。龙灯长约数丈，每一节龙身内燃蜡烛一只，每人持一节，随龙头蜿蜒穿插，龙前有一武生持龙珠，引龙翻舞。按照街域，龙灯会隶属杨柳青镇十街。

香塔会，成于清末民初。用精木做成丈余高香塔，有八个来人抬，前后扶手各两人。另有管弦民乐伴奏，做各种进退跑式。香塔上插燃香把，出会时沿途散发香气。

法鼓，最初起源于佛教，由清初大觉庵僧人编曲演奏，后传到各庙会。杨柳青旧时有经堂下院，为附近僧尼讲经和演习法器的场所，有法器数百件。清朝同治年间，经堂下院让与尼僧，组建经堂庙，将法器分到各寺院，后流入民间，随之出现民间法鼓会。清朝光绪年间，杨柳青已有四道法鼓会。后来紫竹庵范道士也传授曲牌，因此十五街永善法鼓、十六街东寓法鼓，增

加笙管器乐。至今杨柳青仅存十六街东寓法鼓。

在杨柳青，还有一种叫“小莲花落”的花会，至今已经濒临绝迹，只是笔者在前一阶段探访东寓法鼓过程中发现了十六街卢姓老人，尚会吟唱一二。小莲花落流传于山东、河北一带，明朝永乐年间传入杨柳青镇，原属于民间小唱段，演出时多为四对男女童对唱，也可按倍数增加，演员持一花竹竿，长二尺多，竿前挂铜钱，舞动时发出声响，有时也称金钱莲花落。

中幡和耍坛两道会，分别为杨柳青娄姓、于姓家族创办。一大竹竿上挂古时出征所用大纛旗，舞者使用头、肘、肩、背、手、指各种姿势高举大竹竿上的大纛旗，来回交替，是为“中幡会”。表演者将花坛抛向空中，坛有大小，最大者直径两尺，然后以头、身各部位接控，旋转，坛不落，此会为“耍坛”，会技艺之人常被杂技团聘任。笔者十岁时，知道在万字会胡同北口西侧有一个五十多岁姓于的男子，他的后背右侧肩胛骨处有一凸起，呈馒头状，后从家人口中得知，其年轻时就是耍坛人。

杨柳青的花会已经消失的有“节节高”“鹤龄”“神轿老会”“袍缔老会”等会。

节节高，产生于清朝末年，一人肩上扛上一个工字型架，上方固定一个小椅子，下边装饰一个月牙形横木，上边坐一孩童，装饰假肢体，扮作八仙人，边走边舞。清朝同治年间，因刘姓会头“赶大营”谋生，此会解散。

鹤龄，此会曾有鹤龄与云龄两道，实为短高跷，每会演员十六人，分别饰演王母、玉帝、八仙、福禄寿三星等。老寿星挂一假鹤，意为骑乘仙鹤，头上戴纸质大寿头，边舞边唱，取意吉祥。

神轿老会，旧时杨柳青有四座木质神像，分别为关圣（关公）、药王、药圣、火神。每有庙会，会众抬四座神像坐轿，伴以音乐出巡。后因破除迷信，此会不被提倡。轿子颜色有讲究，药圣、关圣为绿色，药王、火神为黄色。

袍缔老会,此会为药王庙会专有。每年农历四月二十三庙会,早上八时由会众将头冠、蟒袍放至轿子内,送至药王庙内,为药王、药圣更衣,将二者再安置轿内,抬往献像者家中净面除尘。上午十时左右,药王、药圣像返回庙内,接受朝拜,下午仍将二者坐轿出巡。至农历四月二十八闭庙(庙会结束),会众将二者衣冠取回保管。该会亦因破除迷信,不被提倡,后随药王庙败落拆除,此会被废。

现如今,杨柳青民间也恢复了“腰鼓(跨鼓)”“花篮会”“吉祥娃娃”。

腰鼓,旧时为杨柳青徐姓人士所立。演员十余人,曾经均为十岁左右儿童,今为中年妇女,手执鼓槌,敲动居于腰间长形小鼓。

花篮会,青年妇女,腰系彩绸,手提飘带,肩挑一对大花篮,边走边舞,并可变换队形。

吉祥娃娃俗称大头娃娃,头戴面具,是解放后形成的舞动花会。现如今,杨柳青部分女子,模仿杨柳青年画造型,演绎“五子夺莲”等年画题材内容,颇受百姓欢迎。

旧时出会,被称为走会。走会时,各道花会依次排列,行列整齐,有条不紊。一般是“开路头、千里眼、顺风耳、太狮尾”,最前边是扫垫会,黄土垫道、净水泼街。紧随其后为少林或者盛舞会。千里眼为中幡会,幡高丈余,远处即可看到。顺风耳即为腰鼓会,腰鼓敲击声,人们远处即可听到。随后一道花会为狮子会,此会过后,才是神轿老会。

各会均有会头,负责指挥,各会另有大纛旗,上书会名,另有若干小会旗相随,如同古代行军。

民间花会多由地方有影响的组织或人士操办,其费用由工商业人士出资捐助,解放后多由主办单位或者政府出资。演出者多为业余爱好者,属于自娱自乐。

而今，庙会已经成为杨柳青的古老记忆，尚有花会均在正月十五前后出会。随着杨柳青古镇在全国名气越来越大，全国到杨柳青观光过节的游客越来越多，杨柳青的花会也逐渐走向全国，为大家知晓。

忆二十世纪八十年代杨柳青的春节

冯 立

笔者生于二十世纪七十年代，但儿时对春节的记忆主要是八十年代的。因为八十年代已经开始了改革开放，人们的生活蒸蒸日上，而春节正是人们幸福感集中释放的时候。

说起春节，吃是永恒的主题。八十年代人们虽然物质生活已经逐步富足，但仍然把对嘴的犒劳留在了春节。从二十六的炖大肉开始准备，二十七宰公鸡，二十八蒸几大锅馒头……做这些是为春节留出时间走亲串友、家庭欢聚，而不在为了做饭忙碌。而这其中又有很多的讲究，也就是彩头。比如"把面发"也运用了外应音义决，以发面的"发"寓意发财。除夕那天中午，杨柳青的风俗是吃饺子，而周边其他县则多蒸包子。晚上是正式大餐，旧时是八大碗，都是大鱼大肉的硬菜。比较受平时油水少的老百姓的欢迎。八十年代，人们生活逐渐好起来，年夜饭的花样也开始增多。除了常规的熬鱼、炖肉，各种花样的炒菜开始走上杨柳青人年夜饭的餐桌。那时春节前的电视上开了教人做菜的节目，书店里也印行了春节菜谱，这让很多家庭里面飘出了饭馆炒菜的味道。而食材则越来越丰富，越来越稀罕。从八十年代初期以鱼肉为主，到各种禽类海产品，九十年代我在工厂参加工作时，单位发的年货里已经开始有鱼翅、乌鸡之类了。那时这些食材要到"三不管"采购，那里是改革开放后最早的自发的自由市场，加上国营的菜店，特别是"后百""七姐妹"等商店都在那里，春节前的几天基本是人山人海。

杨柳青人在初一零时吃素饺子，这源自旧时所谓除夕夜全神下界，要上供的习俗。八十年代也有的家庭继承了除夕上供祭拜神佛、祖先的习俗。

主要供品是素饺子、点心、水果。而初一这一天也要吃素，表示一年肃静太平。初二，杨柳青人迎财神，过去是天不亮就请人往家里挑水，送柴火。旧时有人专门从事此业，八十年代时早已不见了这个习俗。因为八十年代初还要从自来水站挑水，而水站不会那么早开门，八十年代中期通了自来水也就不需要挑水了。但八十年代，杨柳青保留了吃羊肉饺子的习俗。这不同于市区"初一饺子初二面"的习俗。八十年代毕竟是改革初期，人们还不是特别富裕，所以春节初三之后基本是吃除夕的折箩，不像后来顿顿弄几个菜。但也许正是因为这样，春节的吃才让人记忆深刻，成为童年美好记忆。

八十年代春节给笔者印象深的还有年画。那时新华书店在和平路与新华路交口东北，即现在的杨柳青广场西南角。春节前，书店里挂满了年画。题材有儿童游戏的，有大红大绿才子佳人的，有戏剧电影剧照的……笔者最喜欢的是那种连环画式的，一张到几张年画由一套连环画故事组成。曾记得有一年买的是《孙悟空三打白骨精》年画。后来我生病不能去幼儿园，一个人被锁在家里很害怕，于是幻想画里的孙悟空下来保护自己，居然消除了恐惧感，习惯自己一个人在家了，那些年画是八十年代很多孩子童年的陪伴。可惜，当时在年画之乡，除了集市上的《缸鱼》，新华书店、国营商店里几乎没有传统杨柳青年画。直到1986年，杨柳青画社新华路与建设路（今青致路）交口西北侧设分店，才开始有传统的杨柳青年画。

1983年，中央电视台第一次正式举办了春节晚会，春晚也开始成为杨柳青人的春节大餐。但在笔者的记忆中，1982年央视就已经有一台春晚了。节目时间好像是两个多小时，里面有刘兰芳，有女排队员，也不是直播。之后，春晚越搞规模越大，杨柳青人的电视机也从9英寸、12英寸的黑白电视机变成了彩色电视机。孩子们更乐于成群结队到各家换着看，好像环境不同就换了看春晚的座位一样。

杨柳青的花会是八十年代春节的一大特色。龙灯、狮子、碌碡、高跷、法鼓、花会之多恐怕在其他地方不多见。那时出会与现在不同,春节期间每天都有花会演出而不定时,地点也不固定而是全镇巡演。人们,特别是孩子们跟着花会跑。人山人海,街道上、房顶上到处是观众。孩子们爱看的是少林,也就是武术花会。杨柳青的两道武术老会风云和胜舞满足了孩子们的欲望。而让人奇怪的是,香塔老会却没有塔,后来才知道本来有很漂亮的塔,特殊年代给砸了,会也解散了。直到改革开放后才恢复。其他的花会也类似。

记忆中八十年代的春节还有一个重要角色是鞭炮和烟花。八十年代初基本就是小红炮和麻雷子。那时还小,麻雷子不敢放,小红炮也要掰开当烟花放。八十年代中期,鞭炮就越来越大,越来越响了。那时开始胆大,用手拿着点再扔。但有的炮引信非常快,刚点着马上就响,也就给个撒手转身的空。但孩子们仍然乐此不疲。烟花也越来越丰富,八十年代后期就有了连花带炮等各式各样的烟花。小孩们带着一起放,共同分享烟花带来的快乐。杨柳青人鞭炮齐鸣的时间有几个,除夕年夜饭前、初一零时、初二早晨、初五早晨。踩着胡同里一地的红绿爆竹皮屑,闻着刺鼻的硫黄味儿,春节留在了笔者的记忆里。

忆二十世纪八十年代杨柳青的元宵节

冯　立

二十世纪八十年代，改革开放刚刚起步，一切都欣欣向荣。那时的元宵节虽不奢华，却在我的心里留有美好的记忆。

八十年代初，我年纪还小。对杨柳青元宵节记忆最深刻的是逛灯。那时家庭虽不富裕，但是元宵节一定要给小孩子买一盏灯笼。我印象中的第一盏灯笼是玻璃纸糊的金鱼灯，非常考究漂亮。后来父亲曾经给我制作过纸糊的宫灯，这样的灯笼在当时是足以引起其他孩子的羡慕的。那时很多孩子没有灯笼，他们以火把代替，也有一些孩子在搪瓷水缸子里点一根蜡烛算作灯笼。无论灯笼讲究还是简陋，孩子们在元宵节的快乐是一样的。

那时，杨柳青人逛灯集中在“三不管”。元宵节那几天，“三不管”可谓人流如织。那时杨柳青不多的几处商业和娱乐设施，多集中于此。八十年代初，没人组织灯展，人们在自家门前或屋内悬挂灯笼，也别有一番意趣。我还记得“三不管”那有一家人在屋里挂了走马灯，引得人们隔着玻璃窗驻足观看。八十年代中期，政府开始于元宵节期间在和平路(今青远路北段)办灯展。每年此时，特别是正月十六，老百姓“遛百病”时，那里人流如织，摩肩接踵，极其热闹。那时灯一定是横串起来的，人们从一排排灯下走过，称为钻灯，这样才有驱病纳祥的寓意。后来，杨柳青十六街也搞灯展，那里的灯是民间艺人绘制的整本《三国演义》年画灯笼，这是杨柳青独有的，也是我小时候最爱看的。到八十年代末，生活开始富裕，一些人家在胡同中拉起彩灯。徜徉于杨柳青古旧的胡同中，看着人们满足的笑容和盏盏彩灯，这给人一种无比和谐、温馨的感觉。

对于孩子们,元宵节除了灯笼,最有魅力的就是焰火。二十世纪五十年代,元宵节时政府会在杨柳青组织焰火表演。那时周围农村的群众会汇集杨柳青,有的甚至走上几十里路来杨柳青看焰火,后来因为各种原因焰火展停办了二三十年。八十年代,改革开放政通人和,西郊区(1992年改称西青区)恢复组织焰火展。那时焰火展的地点是区机关大楼楼顶,没有礼花式的焰火,是由人手持或者放在楼顶燃放,焰火花色品种多,对于当时的人们来说非常新鲜。焰火展时往往人山人海,水泄不通。还记得八十年代第一次焰火展时,我与家人站在光明路(今柳口路)与新华路交口的直流电机厂宿舍楼下看焰火,每当有新式焰火发出时人群都会爆发出欢呼,至今记忆犹新。

当年元宵节最吸引人的还有花会表演。那时杨柳青各街都有自己的花会,比如二街是高跷,五街是风云(又称少林),八街是狮子,十三街是胜舞,十四街是香塔,十六街是东寓法鼓等,其他还有龙灯、旱船、碌碡等。正月十四到十六,各道花会旌旗招展,在杨柳青各条街道巡演。一阵锣鼓刚过去,一阵吹打又过来,简直闹翻了天。街道上、墙上、房上都站满了人。花会表演是小孩子们的最爱,虽然听不懂法鼓的音乐,但会被那些精美的道具吸引;虽然不了解高跷的剧情,但会被演员的演技和投入所吸引;虽然看不懂武术的套路,但会被十八般兵器和热闹的对打所吸引。小孩子们往往会跟着花会在外面跑上一天。

八十年代是改革开放的起步阶段,记忆里的那个时代到处生机勃勃,到处充满着活力和幸福。元宵节这样的传统的节日也焕发着青春,这是改革开放带给我们的幸福记忆。

人杰地灵

西青是一块宝地，乡贤众多，英才辈出，像明建文忠臣周缙、威震边关的张愚、画家高桐轩、清末内阁大学士徐桐、威震日寇的传奇英雄冯景泉等。我们探寻他们的足迹，搜集他们的事迹，希望大家能记住他们。

建文忠臣，最早移民

冯　立

大运河一进杨柳青镇区，岸边有处地方叫周家庄。这是明初杨柳青最早的移民定居地之一。

周氏是明初杨柳青较早的移民，民间有“先有周梁宋董，后随乔尚二家”的说法。注意，这里说的是移民，而不是居民。很多人把周、梁、宋、董、乔、尚各姓当作了杨柳青最早的居民，这是对明初登记居民时最先登记移民造成的误解。

周氏先祖周缙为明代忠臣。明郎瑛撰写的《七修类稿》卷十把周缙列为一百二十四名建文忠臣之一。《明史》和《国朝献征录》皆有《周缙传》。《明史》记载：

> 周缙，字伯绅，武昌人。以贡入太学，授永清典史，摄令事。成祖举兵，守令相率迎降。永清地尤近，缙独为守御计。已，度不可为，怀印南奔。道闻母卒，归终丧。燕兵已迫，纠义旅勤王，闻京师不守，乃走匿。吏部言：“前北平所属州县官朱宁等二百九十人，当皇上‘靖难’，俱弃职逃亡。宜置诸法。”诏令入粟赎罪，遣戍兴州。有司遂捕缙，械送戍所。居数岁，子代还，年八十而没。

周缙因不事二主而被后世视为忠臣，其事迹流传民间。清人吕雄撰写的神话小说《女仙外史》中就有周缙的故事。《女仙外史》是一部以明代唐赛儿起义为背景的神话小说，因历史上唐赛儿一直奉建文帝年号，打着勤王的旗号反对朱棣,所以在小说中周缙加入了唐赛儿义军。小说中,唐赛儿起兵之日周缙率众来投,参赞军政,后总理卸石寨政事,又被任命为青州太守,督理军储兼佥宪御史。最后他与陈囦、王昇、胡先、金兰“相率去,隐于山村,结为五老社,啸傲花月,均以寿终”,以忠义流芳万古。小说终究是小说,周缙其实并没有结五老社隐居江南。他被“械送戍所……子代还”后,迁入杨柳青镇西(今十三街周家庄)隐名定居。五世后至弘治年间(1488—1505)始遇大赦,理顺辈分,立二十代字传到今天。其辈序为:一、道、汝、光、世,思、泽、茂、庭、良,乾、恒、宝、建、永,庆、昌、景、玉、文。

周氏后人聪明勤勉,定居杨柳青后,逐渐发达,津西八大家中周家就占其二,分别是明盛号和同盛和。周氏后人比较出名的还有赶大营留在新疆的“复泉涌”周家。“复泉涌”周家后人周泓博士现为中国社会科学院民族学与人类学研究员,有专著《群团与圈层——杨柳青:绅商与绅神的社会》,对研究杨柳青的历史、人文有一定的贡献。

可以说,周缙的后人生活得还是比较出彩的。周缙虽然没有像《女仙外史》里说的,与几位知交“结为五老社,啸傲花月,均以寿终”,但周家却落户杨柳青这块宝地,生息发展,精彩地生活,“啸傲花月”于周家庄了。

岳飞后代在西青

晨　曲

京杭大运河进入天津市西青区辛口镇，河西岸有个村庄叫岳家开。岳家开是明代岳家人开创的村庄，村里岳姓都是岳飞后代。

1124年，金兵攻宋，宋高宗南逃临安（杭州）建都。是时，已经从军的岳飞也随军南下抗金。因作战勇敢，屡立战功，升秉义郎。又多次率军打败金兵，升为镇抚使，后官阶屡升，军权大握。金兵屡败求和，岳飞反对议和，与士气高涨的官兵以"直抵黄龙府"口号相激励，发誓收复河山。后遭奸臣秦桧与昏君陷害，他悲愤呼号：十年之力，废于一旦！

1142年，岳飞和长子岳云被害，家人被流放到广南。岳飞四子岳震和五子岳霆尚年幼，被偷偷藏匿湖北黄梅改姓鄂。二十年后，宋高宗死，宋孝宗继位，岳飞冤案得以昭雪，但子孙已逃难散居大江南北各地。后陆续有几支返回祖籍河南汤阴，岳飞第五子岳霆是回故乡的其中一支。

到明代，明太祖朱元璋大树岳飞爱国英烈形象，将其列入历史名臣之一，追封为晋国大帝，与关羽同庙，接受人们参拜祭祀。后来又赐"精忠庙"，为岳飞单设庙宇，供人们缅怀，同时也为岳飞后裔创造入仕契机。那时，岳飞后裔入文武两科仕途者大有人在。岳霆第十一世孙岳通曾任应天府南京总兵。明成祖朱棣迁都北京后，岳通奉上谕率军屯居静海，拱卫北京。

那时，岳通的家眷随军迁居静海县大瓦头。至第三代，孙辈岳璟来到现在的西青区辛口镇境内，在南运河西岸大沙窝附近建岳家开、岳家园两处庄园。从此，岳飞后裔一支在西青区辛口镇岳家开繁衍生息。

岳璟是岳飞第十三世孙，中书舍人，从七品官阶，月享粮七石。

岳璟为辛口镇岳家开村始迁祖，其后代由明至清中期一直受皇封，官职不大，多为五品以下。《岳飞家史考》资料显示，正五品官（奉政大夫）六人，从五品（奉直大夫）八人，正六品（承德郎）二人，正七品（文林郎）五人，八品（修职郎）、九品（登士郎）等总计有品位者八十六人。

历代岳家人并非白白受封吃皇粮，他们奉上谕驻守运河边，管理这一方运河段，领有“守护运河大堤，保卫漕运安全，安抚一方百姓”的职责。

岳家开有一块半截断裂墓碑。碑文上书“崇祯拾叁年秋月吉日立”，可知此碑是1640年立，至今已有三百多年历史。断碑左上方刻有“重建买石碑者 九世孙岳善同十世孙岳永龄”。查岳氏家谱方知，岳永龄，字静庵，太学生，赐正八品衔，例授修职郎。其父岳廷珍，太学生，例封正六品承德郎，赐封儒林郎，晋封正五品奉政大夫。

运河岸边曾经有过一座法藏寺，辛口镇千尊玉佛寺院内存放着一块《重修法藏寺》碑。明弘治十五年（1502），岳家开村岳鸾发起重建法藏寺，遗憾的是功未成而身先死。其子岳之岐继承父志，继续发动父老协力修造，于1518年功成。新建的法藏寺殿宇巍峨，焕然一新，有东、西两廊，有钟楼，有禅室，有奇花、异木、怪石、流泉。法藏寺引来诸多文人墨客观光游赏，或汲泉煮茗，或吟诗歌咏，成为运河岸边绝佳一时的佛教圣地。

据岳家开村岳氏家谱记载，先辈岳之岐于康熙年间奉天津总兵岳钟琪函召，欲序认宗族。岳之岐带族谱及岳武穆王像前往天津总兵署。祖母得知消息后，立即命人追回岳之岐，不让他与岳钟琪序认宗谱。岂知，岳钟琪情挚意恳，非常想认祖归宗，位列岳飞后裔名下，又驾巨舟，亲自沿运河而上，到岳家开登门造访。岳氏祖母严令家人紧闭宅门，就是不见。岳钟琪身为总兵，屈就于船上数日，见岳家人心钢志铁，态度坚决，只好作罢。到雍正年间，岳钟琪果然出了大事，兵权被夺，人被下狱。岳家开的岳姓后代们这

才真实感受到老祖母的英明决断给岳姓带来的好处。

岳氏坟茔在运河西岸，占地六十亩。坟茔中墓碑很多，但因运河屡次溃堤，坟茔已被泥沙淤积掩埋于地下，也有一部分墓碑在“文革”中被砸毁。也许，那些埋在地下的墓碑有朝一日会重见天日，让后人了解更多岳家的故事。

羊来如与杨柳青

冯 立

文化古镇杨柳青历史悠久，人杰地灵，很多名人奇士曾在这里留下奇闻轶事，羊来如与杨柳青的故事就是其中之一。

羊来如是明末清初的民间传奇人物，本姓杨，名泽，字廷贤，山东即墨县人。史书记载，崇祯十六年(1643)，杨泽二十二岁时，中癸未科进士。未及殿试，李自成攻陷北京。当时杨泽正在吏部考功司员外郎许直家中，他忠于明朝，得知崇祯死讯后欲殉国。许直劝其“君未仕，尚可全孝，宜归里奉母，以策后图”。次日早晨，杨泽发现许直已自缢身亡，乃遵许直所嘱，挥泪回乡。

杨泽回乡孝奉其母终老，后又守墓三年。此时清朝已定鼎中华，征召明朝遗臣。杨泽为避征诏，改姓羊，名宰，后取号来如，隐居于蓟州岐山澜水洞，参禅打坐，研究理学，闭关四十九年。

后来羊来如心有所得，创立了一套以儒家忠孝思想为主，综合了佛、道两家的思想，后来系统化，称为在理。由于羊来如极其反对烟酒，后来禁戒烟酒成为了在理最主要的特色。

羊来如八十一岁时下山传道，从正定到东安(今河北省廊坊市安次)，历时五载，跋涉千里，度化八处，择孝子义士，传弟子十五人，史称羊祖八度。后人揣测，羊祖八度的八个地点恰好形成了对北京的马蹄形半包围，反映了羊来如欲借传播在理思想，实现反清复明的意图。而其中第六度就是在杨柳青。

传说有一天，羊来如来到了杨柳青碾坨咀渡口，见此间景色秀丽，民风

淳朴,心忖此地必有贤士,不如在这里观察一下,收一弟子。于是羊来如面向运河,在河边双杨柳树下盘膝打坐观察过往行人。人们见这个高大老者蓬头赤足在河边打坐,都很奇怪,用异样眼光打量羊来如。有一位叫董琥的人,见这个老者两眼炯炯有神,相貌不凡,心生尊敬。此时羊来如也正在观察他。见董琥面带忠厚,眉宇间又透着几分灵气,便已有了几分喜欢,于是做歌试探:

苦海无边水连天,圣宗慈悲度人船。
普度群迷出苦海,得理学道妙中玄。
有缘之人把船上,无缘之人难上船。
我今前来搭跳板,八方大众扶上船。
若肯随我把船上,自在逍遥到灵山。
若贪红尘迷不醒,怎到玄妙大罗天。

董琥果然机灵,一听此歌便过来答话:“老师傅!我听你说得很有深机,敢请教一言。”羊来如道:“有何见教?”董琥问:“人身上有多少关窍?其名称为何?”羊来如答:“人之一身有三百六十骨节,八万四千毛孔,后有三关,尾闾夹脊玉枕……”董琥一听果然是高人,便说:“我愿拜你为师,行吗?”羊来如说:“只要出于真心,心虔意诚就可。”董琥说:“我确实发自真心。”羊来如就把自己所悟的人生道理讲给董琥。董琥又问自己将来如何。羊来如答:“事在人为,只要肯用功。”随后又为董琥讲了修身养性的道理:

山静则明,水静则清,地静则万物生,树静则枝叶茂盛,人静始能穷理。静也者,理成于中也。周公之制礼乐,老子之道德,孔子之家语,皆蕴和顺于心而发英华，以精诚于中，而形于外也。有心而无为，动以天也。

歌罢羊来如又作诗曰：

堪修大道得长久，若无恒心休乱走。
绕进门户问元关，未曾学识要下手。
始勤终怠志不坚，阳奉阴违多招咎。
只想哄人露天机，神仙暗中笑破口。

此时又有刘姓、达姓二位年轻人踊跃向前道：“老人家大发慈悲，也收我们二人为弟子吧。”羊来如看二人面貌善良，审其来意，又很至诚，于是答应了他们的请求，为他们一一讲解了世界、人生的道理，并分别为他们起名董来真、刘来纯、达来鼎。然后，羊来如飘然离去。

若干年后，董来真在杨柳青广弘羊来如所传的道理，形成在理的重要一派，史称六方派。其弟子后人更是建起了公所，作为帮人们戒烟酒的场所。后来鸦片之祸肆虐中华，公所又成了国人互相诫勉、禁戒鸦片的场所。民族英雄林则徐曾大力支持在理，将“在理戒烟”作为治理鸦片的重要措施，并将公所推广到南方，使在理一脉盛极一时。岂不知，杨柳青正是公所戒烟酒文化的发祥地之一，全国最早的公所之一正安堂老公所至今遗迹犹存。

高桐轩与杨柳青年画

冯　立

文明古镇杨柳青培植出了杨柳青年画这株民间艺术园林里的奇葩，同时杨柳青也涌现出众多技艺高超的年画家，正是他们的精湛画技和创造天才，使杨柳青年画这株奇葩愈开愈丽，高桐轩就是这些画家中的佼佼者。

高桐轩本名荫章，清道光十五年(1835)生于杨柳青镇一个商人家庭，其父经营彩缕布缎，往还于京津苏沪，家道殷实。高桐轩自幼聪慧过人，乡里视之为神童，可以过目成诵。他不但读书好，而且自幼喜欢木工，常在课后学习木工手艺，所做窗户车门都合尺寸，工艺别致。

道光三十年(1850)，高桐轩十六岁，按旧时制度，他本可去参加科举，求取功名。但是高桐轩不喜欢拜见“衣冠客”，决定弃学从商。但不久随着太平天国兴起，南方局势动荡，从商之路断了。于是高桐轩在家里过起了耕读生活，寄情于丹青，所画人像、动物惟妙惟肖，栩栩如生。

高桐轩画画不是闭门造车，他有时间就往来于杨柳青的画师之间，向他们请教，同他们切磋。杨柳青年画是有一套秘而不宣、口耳相传的画诀的，过去从不见诸文字。高桐轩在向画师们学习的过程中，将这些画诀抄录了下来，后来经其子高翰臣补充修订，整理成一本《墨余索录》，流传于后世。至今，高桐轩整理的画诀仍是年画画师们的秘笈宝典。

高桐轩在务农的同时还以自己从小喜欢的木工维生，因此对木工、瓦工匠人中所秘传的“鲁班经”“匠家镜”等工艺秘诀也都谙熟于心。这对他后来绘制年画中的亭榭楼阁，能够很好地处理画中的建筑布局打下了基础。

同治三年(1864)，高桐轩三十岁时，为解决生计问题，在自家院内开一画室，每天除农事外兼以作画为业。谁知他竟从此一发而不可收，名气越来越大。甚至有传说，他的一张画着白菜、蝈蝈的《三秋图》“古”（活）了。慈禧太后知道此事后，下诏传见高桐轩，并命其画一幅“仙山渔隐”图。很快高桐轩画就，慈禧太后看了大加赞赏，赏高桐轩白银五百两，并命高桐轩为如意馆供奉，高桐轩因此名声大振。此后，他往来于津京，以作画为专业了。这期间，通过与北京及各地画师们的交流，他的画技大长，阅历也越来越丰富了。

光绪二十年（1894），高桐轩六十岁。此时的他已逐渐看破了世间的喧嚣，不愿再追逐世俗的名利。这一年，高桐轩加入了带有宗教色彩的民间慈善组织在理（杨柳青是在理的发祥地之一），以求修身养性。高桐轩改长袍马褂为宽衿灰色道服，夏着网巾，冬戴飘绫风帽，只出没于乡间，不再奔走豪门了，并发誓不为冠带袍笏之流画像。他书“雪鸿山馆”匾一块，悬挂于居所的西屋书斋。从此高桐轩闭门谢客，专心修身养性，潜修丹青，并精心执刀刻版。这一阶段，高桐轩为杨柳青年画留下了大量精品。据说，他刻版印制的年画与原画稿的笔意不差分毫，其精美远远超出同时期的年画画家。

光绪三十年（1904），年已古稀的高桐轩感叹时光荏苒，怀恋已逝的乡情，复又携杖出门，遍访乡间旧友，并为他们每人画像一幅，以慰感怀。

光绪三十二年（1906），高桐轩病逝于经堂庙前街的老宅中。

两位运河总督、一位宰相出自西青

冯 立

西青自古人才辈出，一些人物更是影响了中国近代史。杨柳青大运河国家文化公园项目建设工作指挥部文史指导组在搜集、整理有关西青运河文化的过程中，发现王稳庄镇大侯庄村的徐家出过几位名人。其中，徐湛恩、徐泽醇曾任掌管山东、河南运河漕运、河务的东河河道总督，而徐泽醇的儿子徐桐更是晚清风云人物，所以大侯庄把徐家称为徐半朝。

但有史书记载徐桐为汉军正蓝旗人，籍贯为辽阳。如《清稗类钞》中就说：徐侍郎湛恩，明功臣中山王达后也。明季以关外都指挥家辽阳。入国朝隶正蓝旗汉军。

那么，徐家到底是哪里人？与西青的渊源到底如何呢？文史指导组经过多方的资料搜集和研究，发现了徐桐编撰的《先恭勤公年谱》，梳理清楚了徐家的脉络以及其与西青的关系。

在《先恭勤公年谱》中，徐桐叙述了其家世渊源：

先世籍江西余千县。至明嘉靖年间，远祖文亨公以辽东定辽后卫官籍登戊戌科进士，后遂迁籍辽阳。三传至可魁公，从世祖章皇帝入关至都督，使隶汉军籍。是为始迁之祖。二世祖讳效忠，未仕。三世祖讳万诜，康熙癸卯科举人，陕西宝鸡知县。时吴三桂叛，随大将军图公海军中，救胁从难民数万人。皆以太高祖官赠资政大夫。太高祖讳湛恩，官至河道总督，罢归卜居津南静邑东乡大侯庄。高祖讳国璟，官江南高淯县知县。曾祖讳紱，乾隆甲午科举人，官江西乐平县知县。皆以府君官赠光禄大夫。忠厚相承，代有阴德。至先大父赠光禄大夫，讳镐，隐居不仕，惟以积善训子为事。

…… ……

乾隆五十二年丁未十月十二日巳时，府君生于静海县东乡大侯庄。

…… ……

嘉庆二十四年己卯三十三岁应礼部试报罢。四月不孝桐生。

徐桐在其《味道腴轩自记年谱》（稿本）中说：“嘉庆二十四年己卯四月初九日酉时生于津南静邑东乡大侯庄。”

以上记述，说明了徐桐家族的渊源、落户大侯庄及其后几代人的情况。由此可以确定，徐湛恩、徐泽醇两位运河总督，徐桐这位内阁首辅（宰相）都出自西青。

杨柳青出美女

冯　立

“天津城西杨柳青，有个美女叫白俊英，妙手丹青会画画啊……”这是一首广泛流传于各地的民歌《画扇面》。歌的主人公白俊英是明末清初人，在家中排行第二，人称二姐。据说她祖籍吴门，其父是明崇祯进士，在南京为官，后调任京城，因明末战乱全家定居杨柳青。白俊英精通文史，善工书画，又擅刺绣，通晓音律。而一首民歌《画扇面》更让她名扬全国，也让“杨柳青出美女”的说法不胫而走。

西青志办的一位同志年轻时曾在陕西一家工厂工作。他说，当时工厂的老师傅就跟他说过：“你别看那些大城市的姑娘们爱打扮，但河北省杨柳青（历史上杨柳青一度属于河北省）才是出美女的地方。”后来，他到西青工作确实体会到了杨柳青的美，知道了杨柳青出过的美女以及出美女的原因。

历史上杨柳青确实出过很多美女。除了上面说过的白俊英，我们在“寻根大运河”活动中发现仅近代就有多位著名美女出自杨柳青。

袁世凯在近代中国历史上叱咤风云，他一生有一妻九妾，这一妻九妾中他最钟爱的五姨太据说就出自杨柳青。这位五姨太姓杨，名金凤，为袁世凯生了五子二女。在众多姨太太中，五姨太虽然不是最漂亮的，但心灵口巧，遇事有决断，袁世凯对其最为钟爱。她负责管理整个袁府家务，各房的用人和丫头，袁世凯的众多儿女，以及六、八、九三个姨太太，都得服从她的约束。袁家上下对她都很敬畏，她被称为袁府的王熙凤。

张学良将军有位二夫人叫谷瑞玉，1904年出生在杨柳青，后来家道中落流落东北。1920年，张学良遇到谷瑞玉，一见钟情，收留在身边。张学良年轻时是风流人物，可谓阅人无数，能看上谷瑞玉，可见其不是一般人物。1922年，第一次直奉战争时，谷瑞玉跑到杨柳青前线看望张学良，并到战地医院当护士抢救伤员。后来杨柳青指挥部遭直军突袭，张学良欲寻短见，又是谷瑞玉抢下他的枪并激励他重振信心。此后谷瑞玉随张学良四处征战，被称为随军夫人。虽然后来由于各种原因二人分手，但谷瑞玉在张学良的众多女人中也算是非常突出的。

近代史上，曾有一段著名公案，其主人公是杨翠喜。有人说杨翠喜是通州人，也有说是武清人的。但有资料显示杨翠喜是杨柳青人，出生于七街姚家胡同(又名中公所胡同)。杨翠喜，幼年家贫被卖给放高利贷的杨益明，取名杨翠喜。后被杨益明转卖给陈豁子，在其剧团学习河北梆子。她十四五岁时已出落得丰容盛鬓，圆姿如月，且歌喉极其动人，并学会了很多戏出。最初在天津侯家后小戏园“协盛园”登场献艺，居然一炮打响，并渐渐地红了起来。后在天津各大戏院如“下天仙”“会芳园”等处演出时场场爆满、座无虚席。地方官僚对其最着迷的是天津巡警道段芝贵。光绪三十二年(1906)，清政府派御前大臣农工商部尚书、庆亲王奕劻的儿子——贝子衔载振，往奉天吉林等地按事，路过天津。直隶总督袁世凯令段芝贵负责安排公馆，陪伴招待。段芝贵筵宴载振时，召杨翠喜做堂会演出。段芝贵见载振对杨翠喜有意，就命其留下来服侍、伺候。段芝贵因此官运亨通，升任黑龙江巡抚。后段芝贵献美得官，被人告发，参奏的摺子经过慈禧太后批示，派醇亲王载沣、大学士孙家鼐详细查办，段芝贵被撤职。奕劻主动请求慈禧裁撤载振职务。杨翠喜也被送回天津，归盐商王益孙。杨翠喜虽然身世坎坷，却是惊艳一时的红伶，引无数名士追捧。著名的津门才子李叔同就曾痴情于她。他每天晚上都到戏园为杨翠喜捧场，散戏后陪杨翠喜回家。为杨翠喜讲戏曲历史背景，指导其身段、唱腔。他还为杨翠喜作《菩萨蛮》两首：

一

燕支山上花如雪，燕支山下人如月。额发翠云铺，眉弯淡欲无。夕阳微雨后，叶底秋痕瘦。生怕小言愁，言愁不耐羞。

二

晚风无力垂杨嫩，情长忘却游丝短。酒醒月痕低，江南杜宇啼。痴魂销一捻，愿化穿花蝶。帘外隔花荫，朝朝香梦沉。

以至于后来有人附会李叔同出家与其同杨翠喜的爱情无果有关。

以上是近代杨柳青所出的几位有名的美女。其实，就美貌来说或许杨翠喜为最，但其命运最为可怜，而其他几位则以其才而为人所重，所以所谓美女与否看的未必是长相。

旧时，杨柳青有小江南之称，柳绿堤红与青堂瓦舍相映，自然美与人文美交错。所以，这里的人是在自然与人文的灵气中生长的，骨子里有一种内涵的美。过去有杨柳青“家家会点染，户户擅丹青”的说法。杨柳青的女子们从小就受到艺术的熏陶，这也是其他地方不可比拟的，所以“杨柳青出美女”的说法没有错。

在城市化的大潮中，杨柳青古典美人般的秀丽之美已经不再，而城市化进程中的人口流动也让杨柳青的人口成分来了个大换血，很多人认为杨柳青是否能再出有内涵的美女就不好说了。如今，西青要借杨柳青大运河国家文化公园的建设保护，传承好西青、杨柳青的历史文化，重塑杨柳青之美。我们相信这会让人们真正认识到杨柳青美之所在，重新焕发出杨柳青曾经有过的美，保持住“出美女”之名。

百岁传奇老人——李来中

冯 立

据台湾赵东书编写的《理教汇编》一书记载，民国时杨柳青理教六方派祖庭正安堂公所的领众叫李来中。

笔者在做西青民间文化田野调查时，发现张家窝镇西琉城村有一位百岁传奇老人。他是众善堂的首任领众，就叫李忠祥，又名李来中，同时也是独流等地的理教公所的开创者，通过调查，笔者感觉他的身份似乎不只这么简单。

一听到"李来中"这个名字，笔者就联想起义和团的主要领导者也叫李来中。当时笔者曾问众善堂的末代领众于云震，是否知道众善堂这位李来中与义和团有什么关系，于云震回答说不知道。据于云震讲，李来中本来是安徽人，行伍出身，三十多岁时出家为道士，后来住在西琉城村三官庙。1950年农历三月初四，李来中坐化，享年一百一十三岁。据于云震老先生讲，李来中有深厚的内功修养因而名声远播。方圆数百里，包括文安、霸州、台头、胜芳等地的百姓提起李来中几乎无人不知，把李来中当作活神仙。据说李来中到各地进行宗教活动无论多远，都是自己走着去，其步履如飞，年轻人都比不上。他对待任何人都一视同仁，不问贫富贵贱，而每当村中邻里、夫妻有吵架拌嘴的，李来中便前去解劝。所以，过去很多人都知道，李道爷在的地方没有吵架拌嘴的，他在的地方民风也都变得很淳朴。也正是这样，李来中声望日隆，在民间影响很大。

由于于云震表示不了解李来中与义和团有无关系，再加上他说李来中是安徽人，而多数有关义和团的资料中都记载义和团的领袖李来中是陕西

人，笔者也就不再做关于他们二者的联想了。而在“寻根大运河”活动中，新发现的资料又再次把二者联系了起来。

2012年9月28日，在“寻根大运河”活动中，我们专程到山东大学，拜访著名历史学家、义和团研究的权威路遥先生。此行的目的是进一步挖掘义和团重要领导者王觉一与杨柳青的关系。在与路遥教授的交谈中，笔者向他提起，王觉一、李来中都曾在西青一带活动，而我们曾了解到的理教人物也叫李来中，但不是陕西人，籍贯对不上。路遥教授便问：“那这个李来中是哪里人？”笔者说：“安徽人。”没想到，路遥先生拍掌惊叫：“太好了。”因为这一线索正与他所掌握的关于此事的最新线索相吻合。

路遥教授搜集到了当时日军参谋本部关于义和团的情报中有这么一段话：“其总匪首为陕西的李来中，或称总匪首为王觉一。据传在泗州李来中常常以长发贼首魁洪秀全自居，与部下曹福田、张德成图谋不轨，曾依靠山东义和门第五代嫡传弟子王湛波见到巡抚毓贤，互通信息，大力煽动其朋党，制造‘扶清灭洋’的字样，投其嗜好。一面往来于京师，游说王公大臣。据传依靠董福祥的帮助受到太后召见，据说在北仓一战对阵联军，见大势不支而逃遁，不知其所终。”[①]泗州时属安徽，今属江苏。虽然前面说“陕西的李来中”，但这里把李来中与安徽泗州联系了起来。而《太平天国轶闻》中则有这样的记载：“李来中，南人，曾隶属洪秀全部忠王李秀成麾下。秀成败，来中涕泣呼号誓必复仇。秀成慰之曰：‘尔大好男儿毋自戕。今日已矣。度一二人力亦不能支。尔往徒速毙耳。余观满清气运亦不越数十年。尔果有志，当自重，为后来计也。’来中受命遂投入山东白莲教，埋匿三十余年。毓贤抚山东，奖励拳勇，来中乃诡投以扶清灭洋之说。毓贤纳之，由是势大炽。

① 路遥主编：《义和团运动文献资料汇编·日译文卷（日本参谋本部文件）》，山东大学出版社，2001年，第51页。

及联军破天津，南人有识来中者私叩之曰：‘今八国且联兵攻京，若以兵力比例，彼胜我当百倍。而曰灭洋，洋何能灭？曰扶清，清焉能扶？适自亡其国而已。’来中曰：‘余何尝不知？惟余蓄志报仇已三十年，今幸得间，岂敢失此好机会？余所以辛苦来此者，求复仇已耳！成败非所计也！’后遂遁去。”[①]这里明确地说李来中是“南人”，并交代了其从太平天国旧部而变成义和团领袖的过程和原因。

从年龄上讲，众善堂的李来中1950年去世时为一百一十四虚岁即一百一十三周岁，那么，他应该是1837年出生，在1864年李秀成失败时，他是二十七岁；义和团运动鼎盛的1900年时，他应该是六十三岁。年龄相符。

从籍贯上讲，把李来中说成陕西人的说法可能是因为他后来多活动于陕西，与甘军董福祥关系密切的缘故。而从他是太平天国旧部的角度来看，他是南方人，甚至是泗州人的可能性是很大的。

从活动地域的角度看，在义和团运动中，张德成、曹福田被视为李来中的部下，而张德成原本是运河上的船户，活动于运河流域，后在独流建立“天下第一坛”；曹福田则是静海县人；而义和团的其他领袖如刘十九、韩以礼等活动的根据地也都在西琉城村附近的农村。据于云震讲，众善堂的李来中在周围数百里都是吃得开的，而他与独流似乎还有特殊的关系，独流的几个理教公所就是他建立的，直到二十世纪九十年代末独流的理教信徒仍与西琉城的众善堂保持着密切关系，而他们乃至众善堂却与杨柳青的理门基本没有来往，台湾赵东书主编的《理教汇编》把李来中列为当时正安堂的领众。同一地区，在相近的时间段有两位同名同姓的民间宗教领袖，这种偶然性并不大。

① 韩启农：《太平天国轶闻》，上海进步书局，1922年，第38页。

一些史料记载,义和团的李来中在天津北仓大战失败后不知所踪。[1]那么,他是否可能就隐藏在了天津的农村,在西琉城村的三官庙安心做了道士呢? 神秘的李来中留下了太多的问题,希望有人能做进一步研究。

① 陈旭麓、方诗铭、魏建猷主编:《中国近代史辞典》,上海辞书出版社,1982年,第314页。

义和团"总首领"与杨柳青

冯　立

义和团运动是我国近代史中的重要一段。文化古镇杨柳青与义和团运动有着千丝万缕的联系,有关人士已经对有关历史有所记述。然而,大家知道吗?义和团的"总首领"曾隐居于杨柳青。笔者是在做津西民间文化调查,查阅有关资料时发现这段几乎湮没的珍闻的。据有关资料记载,在义和团运动时期,北京的官僚中传闻义和团的"总首领"是李来中,或说是王觉一。这位王觉一可是近代历史上鼎鼎大名的人物,他是山东青州人,大约生于道光二十年(1840),光绪三年(1877)建立民间宗教组织东震堂,光绪八年(1882)在武汉策动反清起事失败,潜逃至杨柳青,在一康姓弟子家中隐居,于光绪十年(1884)病逝于天津杨柳青。

据义和团历史研究专家、山东大学教授路遥先生研究,王觉一并没有死在杨柳青,而是隐居于此,并伺机活动,再后来成为义和团运动的重要发起人。据李希圣《庚子国变记》记载,义和团兴起之初,"先是有一老人谒载漪,自言有禁方,载漪视其书绝诞,谢之。老人辞去曰:异时事急,请东向呼者三,当至。于是漪置酒,召徐桐、崇绮而告之。徐、崇皆曰:此殆天所以灭夷也。呼之,则老人已入门,一座大惊。遂入言之太后,太后幸颐和园,试其方尽验"。"或曰老人,大盗王觉一也。"其他一些资料也有类似记载。据说义和团还有一位"总首领"叫李来中。据《庚子京畿拳变纪实》说,李来中于义和团运动初起时,"遂偕其党目十余人投往山东,与嘉庆年间义和教门第五代嫡传弟子王湛波联合。毓贤闻之甚喜,暗中馈以牛酒,刀械颇多。李意愈得,煽王族大倡教门团练之说,托言神人传授符咒,灵怪诡谲,远近附之如

蚁。李知大势已成,急嘱其党用扶清灭洋字样以投时好。已即回归本籍,日讲团练以待运会”。而据有关资料记载,李来中是陕西人,但长期隐居于杨柳青镇,并来往于陕西与山东之间,与甘军首领董福祥关系极其密切。李来中比王觉一更加神秘,因为几乎没有什么史料对他的详细情况有所记载。

甚至有人怀疑李来中就是王觉一。应该说,义和团运动是一次群众自发的规模巨大的爱国运动,所谓“总首领”之说不能算完全客观。但某些民间人物以其独特的组织方式发动群众,成为义和团运动的发起人是可以理解的,也是很可能的。而王觉一、李来中正是这样的人。不管怎么说,王觉一、李来中是与杨柳青有着相当密切关系的。尽管有关资料传言成分较多,但我们认为义和团与杨柳青的关系确实是很密切的。义和团“总首领”以交通便利的杨柳青为基地,进而进京造势也是非常符合逻辑的。挖掘这段历史对于研究义和团运动的历史是有着相当价值的。当然,时隔久远,要挖掘与此相关的更多历史细节恐怕已经很难了。我们还是应该尽力而为,或许能有所收获。

翰林杜彤事迹略考

张一然

杜彤是杨柳青唯二的翰林之一,自幼在当地文昌阁崇文书院读书,其考中举人后,因为学识扎实,熟谙世道人情,官途顺遂。据《清代官员履历档案全编》显示:"杜彤,现年四十一岁,系直隶天津县人。由廪生中式光绪十一年(1885)乙酉科举人。十八年(1892)壬辰科会试中式贡士,殿试二甲、朝考一等,改翰林院庶吉士。二十年(1894)散馆一等,授职编修。二十七年(1901)三月记名,以御史用,九月补湖广道监察御史。二十八年(1902)转掌四川道监察御史,六月俸满截取知府,蒙召见一次,旋丁母忧。三十年(1904)八月服满起复。三十一年(1905)二月,补山东道监察御史。三十二年(1906)四月二十日奉旨署理新疆提学使,开缺以道员用。"

1905年,科举废除。1906年,清廷要求各提学史除了之前出过洋的人之外,其余人等都要前去日本考察学务三个月,归国后再赴任。此次出洋的十六省提学使就有新疆提学史杜彤。偶有文章提及"杜彤留学日本",实则乃是其因上述原因曾前往日本"考察"三个月而已,并非留洋学习。

杜彤为人通达,待人彬彬有礼,又颇具实干精神和能力,兼因赴日考察开阔了眼界,任职提学使期间,提出了"求普不求高,用学务人厚薪不兼差,以次渐进不惑种人难于见功之说"三宗旨,并设立劝学所。光绪三十三年(1907),新疆各地的劝学所已达三十三处,总董二十九名,劝学员一百零一名。

新疆巡抚联魁《奏提学使杜彤请实授片》中,赞杜彤"为人忠实通敏、识见正大、遇事坚定、劳怨不辞,诚为监司中不可多得之员","新疆兴学首功,

当推学使杜子丹”。

黄炎培在《清季各省兴学史》中对杜彤评价颇高:“朝命设新疆提学使,津门杜彤首膺简命,力毅心热。到任后,以省城设立之高等学堂,生徒程度不齐,改为中学,注重实际。”“就蒙养学堂改设小学堂,并增设其他各校及简易识字学塾。”

由此可见,杜彤深谙官场,兼具理想,加之翰林清贵出身,深得新疆巡抚何彦升的器重。宣统二年(1910)十月,正巧布政使(藩台)空缺,何彦升即向朝廷举荐杜彤暂行代理。从杜彤为官履历来看,其在宣统二年(1910)攀登至仕途顶峰。

宣统三年(1911),杜彤以回籍修墓为由坚辞是职。同年十二月初五日,《谕旨》载:“……着准其开缺……”

据杜彤女儿杜联喆回忆,因辛亥革命爆发,杜彤主动辞官由俄国西伯利亚铁路回到家乡杨柳青。回乡后,他很快将老宅拆掉,原址重盖新房,并购置大宅,将家分作两处居住。正妻携子女居新置大宅,其余人等居于翻盖的老宅处。杜彤一妻两妾,共育有七名子女,但非同母所生子女并不亲近。

有学者通过种种资料,推算杜彤生于同治五年(1866)。但杜联喆回忆,父亲杜彤乃同治三年(1864)生人。

杜联喆作为杜彤嫡妻所生幼女,所知甚多。她记得嫡母刘氏曾说,杜彤是甲子生人,推算应是同治三年(1864)生。杜彤是家中最小的孩子,哥哥姐姐看着都比杜彤长一辈的感觉。杜联喆的表兄、堂姐与父亲年龄差不多。嫡妻刘氏比杜彤小一岁,杜彤哥哥的大女儿和刘氏同岁。由此可看出,杜彤与哥哥姐姐的年龄差距颇大。

在杨柳青安稳地度过数年后,因在杨柳青驻扎的各军队经常骚扰居民,杜彤便举家搬到天津城里英租界租房居住,仍是一家两住。1929年9月,杜彤突患肠胃疾病,数日之间便去世了。他死后,妻妾应是分了家。其女儿杜联喆说:“殡葬后,一家两处分为三处。”

按照杜联喆的回忆,杜彤应生于同治三年(1864),逝于1929年,享年六十五岁。

扬州知府石作桢

张一然

素有“华北第一宅”美誉的石家大院，是杨柳青著名的古建筑，是天津八大家之一，有“津西第一家”之称的杨柳青石家的住宅。现在的石家大院只是杨柳青石家众多宅院中的一所，但旧时石家的宅院几乎占了杨柳青豪宅大院的半数。

杨柳青石氏靠跑漕运起家，清乾隆五十年(1785)，正式在杨柳青落户定居，并开设万兴粮行。清嘉庆十年(1805)左右，石家在杨柳青前大街购买了大片旧房基地，盖起了八个相连的大四合院。这是石家的老宅。道光初年，为了避免树大招风，石家子孙把财产平分，分为四大门。此后各大门中又分出若干小门。分出的这些门户都在杨柳青购建住宅，大多气派豪华。现在的石家大院只是石家四门尊美堂的宅邸。长门福善堂继承了前大街老宅，其子孙分别建立了中辟胡同路东南口的裴元堂(后来该胡同因此改名裴元堂胡同)，位于前大街路南的敦厚堂，位于估衣街的聿修堂，位于西当铺小胡同内的衍庆堂。二门正廉堂早在清嘉庆十四年(1809)即于后大街另建起与老住宅面积相同的六所大四合院，后来其后裔各家都纷纷迁出，部分在大宅西面盖起了四个大院，大门均设在大寺胡同内，为润德堂、裕德堂、三德堂，其中裕德堂房屋建筑精美绝伦。三门天锡堂在杨柳青前大街建宅，房屋建筑、内部装修都非常精美，远超其他三家，但后来失火，又出了败家子将房屋拆卖。

石作桢出生于石家二门正廉堂，立名承德堂，其宅坐落于杨柳青后大街路北，坐南朝北，大门面对大寺东胡同。

石作桢妻子是天津官宦之女，推崇学而优则仕，对丈夫没有功名耿耿于怀，时常流露出不满。她觉得自己出生官家是下嫁到商户石家，认为石家虽然家财万贯，但没有半点儿功名，非上等人家。妻子曾多次对石作桢表示，石家空有银钱，却无一官半职，是个大白丁！并称“将来孩子长大，要想找我娘家这样门庭做儿女亲家就不易了”。出生官宦之家的妻子还有一句话深深打动了石作桢：“当官哪有赔本的！”

于是，石作桢对功名之事上了心。加之，他的父亲于道光十九年(1839)考中武举，大哥被恩赐六品官阶，二哥于光绪五年(1879)考中文举，只有他身无功名，有钱无势，同哥哥们相比面上无光！于是他想尽一切办法钻营官职。最初花钱买了一个监生，后来他又花了十万两白银捐了一个候补知府，被分发江苏。

扬州自古是盐、铁枢纽，扬州知府是江苏省的一等肥缺。扬州知府钰斌于光绪二十七年(1901)六月到任，任职至二十八年(1902)年初病故，任期不到一年。两江总督刘坤一与江苏巡抚恩寿联名上奏朝廷，告知扬州知府出缺之事。

石作桢一早得知此消息后，借与石家有姻娅的张之洞的关系，上下打点，没费什么力气就署理了一个扬州知府的实缺。

从史料看，石作桢自光绪二十八年(1902)年初抵达扬州，担任署理扬州知府一职。《申报》1902年2月28日在“金陵官报”栏载有官员任职信息，其中正月初四日、初五日藩辕牌示可以为证：“扬州府钰斌病故，遗缺查有候补前先知府石作桢堪以署理……正月初六日，知府石作桢叩谢署扬州府。”

1902年，江苏发生了严重旱灾，数月不雨，饥民数量猛增，物价飞涨，社会秩序不稳。江苏巡抚要求各府县购米平粜。署理扬州知府石作桢虽然到任不足半年时间，但他竟敢与江都、甘泉两县知县联手，不仅不组织平价米

源，反而接受了奸商张传芳的贿赂，准许其将米外运。结果，导致本就高昂的米价变得更加疯涨。

七月中旬，江苏省内的扬州最先发生了抢米风潮。在南门外广泰和米行门前，市民因米价一日数涨与老板发生争执，顷刻间集聚了五六百人，群情激愤，有人乘势抢米。午后又有一家米行被扒。晚上九点半，大儒坊、皮市街二处亦有四家米行被抢。很快这股风潮就蔓延到了仙女庙，并酿成事端。

当时，江都有一首《米贵谣》道："市廛民物贵，米价犹高翔。一斗值五百，人心殊惶惶……米愈售愈少，价愈过愈昂。所以民食艰，道殣遥相望……试问贤官长，何术安穷甿？长官欲恤甿？又恐碍商务。朝为平粜谋，暮受苞苴赂。婪利智即昏，得钱民弗顾。岂知穷黎饥，愤激不复饰。振臂一呼号，同声争应赴。斯须数十人，群捣陆陈铺。奈何为长官，但知责黎庶。无端破门入，捉将府里赴。不问冤不冤，鞭扑敲无数。可怜血肉飞，终无口供者。气息已奄奄，锒铛犹锁锢。"这首民谣记述了此次抢米事件的缘由与过程，谴责地方官吏不体恤百姓疾苦，助纣为虐，最终将民愤激发成民变的经过。

此事震惊了两江总督刘坤一，他查得此事，并于七月中旬奏报朝廷。据《清实录·德宗景皇帝实录》记载，(光绪二十八年)七月十四日壬申，刘坤一奏称，浙江桐乡县教谕举人张传芳，盘踞扬州府属仙女镇，逐日偷运米粮出口，为数甚巨，实属衣冠败类，请革职递籍，严加管束。署扬州府知府石作桢，与沈、冯两委员，受贿故纵，于张传芳闻风潜逃后，始札县拏办，希图掩饰，实属居心贪狡，请即行革职。已着照所请矣。张传芳于年荒粮贵之时，只知贪利殃民，居心实不可问；石作桢身膺表率，竟敢受贿，纵令奸商，盗运米谷出口，尤属罔利营私，均应彻底严行查办。着刘坤一、恩寿即咨行浙江巡抚，一体查拿张传芳到案严讯，追缴所得盗卖米粮赃款，并查明冯、沈两委员衔名，提同石作桢一并归案，确讯受贿卖放案情，从严查追，毋稍轻纵，以儆贪劣。

光绪二十九年三月十七日（1903年4月28日）的《申报》全文刊录了署理两江总督张之洞、江苏巡抚恩寿遵旨彻查此案的详细情况。我们可以从该文中获悉案情，石作桢于光绪二十八年（1902）年初任职扬城，四月就与盘踞扬州府属仙女镇偷运米粮出口的张传芳相互勾结。“石作桢乃于五月初一日，密札江都、甘泉两县拿办，词极严厉，以图掩人耳目，离奇闪烁，舆论哗然。”“刘坤一于光绪二十八年六月附片具奏，署扬州府知府石作桢，故纵劣董浙江桐乡县教谕张传芳运米出口一案，请将石作桢即行革职，张传芳革去教谕、举人，勒回原籍交地方官严加管束。”

《杨柳青镇志》记载：“承德堂作桢捐官扬州知府，该地因有盐铁之利，不到三年，便聚敛民脂二十万两白银。”实际上，石作桢任职扬州知府的时间仅半年有余。关于石作桢的下落，未见正史记载。杨柳青当地传说，石作桢犯案后，几经疏通打点，只被革职递籍，并没有受到进一步的严厉追责。

石作桢返乡杨柳青后，虽被罢黜，但生活优渥。后来，他与天津在外多年做过藩台，甲午战争时被朝廷派在天津帮办团练的四大钦差之一、官封太子少保的张梦元做了儿女亲家。石作桢的儿子石绍曾既是知府的衙内，又做了地位显赫的大官僚的女婿。

杨柳青船家走出的黄莲圣母

张一然

义和团运动，天津有很多女子投身其中，如蓝灯照（由已婚女子组成，穿蓝衣），青灯照（由寡妇组成，穿青衣），黑灯照（由老妇组成，穿黑衣），花灯照（由官妓暗娼组成，穿花衣），红灯照（由女童组成，穿红衣）。据记载，红灯照“取十八岁以下至十二岁以上之闺女”，用“十许岁女孩”。

论传奇故事最多，流传最广，影响力最大的当属红灯照。“男练义和团，女练红灯照”，据说红灯照盛时有数千人之多。其中最引人注目、神秘而富有号召力的人物当属其首领黄莲圣母林黑儿，其诸多被神化的故事流传广，影响大。

黄莲圣母姓林，小字黑儿，杨柳青运河沿岸人，有关她的身世有四种说法。

一是巫婆说，二是土娼说，三是船家女说，四是艺人说。其中的土娼说，应不属实。曾在天津做过妓女的赛金花于1900年6月逃到北京。她曾多次回忆义和团运动，说起黄莲圣母时，曾说：“后来又有了红灯罩……他们对她们的首领称呼‘圣母’。后来总督裕禄也信服了，还用黄轿子接她。其实，就是那运粮船上的一个船婆。我见过她多少次呢。”这些回忆被收进1934年由北平星云堂书店出版的《赛金花本事》一书中。

据南开大学历史系与天津历史博物馆、天津市文化局1958年的调查，民间多数人认为她是杨柳青船户李来的儿媳妇。李的四个儿子都参加了义和团，他的大儿媳妇在义和团运动中自称黄莲圣母，他的一个女儿自称黄三姑。据说，李的家庭向来就好“请个邪法，并会点儿邪门外道”。

林黑儿早年随父过着流浪艺人的生活，行走江湖总要会一些拳棒或掌握一些梨园、杂技或戏术的技法用以糊口，又善于以偏方治病，致使“千里投拜者，不绝于道”。清末时期的民众大多都是一字不识的文盲，加之民间医师短缺，生活贫苦的百姓很难负担正式医师的诊疗金和药钱。林黑儿所掌握的技能恰好满足了贫苦民众的医疗和精神需求，故而远近闻名。并且，她平日里爱装神弄鬼，将自己包装得颇有神秘色彩，从中获得不少人的崇拜。

林黑儿后来嫁给了杨柳青跑运河的船户李来的大儿子，平日靠捕鱼运货谋生，过着贫苦艰难的生活。义和团运动前，李来（也有说是林黑儿的父亲）因触犯洋人的“禁条”遭人毒打，伤重身死，其实只是杀了洋人的一条狗。无权无势的林黑儿对此是一点办法也没有，自此对洋人深恶痛绝。

光绪二十六年（1900）五月，义和团运动在天津兴起。有一天，林黑儿突然间便神情、语音皆有异，口中念念有词，自称乃黄莲圣母下凡，当下便施展神力将船上数百斤盐包扔入运河。平日里的一个弱女子，突然身具神力，让众人惊诧不已，引起一时轰动。

起先，林黑儿在南运河一带的农村中活动，本想在杨柳青镇文昌庙设坛口，但遭到当地望族大地主石元士的阻挠。人称“石善人”的石元士平素每遇灾害之年便开仓赈灾，还在当地设杨柳青支应局、保甲局以维护地方安全，在杨柳青颇有威望。见多识广的石元仕对林黑儿的装神弄鬼压根儿不信，对政治运动也比较敏感，不愿杨柳青卷入运动之中，便以文昌阁崇文书院乃儒学圣地，向来不准妇女过桥为由不准林黑儿在杨柳青设坛。为了不激化矛盾，石元仕告诉林黑儿，马庄有娘娘庙，大梁庄有九圣庙、河滩寺，均可设坛，请林黑儿考虑这几个地方。

林黑儿只得接受义和团坎字团首领张德成的建议前往天津城里，将自家的船作为坛场。这条被设置为坛场的船，有说是渔船，有说是运粮船，有

说是运盐船。为了塑造“圣母”的不同凡响，林黑儿对自己的船很是用心地包了装。《庚子国变记》说：“五月中，有黄莲圣母乘舟泊北门外，船四周皆襄红绸。有三仙姑、九仙姑，同居舟中。”整条船都用红绸围严，桅杆上悬挂着书有“黄莲圣母”字样的红色大旗，站立于船头船尾的红灯照姑娘，个个红衣红鞋，手持红灯。林黑儿最初将船停靠在归贾胡同北口南运河里，后停靠在侯家后北口南运河里。

林黑儿到了天津城里后，每十天左右游街一次，边走边舞，呼喊诸如“妇女不梳头，砍去洋人头；妇女不裹脚，杀尽洋人笑呵呵”等口号，对青年女子号召力很大。她所率领的红灯照女孩们，头披红巾，身着红衣，脚穿红鞋，手持红扇和红灯……每次游街，林黑儿必带二三十个持洋枪的男子相随。总之，女孩们从头到脚都是红，远远望去颇有气势。

那时候，人们尤其迷信。黄莲圣母经过义和团的策划和包装，更显神秘。人们深信林黑儿是仙女下凡。据说，只要跟着林黑儿在静室习拳几天，便能得道术成。而一旦术成，姑娘们只要用红折扇徐徐舞动，便能飞升登天，在空中自由飞翔。手中的红灯投掷到哪儿，哪儿就能成一片火海，洋人便无处可逃，葬身火海。手中的红灯照到自己，就可刀枪不入。用红灯光照到敌人，就能摄其魂魄。由歌谣“红灯照，穿得俏，红裤子红鞋大红袄。杀了洋毛子灭了天主教，拆了洋楼扒铁道，电线杆子全烧掉”可见一斑。

据说，她的船刚刚驶入天津城里，运河岸边已跪满了信众，人人焚香膜拜。林黑儿到天津后，广收徒众，名声大噪，“千里投拜者不绝于道，妇女尤信其术”。这些所作所为，绝非林黑儿一人所能完成，必是有策划有步骤的安排和执行，绝不是某一女子自称“圣母”便能得千万人信仰。故而，应为义和团有意策划为之。

红灯照在天津火速发展，应在庚子年（1900）农历四五月之后，据《拳变余闻》记载，津城“庚子四五月间，忽传有‘红灯照’者，皆十余幼龄女”。从农历五月中至六月十八日天津沦陷，林黑儿在天津城里的活动至多一个月。但仅这一个月时间，其轰动街巷的神仙举动、法力无边的传说甚多，见诸记载的活动也不少。

如林黑儿自言能治疗枪伤和各种外伤，只要她将自己的手附在伤口上，再用香灰涂抹伤处，就能止痛愈合。如果没能治好，那就是伤者德行有亏，神仙不保佑，所以治不好。

如有一天，运河里突然有一只大甲鱼游到林黑儿的船前，并将头伸出水面，向林黑儿不停地点头。人们都说，这是大甲鱼在向黄莲圣母磕头讨封。林黑儿当即冲着大甲鱼说：“你即来讨封，便赐你五百年道行，速速前往海口将该处把住，不可有误。”据说，林黑儿言毕，大甲鱼果真立即转身快速向海口处游去。不过几日，街头巷尾人人热议，大伙都说圣母果然是有来历的仙女，连老龟都来讨封，其神力可想而知。

如有一天，圣母从怀里掏出一个手绢包，打开一看，里面全是小螺丝钉。圣母告诉大伙，这是她睡觉时，暗中元神出窍，施展神力，从洋人的大炮上盗卸下来的。但有见识的人看了这包长短都不到一寸的螺丝钉后，起了怀疑，大炮上的螺丝钉怎么可能那么短小，看着像是铁铺里常见的螺丝钉。

诸如以上黄莲圣母法力无边的传说故事还有很多，百姓对其深信不疑。“津民深信之。入夜，家家悬红灯，迎‘红灯照’仙姑也。”如此看，黄莲圣母在天津的活动时间虽短暂，但其影响力不可低估。

义和团运动失败后，黄莲圣母被俘。宣统二年（1910）《民兴报》刊本《天津拳匪变乱纪事》，有黄莲圣母及九仙姑被俘后的照片和介绍，“三仙姑投水死，黄莲妖妇及九仙姑被逮入都统衙门”，还说“下卷叙黄莲圣母及九仙姑被俘时，九仙姑误作三仙姑”。如此来看，黄莲圣母被俘应是无疑的。

有关她被俘的经过，诸书多有记载。有说是因义和团团民的出卖，有说是被都统衙门逮捕，有说是官兵围剿她的坛场（即被红绸围严的自家船），她投水后被捞出来“囚之”，等等。

有关黄莲圣母的下落，说法很多。

有说其被列强押送到国外，如《天津拳匪变乱纪事》中记载：“附轮船带回外国，此后遂不知其所终。”但这个说法历来不被史学界认可，毕竟作为轰动一时的人物，如果被带到海外，应该有大量篇幅的新闻报道。但目前，尚未发现有此资料。

有说林黑儿被捕后，以“告谕”方式公之于众，被公开杀害。但《天津都统衙门告谕汇编》和其他有关官方材料均没有这些记载。另有法国人绿蒂撰写的《北京的末日》记述了绿蒂等在天津都统衙门的监狱里会见了“两个义和团女神”以及她们被捕等情况，与《京津拳匪纪略》《天津拳匪变乱纪事》《拳变余闻》《拳匪闻见录》等书相印证，可肯定绿蒂所见的“义和团两女神”应是黄莲圣母与九仙姑。那么，林黑儿在天津失陷后三个月的时间内应尚未遇难。

此外，申仲铭在《红枪会概述》（油印本）及其调查资料说，1927年作者在山东茌平、平原、高唐等县调查时，曾访问过年约五十岁号称“白莲圣母”的老媪。她家以捕鱼为生，并“在附近各县收有很多门徒，其中不少是红枪会首。据说，她是从义和团传下来的”，“她是否就是当年义和团在天津大战洋兵的‘黄莲圣母’？”

轰动一时的黄莲圣母的下落和最后之死，至今仍然是一个谜。

一代名儒王猩酋

张一然

有关一代名儒王猩酋籍贯的记载,多说他是武清王庆坨人。但据马鸿翱的《桑梓纪闻》记载,王猩酋的原籍并非王庆坨而是杨柳青。最有说服力的乃是刊发于1936年第1期《考古》,王猩酋在自书《猩酋野况》一文中有相关介绍:"予家世居天津之杨柳青村,高祖以上,皆诸生落魄,质砚给朝餐,嘱后人莫作书生。"这有力说明,王家世居杨柳青,王猩酋是杨柳青人。自其曾祖由杨柳青迁王庆坨,每至寒食孟冬,王猩酋的祖父都要回原籍祭奠祖坟。后来王猩酋的父亲亦遵其例,而到了王猩酋这一代,"则偶一往矣"。

光绪二年(1876),王猩酋生于王庆坨,自述"庭有大柏,乳名柏林",名文桂,字醒秋,后名秋,字猩酋,别号迟道人。他自幼聪颖,十一岁入塾学习,一年读完"四书",十三岁读《尚书》。1895年,二十岁的王猩酋赴天津县参试,在一千五百名同考者中名列第九,后再试天津县学,位列第八。

清末时,王猩酋考中秀才,自此终生家居设塾四十余年,是北方有名的塾师。他潜心教育,并重在德育,门人弟子甚众。他不为重金争聘"专馆"所动,坚持有教无类,富贵子弟求学必重金,贫寒儿女就读可减费,在当地有着崇高的声望。其人行文倜傥,声艺夺人。诗尤隽逸,有魏晋遗响,能刻砚,擅岐黄术,颇以济人。好奇石,尤好砚,兼汉金石、书画、砖瓦、陶瓷等均有收藏。

王猩酋一生好器物,自小便已显露。据其自述,"祖丧时,齐衰而操一龟于袖中。是为游戏一生之础。至外家,爱外祖张春煦庠生公案上铜水盂,求之不得,盗藏于跨带以归,外祖追迹索之。是为好器物一生之础"。

见过王猩酋的人均述他穿着打扮"不与俗同"。《天津日报》(1984年6月

10日)刊登的一文中有写:“《星期专页》五月二十日刊登的读者来信中,提到早年的王猩酋其人。我在半个多世纪以前,曾见过他,略有所识。他是一位研究古文诗词的学者,那时年已半百。此老穿着,从衣服到鞋帽,颇为古怪,不与俗同。其诗文意境辽阔,均为人所喜读。”

曹式桐曾说:“他不以能识文断字自居,也没那些穷酸陋习。平日衣着朴素,而且别有风度。身穿蓝粗布半大褂,左大襟,铜疙瘩。头戴一顶没有帽檐的旧草帽,墨光眼镜,满脸虬髯,拄着藤条手杖,虽有古稀高龄,走起路来却腰板挺直,犹如壮年。”

二十世纪二十年代初,王猩酋已名噪京津文坛。据他的学生胡庚辰先生统计,在中文《京津泰晤士报》副刊等发表的诗文不下数百篇,其他比较著名的作品有《大禹九鼎所在考》《彝辩》《淳化帖考证》《金狄尚存其一》《野况》《人性篇》《雨花石子记》《癖石记》等。王猩酋的诗词俊逸健拔,洒脱豪放,有晋魏遗风,许多诗篇忧国忧民,有着强烈的爱国情怀。

虽名噪文坛,因他居住津西王庆坨,距津有五十里,时值动乱年代,不易往来,天津文艺界不识其真颜。1927年某日,城南诗社邀请他来天津明湖春饭庄雅集。据胡庚辰讲述,当时他身着半长不短的一件粗土布衣衫,戴一个有顶无沿的破草帽,俨然出现在高朋满座之间,顿时群情哗然。他对盛筵上的鱼翅燕窝、银鱼铁雀辞谢不食,却从自己怀里掏出玉米面饼子和咸菜,从容自食。席间高谈雄辩,旁若无人,群客惊奇,咸以为怪。殊不知先生向来俭朴,且生平不食动物,与外界早已庆吊不通。此次因文艺界相邀,情不可却,不得不来罢了,决无半点儿标奇立异、矫揉造作之意。后来他在挽严修的诗中曾有“我见先生为最晚,丁卯诗社一共饭”之句,即指这次诗会[民国十六年(1927)明湖春诗会]。后来老人逐渐为社会上名流、专家、教授所赏识和推崇,其中如张伯苓、袁寒云、华世奎、容庚、叶恭绰等人,或与先生切磋学术，或共考据金石、甲骨，或聘先生讲学授课，频频往还，引为知己。

王猩酋的特立独行与先进思想还表现在对身后事的安排方面，写有《薄葬说》，反对厚葬，他说："人们对于父母，活着不孝死了孝没有用。"

那时候，民间的封建迷信很严重，丧葬习俗有很多讲究和说法。王猩酋的弟弟王六冲也是位文人，起先在天津教中学，后来被邀请到沧县操办成立中学。因操劳过度，患了重病，久医无效，不幸身亡。王猩酋为了实现自己的《薄葬说》，让人编了一个柳棺（据见过此物的人描述，实乃大柳筐），代替传统的木棺。没想到，王六冲的儿子根本不接受，拒绝将父亲葬入柳棺。王猩酋只得将柳棺留下给自己日后使用。

他曾在与友人的书信中写："弟（王猩酋）主张死后一毫不须有费，因不迷信，甚知入土臭腐。死后吊丧无益，不如生前优待。"又曰："破小褂卧柳条筐中，四人抬埋，数十年家庭亲友，对余主张，都已耳熟。"

他丝毫不避讳所制的柳棺，据说有不少友人都曾在他的"领视"下参观过柳棺。张次溪于民国三十七年（1948）十一月十四夕撰写的《与王猩酋先生石交记》中提到："翌晨，先生为自制豆浆以享余，并领视所制柳棺，以柳条编制而成，盖先生提倡薄葬，以此自为先导也。"

1948年农历八月二十六，王猩酋病故。临终前，他写下遗嘱：

柳筐埋我万不可改，若改用棺材是辱骂我也。旧蓝大褂一件，旧褥一条，停放外屋，不须盖纸或经盘。我死还是个人，而不是鬼，亲友来吊唁我，照常可看面貌。烧纸亦是辱骂我。由亲友、弟子将我尸抬于村西不毛之地埋之，深六尺以下，不许浅，坟头四方二尺不可大，亲友馈赠钱物不可收。我一生不受人管理，是大自由、大快乐之人，大家不须悲我。

生无益于人，死何害于世，

柳筐很可以，万勿费良木。

埋之不毛荒，可别占好地，

不墓也不坟，石块为标记。

家人遵照他的遗嘱，将遗体放入柳筐。由亲友和他的弟子共同抬埋，在当时创造了一种不落窠臼的葬礼风格。

内阁中书郑联鹏

晨 曲

古镇杨柳青曾出现过两位翰林，一位是刘学谦，光绪十二年(1886)考中丙戌科进士，授翰林院庶吉士，此后放外官。另一位是杜彤，光绪十八年(1892)考中壬辰科进士，授翰林院庶吉士，后任新疆提学使。

在新疆寻访赶大营后裔，采访赶大营后裔郑策先生时，记者们听说其祖父郑联鹏是翰林。这令记者们十分惊喜，新疆原来有杨柳青的第三位翰林。然而，此事却有波折，口述史所言与后来所查资料不一致。

郑联鹏的祖上是杨柳青赫赫有名的螃蟹郑。螃蟹郑名叫郑可均，因捉螃蟹有妙招，不仅捉得多，而且做得好吃卖得又便宜，被人送个“螃蟹郑”的绰号。郑家赶大营的第一代是螃蟹郑的儿子郑永乾，字子澄。郑永乾属于早期进疆的大营客，最初在乌鲁木齐大十字摆摊卖货，后与安文忠等人在大十字路口处盖房成为坐商。郑永乾的买卖字号叫“永裕德”，因经营有方，发展很快，资本逐渐雄厚。数年后，迪化评选“津帮八大家”时，郑家的永裕德位列第一(安文忠在伊犁)。约至清末民初，永裕德字号易主，因故到了杨绍周手里，郑家后代也从此多由商界转型至官场或文化界。

郑永乾之子郑联鹏堪称转型骄子。

郑联鹏于1881年出生在杨柳青，稍长便入文昌阁下的崇文书院读书。崇文书院的高才生杜彤于光绪十一年(1885)考中举人后，在书院一边深造一边当副讲，这样，郑联鹏得以成为杜彤的学生。1892年，杜彤考中进士入了北京翰林院。又到了1899年，郑联鹏考中举人，那年他十八岁。

郑联鹏中举后很受袁世凯赏识，保举他去日本留学。当年正闹义和拳，

剪了辫子穿上立领制服要东渡日本去留学的郑联鹏险些被义和拳当二毛子杀了。

1905年,清政府废除科举制,但同时规定,每年举行一次游学毕业生考试,从留学生中选拔人才,合格者分别赏给进士、举人。郑联鹏在日本留学六年,回国后正赶上朝廷的首次留学生类的殿试考试。于是,郑联鹏又带上假辫子进京参加朝廷的学部游学毕业生殿试考试,并表现不俗,成为朝廷选中的有用人才,赏给一个内阁中书,授亮蓝顶花翎正四品官衔。

2009年,郑联鹏的孙子郑策八十岁。他口述儿时不仅常听爷爷讲这些往事,还亲眼看见过爷爷藏在皮箱内的官服袍套靴帽,亮蓝顶子花翎。郑策还看见过爷爷留学期间在日本与学友马寅初的合影照。

因郑联鹏的长辈是大营客,赶大营去了新疆,又因为他的老师杜彤也在新疆做官,他便去新疆杜彤处任职。

进入民国后,郑联鹏曾任过新疆焉耆县和昌吉县县长,并被新疆督军杨增新委任为外交官出使过阿富汗。

在任焉耆县长期间,郑联鹏为民族之间的团结做出过大贡献。焉耆县蒙古族人口多,经常与汉族人发生摩擦,闹得关系挺紧张,曾经一度蒙古族人不敢进城,汉族人不敢进山。郑联鹏上任县长后,感觉首先要解决的是民族和解问题,民族之间的团结不搞好,其他什么事情都不好做。于是,他带领马队,驮上珍贵礼品,带着通事(懂蒙语的翻译),亲自进山去拜访蒙王。很多人都为他担心,猜测此一去凶多吉少,但他执意要去。果然,山里的蒙古族人剑拔弩张,对他并不客气。郑联鹏胸有成竹,大义凛然,以友好的姿态与蒙王沟通交流。在谈话中,郑联鹏不慎带出日语,没想到蒙王也会日语,彼此竟因都懂日语而拉近了关系,并很快融洽起来。他们用日语交流,通事也不用了,越说越亲切,最后竟成为好朋友。蒙王名叫满楚克扎布，执意要与郑联鹏结拜兄弟，两人喝了血酒。临别时，蒙王赠郑联鹏一辆俄式玻璃车、十匹骏马和一只大番狗(藏獒)，并真诚地冲天起誓，愿与汉族人永远和睦相处，今后汉族人再进山，少了一根汗毛就找他蒙王算账。郑联鹏也立下誓言，要好好劝导汉族人，不光要视蒙古族人为亲兄弟，也要与其他民族同胞搞好关系。

1954年，杨柳青的第三位进士郑联鹏在乌鲁木齐病故，享年七十三岁。

杨柳青翰林之女、
声震欧美的国际著名汉学家杜联喆

张一然

清末翰林、书法家杜彤，晚清直隶天津杨柳青镇人。杜彤共有七名子女，杜联喆为嫡夫人所生幼女。

杜联喆在《旭林存稿》前言中自述：

> 我们兄弟姐妹一共七人，是三位母亲生的。三姐联澄、四姐联泩（字涵若）、哥哥联凯和我同是嫡母所生。但他们三人的年龄距我颇远，他们是十九世纪末生人，我则是二十世纪的人了。三姐结婚很早，那时我还未记事，是一直都没曾十分认识她。四姐和哥哥在我入小学时已离家出外上学了，一向是拿我当小孩子看待。只有颖陶虽非同母，因为年龄较近，反而觉得是一同长大的。至于小弟妹又年龄相差太多，常觉得他们似乎是和侄男女同辈。又兼未曾在一起住过，不过偶尔见面而已。

杜联喆的母亲刘氏比父亲小一岁，“杜刘两家都是世居天津附近的杨柳青，父亲是祖父母最小的孩子，母亲是外祖父母最小的孩子，我又是母亲最小的孩子，所以祖父母和外祖父母都没有见过。伯父、舅父、姨母都像似比父亲母亲长一辈的，而称呼表兄、堂表姐的都和父母年龄相仿。伯父房的大姐就是和母亲同岁”。

据其自述，她没有读完小学便由姐姐带了考入中学，以致功课跟不上，又和大多数同班年龄相差太大，兴趣不同。她说："不知是否因此种下了一生孤僻自持的性情。"但寒暑假时有年龄相仿的弟弟颖陶（杜联齐）相伴玩乐，在杨柳青度过了快乐的少年时光。因此在兄弟姐妹中，她与颖陶感情较深。"特别是寒暑假，我们两人同时在家，读书习字看小说外，有时试验打镖练武，有时比赛背诵诗文，说笑话，打灯谜，终日笑语不倦。母亲常说只有我们两人在家时，家中才热闹。"

在《结书缘——纪念燕京》一文中，她回忆幼年在杨柳青的时光：

> 那时家里很冷静，只有母亲、老伯母和我。此外有一男仆，名叫金顺，他是厨子。还有一位二舅，是伯母的弟弟，名义上他是账房先生，实在是因为他没有事便住着照料照料。不然家里通共两个半人，又有什么可管的账呢？父亲在外做官，伯父已经去世了，姐姐、哥哥已年长在外上学，年假暑假才回来。每逢阴雨连绵，或冰雪严寒的日子，不能在院子里玩，或到账房里找二舅，只有在母亲跟前腻着。母亲则必取出好多册的大小两种画报，和澄里学堂编刊的带图字课来哄着我一同看图认字。

民国初年，杜彤回到了杨柳青。不久，杜家就由老宅搬入杨柳青天德胡同一处较大的宅子。"父亲用外院东南两间套房布置作了他的书房兼会客厅。老宅拆掉，重建了新屋。小弟妹都是在老宅新屋生的。后来因为内战频仍，杨柳青适当军队调遣之卫。于是，全家搬到天津城里。虽是租房，仍然两处分住。"

1929年，父亲杜彤患肠胃病，数日之间就去世了，殡葬后一家由两处分为三处。随后，杜联喆随母迁至北京，在燕京大学图书馆做洪业（煨莲）等人

的助手。在《结书缘——纪念燕京》一文中，她写道：

与书结缘的发端是在一九二九到一九三一年间。那时蒙洪煨莲师召回母校图书馆服务。这的确是一段黄金时代。在三位饱学师长指导下，知见了大批的古今书籍，亦遇了不少书业界的人物。此时刚由洪先生的接洽交涉，建立了哈佛与燕京的联系组织。哈佛中日图书馆在裘闇辉先生主持之下初作有计划的采购中国书籍。我所负责助理的便是代哈佛买书的事。决疑审定的三位师长是洪煨莲先生、马季明先生和容希白先生。常常侍坐听他们讨论书的版本，讲书的内容和装潢，而最爱听他们谈藏书的掌故。一九三〇夏天兆楹由文华图书馆专科卒业归来。于三位良师外，又加了一位情投意合，切磋琢磨的益友。书缘之结，可以说是结在至胜之境。

"情投意合，切磋琢磨的益友。"房兆楹后来与杜联喆结为夫妇。

杜联喆于20世纪30年代初在美国留学。1933年暑假由美国加利福尼亚回国省亲，在家住了一个多月后，又匆匆返美，继续求学。大概是1934年，杜联喆与房兆楹夫妇由麻省剑桥转往美国首都国会图书馆协助编辑由恒慕义编纂的两卷本《清代名人传略》，并在华盛顿出版。参与其中的费正清曾指出，所有美国学者的贡献都远远逊于恒慕义博士请来的两位高级助理——房兆楹、杜联喆夫妇。

房兆楹、杜联喆夫妇在美国、澳大利亚等地的大学和图书馆工作，参与撰写《清代名人传略》《明人传记字典》《明代名人录》。这三部著作是明清以降著名人物传记资料的大汇编，均用英文编写，在国际汉学界有很大影响。

美国历史学家史景迁是房兆楹的弟子，他回忆拜师后与房兆楹、杜联喆夫妇交往时说：

我仍清晰地记得，每次我们请他们吃饭，他们总是捎来大部分食材，而每次他们招待我们时，我们几乎什么都不用干；我还记得他们家那只活蹦乱跳的小狗“马马虎虎”——真是一个好名字；还记得我们驾车长途旅行，穿过澳大利亚秀丽的乡村到达悉尼，或是享受贝特曼斯湾的沙滩美景。

1978年2月，杜联喆在台湾艺文出版社出版《旭林存稿》，谈到该书的书名时，她回忆起幼年在杨柳青老宅的生活：

原想起名读书寄兴集，后来改名旭林存稿。旭林是家里的堂名，用来纪念家人，应属合适。记得幼时每到新年家里必换新纸糊手提灯笼，灯笼上面必粘贴用红纸剪成的旭林堂三个字。因此，这亦是很早认识的三个字。纪念家人本来是抛不开自己的童年，自己的过去呵。

1994年9月号的《明报月刊》刊登了题为“著名明清史专家杜联喆逝世”的新闻，全文如下：

中国著名明清史专家杜联喆女士，七月二十一日在美国新西泽州病逝，享年九十二岁。杜联喆是留美、在美居住逾五十年的中国史学家，她和丈夫房兆楹俱以研究明清史著名，编著有英文《清代名人传略》《明人传记字典》等巨著。一九七六年二月，他们夫妇同获美国哥伦比亚大学颁授人文学荣誉博士。杜联喆的中文著作有《旭林存稿》《明人

自传文钞》《明朝馆选录》等。

房兆楹、杜联喆夫妇志同道合，非常恩爱。在晚年，他们把收藏多年的大量图书陆续捐赠给图书馆。有“汉学界第一人”美誉的杨联陞曾高度评价房兆楹、杜联喆夫妇的成就：“论明清史料史事，今日当推房兆楹、杜连(联)喆夫妇。”

杨柳青翰林之家走出的才子——杜颖陶

张一然

杜颖陶出生于杨柳青有名的翰林之家，其父杜彤幼年时在杨柳青崇文书院读书，光绪十二年(1886)中举。

杜颖陶的姐姐杜联喆曾回忆：

> 颖陶原名联齐，他是在新疆迪化出生的，迪化原名乌鲁木齐。他的母亲姓郝，据说是甘肃人。生他不久以后就去世了。我跟母亲到新疆时，颖陶才两三岁，由一位乳母抚育。因为革命的到临，母亲又带着四姐、哥哥和我先回来天津。次年，父亲带了颖陶才由俄国西伯利亚铁路回家。此后，颖陶便由母亲抚育养成人。母亲为人慈祥任劳。不但小孩子跟着她很舒服，即是小猫小鸟由她抚育，有疾时亦都能平安度过。所以，颖陶在成人以前既不记得他的生母，亦没理会他不是母亲所生。我们两人自幼一同游戏，一同读书。直至我出国留学总是感情很融洽的。

杜颖陶资质聪颖，幼年在杨柳青长大，在小学时常考第一，那时学制是四年初小，三年高小。其姐杜联喆回忆："杨柳青的三处小学都办得不错，这七年他是规规矩矩读完的。"

民国时，军阀混战，杜彤由杨柳青搬入天津城里英租界内僦居，杜颖陶就读于天津南开中学，与万家宝(即曹禺)、刘嘉祥是同班学友。父亲杜彤死后，他与母亲(刘氏)、四姐(联淮)、幼姐(联喆)迁往北平，打理买下西城旧帘

子胡同十五号的房子。

1925年，杜颖陶由南开中学转校往北平艺术专门学校就读，1929年转北平民国学院学习，毕业于北平民国学院。中学时期，杜颖陶对话剧、外国戏剧发生了兴趣，时常谈论王尔德、萧伯纳、梅特林克以及爱尔兰的诸多名家。他在北平艺术专门学校的时候，曾登台出演过王尔德《少奶奶的扇子》，扮演少爷的角色。因受五四运动的影响，他倾心于话剧，并为批判旧剧而潜心研究旧剧，结果却深刻认识到中国旧剧在思想和艺术上的重要价值，其后兴趣转向旧剧，并结识了陈墨香、曹心泉等前辈名家，以及京剧名角程砚秋等。杜颖陶对皮黄昆曲都有心得，并能拉胡琴和二胡。

1930年，程砚秋创办中华戏曲职业专科学校，诚邀杜颖陶到校讲学。杜颖陶还为程砚秋整理《玉霜簃藏曲》，并印成一本目录小册。

1932年，他在程砚秋、金仲荪主持的南京中国戏曲音乐院北平分院研究所（后改为中国戏曲音乐院）任研究员兼图书馆主任。1949年任程砚秋剧团秘书，并赴西北各地调查民间戏曲。期间，他在南疆首埠喀什发现维吾尔族老音乐家哈西木。哈西木是当时精通木卡姆十二套古曲的极少数人之一。后来哈西木老人被接到乌鲁木齐录音，将隋唐时代燕乐中的疏勒之部，北宋以来已渐失传的维吾尔族传统古典瑰宝音乐抢救下来。这是程砚秋和杜颖陶西北之行的重要收获，亦是他们对民族音乐的重要贡献之一。

中国戏曲研究院成立后，他先后任图书资料室主任、编辑室主任，编有《记玉霜移所藏抄本戏曲》《二黄来源考》《董永沉香合集》《岳飞故事说唱集》《曲海总目提要补篇》，并与傅惜华共同编校了《中国古典戏曲论著集成》，以上在《中国戏曲曲艺词典》（1981年上海辞书出版社出版）中均有记载。

1950年，程砚秋剧团（全名为秋声社旅行访问团）赴中南及大西南地区巡回演出。杜颖陶作为该团成员之一，借机对地方传统戏曲进行了深入考察。剧团先后于武汉、重庆和昆明演出，其中为捐献抗美援朝飞机演义务戏多场，筹款两亿元；为宜昌胜利剧团建设新剧场基金捐款二千九百万元；回程时在汉口为志愿军荣誉军人演慰问戏十一场及各地观摩招待晚会多场。期间，杜颖陶和程砚秋的多数时间放在对汉、楚、越、川剧、巫师戏、滇剧及云南花灯等地方戏曲的学习和调查研究上面。在获得了大量的一手材料的基础上，他与程砚秋合写了《秦腔源流质疑》和《英台抗婚》剧目。

据说，杜颖陶对民间木版艺术颇为钟爱。在巡回演出中，他得知山东潍县寒亭镇的木版年画于中华人民共和国成立后大有发展时，便与程砚秋一起去寒亭做民间美术调查。回京后，他与程砚秋合写《寒亭的年画》，并于1950年7月作为《秋声社旅行访问各地民间文艺札记外篇之一》发表。有学者说，《寒亭的年画》一文虽着墨于寒亭年画，但彰显的是杜颖陶对家乡杨柳青年画的热爱和关怀之情。

1932年，杜颖陶与俞淑芸结婚，儿子两岁早夭，女儿杜珠是中央戏剧学院舞台美术系59级毕业生，被分配到广州某文艺团体。

杜颖陶为人朴实刚正。日伪统治时期，周贻白因对日本人不满，只是说了几句日本人不好的话，便被日本宪兵抓走蹲了数月的牢房，出狱后病倒在一家小旅店里。杜颖陶到小旅店探望周贻白，不仅仅是安慰老友，临走时还悄悄在其枕头底下“掖十块大洋”。

据原中国艺术研究院戏曲研究所戏曲文学研究室主任傅晓航回忆，1949年以前，北京宣武门外的琉璃厂是全国最大的古玩、旧书的聚积点。天天有琉璃厂书贩子大包小包往资料室背书。应该说中国戏曲研究院资料室所藏的戏曲古籍，大都是那时杜颖陶经手收购的，可与北京图书馆的戏曲藏书“叫板”。几经变动，这些书现存于中国艺术研究院图书馆，后人享受、使用这些资料时，应该感念杜颖陶先生的功绩。

杜颖陶平生著述很多，以笔名绿依、剑啸、云士、北婴、澀斋等发表诸多作品散见于中国戏曲音乐院《剧学月刊》《戏曲音乐丛书》等刊物。1933年，杜颖陶首次在《剧学月刊》上发表玉霜簃藏《钵中莲》传奇。1940年起，在北平《华北日报》的《俗文学》周刊登载过多篇文章。编著有《记玉霜簃所藏钞本戏曲》《秦腔源流质疑》（与程砚秋合写），中华人民共和国成立前发表论著有《二黄来源考》《二黄的起源及其与宜黄、四平的关系》《北曲音韵考》《论阴出阳收》《论务头》《南曲的乙凡》《十三辙》《尖团字及上口字》等，受到学术界的重视。中华人民共和国成立后，出版的著作有1955年的《董永沉香合集》和1957年的《岳飞故事戏曲说唱集》等。

据傅晓航回忆：

> 杜颖陶先生中等身材，方脸、浓眉、胆鼻、方口，与贝多芬相似灰白的卷发，相貌相当威严，但与其声口不甚协调。先生是天津人，却操一口标准的京腔，轻声慢语，十分柔和亲切。

出生于1908年的杜颖陶，于1963年病逝于北京，终年仅五十五岁。

从杨柳青石家走出的“话剧皇帝”——石挥

张一然

杨柳青石家是当年的“津门八大家”之一，著名表演艺术家、有“话剧皇帝”之称的石挥，就出自石家。

石挥本名石毓涛，祖籍山东东阿大瓮口石家岭村。先祖石蓬，自有大船一只，全家生活在船上，以船运为业。雍正年间北上，来河北、天津一带运营，因获利较丰，不思南返。乾隆五十年(1785)，石蓬之子石衷落户杨柳青，其子石万程颇善经营，家业暴发，成为津西闻名的大地主，人送外号“石万顷”。到石万程之子石献廷时期，石家已一改累代单传而人丁兴旺，家大业大。

道光三年(1823)，石献廷的儿子遵照父亲遗嘱，分家另过，各立堂名。因老大石宝福早夭，老二石宝善立长门福善堂；老三石宝庆立二门正廉堂，石挥系出此门；老四石宝苓立三门天锡堂；老五石宝珩立四门尊美堂。福善堂、正廉堂以及天锡堂的后世子弟中，虽也有勤勉上进、刻意经营者，但大多是纨绔子弟，吃喝玩乐，寄生度日。到清末民初，三门的家道先后中落。而尊美堂一支，石宝珩长子石元俊在咸丰十一年(1861)科考中举，官拜工部郎中，但以父老弟幼为名未曾到任，反而致力于家业经营，使得买卖兴隆，资产剧增。光绪十年(1884)，石元仕继石元俊之后主持尊美堂。他不仅注重家产积累，更善于扩大政治势力，他的夫人即两广总督张之洞的族侄女。光绪二十六年(1900)，八国联军入侵，石元仕带头出资在家乡办“支应局”，使地方免除许多祸乱。因而得到清政府赏识，先后被李鸿章和慈禧接见，并赏给他一个四品卿衔，一时名重津门，当选为天津议会、董事会委员，从而确立了

他集地主、官僚、资本家于一身的社会地位。

民国成立后，石氏各门家族子弟不事生产，家道渐至败落。1915年，石挥的父亲石绍廉预感前程无望，迫于生计，将杨柳青镇内仅有的几间住房、家具及部分土地卖掉，全家迁居北京。此时，石挥出生才四个月（另说为一岁）。迁居北京后全家靠父亲在北京高等师范学校任职的微薄收入生活。

石绍廉夫妇有子女五人，石挥是第三子。石挥的父亲是个戏迷，石挥从四岁开始就经常被父亲带着去听戏，一年中至少有两百天是在广和楼度过的，因此渐渐对演戏产生了兴趣，喜欢唱京戏，拉胡琴。六岁那年，石挥进北京和平门外师范大学男附小读书。该校钱贯一老师思想进步，积极拥护新文化运动，对石挥的影响很大。

后来石绍廉失业，石挥不得不停学，连初中文凭也没拿到。石绍廉推说出外找工作，竟一去不回。那年石挥十五岁，为了分担母亲的生活重担，就去考北宁铁路（北京到沈阳）车童训练班，因那里免费供应食宿。三个月后分配到列车上当车童。车童是铁路上最下贱的活儿，见了站长要叫老爷，整天拿扫帚打扫车辆里乘客扔的垃圾。到终点站后，别人休息了，车童还要擦桌椅和整理床铺。一个车厢接一个车厢，擦得他两手酸痛，面孔发肿。有一次，有人夹带烟土，半路起火，车长要他去救火，他差点儿被烧死。还有一次，乘警与土匪勾结，抢劫火车，有个乘客行李被抢，就在车头上撞死，站长要石挥搬走血淋淋的尸首。火车上常常有日本人，又凶又恶，专门欺侮中国百姓。石挥好几次因没有听懂日本话而挨打。直到1931年，他才被调到山海关外的打虎山车站工作，满以为可以结束受惊挨打的车童生活，不料九一八事变爆发，东北沦陷，他不愿做亡国奴，流浪到了长江下游的一个城镇。那里正有中国军队在招兵，他就参加训练班，还特地写信给母亲，表示决心去抗日。不料他因体弱，竟然落选。他觉得无脸见老母，决定去南方。当他住在一家小客栈，等待南方的火车时，大哥找到了他，说是母亲盼他回家。他乘了五天五夜的火车，回到北京的家中，进门一下就跪倒在母亲跟前，放声痛哭。母亲温和地说道："你怎么想不起回家？我天天梦你。"石挥的泪水沾湿了母亲的衣襟。

就在他为失业而苦恼时，小学同学蓝马介绍他去演戏，况且戏班管饭！石挥为了能吃上饭，就进了明日剧团在后台听差。他眼看男演员装腔作势，女演员嗲声嗲气，一不称心，不是哭就是闹。石挥整天忙于抄写剧本，搬布景道具，为演员整理服装，倒洗脸水，张贴海报，为大家倒茶送饭，所得报酬只有每天的两顿青菜淡饭，早饭是昨夜剩下的冷粥。

他从小爱看戏剧，也想当个演员，可是眼前的事实让他失望。正当他要求辞差时，一个演茶房的小演员忽然失踪了。团长急着要石挥代替登场救火。他不知道怎么演戏，胡乱地在脸上涂脂抹粉，穿了茶房的白大褂儿，站在后台，心跳加快，手脚发软。团长见他呆立不动，在他后脖一拍。他一惊，冲到台上，在强烈的灯光下，胡乱地连说三声"是，是，是"，然后慌忙逃回后台。也就是从这一次登台，开始了他的演艺生涯。

1943年大众电影丛书出版社出版的《石挥成功史》中，记者曾请石挥将"过去约略说一点点听"。他沉吟了一会儿：

说来话长，不怕你先生见笑，我自幼生长在一个穷苦的家庭里，在东北流浪了十年。我为了生计的逼迫，做过茶房，仆人，车站收票员；十六岁那年进北平铁路大学念书，在学校里的时候，我穷得连五六分钱一顿中饭都吃不起，一天三餐只有改为晨晚两顿。那时候学校里有爱美剧社的组织，我就加入演剧。事变以后，因为种种关系来沪加入中旅，以后又加入过上职、金星公司、荣伟公司。荣伟公司解散以后，我们和

黄佐临先生组织了苦干，枯坐了三个月(1943年7月底至10月间)，也没有演一个戏。双十节起我才加入上艺。

社会底层的多年历练中，石挥接触了社会上形形色色的人物，为他日后在舞台和银幕上塑造人物形象，打下了坚实的基础。

石挥在表演艺术上是有天才的。著名评剧演员新凤霞曾谈到石挥：他喜爱戏曲、话剧。曲艺界名演员常来他家戏台唱堂会戏。京剧、曲艺、各地方戏石挥都爱好，也会唱，真懂戏。他当了话剧演员，出台就挑帘红，又拍了很多电影。

成名后的石挥，有很多女性追求，又有热情人介绍，韵事不少。其中最引人注目的当是他与“金嗓子”周璇的恋情。创刊于1943年，由严次平主编的《青青电影》的一期中有一则题为“等周璇回沪，看石挥苗头”的报道，披露了石挥和周璇的一些情况：

红透影坛的金嗓子周璇，自和严华离婚后将近十年，尚未找到归宿，她的恋爱对象是千万的影迷们所瞩目着……话剧皇帝石挥踏入电影圈，目前正在黄金时代，他和周璇的恋爱，像一阵风，吹了一阵又来一阵，也像一朵云，飘过一朵又来一朵……周璇和石挥确是热烈过一阵子，石挥原来住的亭子间里，一个时期常可见到周璇矮小的影子。周璇公寓里也常见石挥穿了毕(笔)挺的西装，在那里走动……有一个时期，他们俩闹翻过，周小姐的知友曾传出这么一个消息，据说是周璇不满石挥的私生活和行动。

周璇钞票多，据说石挥倒并不在眼，他爱的是周璇娇小玲珑的身材和甜蜜的歌声。

讲到钞票,石挥目前也及得到周璇的三分之一二了,今日的石挥和六七年前的石挥确是不可同日而语了,在六七年之前,石挥在卡尔登演《大马戏团》的时候,一碗光面,一只大饼就是他的一顿丰富的午餐了。在保定馆,石挥是长期的座上客,那时候石挥一件汗衫,一条短裤,一把破蒲扇,每天摇摇摆摆地在保定馆对面的一块高低不平的大空地上,也就是石挥唯一消夏的夜花园了,等到夏夜的热风吹过之后,石挥才安乐地钻进他的亭子间去睡觉。

可是六七年后的今天,石挥大不相同了,他平时是习惯了节俭生活的,也有人说他是"犹太"(即小气——笔者注)因之在三五年之前他踏入电影界后,将所有的收入,都买了美票和条子,那时候美票和条子便宜,而目前价格大涨,因之石挥也就身价百倍了。像最近有人请他拍戏的话,他已不谈几亿几亿,所谈的却是条子和美票了。

上个月,石挥所以要急急地以六根大条顶进公寓,其意思是顶屋是我石挥自己的钞票,若在周璇返沪后,石挥再顶房子的话,那么外界一定要误会这钱是周璇的了。最近和周璇鱼雁常通情书往来,很见热络,石挥顶了新公寓,其意思免得大明星再跑亭子间了。

石挥的同族兄弟石灵回忆说:"大哥杨柳青在世的时候,曾亲口对我说过:石挥和周璇两人一起找过他,和他通报和商议结婚的事。可惜,两人最终没能结合。"

1942年,石挥因主演话剧《大马戏团》和《秋海棠》,被誉称为话剧皇帝。1951年,石挥又因编导《我这一辈子》和《母亲》而被颂为中国第一流的导演。

石挥生于1915年,死于1957年。在短暂的四十二个春秋里,历经坎坷,

曾在社会底层度过多年奴役般的日子，也曾在舞台上创造出诸多的辉煌艺术形象，登上“话剧皇帝”的宝座。

大运河畔的抗日英雄——冯景泉

冯　立

“海河掀巨浪，怒火燃胸膛，津门好儿女，驰骋在疆场上……”

二十世纪八十年代，电视剧《血溅津门》热播。故事背景地天津更是万人空巷，争相观看。这部电视剧讲的是津郊武工队在中共地下组织的配合下，在津郊和天津市区，与日伪斗争，最终取得胜利的故事。电视剧中武工队长郝明，汉奸袁文会、郭运起等一个个鲜明形象至今为天津的老百姓津津乐道。电视剧拍摄的时候，一些镜头是在西青农村拍摄的。

而剧中津郊武工队的原型就是当年的曾经活跃在今静海、西青地区和天津市区的津南支队。津南支队成立后相继拿下、袭击了炒米店、芦北口、大泊等敌伪据点，巩固了根据地。此后，连续袭击日伪成功，是天津地区一支重要的抗日力量。津南支队的冯景泉更是在西青地区留下许多传奇故事，至今为西青人民所津津乐道。

冯景泉，1921年出生在大城县齐圪村，兄弟四人，他排行老三，又名冯三。1937年3月，冯景泉参加革命，1938年7月入党。

冯景泉曾参加过文新县(抗日战争时期，根据地把文安县与新镇县合并成文新县)“姜庄子斧头战”“二砸监狱救战友”“长丰打集锄奸”等战斗，威震敌胆，被誉为孤胆英雄。

1942年，冯景泉任津南工作委员会手枪队队长。1943年春，军分区把津浦支队改为津南支队，李轩任支队长。此时，冯景泉任津南工委六区区小队队长。后来又担任过津南县县大队队长等职务。

笔者曾专门到大城县冯景泉的老家进行了采访，获得了大量珍贵资料。

据讲，冯景泉天生力气大，他可以握住枪头把两杆立在地上的步枪用手腕的力量旋转九十度，把枪口对在一起。另外，他天生机敏，虽然没多少文化，但知道怎么打仗。最重要的是他胆子大，出入日寇宪兵队，独自去大汉奸袁文会家会面，独闯土匪李帽头老巢如入无人之境。至今，在西青流传着许多关于他的传奇故事。

为了拔枪方便，冯景泉的手枪是倒插在腰间的。一次，有群众反映炒米店据点的伪军作恶多端。他便带了五个人在大白天前往据点。据点伪军盘查之际，他还没等对方明白怎么回事，已经抽枪在手对准了伪军。紧接着冲进据点，俘虏了全部伪军。从此炒米店的伪军再也不敢作恶。而在天津市区抢汉奸自行车，抢德国使馆洋马更是被当作传奇故事在天津广泛流传。

由于对敌斗争的需要，冯景泉经常和伪军以及民团打交道。一些伪军和民团都称呼他为三爷。他可以带着人在敌人据点间来去自如。夜间行动用手电打几下信号，伪军就会下来请他上岗楼吃喝，然后送他过境。1942年秋，冯景泉带人在天津跑马场抢了德国使馆的两匹洋马，被日本人追赶。他到民团防区后跟民团头头打了招呼，民团居然为他掩护朝日本人打了一阵枪，然后说误会了。此时，冯景泉已经跑远了。

据冯景泉的回忆文章，他当时的活动地点就在子牙河和御河(南运河)一带，后来扩展到御河东岸，其实主要活动地区也就是现在的西青区(曾称西郊区)一带。

如今西青的大地已经发生巨大变化，但这段历史我们不应忘记，为民族做出过巨大贡献的这些抗日英雄们我们更不应忘记！

调查研究

西青历史文化底蕴深厚，尽管前人做了大量的调查研究工作，但毕竟以前的手段有限，继续发掘是我们的责任。同时，我们不仅要知道自己"有什么"，还要知道这些资源"是什么"，从而才能对其价值做出评估，对其应用给出建议。本章汇集了笔者对香塔音乐法鼓、东寓法鼓、胜舞老会等的深入调查与研究报告。

天津香塔音乐法鼓的调查与研究

张一然

法鼓在天津是流传已久的一种艺术形式。香塔音乐法鼓起源于杨柳青镇十四街(村),创于明代天启三年(1623),初名香塔善事,中华人民共和国成立后更名为先进音乐会,改革开放后更名为香塔老会;2000年申遗时正式命名为香塔音乐法鼓,并沿用至今;在2014年11月被列为国家级非遗项目。

香塔音乐法鼓迄今历经四百余年传承,历代以口传心授之法沿袭,谱系明确,有遗存老器具及老照片,民间艺术特点显著,但目前学术界对法鼓艺术的研究比较少。我们在田野调查中发现,香塔音乐法鼓目前处于活态传承濒危状态,传承人稀少,没有太多演出机会,资金也非常匮乏。笔者通过多次实地探访传承人获得大量口述实录,并搜集记录了不少珍贵实物,结合调查梳理香塔音乐法鼓概况,探讨其特征和价值,并提出了保护对策。

一、香塔法鼓音乐源起

法鼓本为佛教寺院作为僧尼作息等讯息传递的工具,也作为仪式进行的法器,又可作说法的比喻。[1]后来,因法鼓具有祥和安康的观赏性,逐渐以花会的形式流入民间。鼓牌子通常由民间乐师们融合佛、道、礼音乐自行创作,往往具有很强的地方色彩。法鼓也逐渐成为民间家庭喜庆之事、社会祭祖敬天仪式、大众娱乐、花会庙会表演、葬礼出殡等而演奏的一种音乐,也是

① 萧振士:《中国佛教文化简明辞典》,世界图书出版公司,2014年。

老百姓祈福纳祥、驱邪延寿的伴奏音乐。

西青区境内早期的花会表演，以法鼓最为著名。法鼓表演以鼓为主，配以铙、钹、铛子、铬子四种乐器。法鼓演奏时节奏分明、高低有序、动静相偕，逢年过节，尤其是庙会期间，颇能增添热闹气氛。[①]

杨柳青镇地域历来有在年节期间举办花会、庙会的风俗，村间、乡道遍是欢乐祥和的节日氛围。音乐法鼓是此类活动中的重要表演项目，在津门皇会中属随驾会。

此外，旧时民间红白事、许愿还愿等活动都需要举行吹、打、禅、念等仪式活动，有些豪门富户在年节之际也会请法鼓会举行演奏活动，以此彰显门庭。并且，法鼓会在相当长的一段时期内还是迎接官府上司来津必不可少的“接驾”乐队。

香塔音乐法鼓发源于西青区杨柳青镇十四街(村)，历史上是非自然村，属于划定类村庄。其位于天津市杨柳青镇西部，胜利路东，南运河故道西，常青道、曹家园大胡同两侧。村委会坐落于镇西青沙路东侧。中华人民共和国成立前，属天津县三区杨柳青十四保。1948年12月，中国人民解放军进驻后取名平安街，亦称十四街。1956年以序数正式定名为杨柳青十四街。中华人民共和国建立前，村民主要从事农业，旱田地以种植粮食作物为主，靠近河沿园田地，种植蔬菜历史悠久。中华人民共和国建立后，经多年农田基本建设，耕作条件改善，并率先实行科学种田。1996年跨入天津市明星小康村行列。

香塔音乐法鼓会(以下简称香塔老会或老会)的创办本意为服务民间百姓红白事，以祭拜各方神灵和祖先为主要内容，带有很强的公益性，后来逐

① 天津市西青区地方志编修委员会:《西青区志》,天津社会科学院出版社,2003年。

渐地向敬神、娱神、消灾纳福求平安、自娱自乐的方向演变延展。中华人民共和国成立后,逐渐剔除了宗教色彩,转为纯粹的音乐游艺民俗。

香塔老会第十一代传承人曹桂华老师说:“听老师傅们讲,中华人民共和国成立前,杨柳青镇内的商业皆为私营小店铺,商铺买卖家和百姓家,逢年过节,以及做寿、结婚、开业、搬家、出殡……家家户户几乎是只要遇到了‘事儿’就会邀请老会前去演出,全部都是义务帮忙。老会还会参加本地及周边各地的庙会活动、花会表演活动等,可以说解放前的老会在民间是非常活跃的。”

香塔老会初名“香塔善事”,始创于明天启三年(1623),当时民间正是各种宗教兴起之时。香塔善事供奉混元老祖,信奉兴起于明万历年间的红阳教,全称混元门元沌教红阳法。红阳教提倡多神信仰,三教(佛、道、儒)归一,且重视做道场仪式。香塔善事以行善为宗旨,借鉴红阳教的道场仪式为表演形式,通过满足村民婚丧嫁娶、谢神祈福还愿等信仰需求从而获得良好的生存生长环境。

香塔善事创始祖贾明枝早年在外闯荡,据传其在外做过很长时间的道士,对道门的规矩以及各种道场仪式都比较熟悉。他归乡(时称下庄子,现为西青区马庄村)后不久便创立了香塔善事,并将红阳教“深奥”经卷简化为“驱除邪恶,为天下百姓祈福迎祥”。这让不识字的村民们一听香塔善事的名字就知道它是干什么的了。

据传,老会最初很可能并没有名字。每次出会或到百姓家帮忙操持红白事时,往往只是会员们用一股股的香碾堆搭成一个塔形,引喻为香塔,以塔代表佛,向佛进香。时间长了,人们便称其为香塔善事。另有一说是,创始祖贾明枝在组建老会之初,便想好了“香塔善事”的名字。

在曹桂华看来,老会的名字很好地彰显了贾明枝的创办初衷——以宗教为引，行善积德。他说："'香塔'原指佛教教义中以香粉末拌水为泥做成的小塔，蕴含着丰富的佛教内涵。简单说就是能够净除恶业，也可光积福德。人们看到'香塔'的图样就能和佛教联系起来，生出恭敬之心，省去了很多的解释和介绍。'善事'则告诉百姓，老会的本质是公益行为。"

由种种资料分析来看，香塔善事起源于宗教仪式，集佛教文化与婚丧嫁娶、做寿、祭祀家庙等民俗于一体，沉淀了深厚的历史文化价值。

旧时，百姓们对香塔善事是非常认可的，会内的成员在社会上备受尊重。那时候，凡是有钱有势之家，一旦遇有丧事，必请僧道尼这些出家人前去家中超度亡灵，以丰盛的斋饭款待他们，事后还要向其所在的庙宇愿资捐物。这些（银钱支出）是穷苦家庭无法承担的，所以当穷苦百姓家有丧事时就会前往香塔善事寻求帮助。曹桂华说："负责人应允后会立即派人前往其家中超度，并且不收取任何报酬。长久以往，香塔善事在百姓间便有了声望，得到了大家的认可和尊重。"

二、香塔老会代表物木质香塔的建造源起、传说与过程

值得一提的是，尽管名为香塔善事，但老会在相当长的一段时期内并没有一座真正的塔。无论是庙会花会，还是到百姓家中做道场，他们只是用香灰碾堆成一个塔形，引喻为香塔。

这个用香灰碾积起来的塔使用起来有很大弊端——只能是现用现堆，用后即废，着实不方便。后来，掌事人便以布幛做画布，在其上勾画塔形。不久，又改为针绣塔形，名曰布塔。

较之香灰碾积起来的塔，布塔的保存与使用皆方便了许多。但用不过数次，布幛便被香烛熏得昏黄，极不美观。于是，老会由布塔改木塔，即用木料搭建出塔形木架，在木架上装上按灯的铁钗，并挂上灯笼。晚上点燃灯笼

内的蜡烛，驭光成塔影以喻香塔，以此彰显香塔善事的特有标志。但是，此木塔结构简单，做工粗糙，实不配隆重场合。

直到清乾隆年间，香塔善事因缘际会中才拥有了第一座精美的木制塔。

据会内相传，这座七层高木制塔是由杨柳青当地的名门——安家负责建造。建塔之资主要由香塔善事的全体会员自愿随心捐资，当地善心人士也给予了大力的相助。在设计上，为了突出香塔的“香”，特意在每一扇塔门上刻画出“立香”的形状，让观者见图便能联想到佛堂中的供香、所见之木塔即为香塔。据杨柳青的老年人讲：该塔每层雕刻绘制精美佛像数尊，整个塔上都是佛像。

有关这座塔还有一个传说。据传，乾隆借口定陵年久，应对其维护修缮，实则借修缮之名，乾隆偷偷用普通木材替换了定陵中的金丝楠木，被替换下来的金丝楠木则被乾隆悄悄搬运到了自己的裕陵中。此事引起朝中不少大臣的不满，但臣子们迫于皇帝的威严都敢怒不敢言。刘墉知道后非常气愤。某日早朝时，他上奏乾隆：“臣有一事，可请教皇上？”乾隆疑惑地问道：“什么事？”刘墉说：“大清律例中，挖坟盗墓该当何罪？”乾隆立即猜到刘墉要发难，可当着满朝文武的面又不得不答道：“罪责当死。”听闻此话，刘墉当即义正词严：“掘墓者，平民当死罪。那皇帝犯此罪，该当如何？”乾隆只得答曰：“罪当发配。”

刘墉见皇帝这般明晓事理，随即上书：“微臣参倒万岁，也有罪过，臣愿随驾同行。”

皇帝“充军”，既不披枷带锁，也无人押解，实不过让人陪着一路赏景罢了。

“发配江南”途中，乾隆爷的船行至天津西（时称柳口，今杨柳青镇）时，乾隆看着两岸古柳成行，杨柳青青，当即作诗称此地为杨柳青，亦可称太平庄。两岸万民接驾，热闹非凡。乾隆爷远远望见香塔善事之名，却未见塔，当即口谕造塔。当地官府接到皇帝口谕后，立即操办。

历史上，乾隆帝下江南均有详细地记载。经笔者考证，此传说中年份、地点经与史料比对，完全不符。可见，这只能是传说。但香塔善事的这座塔却因添附了“乾隆爷口谕建造”的皇家色彩，极大地提高了其在民间的信服力，得到了民众更广泛、更深入的认可。

据老会员回忆，该七层木塔于1742年建成。为了增强演出时的现场效果，全体会员群策群力，又添置了香塔的前场——钹、铙、笙、管、笛等乐器。由此，自建会一百一十八年后，老会终于拥有了第一座设计精美、花纹繁复、做工精细，极具观赏性的纯正木制塔。

这座木塔的建成也标志着香塔善事进入了高速发展的阶段。

此后，每逢年节或丰收喜庆之日，这座七层高的木制塔便由多人抬出巡街，供百姓观赏，成为当地一盛景，俗称跑香塔。杨柳青人以能参与到跑香塔活动中为豪。年轻人亦以加入香塔善事为荣。究其原因，一则香塔善事其时已具有高度社会认同感；二则满足了大众行善做功德的心理满足感。

到1945年时，这座七层木塔已二百零三岁了。历经百年岁月侵蚀，它逐渐腐朽，损坏严重。老会全体人员一致决定集资修缮它。修缮工作由当时的会长谢广昌主持，图纸由刘师傅设计，下料由高师傅负责，工艺雕刻是李师傅。会员们是大显神通，各自献艺。翻修后，香塔善事又邀请杨柳青当地知名书法家戴绩臣题字，由朱焕亮师傅负责将字翻刻在铜牌上并镶嵌于鼓台。最后，由潘在田油漆彩绘。修葺一新的老鼓台经由众位师傅和名家的辛苦付出，焕发出新的生命。

有关此次重新修缮后的法鼓新容，文史作家徐文璐曾如此描述：“(该法鼓)既古朴又典雅。鼓台上的护栏用透雕法雕刻春、夏、秋、冬四季花卉，细

致入微、小巧玲珑。四头憨态可掬的狮子替代鼓台四条腿，结实耐用。鼓台护带边透雕藤萝花，寓意老会福寿绵长青春永驻，护带挡板上镌刻九狮团龙图，九条雄狮形态各异，活灵活现，寓意老会吉祥美满，技艺超群永远独居鳌头。挡板中央镶嵌‘香塔善事’四个大字周边衬刻葫芦丝弯儿缠缠绕绕，寓意老会千秋万代传承不息。它的下角及周边刻有暗八仙，对称刻有佛八宝，寓意护佑平安，如意吉祥。设计两根抬鼓大杠更独具匠心，冲前的杠头削为龙头，鬃毛乍起，凸出的地方衬有铁罗旋，红绒球微微抖颤，龙尾上翘衬蓝白相间云朵，两条龙雄浑伟岸，如蛟龙入海，似乘风九天，寓意老会蓬勃向上，锐意进取。”

三、香塔老会的历史沿革

清光绪初年，香塔善事暂用十四街福兴胡同路西东房两间为活动场所，后移至白衣庙对门东房两间。1935年，在白衣庙南公善助水对门位置，会内自建东房三间、南北房各一间，共计五间房。中华人民共和国成立后，这五间自建房被十四街公所征收为公有。

1951年，当地文化局将香塔善事更名为“先进音乐会”。王益和老人生前曾讲述改名的缘由。他说：“解放初期，香塔善事的成员大约有四十余人。大家常常一起走上街头，演奏《歌唱祖国》《全世界人民一条心》等歌曲，宣传社会主义，歌颂共产党的政策。当时国家发行了国债，但村民对此不了解、不接受，我们又以上街演出的方式宣传国债，帮助村民了解国债、积极购买国库券。可以说，大家用自己的方式为新中国经济建设贡献了力量。所以，文化局将香塔善事更名为‘先进音乐会’。”

“文革”期间，造反派以“破四旧”的名义将香塔善事强行解散，并将历代会员精心保存的七层木塔砸烂烧毁，不少乐器也受到了不同程度的破坏，会内遗存的旧物或砸或烧，大部分经卷于此期间失落。曹桂华痛惜地说："香塔善事数百年积累毁于一旦，数百年的传承付之东流。"

幸运的是，为保存香塔善事的薪火，第九代掌门人薛桂林在1968年时将民国丙戌年（1946）间建造的鼓台偷偷藏匿于家中，方使其有幸得以保存，也才使得今人有幸见到老一代民间艺人的高超技术和传统审美具象实物。

花挑子和部分经卷的幸免则得益于畅玉章老师傅。为了保存这些东西，他苦思冥想最终将其匿藏在村内菜园中的机井房内，这才使得它们逃过火烧劫难。

党的十一届三中全会的召开，让改革开放的春风吹遍了祖国大地，也迎来了文艺的繁荣。十四街村委会牵头，将香塔善事的老师傅们，如薛桂林、王益忠、潘再俭、潘再禄、畅玉章、王益和、王益林、王益山等人召集在一起，介绍了国家发展的新形势，提出恢复发展发源于十四街、历史悠久的香塔善事。

自1966年就地解散、完全停止活动的香塔善事由此算是正式恢复。在村委会的帮助下，香塔善事又吸纳了村内一些年轻人入会，组成了共计三十余人的音乐民间组织。考虑到香塔善事的名称带有迷信色彩，故更名为"香塔老会"。

老师傅们将法鼓和曲牌一一回忆和整理，形成文字性资料，以供后人保存和学习。此后，会内陆续添置了钹、铙、笙等诸多乐器，将"文革"时幸存的老茶挑修复翻新，重新制作了大图门旗，前场执事等。

1993年1月，十四街村委会拨给香塔老会三间砖房作为活动会所。

鉴于乾隆年间建造的七层木塔毁于"文革"，而"香塔老会不能没有塔"，全体成员一致决定建造新塔。有资料表述建新塔时间大概在二十世纪八十年代中期，通过我们的细致考察，经曹桂华确认，1995年2月14日（农历正月

十五),会内民主决议集资建塔。

据了解,此次建塔供集资三万余元,大部分资金来自香塔老会全体会员的主动捐资,一部分来自热心单位和个人的捐款,十四街村委会提供了建塔所需的木料。尤让曹桂华感动的是,杨柳青第四小学的学生们听闻此事后,自发捐献零用钱,总计699.5元,用于木塔的建造。

为了确保木塔的顺利建造,本着公平、公正的原则,老会成立了建塔委员会,推选潘洪文为工程第一负责人,刘树敏协助建塔工作。经过四个月的筹备,依据会内老人对已毁的七层木塔的记忆,绘制了复原图纸。新木塔于1995年7月5日正式动工建造,当年12月31日完工,从筹备到建成历时十个多月的时间。这尊六层新塔高四米有余,底座由硬木制作。塔身为相对松软、便于雕刻的杨木制作。塔身主体涂黄漆,每层有六个红色小门及六盏红色小灯笼。红色小门雕刻着黄色佛香纹样。

2000年,为申报非遗,香塔老会正式更名为香塔音乐法鼓,民间仍称其为香塔老会。2014年11月,香塔音乐法鼓经国务院批准列入第四批国家级非物质文化遗产代表性项目名录。

四、香塔老会流传至今的传说故事

此次田野调查梳理了过去几十年来有关香塔老会的数个传说故事,现将目前整理出较为全面的传说故事展示如下。

1.香塔老会创始人贾明枝的经历传说

香塔老会创始人贾明枝被称为创始祖(即会头或当家的)。他是下庄子人,年少离家,曾在外乡闯荡多年。他对道门的规矩以及各种道场仪式都比较熟悉,由此推估其人在外乡应是做了不少年头的道士。

回乡后,他为了方便乡民在婚丧嫁娶上的信仰需求而创立香塔善事。

其所信奉的红阳教,既不是佛教,也不是道教,乃杨柳青混元门(也称红阳教、弘阳教等)的外围组织,行的是“三教归一”的教义。贾明枝将弘阳教“深奥”经卷简化为“驱除邪恶,为天下百姓祈福迎祥”,这让不识字的百姓们一下就能明白香塔善事是干什么的了。尤其是“善事”二字的选用,好听好懂,利于传播。由此可看出,贾明枝确实是长期混过社会,深谙百姓心理的人。

2.香塔老会四位“民国高人”的传说

香塔老会四百余年的历史中,出现了不少行家高手,至今流传着民国时期四位会内高人的传说,他们各有拿手绝活。1930年前后,香塔老会有四人相继去天津市内充当道人(火君道)。他们是韩宝有(绰号大面韩三,亦称铁嘴韩三,在天津卫一带号称吹爆管子)、曹德荣、韩凤柱(绰号云遮月)、张金荣(绰号小老道)。

韩宝有在吹、打、敲、念几方面技艺娴熟,尤其在管子吹奏技巧上更有独到之处。有位世称铁嘴宝山的出家僧人也精于此道,听闻了铁嘴韩三的名号后,颇为不服。于是,铁嘴宝山找到了铁嘴韩三,要一较高下。某日,两人相约某处,在没有任何乐器伴奏的情景下轮番独奏,数轮过后,铁嘴宝山终于心服口服,甘拜下风。这件事后,铁嘴韩三的名声更为响亮。

曹德荣在乐器演奏和唱诵方面,水平很高。更关键的是,他见多识广,尤其对宗教理论、民族民俗方面有很深的见解。很快他的名声就传遍了华北地区。北京雍和宫的藏传佛教僧人听说此人后专程慕名拜访。二人坐而论道,不仅交流宗教法器的演奏技巧,还深谈了对宗教信仰的理解。据传,二人很是相见恨晚,终成莫逆之交。

韩凤柱最拿手的是唱诵经卷。那嗓子是高亢悲丽,低婉回转,堪称金嗓子,天后宫一带称他为云遮月,有一定的影响力。

张金荣的年龄在这四人中是最小的,因英俊潇洒得了“小老道”的绰号。

据传此人颇有音乐天赋，是一学就会，一点即通，在演奏技法上追求干净利落。他演奏时格外注重感情投入，让听者闻之触动心弦。

这四人分别在天津的玉皇阁、吕祖堂、城隍庙、净业庵、水月庵（南善堂）、石桥玉皇庙等处充当道人，最后均落脚天后宫，参与各种佛事活动。

3.为法租界巡捕周静怡（周三道）之母发丧超度

解放前，有很多杨柳青人在天津东浮桥菜市场做买卖。每逢年节或是买卖铺开张，就托人邀请香塔老会前去进行吹敲演奏，以示庆祝。时间一长，香塔老会在东浮桥一带有很大的影响力。

名气大了，香塔老会自然吸引了不少高官富豪的注意。法国租界巡捕周静怡（绰号周三道）为母亲发丧时，就慕名邀请了香塔老会前去超度。香塔老会是白天念佛，晚上观灯超度。尤其是“送路”那天，香塔老会带着一应的家伙事，沿着现今的滨江道、东马路，北马路，足足吹奏了三趟长街，场面壮观。当时围观看热闹的人多得如山似海，叫好声不断，着实让香塔老会火了一把。

五、香塔音乐法鼓的表演程式、曲套概况及唱词音乐

香塔音乐法鼓的表演形式包括法鼓、吹奏和唱念音乐等，在特殊的活动中三种音乐形式合一表演。所用的乐器（法器）包括鼓、拨、铙、板、铛子、管子、笙、笛子、云锣、木鱼、磬、钟、手磬等。

二十世纪八九十年代，香塔老会经常参加民间花会的各种演出活动。出会时，有前场道具数十件，除木雕彩灯的塔影外，还有形状各异的茶炊子、茶筒、圆笼、罩筐、软硬对、高照等玲珑剔透的木雕制品。

它的执事队伍包括六对茶挑、中角灯（高照）、串灯、气死风灯、圆笼、罩筐、大图、大（门）旗、小旗、软对、硬对等人员。上述两项人员加在一起有百

人之多，出行时，大队人马浩浩荡荡，颇有气势。

出会时，一面印有香塔老会的大旗走在最前，紧跟着大旗的是四人抬着的香塔，随后依次是四个大高照、串灯、两副硬对、两副软对、四对茶挑（宫灯式、花篮式）、罩筐、圆笼，诸会员紧跟这些仪仗之后。行会到出会地点，由会头打锣示意会员停止行会，并将法鼓和香塔放置中间。会员分坐两边的板凳上（四钹四铙），开始法鼓演出。

法鼓音乐的演奏套子，曲牌变换，乃至演奏时间的长与短，通常都是听从头钹的指挥。香塔音乐法鼓的曲套演奏有相对固定的形式，通常是：前奏→连接段→曲牌→连接段→曲牌→连接段……尾奏。其中演奏的曲牌可根据活动需要及现场情况可多可少，由头铙自行掌握。

数百年来以口传心授方式传承的香塔鼓曲、吹奏曲、演奏对口曲全部刻印在会内老师傅的脑子里，没有任何文字记录。此外，法鼓的曲谱符号书写方式比较特别，靠口传身授代代流传，没有固定的记谱标准。所以，要搞清楚法鼓与法器记谱法、念法，符号标记和书写法，过去是拜师学艺，后来是入会后跟随老师傅学习。

二十世纪八十年代初，曹桂华正式加入了香塔老会。他回忆说："老师傅们先教你怎么识谱，这些符号是属于中国民间自创的，也是最古老的的记符方法。"

据了解，法鼓乐谱的常见符号有"×"（多指钹）、"O"（多指铙）、"一"（多指铬子，也称小镲或小钹）等。

"文革"结束后，生于1928年的王益和老人凭借对民间艺术的一腔热血，以全身心奉献的精神，仅用半年时间就把百年来散佚在民间老艺人心内口头的旧香塔鼓曲、吹奏曲、演奏对口曲整理编辑成《香塔老会音乐曲》《香塔老会法鼓曲》和《香塔老会音乐对口曲》三本文字资料。

《香塔老会法鼓曲》记录了《燕过南楼》《头番清吹》《二番清吹》《三番清吹》《倒倒六，头番赶子》《二番赶子》《三番赶子》《三关赞讨军令》《侉讨军令》《关公辞曹》《花灯》《合四板》《玉芙蓉》《翠吉莲》《老僧扫殿，五上仙》《宫变九，琵琶六》《翠太平三番，爬山虎》《猫递抓三番，两头尖》《庆长春，三波羊落板》《倒辞曹，倒三关赞》《春季，夏季，鹅拉》《秋季，冬季，鹅拉》《赶东山落板，鹅拉》共二十三首曲牌。

《香塔老会音乐对口曲》记录了《参礼》《准提咒》《漕溪水》《小三皈》《食供》《吾今悲叹》《运心平等》《大骷髅》《幽冥戒》《小骷髅》《三点茶》共十一首曲牌。

王益和老人所撰写的这三本文字资料，具备教材性质和史料价值，对香塔老会的传承具有变革意义。他彻底改变了传统的、旧有的、以口口传授为主的民间传徒方式。这三本曲谱文本辑的面世使得香塔音乐法鼓这一民间艺术得到了更好的保存和传承。

香塔老会现存的曲目有近百首，其中有佛事道场音乐《混元弘阳宝灯》念唱全套、《临凡经》念唱全套。传统曲目有《一枝花》《召却说》《雁留声》《金字经》《玉芙蓉》《清吹》《张公赶子》《关公辞曹》《花灯》《猫递爪》《两头尖》《老僧扫殿》等，法鼓曲有《鼓边》《瘤腿》《狮子》《五福捧寿》等。

香塔老会演奏的乐曲综合了北京智化寺的庙堂音乐、天津的民间吹歌和法鼓等音乐特色，形成了自己清细、委婉而淳朴的演奏风格，具有很强的地方色彩。其中，有不少乐曲的诞生来源于民间艺人们对生活的深刻感悟、深切情感的表达。香塔音乐法鼓曲目《三番清吹》就是第八代传承人朱雨田坎坷半生的情感写照。

家住杨柳青运河岸边（现十四街通达胡同）的朱宝贵家内三代人都是香塔老会的会员。朱宝贵是第七代掌门人的指导师祖，吹、打、敲、念样样俱佳。其子朱雨田是第八代掌门人的指导师祖，亦是会内举足轻重的人物。其孙朱正连为第九代传承人，也是会内的二当家。比之祖父与父亲，朱正连除了技艺精湛，更有一副好嗓子，唱诵经卷时，音色浑厚且从不倒仓，被称为朱大嗓。

因当时社会动荡，生活所迫，朱雨田只得走上赶大营之路。一路前行全靠驴马木轮车，肩挑手提，非常辛苦。千辛万苦抵达新疆后，他跟着师父学做小买卖，挑着担子去做军营生意。白手起家的辛苦，底层生活的艰苦，让朱雨田历尽人世艰辛，饱尝了旧社会的辛酸屈辱。

内心的苍茫悲苦，促使朱雨田有感而发，创作了《三番清吹》。这首曲子既是他生活的写照，也是他情感宣泄之作。颇有创作天赋的朱雨田利用自己在香塔老会中的所学，把赶大营沿路所见、所闻、所感、所想化作一段段扣人心弦、催人泪下的音符。正如古人所言："其声呜呜然，如怨如慕，如泣如诉。"曲目《三番清吹》令人闻之感动，回肠荡气，使听者在旋律中产生共鸣。整首曲目以杨柳青地方音乐为基础，融合佛、道、礼音乐元素而创作，具有浓郁的民间特色、深刻的思想内涵，是价值极高的民间音乐瑰宝。

通过此次调研来看，现存的近百首曲目是香塔老会数百年间数代民间艺人的智慧结晶，是不可多得的民间文化宝藏。

香塔老会在长达四个世纪的传承中，民间老艺人的创作成果究竟还有哪些，它们的来历与创作方式方法及规律，值得我们去挖掘和研究。

六、香塔老会的传承情况及现状

天津的法鼓音乐在旧时多属民间音乐班子，通常为家族世系性质，俗称子孙会，许多法鼓乐曲的家族传承性非常明显。香塔老会的传承在过去主要也是上代人传下代人，传承的不仅是乐曲、技法，乃至乐器，还包括老会的

起源、宗旨、会规等信息，全部以家族、师徒为纽带，以口传心授的方式传承至今。

中华人民共和国成立后，尤其是改革开放以后，家族式传承模式被打破，如今凡是对法鼓音乐感兴趣的人都可以入会，老师义务教授。据我们了解，目前香塔老会的传承依旧以师徒口传心授为主，选徒、入会的标准则延续了老会数百年来的传统——以善为本。曹桂华说："每一代当家人（俗称会头）的甄选，一定是以德为先。会头必须大公无私，一心向善，才有可能被推举为当家人。"

自老会成立之日起，香塔老会的每一任当家人会尽早确定下一任当家人，推选标准是："一心向善，大公无私，敢于担当，知识广博，技法精湛。"简单地说，当家人应技艺上有造诣，品德上能服众，关键时起作用。一旦老当家故去，接班人应能够立刻即位主事。

每一代当家人都配有指定的指导老师，会内称为教导师。教导师的选拔则折中了当家人的标准，在品德、技法、知识、外联、能力等多方面不必面面俱到，但有所侧重。总的来说，品德尚佳是香塔老会选拔人才的首要准则，推崇"用人德为先"。平日里，由教导师监督会众的道德品行，负责法鼓技艺和音乐律谱的传授工作。

香塔老会传承人（当家人）谱系

代别	姓名	性别	生卒年	传承方式	师承
第一代	贾明枝	男	不详	师传	创建人
第二代	王朝清 张天禄	男	不详	师传	贾明枝
第三代	潘成宝	男	不详	师传	张天禄
第四代	讳名	不详	不详	不详	不详
第五代	潘世其	男	不详	不详	不详

续表

代别	姓名	性别	生卒年	传承方式	师承
第六代	徐盛国	男	不详	师传	潘士祺
第七代	赵富荣	男	不详	师传	徐盛国
第八代	桑利柱	男	不详	师传	赵富荣
第九代	薛桂林	男	1913—1999	师传	桑利柱
第十代	王益和 王益林	男	1925—2001 1927—2000	师传	薛桂林
第十一代	曹桂华	男	1967—	师传	薛桂林

目前，从事香塔音乐法鼓表演的主要演员不足十人，以传承人及其徒弟为主。其中，曹桂华作为第十一代传承人被确定为国家级非遗传承人，曹桂全、郑忠水、杜尔起、宋金华、任树林，共五人被确定为区级非遗传承人。

香塔老会人员构成及主要执事人

乐手/职务	姓名	年龄(岁)	从艺时间(年)	擅长乐器	学历
国家级非遗传承人	曹桂华	53	30	笙、铙、钹，云锣	初中
领奏	郑忠永	64	23	管子、笙、铛子	初中
头铙	杜尔起	65	15	铙、鼓、管子	高中
竹笛手	宋金华	56	15	笛子、钹、铙	中专
头钹	任树林	54	26	钹、铙、云锣	初中
鼓手	王印磊	27	9	鼓、铙、钹	中专
笙演奏	谷萍	37	17	笙、锣、钹	中专
钹演奏	曹桂全	73	24	钹、板、铛子	小学

七、香塔音乐法鼓的发展及老会传承困难

据此次调查得知，因“文革”中断了十几年传承的香塔老会自二十世纪八十年代初起陆续参加了一些社会活动，得到了一定程度的恢复。

1986年，香塔老会应邀参加了中国民族音乐集成盛会。在这次音乐盛会上，香塔老会所演奏的乐曲，不论是从艺术方面，还是曲子的完整度，均得

到与会专家的肯定和赞赏。同年，参加了张子恩导演的电影《神鞭》的拍摄活动。

1994年，香塔老会恢复了“文革”前每年到天后宫参加皇会表演的传统，得到天后宫管委会的大力称赞，并赠送题为“民俗精粹，演技精湛”的锦旗。

1996年，香塔老会再次前往天后宫参加皇会表演，得到“弘扬民族优秀文化，百年皇会继承更新”的锦旗。

二十世纪九十年代，香塔老会基本上每年都会参加西青区、杨柳青镇等组织的花会表演，并先后多次应邀前往杨柳青镇4A级景区石家大院表演民间音乐供国内外游客欣赏。

2000年之前，香塔老会仍会义务参加百姓家庭的红白事。2000年后，随着社会对红白事倡导“移风易俗、喜事新办、丧事简办”的风气，香塔老会便不再为民间红白事进行表演。这在某种程度上，减少了会众大量实操表演的机会。

2002年，天后圣母诞辰一千零四十二年之际，香塔老会第十一代传人曹桂华老师应邀前往天后宫参加皇会表演。这一年，天后宫管委会为香塔老会颁发了题有“天津皇会”“天后圣母”字样的铜牌。这使得香塔老会的知名度再次被提升。

另外，为保护香塔老会数百年间遗存至今的老物件，十四街村委会特将会内部分老物件移交杨柳青民俗文化馆展览并保存。目前，在杨柳青民俗文化馆内，香塔老会所用的老乐器，包括鼓、钹、铙、板、铛子、管子、笙、笛子、云锣、木鱼、磬、钟、手磬等物，设有道具展览展示。

据此次调查了解，自2014年香塔音乐法鼓被列入国家级非物质文化遗产名录后，香塔老会在更广范围、更多层面得到关注和重视。

我们了解到，曹桂华老师本身自谋职业，生活完全依靠打工所得。身为国家级非遗传承人,目前享有国家级非遗项目代表性传承人经费补贴两万元,专项用于传承人开展相关项目的传承和保护工作。他将所得津贴全部用于香塔音乐法鼓的传承、日常活动、器具的保养维护,以及各种宣传资料的制作。与此同时,本着兴盛香塔老会的初心,香塔老会的数位传承人目前常年义务传授,并积极吸纳对民间艺术感兴趣的个人,在个人品德良好的基础上,不分年龄段,不设技艺门槛,广开传承大门。此外,西青区有关部门为了振兴香塔音乐法鼓,积极创造并提供了不少演出机会。

我们在调查中发现虽然香塔音乐法鼓已列入国家级非物质文化遗产名录,但目前的传承现状仍不容乐观。我们分析,随着社会发展,一些传统民俗文化日益衰落,香塔老会目前面临着四大传承发展困境,若不持续加大对香塔音乐法鼓的挖掘整理力度,它将存在消亡的危险。

首先,香塔老会赖以生存的环境生态被割裂,演出机会十分匮乏。过去,会员们可参与百姓家庭的红白事、买卖开业、乔迁等活动,使得会众有很多表演实践的机会,并因此得到民众的尊敬,使其产生一定的精神满足感。但随着社会风气的改变,老会不再参与百姓家庭的民间自发活动,这使得生发于民间的香塔老会离开了其赖以生存数百年的环境,丧失了一定的生命力。如今,他们每年仅有几次较少的大型民间文艺演出和非遗专题性演出的机会,这难以满足会众对舞台的渴望和需求,在一定程度上削减了会众的兴趣。

其次,传承人青黄不接,后继少人。非遗是依托人而存在的活态文化,其传承保护的关键就是具有传承人。但是,香塔老会的主要传承人不多,并且年龄较大。尤其是一些年事已高的老艺人因年老体弱,记忆和精力都不足以担当传承重任,口传身授极为吃力,难以履行传承义务。香塔老会是群体性民间艺术,自身具有极强的群体性生存特质。故而,其传承仅靠一个或

几个传承人是无法完成的，应该有一批或一群人共同完成这一历史使命。但是，随着时代的变迁，大众审美观的改变，加之宣传机会不多，社会对香塔音乐法鼓的了解不足，年轻人对法鼓音乐兴趣淡漠。并且，多数村民都在外打工挣钱养家。这引致老艺人很难寻到年轻一代的传承人。

再其次，法鼓音乐的学习如同乐手的培养，需要传承人长期的刻苦学习和大量的实践机会。但香塔老会目前没有任何营利措施，演出机会又极少，很难吸引年轻人投身于此。用曹桂华的话说，"得让年轻人看到前途，才会有传承的希望"。

最后，钱少人稀造成在发展上难以持续。对香塔老会的现状，曹桂华形容道："会众不仅不能依靠法鼓表演挣钱，还得掏钱养香塔。"比如，日常排练的支出，个人技能培训与器具的维护。尤其是参与能够极大提升老会名气的皇会表演活动时，要花费大量的人力、物力，所耗资金不菲，这些支出全部需由会众自筹资金解决。这在很大程度上影响了香塔音乐法鼓的可持续性发展。并且，受制于香塔音乐法鼓的表演往往需要近百人，且需大而平的表演场地，正式演出前更需多次排练等因素，钱少人稀，其传承与发展正面临严峻挑战。

八、香塔音乐法鼓的保护与传承建议

此次田野调查中，我们发现作为一支活跃在杨柳青镇的法鼓音乐团队，香塔老会深深根植于津西民众的日常生活，是杨柳青人最喜欢的民间艺术活动之一。但是随着社会的发展，受限于经济因素，香塔老会面临演出市场严重流失、观众老化的根本性问题。针对现状，我们提出了三点保护建议。

1. 做好资源普查，建立非遗资料库的建议

香塔音乐法鼓起源于民间，借鉴宗教道场法事，吹奏唱念表演形式多样

化,是重要的民间文化传承的载体。创建四百年来,香塔音乐法鼓曲牌繁多,其道场仪式蕴含宗教、音乐、工艺美术、皇会表演等多样文化信息,是民间乡民们借助合法途径表达质朴的民间信仰,反映民俗习惯与追求美好生活的有效方式。

香塔老会流传了祖辈优良的精神文化,具有深厚的文学艺术、宗教、历史和民俗等学术价值,更具有重要的民间文化品牌价值。

故而,应加大对香塔音乐法鼓现状的调研力度,建立并完善主要传承人的信息档案,运用文字、录音和录像等方式全面搜集资料和相关实物,建立香塔音乐法鼓文化遗产资料库。

2.挖掘整理与研究的建议

在做好资源普查的基础上,应做好香塔音乐法鼓挖掘整理的研究工作,主要做法包括:(1)邀请有关专家、学者对其开展学术梳理与研究;(2)档案管理是做好非遗保护工作的重要环节,要为香塔音乐法鼓建档,并在档案馆进行有效展出;(3)可采取发放生活补贴的方式,扶持香塔音乐法鼓的主要传承人;(4)采取奖励等机制,鼓励香塔音乐法鼓传、帮、带,对贡献突出者给予经济奖励;(5)采取定期培训、给付演出报酬等方式,建立一支香塔音乐法鼓的保护传承队伍。

3.做好香塔音乐法鼓文化的旅游开发的建议

香塔老会的表演具备极强的原生态情境,对游客来说属新鲜事物,传承人穿着传统民间服饰,加之古朴带有宗教感的音乐表演传递给游客震撼、新奇的感受,这会给游客带来文化的快乐体验。

值此杨柳青大运河国家文化公园开发建设之际,香塔音乐法鼓作为国家级非遗项目,是杨柳青地区民间文化的重要组成部分,挖掘、传承、保护和利用好这种宝贵的文化资源,是当代社会的历史使命,是民族进步和社会发

展的重要保证。在杨柳青大运河国家文化公园文旅项目中,其完全可作为文旅深度融合的项目之一,既有令人听觉震撼的艺术感染力,又有视觉表演的冲击力,若能请专业人士进行市场策划,其吸引客源能力不可小觑。如此还能为会众提供大量的表演机会,带来一定的经济收益,帮助香塔老会缓解严峻的传承难题。

九、结论与反思

发轫于四百多年前的香塔音乐法鼓蕴含着深厚的文学艺术、宗教、历史和民俗等学术价值。可惜的是,香塔音乐法鼓在成功申遗后,学术上无人跟进,无一篇学术论文面世,民间艺人的表演机会也少得可怜。

我们相信香塔音乐法鼓具有巨大的发展潜力,只要能正确分析现状、合理进行引导,科学进行规划,香塔音乐法鼓必能为地区文化和经济的发展贡献一分力量。作为国家级非遗项目,香塔音乐法鼓不仅仅是祖先智慧的结晶,它还直观地记录着地区民间文化的发展,具有历史的、社会的、科技的、经济的和审美的价值,是社会发展不可或缺的物证。因此,对香塔音乐法鼓展开学术研究就显得尤为必要与紧迫。

东寓法鼓的调查与研究

张一然

东寓法鼓音乐老会与香塔法鼓音乐老会、永善法鼓音乐老会被称为杨柳青三大老会。东寓法鼓音乐老会(以下简称东寓法鼓老会或东寓老会)成立于清乾隆中期(约1755年),由杨柳青十六街人士于成功(人称于五爷)组建,属文法鼓,以坐敲为主,演出形式有:法鼓演奏、笙管乐演奏、唱念乐演奏。

一、东寓法鼓老会的源起

东寓法鼓老会成立至今虽已有两百多年的历史,但有关东寓法鼓音乐的文字记载非常少,相关理论研究成果也非常罕见,这种现状对它的保护十分不利。此次通过田野调查,我们对东寓法鼓老会的遗存现状,包括历史沿革、人员构成、活动场所及情况进行了调查与分析,对其会头(会长)及骨干成员进行了深度采访,对数位六十岁以上的老会员进行了抢救性口述实录,并将东寓法鼓老会尚存的老照片进行了翻拍,得到了一些宝贵的资料,研究了东寓法鼓老会的起源、传承,变迁历程及其所蕴含的文化内涵,同时还对民间传说、传承人传承谱系、遗存老器具等进行了挖掘与梳理。

东寓老会起源于杨柳青十六街,其位于杨柳青镇东南部,光明路东,杨柳青公园南,一经路南段两侧。该街解放前为天津县三区杨柳青十六保。1948年12月中国人民解放军进驻后取名和平街,亦称十六街。1956年以序数正式定名为杨柳青十六街。

十六街的群众文化活动活跃,旧时村内掌握乐器技法及其他文艺门类

技能的村民人数较多。十六街村委会每年于元宵节期间组织东寓老会进行展,演并举办大型灯展。因观赏者众,东寓老会在杨柳青本地乃至京津冀地区都有一定的知名度。东寓法鼓音乐历来是十六街百姓的重要娱乐项目。

东寓法鼓老会的创建源于清代时杨柳青十六街的一位非常具有传奇色彩的人物——于成功,因在家排行五,人称其为于五爷。于五爷既在皇姑门,又在理教。清乾隆中期,他创立了东寓法鼓老会。

康乾盛世是天津法鼓文化活动的鼎盛时期,此时法鼓音乐文化渐渐地从单纯的宗教音乐中抽离出来,成为民间娱乐活动中的重要一项。

法鼓音乐在民间主要作用有二。一是乡民自娱自乐之用。天津乡村的农民们,每逢三节(重阳节、中秋节、灯节)、两社(春社、秋社)之时,都要欢聚一堂,演奏吹歌,敲打法鼓。常见的曲牌有《双龙出水》《双桥》《双如意》《老河西》《斗龙须》等,曲牌吉祥的命名也反映了当时生活安定、百姓安乐的社会环境。二是不同于其他民间音乐,明清时期的法鼓音乐,本是作为一种酬神(祭谢神灵)所用的音乐。而旧时的人们对神灵多有敬畏之心,故而源于民间宗教的法鼓音乐得到了当时对神灵多有敬畏之心的百姓的重视。并且当时的人们非常注重择吉习俗,当遇到婚嫁、丧葬、寿诞、开张、祭祖等大事时,法鼓音乐消灾祈福的寓意使其成为这类场合中不可缺少的吉祥元素。

在这样的社会背景下,出身理教的于五爷创建东寓法鼓老会乃顺势而为。东寓的名称来源于当时村内的一条胡同之名。八十五岁的老会员廉庆元说:"为啥叫东寓呢?早先十六街位于杨柳青镇上的元宝岛,岛上文昌阁的对面有个东寓大胡同,东寓法鼓的名字就来源于这个地名。'文革'时,东寓大胡同被拆了。和东寓二字关联的就只剩东寓法鼓老会了。"

二、祖师爷于成功的创会初衷及其传说

于五爷的建会初衷，虽无文字记载，但一代代传人口传至今，仍存留一些相关的说法。东寓法鼓老会第十一代传人、会头陈晨表示，于五爷当年创建东寓法鼓老会的用意，主要的说法有三。

一是满足村民对音乐佛事（红白事）的需求，为村民进行义务服务。所谓音乐佛事即指在特殊场合需要举行吹（吹佛乐）、打（打法器）、禅（坐禅）、念（念经卷）的仪式。其应用主要有三大场合。“丧事佛”，即民间举办丧事，需要敲打法鼓曲牌。“祭日佛”，指人死后一周年的祭日之时，亲友要为其举办祭奠仪式，需要敲打法鼓曲牌。“喜事佛”分两种，一种是结婚、出嫁，寿辰，买卖开张，乔迁之喜等场合；一种是许愿、还愿，祈福消灾等场合。这两种场合需要敲打法鼓曲牌。总的来说，东寓法鼓老会创建于十六街，服务于十六街，会员的吸纳也主要是十六街土生土长的村民。

二是旧时农村文盲较多，教育资源稀少，村民文化生活比较匮乏。走南闯北见过世面的于五爷对农村的情况是非常了解的，他创建东寓法鼓老会含有解决农村文化生活匮乏、年轻人缺少教育这两个难题的目的。

九十三岁的卢兆桐告诉笔者：“解放前的农村，根本谈不上有啥文化生活。尤其是一到了晚上，村里是啥娱乐也没有，在家点灯还耗灯油钱，人们是闲得发呆。这人太闲了就容易生事。于五爷创建东寓法鼓老会是为了不让村里的年轻人游手好闲。我记得当年我们一群年轻人在村公所学习和演奏吹敲打，大伙儿聚在一起挺开心的，感觉生活很充实。”

此外，法鼓曲牌中有不少源自佛道经文，其中有很多是劝人向善、孝敬父母，兄友弟恭的内容。年轻人在学习法鼓的过程中，从曲牌中潜移默化得到了教育。

三是应对皇会、庙会之需。出身理门的于五爷对这类活动比较重视，有较强的意愿参与其中。他在杨柳青地区具备一定的声望，东寓法鼓老会的创建、出会和行会，在一定程度上维护和加强了他的声望。

值得一提的是，于五爷乃杨柳青的奇人，至今当地还流传着有关于五爷不少带有神话或传奇色彩的传说故事。现将于五爷生平及目前整理的较为全面的传说故事展示如下。

于五爷本名于成功（1725—1803），道号普亮，自幼务农。据传，他三十岁左右出家修道，得到吕皇圣祖的真传，学会高超医术、道法和武功，平日救死扶伤，为群众做了大量好事，并创立了民间花会组织——东寓法鼓老会。于五爷会这么多的法术，又急公好义，治病救人，在杨柳青一带具有很高的声望，民间至今还留有很多关于他的传说。

有关于五爷为民消灾解难，带有神话色彩的传说很多，如抻襟接河水、汲水饮蟒蛇、薅把草帽接天雷、勇斗王八精、选坟镇妖邪等。更离奇的是，传说于五爷会分身术，即同一时间幻化出数个“自己”的一种神通本领，甚至至今仍流传着，在同一时间，人们在不同地点见到过于五爷的各种故事。

据《西青区志》（2003 年 12 月第一版）附录的“传说”中记载了于五爷的两个传说。

一次，天津城北有一人家赶着马车来接于五爷去家里看病人。他听说病人病得很重，一时也耽误不得，就说：“你们先走，我随后就到。”谁知，那马车刚刚回到家，便得知病人的病情已大有好转，原来于五爷已经先他们到达，并给病人扎完了针。那人家送他很多点心烟酒，于五爷推辞不过，接过礼物就出了门。等人们送走他回屋一看，送给他的东西一样不少都放在桌上。再想出门去追，于五爷早没影了。

还有一个“分身拔麦”的传说。一天晚上，有三四户孤寡人家请于五爷帮工拔麦子,他一一答应了。第二天,这几户人家各自前往自家地里给他送饭,都看到于五爷在地里忙乎着。这事一传开,人们都说于五爷会分身术。

据传于五爷圆寂时双手合十,盘膝端坐于缸内,无疾坐化。他为乡亲们做的好事数不胜数,为纪念他,人们在杨柳青镇东南,运河之畔,建造了一座清代砖塔。该塔坐北朝南,为密檐式加覆钵式结构,由基座、塔肚、塔身三部分组成。基座为八角形;塔肚为覆钵形;塔身为七层密檐式,每层边檐有带寿字圆形瓦当。塔肚南面正中有一长方形匾额,书"普亮宝塔"四字。匾额右书"大清嘉庆岁次癸亥年",左书"甲寅月壬寅日丙午时圆寂"。匾额下及每层塔身皆有一假门。因其道号普亮,此塔故名普亮宝塔。塔后有砖砌坟墓一座,里面埋葬着于五爷。

早年间,每当春夏清晨,东方红轮初现,霞彩浑融,骤乎之间,现于塔顶,加之远树笼烟,青草茵茵,使人精神焕发,故成杨柳青一景,称为塔林旭日。

三、东寓法鼓老会的历史沿革

清末,因赶大营,杨柳青人将东寓法鼓音乐发展到了新疆。据夏雷鸣所书《新疆奇台的理教和理门公所》一文中记载,清光绪二年(1876),左宗棠率兵入疆,驱逐阿古柏。因军需供应困难,天津杨柳青一代的货郎携带常用生活用品和常用中成药,挑着货郎担,经陕甘随军来疆。他们一边赶路,一边销售,被称为赶大营。这些赶大营的货郎则被称为大营客,他们以新疆乌鲁木齐为中心,定居全疆各地。新疆古城奇台以"旱码头"著称,许多大营客在此落户安居。他们带来了家乡的生产方式,理教也因此移入奇台。源自杨柳青的法鼓文化亦因大营客在新疆的落户而传播到新疆。由理教信众构成的"奇台法鼓会"的文化源头就是杨柳青十六街的东寓法鼓老会。奇台法鼓

会也成为了理门六方派在新疆的一种文化活动。

东寓法鼓老会发展到民国初期时,用老会员魏树今的话说就是“东寓法鼓几乎达到尽善尽美的地步,可与市内著名的法鼓相媲美”。

然而,几代人花费百余年时间,一点点积攒起来的道具家当,如鼓箱、软对、灯牌、各种旗帜和一些茶挑子及一箱经书谱集俱遭损毁,仅剩硬对、茶挑子等几件道具。1977年,中央发出抢救民间艺术的号召。这时,老会头曹连发尚健在。在他的主导下,会员们积极响应党中央的号召,克服了人才稀缺,资金困难等难题,耗费了十多年的时间,对残缺的珍贵老道具进行了修补和维护。此时,诸多老会员尚健在,遗留下来的种种传统被老会员重新拾起、遵守与传承。尤其是从二十世纪七十年代末期起,一些民俗、民风、民情得以逐渐恢复,依赖于民间婚丧喜寿、庙会、买卖开业、祭祀活动等习俗活动的东寓法鼓老会亦借此得到了恢复和发展的空间,也让会员们有了大显身手的好机会。二十世纪八十年代末,东寓法鼓老会迎来了新的繁荣时期。

中华人民共和国成立后,国家号召移风易俗,在推行火葬的同时,提倡文明、简朴、节约办丧事。从二十世纪九十年代起,移风易俗的进程明显加快,至2000年左右,农村已不再大办丧事。喜事因年轻人对外来文化的崇尚而快速过渡到西式风格。民间逐渐没有了对“丧事佛”和“喜事佛”的需求,东寓法鼓老会的演奏机会日渐稀少。并且现代人注重个人生活,偶有人想要练一练,又因吹敲打演奏之声过大,有扰民之嫌而不得不偃旗息鼓。

由于以上种种原因,2000年后,法鼓音乐文化逐渐被民间所遗忘。2010年,老会头曹连发去世后,由识文断字的副会长魏树今管事,至其2014年去世后,东寓法鼓老会面临无人领头管事的尴尬境地,东寓法鼓老会名存实亡。

2015年，年仅二十出头的陈晨因喜爱法鼓文化，一心想要振兴东寓法鼓老会。他几经周折，花了四五年的时间，终于在2016年将东寓法鼓老会的老艺人以及各方人士聚到一堂，重新恢复了老会组织。2019年，村委会将闲置的二经路批发市场拨给东寓法鼓老会做活动场所，场所内的空地及房屋的一应修缮由东寓法鼓老会自行出资维护。在陈晨和老会员卢兆桐、廉庆元、王永斌等人的操持下，东寓法鼓老会目前保持每周排练一次的频率。

四、东寓法鼓老会的曲套概况、唱词音乐及表演程式

东寓法鼓老会的老会员魏树今是当时农村里少有的具备一定文化基础的人，他长期在老会担任着重要职务，有一定的影响力和话语权，对东寓法鼓老会的情况也比较了解。他曾谈过东寓法鼓曲牌的由来。据他表示，东寓法鼓老会创建初期的形式极为简单，除一对大旗和有限的几件乐器外别无其他。东寓老会没有关于曲牌的任何文字记载，所有传承均靠代代口传。

魏树今听老辈人讲，东寓法鼓的曲牌来源于大觉庵的金音法鼓。后来东寓老会渐渐有了自己融合创作的曲子，如《五福捧寿》《龙虎斗》《八仙过海》《老病腿》和套曲《单打》《双打》《开三钹》等。这些曲牌的旋律引人入胜，因此被同道厚爱而借用。而最令老会员们自豪的是，曲牌《开三钹》因难度较高，唯会中高手方可演奏，据说此曲演奏起来，可使听者产生人间仙境之感。东寓法鼓老会所传的笙管乐曲牌一部分来自于五爷在北京学道时的学习所得，其还俗归乡后，将所学禅曲与本地乡土音乐融汇结合，最终在乐师们的不断学习与创新中，将法鼓、笙管乐、唱念乐三种形式融合到一起，组成了如今的东寓法鼓老会的曲牌。

东寓法鼓老会不同于其他津门法鼓会的地方在于其不只有法鼓表演，

还有笙管乐,多种音乐形式交融,形成了委婉而纯朴的独特风格。通常东寓法鼓老会在设摆和行会中只演奏法鼓和笙管乐。唱念乐在旧时用于丧事超度,做法事时演奏。如今唱念乐已不再演奏,只作为历史记忆传承保留。

东寓法鼓老会演奏的笙管乐部分,以口传心授的方式历代相传。改革开放后,东寓法鼓老会为了更好地保护传承,也为了便于年轻人的学习,将由中国传统工尺谱记谱的曲牌全部转译成简谱形式。目前,东寓法鼓老会所演奏曲目均为代代相承的古曲,无现代曲目。

东寓法鼓老会的演出形式有三部分,分别是法鼓演奏、笙管乐演奏、唱念乐演奏。演出状态分为两种形式:一是设摆,即在固定场所坐敲演奏;二是行会,即边行走边演奏。

每当出会、行会时,仪仗执事排在队伍的最前部,俗称前场。在东寓法鼓老会鼎盛时期,前场仪仗执事人数多达百人。乐队排列在队伍的后部,俗称后场,人数通常控制在四五十人左右。后场人员服装整齐统一,因担负在行会途中引人观赏的责任,乐队要边走边敲"常行点"。

陈晨介绍,行会时会头身背香带,即放拜帖用的长带子包,负责行会途中拜会、拜客、换帖和送帖等任务,要走在队伍的最前面。会与会相遇时首先各收住响声,领会头锣递帖互换。全会人员将手中物件用双手举过头顶,以示礼拜。而后互相称赞,互相礼让,穿插过往。会头之后是引锣人,在行会途中,队伍的走与停均听从引锣的指挥。赶上大场面数百人行会时,往往要配上二至三面引锣。用两面引锣时称为头锣和二锣。用三面引锣时称为头锣、腰锣和末锣。东寓法鼓老会每次出会时,首先奔往六安会所,绿轿(老会抬关公像的轿子)下处表演一场,请轿随会上街。收会时仍将绿轿安送原处方可下会。

旧时出会有两种方式:一是当地官方召集所辖区域,所有花会聚合宽敞所在，排列顺序，按指定路线走完方可收会；二是自由拜客，收取资助，以做平日经费。

据魏树今的生前手稿显示，设摆时按行会次序排列盘踞。门旗一对，牙青色旗面，上书“东寓法鼓老会”六个大字。粉色飘带，白绸蜈蚣边，上冠青铜锥型旗顶，三面云子片有五色绒球相嵌，随风舒卷。此为阵之首。软对、硬对上书藏头对联，供留意者观后品味，为阵之精华。高照灯空悬而体大，方便人远眺，此为阵之胆。格式挑、茶箌精工雕刻，上刻花草兽禽，栩栩如生。如夜晚燃烛，灯花蠕动，更显得活灵活现，玲珑剔透，此为阵之髓。鼓抬上雕象腿狮头，此为阵之帅。元笼内盛茶食外放茶具，供会员充饥饮水。鸡罩筐内放乐器，此为阵需。鼓后串灯并立，此为阵之衬。大督旗上冠锥型青铜旗顶，顶柱三面云子片，镶嵌五色绒球，顶盘围绕灯笼穗，旗面白绸蜈蚣边，青缄压面围，橘黄旗面上书“东寓法鼓”四个大字，并刺绣图案彤阳展鹤、海水江牙，此为阵之威。全会打盘，若威严帅帐。

东寓法鼓老会所用乐器有鼓、钹、铙、铛子、镲、板、笙、管、笛、云锣、木鱼、磬、钟等中国传统民族乐器。演出时的道具有大督旗、门旗、软对、硬对、高照、灯牌、串灯、福结、手旗、手灯、灯图、木雕格式挑、茶箌、水箌、木雕鼓台、路灯箱、圆笼、鸡罩筐、板凳等。

法鼓乐队的编制通常设置为：鼓一架，钹五副，铙五副，铬子二至四副，铛子二至四个。除鼓外，钹与铙，铬子与铛子，必须成双出现。法鼓乐队的排列，一般是大鼓设置在正中位置；铬子和铛子同大鼓并列站立在两旁，排列两边的右为钹，左为铙。

五、东寓法鼓老会传承人谱系、传承情况及现状

魏树今曾表示：“于五爷在清乾隆中期创建了东寓法鼓老会。他去世

后，于二奶奶继承其衣钵。于二奶奶去世后东寓法鼓老会就没有了当家的，也没有了领香的。解放初，东寓法鼓老会虽盖了草房，但没有掌法的师傅，只得请来某村皇姑门的侯师傅及其弟子杨柳青的张茂泉张师傅传法。但侯师傅只传了三个人，即吴恩洪、张桂新和李大先生。也就是说，于五爷之后只传了一代。皇姑门断法数百年后，东寓法鼓老会只有吴恩洪、张桂新和李大先生，这三个人领了香，是本会或本门的正式门徒。而这三个人也再没有授徒。包括萧增全等东寓法鼓老会的会众也只是了解一些传说，传承了法鼓艺术，而并不是皇姑门的正式门徒。”

九十三岁的卢兆桐回忆说：“民国初期村里有个叫李春兰的人当会头，解放后的会头是安汝才，到了二十世纪八十年代由村民曹连发任会头。曹连发去世后，因没有会头继任，东寓法鼓老会渐渐成了一盘散沙。并且，随着社会的进步，农村文化生活内容越来越丰富，村民对法鼓的感觉也就淡了。直到2015年，村里的小伙子陈晨认为东寓法鼓音乐是宝贵的民族文化遗产，不能没了香火的传承，便主动出来揽了领香的职责，东寓法鼓这才重新有了会头，大伙又继续在一起排练了。”

东寓法鼓音乐老会传承人谱系

代别	姓名	性别	生卒年	传承方式	师承
第一代	于成功	男	1725—1803	皇姑门信徒	创建人
第二代	于二奶奶	女	不详	师传	于成功 （于二奶奶之后传承暂断）
第三代	侯师傅	男	不详	不详	不详 （1949年后从炒米店请来，接续了传承）
第四代	张茂泉	男	不详	师传	侯师傅
第五代	吴恩洪 张桂新 李大先生	男	不详	师传	侯师傅 张茂泉
第六代	李春兰	男	不详	不详	吴恩洪（李春兰以后只是法鼓音乐传承，皇姑门“法脉”已断）
第七代	安汝才	男	不详	师传	李春兰

续表

代别	姓名	性别	生卒年	传承方式	师承
第八代	曹连发	男	不详	师传	安汝才
第九代	陈晨	男	1994—	师传	曹连发

据郭忠萍所著的《法鼓艺术初探》(1991年版)中记录了当时的杨柳青镇十六街东寓法鼓老会的成员,共计二十九名,他们是:曹连发(会头)、魏树今、李万起、魏同新、孙玉清、吴恩洪、牛树清、杜文元、李金泉、岳长荣、廉庆元、曹连用、张洪旭、李振荣、刘长中、王兆顶、刘万生、张学文、牛树森、宋兆林、刘洪兴、刘恩祥、曹桂水、蔡增奎、于同清、安大全、安维斌、刘玉斌、刘金合。

东寓法鼓老会作为民间组织,日常人情的往来,会与会之间的交流,出会行会时得到的捐赠物资的分配和使用,道具的添置和维护等,这些都需要会头(会长)来操持。会头的推选原则简单又明确,那就是在人品好的基础上,谁的能力更强,能带领老会获得更好的发展,谁就有可能被大伙推举为会头。

四十四岁的安玉强说:"会头是大伙民主推举出来的。任期一般从当选那年开始,通常情况下任期直至其逝世结束。推举的原则主要是人品好,以及能否为老会甘心主动付出。像陈晨,人虽然年轻,但他热心老会的发展。断代十多年的老会,如今能够有地方排练,时而还会有一些演出的机会,这都是他努力推动、大伙齐心协力的结果。所以,我们推选他为会头。"

据陈晨介绍,在他的努力下,村里有很多年轻人都开始关注起法鼓音乐,有不少人加入了东寓法鼓老会,并能在寒暑假期间保持一定频率的排练。但老会目前表演机会比较少,大家排练以后,缺乏展示的平台,在一定程度上打击了年轻人参加法鼓会的热情。

东寓法鼓音乐老会主要成员表

姓名	职务	年龄	入会时间（截至2020年）	乐器	学历
陈晨	会长	28岁	10年	鼓、铙、铛子、镲	大专
赵昱宁	副会长	22岁	10年	笙、管、鼓、铙、钹、云锣	本科
卢兆桐	会员	93岁	40年	镲、铛子	小学
廉庆元	会员	85岁	40年	茶炊子、铛子	小学
王松田	乐师	74岁	25年	笙、管、鼓、铙、钹	初中
王永斌	会员	73岁	30年	镲、铛子	小学
徐成山	乐师	72岁	25年	笙、钹、镲	小学
安立树	会员	70岁	8年	铛子、镲	初中
李慕谦	乐师	60岁	25年	笙、镲、铛子	本科
安玉强	乐师	45岁	30年	钹、铙	初中
王涛	会员	37岁	5年	铙、钹、云锣	本科
杜雨	会员	30岁	5年	铙、钹、笙、云锣	中专
何怀彬	会员	29岁	5年	铙、钹	大专
管若涵	会员	22岁	8年	笙、管、鼓、铙、钹、云锣	本科
刘洪元	会员	22岁	5年	钹、铛子、镲	中专
闫梓涵	会员	22岁	3年	笛子、铙、钹	本科
张珺瑶	会员	19岁	3年	笙、钹、镲	中专
李白涛	会员	19岁	3年	鼓、铙、铛子、镲	本科
邱元喆	会员	17岁	8年	笙、管、鼓、铙、钹、云锣	高中

六、东寓法鼓老会的会规及礼节

天津法鼓老会通常都有着严格的会规，会规对本会全体成员乃至老会之间的交往礼仪、礼节、礼法都有着严格的规定和约束。天津的所有法鼓老会都要求会员守本分，有规矩，不许赌博和抢劫，旧社会时期还有一条会规是不许逛妓院。此外，出会前的清扫、祭拜，行会间的秩序先后，两会相逢的互尊互让，相邻会众的互相拜访，遇有纠纷的解决途径，包括会众敬老爱幼、为人做事等,都有着明文规定,且有着相当的效力。

在遵守这些会规之外,与理教关系密切的东寓法鼓老会还受到理教影响,偏重儒家的伦理道德。据会内老人回忆,理门的戒律简单来说就是不抽烟,不喝酒,不说谎话,多做善事,隐异好,戒劣癖。

法鼓会在出会时很讲究礼节,以“君子敬而无失,与人恭而有礼”为荣。据会员们介绍其礼节大致分为以下几种。

1.拜会。当一道会行至另一道会门前时,两会都要停下来拜会。具体拜会礼节为:引锣人将队伍停住后,有人出来迎接,双方会头拱拜,寒暄,相互换帖。这时主家要拿些茶点招待来访的老会,以示欢迎。法鼓会还要演奏、表演一番,此为拜会。

2.拜客。过去出会行至官府或大买卖家门前,都要停下来演奏、表演。这时主家要燃放鞭炮表示欢迎,并且提前备好查架,上面放着茶、点心等物品,甚是热情,以示回谢。主家认为有会来拜访,是他们的一种体面。

3.请送会。每逢年节或庙会之时,除本村的各种会道出会外,还要邀请相邻村庄的会道前来助威。请会者要提前三日下帖子(送请柬),叫作安会。三天后,被请会出行事,自己要备好一切吃、用的东西,行至村口,有人接会。接会者一般是村里有威望的人及带响器的会道,以鼓乐接迎。这时,被请会的人员要举起手中的乐器和旗子,双方的会头相互拱拜换帖。然后接会人将会领入会道。走完行会路线后,仍以鼓乐欢送出村。

4.遇让会。当两道会在行会途中相遇时,双方都要停止演奏(如还继续演奏便被视为不懂礼节),演奏者将手中的乐器举过头顶,以示敬意。打手旗者也要双手举旗做拱拜式,表示礼貌。当然除法鼓会外,与其他兄弟会相遇也是如此。另外,如果行至停会的场地,会场上有会表演时,不得上前打扰,必须停止敲打,谦逊礼让。等兄弟会表演完毕,走后,再上前表演,为让会。

中华人民共和国成立前，法鼓会出会时，村民和买卖铺店家会自发自愿地给老会捐钱、捐粮、捐物，以此表示支持。而老会为表示对其捐赠的感谢之情会尽力出好会，为捐赠者张榜扬名，以此体现乡村邻里的关爱之情，增强人们的群体观念。

出会行会时得到的种种捐赠物资，历来属于全体会员的共有财产。廉庆元回忆当年出会行会时的场景时说："我们是一路走，一路收东西。除了村民给东西，买卖铺更是讲究。老板们有给烟糖的，有给米面粮食的，还有给银元的。这些东西等到行会结束，会头会领着管事会员清点记账，所有得来的物资全部用于老会，或是救济村内贫苦人家，没有私下收受的。这就是老会风气好！"

东寓法鼓老会的很多老会员，如九十三岁的卢兆桐、八十五岁的廉庆元、七十三岁的王永斌等，对这些会规和礼节记得非常清楚，并表示老会如今依然遵守着这些礼节。虽然旧例礼节依在，但行使这些礼节的场合却越来越少了。卢兆桐说："有不少老会因为老人们先后故去，又没有年轻人愿意传承，慢慢地就消失了。老会数量少了，各种交往自然也就跟着少了，那些依附交往存在的礼俗也就随之淡漠了。"

七、东寓法鼓老会现存老乐器、老道具、老服装

中华人民共和国成立前，法鼓会的表演机会非常多。比如各种民间庙会、婚丧喜寿、买卖开业及祭祀活动等，这些场合都是法鼓会表演技艺、大显身手的好机会。所以各个法鼓会的艺师成员为了在表演中能够出类拔萃，既会苦练演奏技巧，更会想方设法为本会增添设施（即各种服装、道具、乐器等），以赢得观赏者的赞许。故而历史悠久的东寓法鼓老会经几代人努力攒下不少精美的器具。

值得一提的是,天津八大家之一的杨柳青石家的三门天赐堂石宝岑的儿子石元熙,对地方各项花会多有赞助。十六街的东寓法鼓老会,全部法器、经柜、道具以及迎神赛会之黄绿呢大轿、木辇銮驾、全部执事,由前大街、估衣街至鲜货市悬挂的彩灯、沙千、绸幕流苏等皆为该堂独资筹办,并专设两道院落存放道具。

东寓法鼓老会现存有两百余年的领会头锣一副、七十年历史的云锣一套(现收藏于杨柳青民俗博物馆);有两攒分别刻有"光绪三十年"字样和"中华四年"字样的老笙;超过七十年历史的钹一副、铙两副,均保存完整无破损;老道具有会锣两面,分领会头锣和导会二锣;大旗两杆名曰门旗;软对四条,硬对两条,高照灯四个,木雕格式挑二对,茶筲二对,元笼两对,鸡罩框两对,二人长板凳十六条,大鼓一面,鼓抬一个,串灯两杆,大督旗一面。另有小旗数十面,提式灯笼数十盏。

大督旗以橘色为背景,旗上绣有"丹阳展鹤,海水江崖"的图案和"东寓法鼓"四个大字。这面大督旗在天津市的各种花会中独树一帜。

茶挑子均采用圆雕、浮雕、透雕等雕刻技法手工雕刻,样式精美,端庄大方。

在众多遗留到今天的老道具中,历史最悠久的是一对原木色茶炊子、一对原木色水筲和硬对两条,均为乾隆中期时建会之初制作。"文革"期间,乐师刘万生将它们藏匿于家中得以保存至今,它们已有两百七十年历史,极为珍贵。老道具中年头最短的是一对红配金色的茶筲和一对红配金的水筲(现收藏于杨柳青民俗博物馆),为二十世纪七十年代末制作,已有四十年以上历史。二十世纪七十年代末,东寓法鼓老会集全体会员之力又重置了大部分道具。

另外,天津各法鼓老会的服装,面料档次与设计通常由会内的经济条件

所决定。但有一点是统一的，那就是各法鼓会的服装风格以整齐一致为原则，风格通常为民族风格。

东寓法鼓老会的服装近代以来定为灰色绸袍搭配洪堡礼帽，给人以整齐美观之感。王永斌说："中华人民共和国成立前，百姓的生活比较艰苦，有不少人家吃饱饭都是大问题。咱们法鼓会会员的这一身绸袍搭配礼帽，在当时来说是非常高档美观的穿戴了。行会时，几十口人统一穿着，场面雅观，很体面。"

八、东寓法鼓老会的传承困境与保护建议

东寓法鼓音乐内容类型具有多样性，它既是民间传统音乐，又因其包含出会、摆会、行会，是民众自发参与表演的民间娱乐活动，积淀着当地人的生活情感、民俗观念与艺术追求，属游艺民俗。

随着经济全球化、移动互联网和智能手机的普及，现代人对法鼓音乐的兴趣愈发淡漠，法鼓会在社会上的地位也大不如前。民间文化传承的关键在于传承人。目前，东寓法鼓老会的主要传承困境如下。

1. 传承人老龄化突出，有人亡艺绝的风险。东寓法鼓音乐作为民间文化的一种，历来以口传心授为主要传承方式，传承人老龄化的桎梏严重影响了传承与保护，需要抢救性挖掘和保护。

2. 老艺人受教育程度不高，对已掌握的技艺缺乏挖掘和创新的能力，对代代口传的诸多会规、传承谱系缺乏梳理和系统记录的能力。

3. 东寓法鼓老会的发展离不开品德技艺俱佳的艺人和喜爱法鼓音乐的听众。然而如今这两类人是越来越少。随着二十世纪末大规模的城市拆迁和新农村建设，以及民风民俗的变革等，法鼓音乐赖以生存的文化环境遭到严重的破坏。原本长期集聚在一个村落的村民因外出打工、高校就读等原

因散落在全国各地，再难聚齐，使得这项生于村庄，长于地域，兴于村民的艺术很难继续下去。此外，改革开放后，社会经济高速发展，加之外来文化的涌进、互联网的普及，使得年轻人在文化生活上有了更多的选择，年轻人更偏好富有时代特征的艺术文化种类，不再对法鼓感兴趣。这导致东寓法鼓老会很难吸纳到年轻新会员。

4. 年轻人难以承受法鼓乐器技法的刻苦训练，导致项目传承有缺失。尤其是在出会行会中有一些环节，如肩挑茶炊子就需要艺人有一把子力气，肩膀挑得起分量很重的茶炊子。廉庆元说："我们年轻时，天天下地种庄稼，挑粪锄地，练出了一身的力气。所以挑着几十斤重的茶炊子巡街时，体力完全能够承受。今天的年轻人哪有这膀子力气啊！所以，即使他们喜欢法鼓，估计只能学学乐器的吹敲，那些需要一身力气才能完成的表演，对当下的年轻人来说，估计难度很大了。"

5. 演出机会很少，表演时间短，没有合适的表演场地，严重阻碍了会员对法鼓音乐的学习热情。

6. 不能创造经济效益，会员常年义务演出，打击了艺人的传承热情。社会各方面虽然为他们提供了一些演出的机会，但对会员来说依靠法鼓表演获得的收入微乎其微。没有稳定的收入，就难以留住艺人专心于法鼓艺术，最终造成人才流失，传承难继。

一方水土养育一方艺术。由于地区民风民俗的不同，法鼓作为地方民间艺术走向全国各地是十分困难的。但这既是劣势也是优势，东寓法鼓音乐可着重突出地方特色，成为地域文化的突出代表，让全国乃至世界各地的人在观赏东寓法鼓音乐时能够获得新奇感，对他们了解地方文化起到一定的帮助。

但是许多年来，没有有力的研究人士和组织对其在时代变革中如何创

新与发展进行研究和指导,导致其很难适应时代发展。针对东寓法鼓老会的现状,笔者建议相关机构更应注重对其内在文化价值的挖掘和研究,如它的民俗价值、宗教信仰与音乐价值等。如此才能使其得到更好的保护与发展,这也是真正的非遗意识体现,是对传统民间音乐文化的活态和根源上的保护。

对东寓法鼓音乐的保护、传承和发展应根据其自身特点,结合现代社会文化审美的改变而拟定切实可行的实施方案,根据此次田野调查,笔者拟定五点建议助力东寓法鼓音乐得到更好的发展和市场空间。

建议一:建议首先应以数字化技术为核心,借助现代技术手段,通过调查走访民间传承人,以录制视频手段记录老道具的保存情况和老艺人完整演奏遗留的曲牌音乐等,用文字、图片、视频、音频等手段制作相关资料,建立东寓法鼓音乐数据库平台。其次,建立东寓法鼓音乐的三维数据库,令其具备共享、互动、大容量等特点,将民间音乐以人工智能、三维动画等形式呈现给大众。

建议二:将之纳入非遗项目,进一步完善本地区非遗保护体系。东寓法鼓音乐想要获得发展,离不开相关部门的关注与扶持。建议应按照相关规定,将之纳入区级非遗项目,不仅有利于进一步完善西青区非遗保护体系,对天津市非遗保护结构的优化也具有极为重要的现实意义。

建议三:建议立足时代,对东寓法鼓文化的内涵、价值及形式进行全新探索,并在坚守自身传统特色基础上,通过创新融合使得东寓法鼓老会跟上时代发展的步伐。

建议四:建议进行多手段高密度的品牌化包装宣传,增强大众对东寓法鼓音乐艺术价值的认同感。笔者通过大量的田野调查,发现非遗项目如果想要获得较好的生存空间,离不开系统、专业的商业包装和推广。东寓法鼓音乐的传承与发展应在坚持自身传统特色的基础上，尝试将一些现代元素巧妙地融入法鼓音乐中，使之更符合现代人的欣赏心理和习惯，如此才能为今日的青年人所接受和喜爱。

首先，宣传应侧重将其塑造为地方的重要文化品牌，利用现代网络传播形式和语言体系，对其丰富的文化内涵和精美的雕塑老道具进行品牌化策划，最终使其能够被人们所认识，能够吸引年轻人的关注。其次，通过举办各种活动增加东寓法鼓老会的演出机会，让人们有更多机会实地观赏和感受这一独特的民间文化。通过广泛宣传和增加民众的沉浸式体验，使人们认识到保护东寓法鼓文化就是保护住民族文化的根系元素。

建议五：通过市场化运作，让东寓法鼓音乐获得展示和生存的空间。想要解决东寓法鼓老会“人才难寻，留住更难”的难题，首先要重视传承人队伍的建设难题，可以建立更为有效的传承机制，如通过政府补贴、相关文化保护政策的落实、演艺场所和演出机会的提供等方式鼓励传承人开展各种传承活动，从而起到保护法鼓音乐文化的目的。

其次，在全国乃至全世界的旅游业界中，歌舞表演的形式逐渐成为景区旅游的标准配置，甚至歌舞表演本身就是旅游目的。可以说，具有浓郁地方特色的歌舞表演，承担了旅游时代的主要价值输出。东寓法鼓音乐作为具有浓郁地方特色的演出，相关部门应邀请专业人士为其量身打造切实可行的市场化运营方案。只有通过市场化运作，有长期稳定的经济效益，东寓法鼓老会才能走得远，艺人们也才能通过演出得到很好的锻炼和收入。

综上所述，东寓法鼓音乐的传承与发展离不开传承人的用心传承和相关部门对民间传统文化的大力扶持。唯有切实做好创新融合，在保护传统特色的基础上不断推陈出新、赢得大众的认可和欣赏，才能够可持续发展，也才能真正地实现有序传承的真正目的。

天津胜舞老会的调查与研究

张一然

在中国武术发展史上，武术社团一直充当着重要的角色。胜舞老会是发源于运河畔、古镇杨柳青的武术民间团体，群众基础良好，当地百姓对胜舞老会的认可度较高，是中国优秀传统文化的载体和见证。

我们通过对胜舞老会的调查与分析，认为其还不是一个现代意义的武术社团。具体表现在胜舞老会经济独立性不强，传承谱系科学性较差，组织结构亟待完善，对政府相关机构依赖性明显，志愿者等大量的社会资源利用效果不明显，缺乏必要的救助及保护机制等，它的自身优势和价值并未得到充分体现。因此，对天津西青区胜舞老会的研究，有助于研究我国传统武术总体发展的策略，为当今武术运动的社会化发展提供新的思考。

一、胜舞老会的起源及创立时间考据

胜舞老会（以下又称老会）作为具有悠久历史，传承有序，源流清晰，具有深厚的社会基础的民间武术团体，不仅是中华武术文化遗产中的一个重要组成部分，更是全民健身运动的重要手段和中国传统武术文化体系的主要载体。

老会由杨柳青镇人赵魁梧创建于清道光二十六年（1846），至今传承七代，已有一百七十余年历史，是一个底蕴深厚的世家武术老会。据白秉刚编著的《杨柳青人赶大营寻踪》记载，胜舞老会盛时会众多达万人，遍布全国各地。当年新疆乌鲁木齐有十几道民间花会，其中有一道名气很大的少林会，领班人是来自天津杨柳青镇的瓦工师傅许天清。他曾拜胜舞老会创始人赵魁梧为师，来新疆以后收徒传艺将武功传播开来，其精湛的武功轰动一时。

有关胜舞老会成立缘由的说法大致为1840年鸦片战争后，英国等西方列强强迫清政府签订《南京条约》等一批不平等条约，中国开始由封建社会沦为半殖民地半封建社会，中华民族危机日益深重。百姓遭战火屠戮，生活悲惨。不少仁人志士希望通过习武来保家卫国，免受欺辱。胜舞老会的成立，乃顺势而为，应运而生。

但是，有关该会的确切创建时间因历史久远，又无留存文字资料，至今说法不一，无法确定。有说是清道光二十六年（1846）创立，有说是1860年创立的，有说是清光绪十四年（1888）成立的，有说其于1900年成立等多种说法。

《崇文尚武话西青》一书中收录的由周文声撰写的《杨柳青十三街的胜舞老会》一文中记载了胜舞老会是如何成立的——1900年，我国的山东、河北、河南一带爆发了大规模的义和团（亦称义和拳）运动，不到几个月便威震津京，波及全国。是年，静海县人曹福田率武林弟子举起义旗，成立了有两万人参加的"义和神拳"，赵魁梧（人称赵梧爷）的师弟李登弟成了义和神拳的骨干。赵梧爷知道那一消息后，当年秋天在杨柳青准提庵胡同口的一棵大椿树下，成立了义和团同盟军"胜舞老会"，并开始立杆收徒。

据《西青区志》中记载：清光绪十四年（1888）秋，赵魁梧在杨柳青镇西准堤庵成立义和团盟军"胜武老会"，收徒三十余人，以教"戳脚拳"为主。

徐文路在《杨柳青胜舞老会》一文中写到：（胜舞老会）创于清道光二十六年（1846）左右，创建人赵魁梧。

杨柳青掌故老人孙玉昆就此问题曾专门向老会员赵振志请教。据赵振志介绍，胜舞老会于1860年秋在杨柳青镇西准提庵胡同创立，创始人赵魁梧崇尚武术，为弘扬国粹，既让武林各界高手有以武会友，弘扬武德的地方，

又有能让年轻人强身健体、却病延年、技击护身的练习场所，于是成立并将武会定名为“胜武老会”。

按照我们对赵魁梧生卒年的考据，及其拜师学艺等时间的推算，赵魁梧出生于1828年，十八岁拜武举人牛志忠为师时，是年应为1846年。五年后出师时应为1851年，他卒于1884年。故而，胜武老会的成立时间应在1851年至1884年之间。

二、赵魁梧生卒年考证

津西大地历来尚武，西青区是著名武术家霍元甲、韩慕侠的故乡，境内群众习武由来已久。从清嘉庆年间到光绪年间，杨柳青镇曾有过四个武举人和一个武进士。老会的创办人赵魁梧便是武举人牛志忠的徒弟。赵魁梧在杨柳青当地具有很高的声望，但遗憾的是，他却没有留下确切的生卒年月。此次田野调查，笔者对其生卒年月进行了考证。

有关他的确切生卒年月一直说法不一，有认为其享年七十九岁，也有人说他终年六十六岁，前后相差十余岁。目前比较常见的生卒年月说法有两种。

说法一有三处来源。一是据《西青区志》记载，1919年赵魁梧去世。另据《西青文史》第四册中收录岳大祥撰写的《杨柳青胜舞老会》一文中所述：赵魁梧生于1840年，卒于1919年。按此推算，赵魁梧享年七十九岁。此生卒年月也出现在《今晚报·西青版》（2005年1月21日）刊登的由白秉刚撰写的《赵魁梧和他创建的胜舞老会》一文中述：赵魁梧生于1840年，卒于1919年。

说法二是《今晚报·西青版》（2009年12月29日）刊登的《一个非比寻常的老会》一文中述：赵魁梧生于1817年，卒于1883年。按此推算，赵魁梧享年六十六岁。

那么,赵魁梧的生卒年到底是多少呢?

我们通过调查得知,赵魁梧的三子赵金玉于1952年去世时享年七十三岁,顺年推算赵金玉应于1879年出生。会内老辈人都知道赵金玉由会内人称韩大爷的老者一手带大。孙玉昆通过走访获悉,当年胜舞老会的弟子们都知道这件事。

赵魁梧是在赵金玉五岁那年去世的,推算赵魁梧应为1884年去世。据老会前辈师傅们讲:“在贫瘠的旧社会,赵魁梧能活到五十六岁算得上是高龄老人了。”故而,据老辈人的记忆,赵魁梧约在五十六岁时逝世。

由此种种信息推断,赵魁梧应出生于1828年,卒于1884年。这是比较真实可信的说法。

另外,在不少资料和发表的文章中,有说在义和团运动的影响下,赵魁梧参与了义和团的种种活动。这种说法基于我们对赵魁梧生卒年的考据应是虚构情节,往往是作者出于对赵魁梧的英雄崇拜情结而虚拟的。因义和团运动爆发于庚子年(1900),此时,赵魁梧已经去世十六年了。

三、胜舞老会创办人赵魁梧其人其事

在武侠辈出的津西大地,赵魁梧名气虽不及霍元甲名扬海外,但在京津冀鲁一带也是响当当的武林大家,至今流传着不少他为国为民、揭恶扬善的侠义故事。数位年过古稀的老会员为笔者讲述了代代相传的有关赵魁梧的三个故事,现整理如下:

故事一:出生于杨柳青镇西准提庵胡同的赵魁梧自幼活泼好动、身体健壮,天生力大无比。十八岁时的他身高七尺有余,手指粗似擀面杖一般,是个又高又壮的小伙子。平日里的他喜好舞枪弄棍,练习武术,少年时曾修习过少林拳。后来,他听说静海县独流镇下圈村有个当朝武举人——绰号“赛

存孝”的牛志忠。赵魁梧听闻牛志忠精通武功及各种兵器套路的对练，对其很是崇拜，专程登门求教拜师学艺。

因杨柳青北去静海县独流镇下圈村（牛志忠家）有三十五里的路程，赵魁梧想要学武但不能耽误农活，还得担起养家糊口的重任，只能倒逼自己勤学苦练。于是，他白天干农活、打短工，收工后在家匆匆吃过晚饭，将装满沙子的沙袋绑到腿上，去时“拗步蹭锤”练腿劲儿。在牛师傅家学练到二更天，回家时再将装满沙子的沙袋绑到腿上，路上一溜儿的侧手翻、二蹦子，靠着不怕苦累的精神打锤筋骨，锻炼体力。拜牛师傅学艺的五年时间里，赵魁梧勤学苦练，自我要求非常严格。牛志忠见赵魁梧为人正直忠厚又用功刻苦，便对其悉心传授，毫无保留。

得牛师傅真传的赵魁梧，精通了其所擅长的所有拳术及刀、枪、棍等各种器械的对练套路。出师后，他练功不懈怠，日日不辍，并遍访名师高手，博采众长，武功技艺超群，还自创了三十式长杆术，大杆有一丈八余长。

故事二：出生贫苦农家的赵魁梧，为了生计做过石雕师傅，干过脚行，当过运河岸边一百二十家商铺的镖师。他曾为保护年画进京与日本浪人斗智斗勇，也曾为脚行的穷哥们儿伸张正义，不顾个人安危与天津青洪帮争过码头。

据传赵魁梧因帮脚行的穷哥们儿伸张正义，赶走青洪帮，替穷哥们儿争夺了码头，在杨柳青声望更盛从前。这惹来常年在码头偷拿抢夺、欺行霸市的地痞混混儿们的怨恨。这些地痞为了让赵魁梧颜面扫地，绞尽脑汁地想出了一个坏主意。有一天，地痞们在子牙河码头摆放了一大捆湿漉漉的芦苇，并大放厥词：“赵魁梧要是能将这捆芦苇一口气扛到南运河西摆渡口，我们就让他到黎家包子铺一次吃个够，包子钱我们付！”赵魁梧听说了这事后，和大伙说：“咱不为吃这包子，但这口气得争！”

在子牙河的码头上，赵魁梧远远地就看到一群人围着那捆芦苇议论纷纷，他快步上前，拨开人群，毫不畏惧地冲着那帮地痞混混儿说："你们说话要算数！"言毕，他便伸出双臂抱起这捆湿芦苇扛在肩头，步履生风，一路奔向南运河西摆渡口。围观的百姓们一路跟着他，一边看一边喝彩赞叹！赵魁梧一口气走到了地痞们指定的地点，唰地一下，就把肩头的湿芦苇扔到了地上，没想到只听得"嘣"的一声，原来是捆绑湿芦苇的粗麻绳断开了。没有了粗麻绳的捆绑，湿芦苇撒了一地，芦苇中间的一个大铁碌碡哗哗地滚了出来。人们望着这大铁碌碡瞠目结舌，谁也没想到地痞混混儿们真是太坏了。这不是明摆着算计赵魁梧，让他在众目睽睽下因扛不起芦苇而丢脸吗！

赵魁梧见到这大铁碌碡，满脸怒气！平日里与地痞混混儿们有来往的一位船主老板急忙上前道歉，一边赔礼，一边将赵魁梧劝进黎家包子铺。船主老板对黎家包子铺老板高声说："赵梧爷力大无穷，咱们都见得真真的！愿赌服输，这次就让赵梧爷把黎家包子吃个够。甭管他吃多少，账都算我们的！"

故事三：人到中年的赵魁梧声名远播，有关他力大无穷的故事更是家喻户晓。可总有人因没有亲眼见到过就不相信赵魁梧能力拔山河，更想亲眼见识下他的力气到底有多大。

有一天，杨柳青运河码头上突然出现了一个非常大的石锁，锁上面写着"谁能单手举起石锁，赏大洋三块"。这事儿很快就传到了赵魁梧的耳中。做过运河岸边众多商铺镖师的他，什么时候都不能露怯。

他一路溜达来到运河码头，本是围着大石锁的人群，见到他来不约而同地让开了一条道，有好事的人大声嚷嚷着"让赵魁梧试试，他真单手举起来了，谁放的石锁谁就得掏三块大洋！"话音一落，一位船主就走出来，满脸堆笑，呵呵点头，连连说："君子无戏言。"

年轻时做过石雕师傅的赵魁梧，对石头的重量很有经验。一眼看过去，他就估摸出这块石锁得有一百五六十斤的重量。赵魁梧两脚分开，一只手握住石锁把，深吸一口气，跨步拧腰，猛地抡起臂膀，一下子就把石锁举过了头顶。大伙都被这景象震呆了，不由得挑起大拇指，不断欢呼："嚯！好样的！厉害啊……"

赵魁梧稳稳地将石锁放到地上，双手正拍打着裤腿上的尘土，一旁的船主乐呵呵地说道："赵梧爷，您将石锁翻倒，石锁底还有几个字呢！"赵魁梧将石锁翻到后，石锁底明晃晃写着："唯有赵魁梧举起来，不算数！"围观的众人看到这行字一阵大笑，赵魁梧看到后并不以为然，拍拍手就准备走。船主连忙拦住他，诚恳地说："我们没想着逗您，只是想看看你这把子力气究竟大到哪里！今天您让我们大伙开了眼界，大伙对您是更佩服了！我的这船粮食就由你们赵家班子的人来卸船，工钱往高了算！"赵魁梧凭着这把子力气，为穷苦哥们挣了一整船卸粮食的活儿。

四、胜舞老会为何弃"武"定"舞"为名？

在杨柳青镇，素有"东有风云，西有胜武"的说法，其中的"胜武"指的就是今日的"胜舞老会"，但老会在创立之初被赵魁梧命名为"胜武老会"。那么，杨柳青镇西的胜武老会因何故而放弃武术的"武"字改舞蹈的"舞"字为名呢？

改字的疑团一直众说纷纭。

老会第四代弟子赵振志曾详细解释了改字的缘由，这也才使得老会由"武"改"舞"的来龙去脉被正式揭秘。

据赵振志介绍，纷乱的时局，对赵魁梧的思想产生了很大的影响。赵魁梧曾和弟子们分享过"胜武"二字的源来，他认为胜武的"武"字从止、从戈，由止、戈二字合起来而成。另外,“武”字右上方的那一点儿,被赵魁梧解释为,双方切磋武艺时,要点到为止。有告诫弟子和会员之意,强调不可因比武切磋而伤人的意思。

但是,老会的会员们大多是血气方刚的年轻人,在切磋武艺时难免存争强好胜之心。情急之下,大家虽然没有故意伤害对方之心,但难免在切磋中因控制不好力度而出手伤人,若是伤人太重就容易导致双方结怨成仇。

鉴于这种情况,大约在1930年,老会中的几位德高望重的前辈一致商讨决定,为了让武林各个门派的弟子和谐相处,避免交恶树敌,最终将中华武术这一国粹发扬光大,故而决定将“胜武”改为“胜舞”,以此表示胜舞老会人人纯善的态度,也以此来提醒武林各界人士和睦共处。

“舞”与“武”同音不同义,“舞”字既有鼓舞的含义,也有胜舞老会改字举动所包含的礼让、安定、和谐的倡导之意。胜舞老会由“武”改“舞”的举动,得到武林各界人士的赞誉,并沿用至今。如今人人皆知胜舞老会,反而对它的前身胜武老会不那么熟悉了。

五、胜舞老会的历史沿革与爱国壮举

大运河是一条经济大动脉,也是一条文化传输带。据说杨柳青镇最早的习武之人是依靠大运河漕运生活的船工。

运河上的船工既是船民,又是船家。他们往往在陆地上没有住房,全家人都以船为家,衣食住都在船上。可以说,一条船就是船工的家。船工靠着运河走南闯北,总要会些武艺傍身,维护一家老小的安全。这些身带武艺的船工将外埠的武术传到津西,并通过与当地人的交流,无形中传播了武术。杨柳青镇的习武爱好者大多是各村穷苦人家的孩子。他们白天种地,晚上练武,时不时地互相切磋一番。

赵魁梧是杨柳青镇诸多习武人中很是突出的一位，他不仅天生力大，并在武举人牛志忠的教导下，得到了系统的培训，对武术有比较深入地研究，在杨柳青镇西很有威望。故而当他号召成立老会后，响应者众。

成立初期的胜舞老会以家庭为核心，由赵魁梧任会头和总负责人。他的儿子从旁协助，负责如器械的管理、入会弟子的习武指导等事务。

民间有传说老会由赵魁梧的三儿子帮忙操持，但前辈会员都了解，赵魁梧在三儿子赵金玉五岁时去世。一个不到学龄的孩童如何能操持老会的诸多事务呢！可见，此说法并不可靠。

杨柳青镇西面是冀省广大腹地，是进入内省的关锁，天津西部的一大屏障，东下一望，平坦无垠，可直逼津城。境内有子牙河、南运河诸河南北航道，是当年天津向西、向南的唯一通途，南有著名的青县马厂兵营（在青县北面），距杨柳青镇仅百里之遥，是北上京津的必由之路。北有韩柳墅兵营，清末即为屯兵之处。故而，杨柳青素有"津西门户"之称，地处水陆交通枢纽，形势险要，为历代兵家必争之地，是津西战略重镇。

杨柳青在军事地位上尤显重要。太平天国和义和团均驻扎过此处。而胜舞老会自成立起，始终坚守"为国为民"的宗旨精神，也使得它不顾自身安危先后参与了农民阶级反封建反侵略的革命运动——太平天国运动，农民阶级的反帝爱国运动——义和团运动。

清咸丰三年（1853）冬，太平天国的太平军一路冲杀到天津近郊的杨柳青。至今还流传着有关太平军北伐至杨柳青时的歌谣——"争天下，打天下，穷爷们儿天不怕来地不怕。杀到天津卫，朝廷快让位；杀到杨柳青，皇帝吓得发了蒙"。从这首北伐军的歌谣，以及留存的资料记载中，太平天国北伐军距离北京最近的时候就是在杨柳青。太平军曾在杨柳青一带活动了三个多月，在这期间胜舞老会的成员为他们站岗、放哨、防止奸细混入。

光绪二十六年(1900)义和团运动在直隶爆发。义和团在杨柳青镇设坛口活动期间,杨柳青镇内是村村有拳坛,家家练神拳。大街小巷到处可看到红布裹头、手持大刀的义和团拳民。

在当时,凡是参与义和团组织和活动的人,都被清廷定以“拳匪”的罪名,一旦被逮捕难逃处死的结局。

胜舞老会的成员们都是爱国爱家的好儿郎,他们决然地举起了反洋大旗,与义和团结成同盟军。赵魁梧的儿子赵金山、赵金玉也参与其中。虽无史料记载,但据杨柳青的老人们相传,胜舞老会多次参与义和团阻击八国联军北上的战役。

赵魁梧逝世后,由其儿子担任会头,其侄子赵恩喜负责弟子的习武指导、器械管理及对外联络往来,由“胜舞”第四代传人韩振芝担任武术教头。此时,胜舞老会已有徒弟百余人,具备了一定的规模,在华北地区有很大的影响。百余年来,胜舞老会在杨柳青本地传徒近万人,入会数千人。天津解放时,胜舞老会参加了天津人民欢送大军南下的“慰问中国人民解放军”活动,其武术二人及多人对攻演练,技法精湛,博得一片好评。

六、改革开放后胜舞老会的沿革情况

旧时,杨柳青镇穷苦人家多,村民将孩子们送到胜舞老会:一则让孩子们学些防身的本事;二则有老会的师傅们看管,以免不学无术,吊儿郎当。最重要的是,胜舞老会可帮助安排差事,有工钱发放。胜舞老会内有武功的人可凭救火、护秋、护城、护堤、打更、出会等差事获得收入。这就使得胜舞老会具备了一定的管理和经营能力,吸纳的人才都能被分配到差事,领到工钱。长此以往,胜舞老会得到了发展。

近数十年来,胜舞老会发生了巨大的变化,既有管理结构的变化、也有

人员构成的变化，加之会员观念上的分歧，这其中既有历史因素，也有人为原因。

二十世纪七十年代，胜舞老会内部曾在一段时期内分出了派别，各行其是。二十世纪七十年代拍摄于西郊(现西青区)原文化馆礼堂前的胜舞老会会员合影中的人员均为杨柳青镇十二街大队武术队成员，没有十三街大队的队员。这张照片反映出很可能自二十世纪七十年代起，因胜舞老会横跨十二街与十三街两村，或许是以街为界，虽都是胜舞老会的会员，但分出十二街武术队、十三街武术队，各自为营了。当然随着村镇城市化改造、农村拆迁等原因，目前的胜舞老会并不以街属为界了。

1978年，国家推行计划生育政策，我国家庭人口结构出现了巨大的改变。自二十世纪八十年代起，“421家庭”(即四个老人、一对夫妻、一个孩子)模式开始呈现出主流倾向。家家户户不再多子女，加上社会上渐渐出现“望子成龙、望女成凤”的风气，父母对独生子女的文化课业愈加重视，往往不太重视孩子身体的锻炼。这造成胜舞老会很难再像过去那样吸纳到很多年轻人，习武人员年年减少。老一辈的师傅们年事渐高，不少传统兵器的对练套路被遗忘或丢失，传承难现旧时的兴旺。

另一方面，胜舞老会常年习武的准提庵菩萨庙(位于杨柳青镇西十三街)因故被占用。从2010年起，胜舞老会就没有了“练武之地”，这严重阻碍了老会的发展。

幸运的是，胜舞老会的困难得到了镇村两级政府的重视。2019年，十二街村支书林恩琪带领村委会班子克服种种困难，将街内空置的某加工厂的厂房和办公室无偿借给胜舞老会做活动场所，这在很大程度上解决了胜舞老会无处练武，无地传承的难题。

赵魁梧的第五代孙赵家福(原杨柳青运输厂退休职工)被会内公认为第

五代传承人。目前,老会留传下来的老兵器、门旗、号旗以及两块木制印章和民国时期的两张全体合影,均被赵家福保存与保管。

胜舞老会的老会员赵振志(第四代传人韩振芝亲传弟子之一)自2019年起带领部分老会员在十二街内的新会址习武和收徒,并开始张罗出会等其他表演、对外联络等事宜。目前,年轻会员夏永娜义务担负起对外宣传等相关工作,为老会做了很多奉献。

这些年来,赵振志和戴克义、赵恩桐、李金祥、韩恩元、袁庆新、寇善红、王学柱等老会员培养出大批的青少年武术爱好者,为社会输送了很多武术人才。如王超通过拜师学武,渐渐地由后进生变为先进生,并于2004年被评为西青区十佳中学生,区级优秀共青团员,在"蒲公英2004年中国青少年艺术新人大赛"中荣获银牌,现已大学毕业走向社会工作岗位。

二十世纪八十年代,胜舞老会迎来了高速发展的时期,培养的一大批青少年在市、区各级武术比赛中均获得良好成绩。来自北京的吕胜利在"2007年北京国际武术邀请赛"中荣获了"一金二银"的佳绩,为胜舞老会挣了名气,更为杨柳青镇争了光。

胜舞老会会员近年获奖名单

姓名	赛事	名次
栾玉红	2014年迎青奥第三届太极拳邀请赛	金牌
	2017年10月第三届武当山国际演武大会	金牌(两块)
夏梓宁(2003年生)	2019年海峡两岸武术交流会	金牌
凌誉珊(2010年生)	2018年世界精武霍元甲英雄会武术套路获得女子儿童组器械	金牌
刘利(1982年生)	2019第六届龙源杯交流赛青壮年双锟奖	第一名
王超	蒲公英2004年中国青少年艺术新人大赛	银牌
吕胜利	2007年北京国际武术邀请赛	金牌一块 银牌两块

但是,目前胜舞老会常年活跃的成年会员不足二十人,周末前来学习的

青少年学员大概二十余人。另有约二十余人因工作生活等原因,难以坚持定期出勤。据赵振志介绍,胜舞老会里能够“挑得起”器械的成年人,大约在五十人左右。

此外,会内的诸多兵器,目前皆由七十岁的关宝城老人一个人手工制作而成,目前尚无徒弟能够长期义务地接手兵器打造事务。

七、胜舞老会的武术技术体系为戳脚拳,属少林宗法

1986年全国武术挖掘整理工作的考证结果显示,符合“渊源有序、拳理明断、风格独特、自成体系”的拳种达一百二十九种之多。其中,十大拳种有洪、留、戳、名、磨、查、弹、炮、花、龙。其中的“戳”便是戳脚拳术,属温家流派。在宋代,自宋太祖创编三十二路长拳后,各种武术套路及门派逐渐兴起。武林十大门派中的“枝”,指的就是“戳脚”,称枝子门,相传是宋代道士邓良所创。另有传说,达摩祖师在少林寺见众僧坐禅萎靡不振、难以入定,究其原因,乃身体虚弱所致。于是,达摩效仿鸟兽的神志动态而创此拳法。

戳脚拳,全名“九番御步鸳鸯勾挂连环悬空戳脚”,是中国古老拳种之一。有关戳脚拳的历史源流,武林中有“创于宋、成于明,盛于清”的说法。《辞海》中说:“戳脚,亦称‘水浒门’,武术拳种。盛于明清,流行于我国北方,以腿功见长,并强调手脚并用……”由其中“盛于明清”四字推断,戳脚拳必创于明清之前。元代,蒙古统治者为预防汉人造反,多次收缴民间武器,禁止民间习武集会。故而,元代武风衰竭,不太可能有新拳法被开创。综合分析,戳脚拳创于宋代的传说有一定的可信度。

明代,武禁解除,《水浒传》内对各路武术功夫的描述可见当时民间尚武之风日益强盛。《水浒传》第十七回“花和尚单打二龙山”中,描述了鲁智深“一脚点翻”邓龙的情节;第二十九回“武松醉打蒋门神”中,详细地描写了武

松使用“玉环步,鸳鸯脚”的招法醉打蒋门神之说。戳脚拳近可考证到清嘉庆末期,1813年冀鲁豫一带爆发天理教农民起义,起义领袖之一的河南人冯克善(又名克敏、凯克)及其部将杨景、唐有义起义失败后被捕,后越狱隐匿于河北饶阳一带。冯克善化名赵灿章,在此地传授拳艺二十余载,门人尊称其为赵老灿。据传赵灿章在传拳过程中,以原来的八趟金刚架、八趟金刚锤、六合根等套路为基础,创编出被后人誉为“北腿之杰”的戳腿,并逐渐完善为文九、武九共十八趟基本套路。

在刘学勃《戳脚汇宗》一书中将戳脚拳第一代传人认定为赵灿章,又称赵洛灿。在河北肃宁流传的戳脚族谱以及《河北武术丛书(一):戳脚》中,都明确有述:冯克善为创始人。

据胜舞老会的老会员讲,当年,赵魁梧师承武举人牛志忠。牛师傅曾明确言及武功师传于赵灿章一脉。赵灿章(也有人称其为赵灿益)不仅会戳脚拳,还精通“翻子拳”。他将戳脚拳传授给河北饶阳的段氏兄弟(段绪清、段绪和)。后来,段绪清传徒静海县独流镇下圈村的牛志忠,也就是赵魁梧的武举人师父。故而,赵魁梧的师承虽尚无确切的文字史料,但会内数代人口传至今,武术传承应算谱系有序。

八、胜舞老会武术风格的主要特点

赵魁梧所学戳脚拳属搏击性极强的少林武功之一,以丰富多变的腿法见长。

单练套路除戳脚拳和二郎拳外,包括其他拳种共计十余个。刀术包括单双刀、大刀术套路共计十余种。枪术包括大枪术(俗称大杆子,长度为丈八余)套路共计十余种。剑术五种,棍术两种,锏术、钩术、圈术、槊术、镗术等套路共计十余种。

赵魁梧自创的大枪谱历经六代传人的精心保护，未毁于战乱、“文革”时期。枪谱为大八开草绵纸，书以毛笔小楷书，每页约有三分之一的部分为人物动作简笔画，画旁标注动作要领及破解方法。草绵纸虽已泛黄，但正面字迹清晰，为不可多得的武术技法珍贵记录实物。

胜舞老会的对练套路，有小棍对练套路，包括二人小棍、三人小棍、五人小棍等；单刀进双枪对练套路，包括五种套路；三人单刀枪套路，包括三种套路；五人单刀枪、双刀进枪，包括两种套路；双钩进枪双枪，包括两种套路；三截棍进大杆子（丈八大枪）套路；单刀进大杆子套路；双短棍进大杆子套路；春秋刀进大杆子套路；枪进大杆子四对刀、单刀对练套路；十步连刀套路；空手接单刀套路；空手接双刀套路；空手接三节棍套路；空手接钗子（双匕首）套路；空手接担子，包括两种套路；三人三节棍套路；五人五截棍套路；五人双刀套路；五人刀套路；马上十三刀套路；十三没头套路；拔轮刀套路；三人大刀套路；五人大刀套路等，目前已整理出七十余种对练套路。

胜舞老会的弟子们比较完整地继承了赵魁梧的所学所思，对戳脚拳掌握得比较完整。戳脚拳分为三盘，即上盘、中盘和下盘。上盘有燕青拳，注重搂、打、搪、封、弹、踢、扫，挂。中盘有十八趟，主要模仿鸡、龙、猴、鹏、鹞等的动作，一招一式皆刚柔并济。下盘有六趟，其中一趟八仙醉拳，演练时看起来有三分醉意，看似脚下漂浮，实则暗藏杀机，在武打搏击时最为实用。

据胜舞老会的老会员介绍，近代可考的戳脚拳以赵灿章为首，他将戳脚拳传授给多位徒弟，又由徒弟们历代相传发扬至国内多地，并形成几种不同风格的流派，主要有河北戳脚、辽宁戳脚、北京戳脚和江苏戳脚。胜舞老会的戳脚拳则属河北戳脚。仇志刚所撰写的《论戳脚拳流派》对河北戳脚的武术套路和功法有较为详细的介绍。河北有文趟、武趟各九套，共十八个基本套路。武趟是戳脚的本源，一般套路较短；文趟是变化发展而来，套路较长。器械套路有左把螺丝枪、正把螺丝枪、五虎断门炮、易手四门枪、二龙出水枪、绝命十三枪，刀术有大小昆仑刀、梅花转枝刀、夜战八方刀、八卦刀、绝命十三刀，剑术有文武三才剑、绝命十三剑。另外，还有大刀、双刀、鞭、锏、锤、拍把、鸳鸯钺、鸳鸯盆、火焰剑、乾坤剑等百十种器械套路。河北戳脚在风格特点上，一招一式朴实无华，演练时手法、腿法、身法、气法有机配合，内外如一。技法上讲究硬攻直进，不招不架，指上打下，一步一腿，拳脚并用，突出腿法。在劲法上讲究“绵软硬脆滑”五劲。绵劲者，彼进我退，彼退我进，顺人之力专用伸缩，不事遮拦，巧如无此心。软劲者，练拳之时，不逞强，不架硬，两膀软如绵。若不着人则舒散自由，一着人则力从内发，有推墙倒壁之势。硬劲者，硬攻直进也。硬磕硬撞硬托硬架，而要之所来，能活腕能松臂膀，力从内发，故不失于拙笨。脆劲者，聚也，将劲儿贯于手腕，而膀与身毫不带力，灵活快便，故着人最捷。滑劲者，溜滑也。随机应变，妙如转环，能使敌人望空扑影，无从摸索，手至此则神而神矣。河北截脚拳中的交手要诀与孙子兵法相契合，由此可见，戳脚拳理受古代军事战争的影响较为突出。

杨柳青胜舞老会自成立至今代代保持着与武林各界同人良好交流、切磋技艺的作风，融会贯通后独创出一套戳脚翻子拳体系。从砍、拉、锁、卡、崩发展延伸到缠、挑、锁、拿、钩、摞、崩、扎。戳脚门派本有刀、枪、棍、剑等器械的对练套路近一百种，胜舞老会第四代掌门人韩振芝又自编了六合枪、魁武剑和振芝刀。在二人器械对打套路中，空手对单刀、对双刀、对双载棍、对钗子，以及颇为精彩的一人对五人的单刀枪法，在搏击实战格斗中最具实用。

比较出名的例子就是韩振芝当街痛打恶霸。据老会员们介绍，韩振芝武艺高强，为人正派。二十世纪四十年代初，武林痞子恶霸李猴子恶迹斑

斑,此时的韩振芝正值壮年时期,在天津南市当街痛打了李猴子,他所使用的武术便是正宗的戳脚拳。

在唐山杂技团工作四十多年并已定居唐山的杨柳青人焦玉川老人于十余年前回乡奔丧时,曾与孙玉昆聊过胜舞老会。据焦玉川介绍,他在四十多年的舞台杂技生涯中,几乎走遍国内各地的演出市场。在工作的间隙,他随访了很多民间武术团体。焦玉川老人讲:“各地的武术,几乎都不能与家乡杨柳青胜舞老会的空手对双刀、双人兵器对打和三人器械对打的套路以及独特的戳脚翻子拳相比。”此番言语虽不乏对家乡的偏爱之情,但亦可见胜舞老会的戳脚翻子拳这一独特传统武术文化的珍贵。

目前,胜舞老会的负责人赵振志将戳脚拳的主要招式自绘拳谱,作教学及留存之用,填补了胜舞老会武功传承没有拳谱的空白。老少成员们至今仍然坚持日日练功,尤其是周末,不少人还要担负起教导青少年武术爱好者的责任。很多老会员,如八十六岁的赵恩桐、八十四岁的李金祥、八十岁的韩恩元、袁庆新等人,身体格外硬朗,诸多招式亦非常熟练。

九、胜舞老会的老活动场所——准提庵菩萨庙的来历

胜舞老会作为民间武术团体,想要保证弟子们日常习武练功以及各种活动的开展自然需要拥有一个比较稳定的活动场所,这也能为会员们提供一种心理上的归属感。通常,民间武术团体的会址一般在会头家中,或是村内的祠堂、庙宇及村内富户出资捐赠的院落地点等。

但是胜舞老会的会员们都是杨柳青镇的穷哥们儿,大伙的生活都挺拮据,自然也没有像样的院落和场所当会馆。故而在相当长的一段时期内,胜舞老会并没有确定的习武场地,基本是哪儿有空地在哪儿练。

直至清末,胜舞老会仍苦于没有固定的习武场所。直至民初,胜舞老会

自行出资成立大同水局后，因缘际会中得到当地望族的支持，方才有了固定的活动场所——准提庵。

自明清以来，杨柳青人口日渐增多，商铺住宅鳞次栉比，当时人们用柴做饭，用油和蜡烛照明，火灾时有发生。发展至民初时，杨柳青镇已有五千多户人家。频发的火灾已扰乱危害百姓的生活。

杨柳青设立水局的历史可追溯到清乾隆时期。水局或水龙局设立后，可有效救灾。水局会员往往都是附近强壮有力的人员，比如搬运工、马轿夫、商贩、农民等。平时由会头召集众伍善(灭火队员)学习训练、遇火情如何分工协作等。一旦发生火灾，事主或邻居吹哨或鸣锣呼救，会员听到急促的锣声，必须立即放下手中活计，急速赶赴会所，各提救火工具，奔赴火场，义务救火。

胜舞老会面对杨柳青火灾频发的情况，决定自行出资成立大同水局，义务为乡民救火灭灾，以保障附近的民众安心务工。但是，水局成立后，救火水机的存放成了问题。

准提庵，坐落在杨柳青镇西十三街利民大街与板桥胡同交口，准提庵胡同西侧。据当地老人们回忆，准提庵最早是王庆坨镇的曹翰林于清康熙年间所建造的家祠。后来年岁已高的曹翰林无力看管这座祠堂，便把它交给了杨柳青望族董家负责管理。

杨柳青董家，家大业大，在镇上有大量的土地，财力雄厚。董家于清康熙六十一年(1722)将曹家家祠改为庙，庙的北殿供奉木雕准提菩萨，即三眼十八手菩萨。木雕菩萨的出处已无处可考，该贴金佛像面目慈祥，手持法器，刻艺精良。庙内供器古雅，为其他庙所不及。山门涂朱漆，配以铜色角门环；肩墙磨砖对缝，乃古镇建筑特色；门前两边有石枕，刻工古朴。据村内老人说，原先门前还有石狮一对，栩栩如生，可惜毁于“文革”时期。

董家将曹家家祠改为庙后，曹家家祠正式更名为准提庵，百姓们称其为十八手菩萨庙。寺庙东侧的一条南北长约一百米的小胡同——准提庵胡同亦因此而得名。准提庵十八手菩萨庙直通南运河，地理位置优越，并一直作为杨柳青镇佛教信徒举办佛事的圣地，当年香火十分旺盛。

为了解决救火水机的存放问题，老会医生杜春堂先生、赵魁梧的后人赵金玉、林小山（林家店老板）等人一起拜访了董家，商议可否借用准提庵，将大同水局的两台救火水机放置在庙内西屋。因林小山素来与董家有买卖往来，关系密切和睦，兼之董家作为杨柳青镇的大家族，忠义传家，信佛行善。秉承良好家风，念及胜舞老会为民服务之心，董家很干脆地同意将庙内西侧三间屋让给了大同水局。

此后，大同水局的两台救火水机常年存放在准提庵中。因大同水局与胜舞老会系同一班人马，停放救火水机的庙内西侧三间屋便顺理成章地成为了胜舞老会的固定活动场所。弟子们每日可在庙内的院子中习武练功。

1948年底，东北野战军为解放天津，进驻杨柳青做战前准备，曾住进该菩萨庙。这也使得准提庵成为杨柳青唯一保存下来的佛寺。解放后，院内大殿因历史原因被拆毁得面目全非，但庙门楼基本保持原貌。由尚存的建筑依稀可见准提庵当年虽规模不大，但建筑工艺精湛。

十、胜舞老会会规的挖掘和梳理

纵观中国武术发展史，武术流派自形成之初，即以武林门派或帮会的面貌示人，它们或以寺庙为依托，或以宗族，同乡、同党、同地域为载体。究其根源，不外乎是习武者相互扶持、共谋发展的需要，又或是加强凝聚力，为门内人博得更好的生存空间的需要。每一个武林门派或帮会，都是将一大群没有血缘关系并具备一定武术根基的人，聚集在门派或帮会中，通过门派武术技法的世系传承、门派内的会规等管理手段和理念，努力地使本没有血缘关系的会众变相地演变为相对稳定、近似血缘关系的关系。所以，师徒关系和门规对武林门派或帮会的管理和发展就显得尤为重要。

武术门派、团体或帮会的会规，本质上归属中国武术礼仪文化，亦是中国传统文化的重要组成部分。从历史上看，几乎所有的名门正派的会规，都蕴含着武德文化。武德是中国传统武术在数千年的实践和发展过程中，习武者从优秀的中国传统文化中汲取营养和智慧——其主要的文化精神也与儒家礼文化的主旨相一致，并逐步形成的传统道德准则。对门派的管理来说，武德就像是一块密不透风的布，不仅将门派的日常管理条例涵盖其中，更是将管理条例所疏漏之处缝补得严严实实。

目前，胜舞老会完整流传下来的“五要”与“五戒”、入门“四不收”、拜师规则、习武要领等会规，有说是立会之初赵魁梧及会内元老共同商议而定，也有说是经第一代师傅们集体长期研究，再由历代师傅及弟子不断补充而成。这些会规的具体拟定时间已不可考，但它是每位新会员必须遵守的制度，在某种意义上相当于胜舞老会的管理宗旨与条例。

百余年来，胜舞老会本着“武德为先，德武兼修，以德为本”的原则，要求会众习武必先具武德。在胜舞老会门第守则中，第一条便是“崇武、尚德、尊师、敬长”“众弟子谨记，先德后武”。会内医师杜云镇曾言：“不交不道之人，断绝无义之友，不开方便之门，紧闭是非之口。”这些朴素的道理，辈辈口传至今。

1.胜舞老会习武宗旨

凡自愿加入胜舞老会的习武者，要本着弘扬中华武术精神，发扬本门拳技为宗旨。要做到“五要”“五戒”。

五要：

一要崇尚武德，尊敬师长；

二要团结武友，广交同人；

三要珍惜拳技，谨慎教徒；

四要勤学苦练，兴旺门第；

五要见义勇为，保国卫民。

五戒：

一戒忘恩负义，欺师叛门；

二戒同门互贬，见利忘义；

三戒唯利是图，卖艺求荣；

四戒放纵酒色，违法乱纪；

五戒逞强欺弱，危害社会。

2.入门四不收

(1)欺师灭祖者不收；

(2)不忠不孝者不收；

(3)道德败坏者不收；

(4)违法乱纪者不收。

3.入门十六字准则

当年入会的习武爱好者，因经济拮据而没有给付学费的能力。赵魁梧便定下入会的十六字原则——“来生不撵，去生不留；来去自由，分文不要”。此入门准则一直沿用至今。

“真心授武”是胜舞老会的优良传统，会内世代以发扬武德为己任，以传承保护传统武术技法为宗旨。尤其在旧时的战乱年代，无论经济有多艰难，胜舞老会始终秉承“分文不要，毫厘不取”的原则，广开大门，传武授艺。

4.入门必拜师，拜师必有仪式

中国自古就有拜师礼。凡自愿加入胜舞老会的习武者，胜舞老会必对其举办拜师仪式。传统武术拜师仪式是一种有特殊影响力的社会行为,是传统武术中的重要内容,是薪火相传的起点,也是中国传统礼仪的基本表现形式。

据传胜舞老会在创立之初,因赵魁梧感觉大家都是穷苦百姓,没有高低之分,故而也就没有任何入会仪式,更无拜师仪式。

后来随着胜舞老会在社会上的威望越来越高,除了本村的乡民,外来入会的人日益增多。这时出现了三大问题:一是无法考察外来人是否可靠,秉性为人如何;二是入会时间总有先后之分,会员没有正式的师承辈分不利于管理;三是会员愈多,规模愈大,没有章法管理便不正规,不利于日后的发展和管理。

故而,胜舞老会便立了规矩。首先,来者(入会人)必须有担保人,并且此担保人必须与会内的师傅有深厚私交。简单来说,胜舞老会对吸纳的新会员,必须有一定的了解。其次,赵魁梧供奉达摩老祖像,规定新会员务必先拜达摩老祖,然后再认拜师傅。最后,老会始终秉承会员来去自由的原则,从不强征人入会,也不硬留人。但徒弟如果放弃练武学艺,应面辞师傅以示对师傅的尊敬。

这些入门拜师规矩的确立,大大促进了老会的发展。值得一提的是,传统武术文化中师徒的这种类家模式,让本没有关系的人通过师徒关系纽带进而结成一个有着共同信仰、目的、志趣的社会共同群体。对新入会的成员来说,武术拜师仪式是让新成员快速融入群体之内、身份确立的起始标志,是一个从群体外部进入群体内部的前提。经过拜师仪式,身份得到师傅的认可,得到祖师爷的认可,得到了会内成员乃至武术界的认可。

今天,胜舞老会虽已不再供奉达摩老祖,但拜师仍有简单仪式。

各门派的拜师仪式内容及程序都不尽相同,于胜舞老会而言,旧时的拜

师收徒仪式主要有四大程序。首先，新会员由本门老师傅、师兄带领，拜见会内供奉的达摩老祖，并三叩首。其次，新会员面向师傅，三叩首。再其次对在场的长辈和师兄行鞠躬礼，会内长辈宣读门规会规。最后，新会员行礼后递上拜帖，宣读拜帖词。

拜帖词："弟子（某某）愿拜您为师，听候您的教诲，遵守门规，刻苦练功，兴旺门第，为发扬中华武术精神而不懈努力，终身不渝。"

至此，新会员完成拜师仪式，正式成为胜舞老会的一员，并有了明确的师承。

拜师礼在传统武术文化中是非常重要的一个礼仪。人们通过拜师仪式这种传统礼仪文化确认彼此亲密的关系，是中国武者尊师重道的一种仪式表现。

据胜舞老会的老会员们介绍，弟子要尊重师长。具体表现在，弟子见到师傅要行礼，招呼上不能称师傅，而要在师傅姓氏后尊称爷、伯等尊语。如赵魁梧，弟子见之决不能称其为赵师傅，取其名中"梧"字，称其为赵梧爷。又如王姓师傅，可按其在自家中的排行而称呼。如行三，弟子则尊称其为王三爷，小辈的徒孙则称其为王三伯。如此类推。

5.传武授艺的诸多规矩

新会员完成拜师仪式后，首先由师兄讲授门内的种种规矩，行话叫"立规矩"。然后，由老师傅指定代传人，按照"先进庙的为师兄，后进庙的为师弟"确立辈分与位分。

胜舞老会对拳术、兵器的技法研究颇深，但新会员想要学习哪种拳术，掌握哪种兵器，并不由个人意志主导，也不允许随意练习。弟子入门后，经老师傅对其身体根骨、性格秉性等个人条件的摸排，再通过一段时间基本功的锤炼，如果此人能够吃得了苦，耐得住练功的寂寞，才能被老师傅定夺到底适合哪种拳术与器械，对其选择单练还是对练也会有科学系统的安排。

如师傅允许弟子可开始对练，则其对练时要由师傅指定对练的人，原则上禁止私下胡乱配对对练。对练时，弟子之间不嬉耍，不交谈。不管是对练，还是单练，弟子在练习前必报备师傅，经师傅允许后，方可练习。徒弟之间不能传枪递剑，不能随意摸使尚未练习过的武术器械。

在习武过程中，胜舞老会要求学员牢记“进了把式房，摘了帽子晾衣裳，学功不练功，到老一场空，练功不修德，必定要着魔”的戒训，练功时禁止嬉耍，打逗，交谈，弟子之间不准私自传枪，递剑。

老师傅们对弟子的武艺及武德要有长时间的考察，品德突出、能力过人者可确定为掌门弟子。此时，经上一代老师傅同意，该掌门弟子可自行收徒。

平日里，弟子进了准提庵菩萨庙要先脱衣摘帽，而后方能习武练艺；进佛堂则要先列式、后捻香、跪地、三叩首。

十一、胜舞老会传统习俗“封家伙”和“动家伙”

中国武术文化源远流长，在漫长的岁月发展过程中，形成了独具魅力的文化表现形态，留下了各种别有意蕴的文化习俗。这其中“封家伙”和“动家伙”便是流传已久、极其重要的文化表现形态及传统习俗。

事实上，“封”俗在我国由来已久。清代，每到腊月二十日，衙门经过洗印、封印、拜印等礼仪后便将印封存，“封印”期间非大事不能用印，待次年正月二十才开匣用印。其实，“封”俗不仅仅局限在官府的文官封印、武官封操，每到年底民间历来也都有“封”俗，商业上是百业封门，戏曲行业是封箱演出等。

过去的武术团体，往往也是具备自营能力的盈利组织。他们往往依靠

维护一方治安，或是帮忙打更、护秋、护城等活计以赚取收入，养活会众及维护帮会日常运转。因此会众们除了习武练功，日常的务工活计也是非常繁忙的。所以武术团体在春节期间也不例外地要有“封”俗，辛苦了一年的习武者在此期间可以休养歇息、阖家团聚，辞旧迎新。

胜舞老会的各种传统仪式，目前传承得比较好，绝大多数保留着最初的形式。即使有些仪式已从简或忽略，但老人们对传统仪式的章程制式的记忆还是比较清晰的。

每年农历腊月二十三日择吉时，胜舞老会的会头带领会众齐聚器械房或练功房，先邀请会中德高望重之人，在黄纸封条上写好“腊月二十三 封”，并将黄色封条贴在所有武术器械上。封好后，由会头引领众师徒在器械前烧黄钱、磕头，以示驱灾祈安，是为“封家伙”。“封家伙”后，会众就不再练功习武，也不用继续务工，可以放假休息了。待到来年正月初六，会头再率领会众，在祖师爷像前祭拜、磕头，将封好的器械启封，俗称“动家伙”。

十二、胜舞老会的传统出会活动

胜舞老会所在地杨柳青镇是天津市民间花会胜地之一，该地佛道信仰并举，故而庙会、花会繁多。该地的民间花会活动兴起于明末，至清代中期达到鼎盛，在该区已有二百余年的历史。

胜舞老会自创立起，便于每年正月十五参加杨柳青的花会游艺活动。出会上街前，会头与会内德高望重的师傅们要先到位于杨柳青镇十四街的三佛堂拜香，祈福纳祥。礼拜仪式后，会头率领众人回到会所，并率领众师徒将武术器械摆放在达摩老祖像前，由会头引领大家跪拜。会众在会头的带领下，先双手合十，双膝跪地，默默祈求。会头口念“达摩赞”：“一根芦苇渡江河，后有神仙赶达摩。跪在洞前五百载，但求一字脱阎罗。”最后，全体会员跪向达摩祖师像，以三叩首结束。此举意为尊师重道，一念安康，祈祷新的一年平安和顺。

胜舞老会在出会时，往往有鼓、二胡、锣等民间乐器相伴奏。在会头等诸位师傅的安排下，沿路会组织和安排弟子进行二人对练、三人对练和五人对练等表演，弟子们演练的武术套路极富美感，深得人们的喜爱。旧时，沿街的商家极喜欢这类表演，每逢胜舞老会路过自家店铺门口，店主都会主动地捐物捐资，让胜舞老会在自家店铺前多多表演，图个吉祥。

在出会过程中，如果路遇别家花会。胜舞老会的会员们会首先双手举起手中的武术器械至鼻梁高度，以动作表达对对方的敬意。如果在行会路途中，巧遇别家花会正在表演，胜舞老会便会立即停止响器，以表达对对方表演的尊重。会与会相遇后，要互换拜帖，表达诚意。

据了解，2016年之前，正月十五的庙会和西青区组织的重大活动通常由赵魁梧后人赵家福组织进行出会表演。2016年起，赵家福因家庭住址拆迁、来往不便等多方面原因，不再参与胜舞老会的管理及活动。

十三、胜舞老会“以武会友”交流活动情况

民间武术在习武过程中，除了研习门派或师承，因中华传统武术技理相通，习武者常有博采众长的学习心理，也有试探自身在武者中的水平程度的想法。故而古人常有以武会友的举动，彼此切磋武艺，增长见识。古语称之为“较艺”。通常来看，“较艺”的形式非常广泛，方法也比较灵活。

胜舞老会从不固守自封，通过大量的、形式丰富的“较艺”方法，对传统武术去芜存菁，锻炼了大批的武术人才，也使得胜舞老会的武术套路通过不断的以武会友中身手比试和思想交流而变得高深多彩起来。

据胜舞老会的李金祥、赵恩桐、韩恩元、袁庆新等老会员回忆，胜舞老会

自成立起，曾有数次较大规模或是具有广泛影响力的武术切磋交流活动。建会初期，会头赵魁梧率领会内众人与地处小南河的霍氏家族进行过拳术和刀术的多次交流。赵魁梧的儿子赵金玉把日月乾坤圈、阴手棍传授给霍元甲，而霍元甲则把二郎拳、苏童锏传授给赵金玉。通过这些交流活动，双方建立起良好的友谊关系。

由此可见，民间武术的传承，不仅有门派的各种武术谱书和拜师学艺等方式，也比较重视以武会友这种切磋打擂等带有浓厚民间文化色彩的交流方式。这些武术文化传统对武术的传承与发展具有十分重要的意义。

目前，胜舞老会坚持每周都有活动，有不少年已七八十岁的老会员仍然坚持义务传武，如赵振志、戴克义、赵恩桐、李金祥、韩恩元、袁庆新、寇善红、王学柱、关宝城等。每逢周末是胜舞老会练功房最热闹的日子，有不少中小学生慕名前来学武。

十四、胜舞老会在当代社会的两大主要价值

自赵魁梧在武举人处得到系统、规范的培养后，他将所学毫无保留地传授给胜舞老会的弟子们。他所创办的胜舞老会，在动荡不安的社会环境中为广大村民提供了习武强身、结社自保的重要平台。胜舞老会历来推崇武德的修炼，在习武的过程中着重帮助习武者感悟武德，提升自身修养。在长期的发展中，胜舞老会的两大作用——健身价值与武术攻防技击价值日益凸显，并延续到今日。

据胜舞老会传承人赵振志介绍，近年来国家提倡体育强国，有越来越多的父母意识到身体健康对孩子成长的重要性。如今，每逢周五、周六、周日，胜舞老会的练功房里挤满了青少年。少则十几个，多则数十个孩子，跟随武术教头习武强身。很多父母都表示，自从孩子到胜舞老会习武后，哪怕只是

练练基本功，也明显地提升了身体素质。

胜舞老会所传承的戳脚拳是中国传统武术中优秀的武术拳种之一。过去，老师傅们因社会动荡不安而格外注重武术的技击性，发展到今日，胜舞老会更注重武术的健身作用，使其成为现代人强身健体的主要手段之一。

为何说胜舞老会较好地保存了武术的攻防技击价值呢？首先，由胜舞老会创建人赵魁梧做过运河岸边百余家商铺的镖师的经历可以看出，其武艺的格斗和攻防技击价值颇高，能够起到保护人身安全和财产的作用，甚至具备了一定的威慑力量。其次，传统武术的传承大多是依靠师徒间口传心授，即使有拳谱一类的"技术手册"，也需要师父在一旁指点动作要领，徒弟仅仅依靠看读拳谱是很难得到真学的。所以如果师承断代，对武艺的完整传承就会造成较大的影响和损失。可喜的是，胜舞老会从成立之日起武艺的传承从未断代。据老人们回忆，即使在"文革"时期，因胜舞老会的成员多是普通村民且大多只是习武健身，也就未受到冲击。所以，胜舞老会始终师承有序，武艺几乎无失。最后，目前胜舞老会已整理出七十余种对练套路，这在传统武术团体中是比较难得的。武术套路演练是武术运动的主要形式之一，一套武术套路少则十几个动作，多则几十个动作，甚至上百个动作组成一个完整的套路。所以说，胜舞老会的武术套路得到了较好的留存与传承，也较好地保存了武术攻防技击价值的精髓。

十五、胜舞老会的传承情况及传承谱序

传承的关键在于人。传统武术传承人是指继承传统武术文化内容并使之流传的、具有该武术内容文化代表性特征的标志性人物。其中以传承人对传统武术传承的贡献和影响大小可分为三类：传习人、传承人和代表性传

承人。以传承人认定的行政级别可划分为四类：县级传承人、市级传承人、省级传承人和国家级传承人。

对于传统武术传承人而言，他们必须通过刻苦的钻研学习、大量的练习、对武德的深刻感悟，还要用心研究先辈们留下的各种谱籍……首先很好地继承武学技术和理论，继而秉承无私之心倾囊相授，才有可能很好地使之流传。所以说，武术传承人在发展、创新和传承中起着决定性作用。因此，加强对传承人的保护是非物质文化遗产保护的关键环节。

根据笔者的走访调查，按照曾在胜舞老会正式拜师习武的标准来看，每一代弟子人数众多，兴盛时期的胜舞老会会众曾多达万人。中华人民共和国成立后，曾在胜舞老会学习过的人不计其数。因历史久远，这些已无法统计。所以按照弟子的活跃程度、是否深度参与胜舞老会的各种活动等标准，经与诸位老会员沟通，确定了以下传承谱序：

代别	会头	弟子
第一代	赵魁梧	赵魁梧成立胜舞老会后立杆收徒。创会当日便有三十余名青年报名参加（这些青年的姓名已不可考）
第二代	王连顺	韩大爷、王连顺、赵金成、杜春堂、赵金玉、闫富友、赵启顺、林小山、林小朴等
第三代	韩振芝	聂宝山、赵恩喜、杜玉盛、赵联、林广森、王玉全、韩振章、孙志敬、韩振芝、韩振茂、韩振元、韩振奎、杜恩浦、杜云镇、李恩友、李恩发、李恩平、李恩和、朱学海、闫永太、潘万路、郑国平、韩文福、赵恩明等
第四代	赵家福 赵振志	聂玉勤、寇善华、高甲林、王文弟、孙作来、赵恩桐、李万成、久德平、潘万祥、刘恩喜、姚生元、李树林、陆红奎、张树桂、张武生、寇继福、杜云钊、郑连生、张宝玉、李金祥、张祥春、焦玉川、宋宝山、李守义、李学文、李金仁、于承海、赵恩贵、韩恩元、刘玉生、袁庆新、韩恩海、刘玉平、车秀芬（内蒙古）、韩志茂、代克义、赵家福、赵振志、齐会林、于文星、程树奎、尚文义、赵振华、岳红勋、岳旭通、岳大祥、李学武、戴中年、李云河、高印海、董兆星、王明、朱连贵、王振邦、王树海、郭贞祥等

续表

代别	会头	弟子
第五代		王学柱、张明祥、魏桐全、韩志、李金龙、姚红江、徐德茹、寇善红、孙玉祥、孙晓东、孙福文、孙瑾、孙吉庆、孙维军、孙玉强、杨玉玲、郝文花、王世荣、张西清、于润珍、吴玉明、于建国、陈勇、王世海、赵丙桐、王志坚、刘国华、韩金春、吕勇、黄景利、任连清、韩恩山、郝文强、沈大英、戴大河、王玉瑞、韩志文、韩志武、黄世明、任会珍、于翠莲、于翠霞、凌美华、任会芬、陈淑玲、吕胜利(北京)、赵翀、赵明、赵爱斌、刘华、谢玉新、韩义斌、韩义强、刘文成、刘文镇、张志利、王强、徐红伟、栾剑、韩军、刘亮、王超、刘凯、张磊、徐红喜、刘洋、宋坤、徐鹏、杜亮、韩忠义、张少福、李红升、李志军、关宝城、章军(青海)、杜健刚(湖北)、巩向鲁(青海)、谢爱民(青海)、戴庆福、韩城、王强、宋亮、韩超、靳征、肖鹏、朱亚健、于金全等
第六代		张梓谦、李晓蕾、凌誉珊、赵佳琪、杨浩文、杨浩潼、任福凯、王金芝、夏梓宁、丁建豪、李东方、周宁、韩瑞、李孟直、杨梦瑶、黄佳欣、高浩林、毛新童、周永昊、薛晓萱、刘海硕、于双铭、龙欣怡、王一涵、黄雨泽、杜思彤等

注:此谱系名录是根据胜舞老会老会员的回忆制作而成,全凭会员个人记忆,且由于历史久远、工作变动、失去联系等因素已难忆起有些会员的姓名,故而定有遗漏。

十六、胜舞老会代表性传承人的传说故事

在与胜舞老会目前活跃的老会员戴克义、赵恩桐、李金祥、韩恩元、袁庆新、寇善红、赵振志、王学柱、关宝城等人,以及杨柳青掌故老人孙玉昆老师的访谈中,我们得知了很多有价值的传承人信息及传说故事。

1903年出生的韩振芝在同辈习武者中,因武艺超群,为人忠厚,深受同人和各界人士的尊敬和爱戴。他一生重情讲礼,积极弘扬中华武术精神,倡导武林各派和谐相处,在交流切磋武艺时从来都是宁可有损自己的脸面,也不愿因争强好胜而打压对手,比武时坚持“点到即止”。“习武先修德”是韩振芝秉承一生的理念,在他的带领下,胜舞老会全体会员向善修德。

二十世纪三十年代末至四十年代初的韩振芝,时值盛年,精力充沛,武艺超群。他的威名响彻津西,在津冀鲁豫一带是响当当的武林人物。

国民党军驻杨柳青有位副官名叫邢殿臣，人送“常胜将军”名号。听闻韩振芝的种种事迹后，他便起了拜会之意。某日邢殿臣手提一把单刀，带着弟子陶万里，专程来到胜舞老会拜访韩振芝。

两位武术高手相见，彼此都很客气。邢殿臣表示自己久仰韩师傅，恳求韩振芝传授一二。二人正在寒暄交谈之际，没想到韩振芝的二师弟因性格鲁莽做事欠缺考虑，当场随手抄起铁棍比作单刀挥舞，以显示自己功力非凡。

习武者往往气血方刚最是讲脸面的人，“常胜将军”邢殿臣哪里经得住这般挑衅，当即勃然大怒。他随手将带来的单刀往地上一插，高声吼道：“我今天就跟你磨磨刀！”

就在双方恶斗一触即发之时，韩振芝连忙对着邢殿臣双手抱拳施礼，诚恳地对邢殿臣说：“我师弟行为失礼，请你见谅。持械比武难免伤人，胜舞老会历来主张从戈而止，我替师弟和你磋拳比试，咱们双方点到为止吧。”

韩振芝话音刚落，邢殿臣已起招，使出劈、拦、横、斩的招式步步紧逼。虽然邢殿臣比韩振芝年长一岁，但凭借身材高大、体态健硕，招招紧逼韩振芝。韩振芝无心争强斗狠，只是见招拆招，一退再退，待退到院内夹道处还是不肯出手还击。但邢殿臣却毫不客气，招招凌厉，一直将韩振芝逼退到院内的墙根处。这时的韩振芝再无可退之处，若再不反攻，便显得似乎技不如人、畏首畏尾，丢了个人的脸面事小，坠了胜舞老会的风头事大。

似乎就在一瞬间，韩振芝出人意料地突然一个仰面朝天躺在墙根处的石磨盘上，左手护裆、右手握拳、单腿曲弓，一个“兔子蹬鹰”的绝技招式等待对方进攻。邢殿臣见此招，当即进退不得，再出招必败无疑，想退却为时已晚。此时，他方知韩振芝是个有真本领的人，原先的退让只是谦和。想通了韩振芝连连退让的深意，邢殿臣立即行揖礼，以示敬意。

正所谓“不打不成交”，一番比试让韩振芝与邢殿臣彼此间有了更深的了解。为了表示胜舞老会的热情,韩振芝特意摆席宴请邢殿臣和他的弟子陶万里。席间,韩振芝的二师弟为自己的鲁莽行为向邢殿臣郑重道歉,邢殿臣也因自己一时控制不住脾气而向韩振芝表达歉意。韩振芝虽比邢殿臣小一岁,为人处世却颇有老大哥的风范,言谈间将胜舞老会对武德的推崇一一讲给邢殿臣,博得了对方的敬仰。

随着二人交往的加深,也为了将传统武术发扬光大,韩振芝将二郎拳、阴手棍、乾坤圈等武学无私地传授给邢殿臣,邢殿臣将自己最擅长的行者棍、八卦凤翅钩和青萍剑回馈给韩振芝。

后来,邢殿臣即将随军离开杨柳青镇之际,他私下诚邀韩振芝可随军做武教头,但韩振芝因家中母亲年迈需照料,更难舍胜舞老会的弟子们,婉言谢绝了对方的邀请。

韩振芝以高超的武艺、崇高的武德化解了胜舞老会弟子与当地国民党驻军官员的一场恶斗,并以武结友,被当地武者传为佳话。

二十世纪七十年代初,杨柳青镇的社会治安问题极为突出。为此,镇政府组织了以退休人员为主的治安联防委员会。韩振芝听闻这个消息后,积极报名参加成为其中的一员。从此后,他每天在商场、车站、影院等人群密集的场所站岗执勤维持秩序。据老会员回忆,当年治安最堪忧的场所当属群众影院,流氓地痞常在此打架斗殴。某次,年过古稀的韩振芝在群众影院维持进场秩序时,遭到某驻区企业一名外地青年的殴打。满身武功的韩振芝本可一腿踹翻这个青年,却只是用手回挡护住头部,苦口婆心地劝诫年轻人要遵纪守法。

胜舞老会的弟子们得知这事后,真是气坏了大伙!七十多岁的老会头被一个外来的小年轻打了,那还得了!一帮弟子气势汹汹地就要前去驻区企业寻个公道。韩振芝得知后,赶忙前去拦截劝阻弟子们:“大伙别冲动!

他在我眼里就是个不懂事的孩子，打我几拳踹上几脚，我这副身子板还能扛得住。可他哪里经得起你们的三拳两脚啊！再说，你们若是去找他，估计他也会受到处分。咱们胜舞老会讲的是个‘德’字，遇事不冲动，习武不伤人，是咱们的宗旨。”

韩振芝一番苦口婆心的劝阻，使得弟子们纵然咽不下这口气，但还是乖乖听从老会头的话，不去找外地小青年评理了。后来，这事传到了肇事的外地小青年耳中，他得知自己打的是一个当地武会的会头，还是一个德高望重、可以说是一呼百应的老人后，既后怕又后悔。他这才明白，当时是老爷子看他年轻，让着他才没还手，倘若真动了手，哪里还有他挥拳头的机会。韩振芝的做法，深深触动了外地小青年的心。

1981年1月，响彻津西大地的武术名师、胜舞老会第三代会头韩振芝去世，享年七十八岁，弟子们为他举行了隆重的丧礼。他一生为胜舞老会的发展呕心沥血，他的品行至今仍深深影响着年轻一代的弟子们。时隔近四十年后的今天，每逢清明节还会有弟子自发地前去墓地为他扫墓祭祀。

十七、胜舞老会传承人需大力扶持

文化空间的变更让传统武术的传承步履维艰。外来文化的侵入、社会文化的多元化以及现代商业的冲击，使得中国传统武术文化赖以存在的环境根基已经遭到严重破坏。对于传统武术的技击和劲力的展现，很多人只是听说过但并没有真正见过，影视作品中对武术的展现又往往过于艺术化而误导了大众。虽然近年来国家有关部门加大了对传统武术的保护力度和宣传举措，但年轻人往往更愿追逐新鲜感官文化。另外，近现代中国武术传承与整合遭受西方体育文化的猛烈冲击，不得不转向于竞技武术，这使得人们更熟悉武术文化的竞技性，而很少有机会深度了解传统武术包含的武德修身的内容。

这些对胜舞老会的发展都构成了阻碍。更重要的是,传承人生存环境不容乐观,人才的缺失严重影响胜舞老会的未来。

从某种意义上讲,人的问题应该是非物质文化遗产可持续发展的首要问题。武术文化作为口传身授的动态文化,作为活态人所展示的肢体艺术文化,在某种程度上人的因素比前辈遗留下的技术体系、理论体系、文字记载等更为重要。传统武术传承人不仅继承、延续武学,还起着发扬、创新的作用。但是对于中国武术这门技法系统而言,它属于个人技艺发挥和体现个性化创造的领域,虽然家庭传统、学习环境、社会氛围等起着巨大的作用,但当事者的强记博闻、聪明智慧、独特匠心等能力与个性,乃至身体素质等不确定因素都会影响到传承的最终效果。故而传承人队伍的建设对于传统武术的传承和发展而言更应是重中之重。

回顾历史,胜舞老会创办人赵魁梧是按照传统师徒关系,先拜师学艺,而后办会传徒的方式进行传承。他学成之后,将武艺传授给自己的儿子们和弟子们。这种以父传子、以子传孙的方式,是以血缘关系为纽带的家传传承,这使得赵魁梧凝结一生所学所悟的武学精粹得到了有效的、整体的、系统的传承,促进了武学的纵向发展。假想当时的社会文化大环境保持下去,赵魁梧家族有极大的可能发展为以家传为主的武学世家。

赵魁梧建立胜舞老会后,延续了以传统武术师徒关系为纽带的管理方式。血缘关系,以及师徒关系这种类家模式,使得传承人会将自身所学所悟所感毫无保留地全部传于后人,这不但使得自己的功夫得到了真正的继承,还能够帮助后人凭此自立于社会。

但是,传统武术的师徒传承关系和口传身授的传承方式已不适应当今社会的发展。笔者在调查中发现,胜舞老会虽然还被冠以老会的名称,但社

团性质更为明显了，人员相对松散且流动性强，传统的师徒关系的本质渐渐演变为现代师生关系，且老会没有了营收项目。社会的种种变革导致老会的传承人面临诸多困难，传承人陷入传承危机主要表现在两个方面。

一方面，胜舞老会传承人高龄化趋势明显。目前，胜舞老会的日常活动主要由十几位老会员义务承担。这些老会员中，年龄最大的已经八十六岁了，年龄最小的也已过花甲之年。这些老人中有很多都跟随过第三代会头韩振芝，有不少人还是其亲传弟子，如赵振志、李树林、张宝玉、郑连山、戴克义等人。他们对胜舞老会的感情非常深，对胜舞老会有奉献精神。但因高龄，往往在开展传承活动时心有余而力不足，加之对当前的诸多智能设备、市场的趋势和变化等都不甚了解，使得他们无法跟上时代的发展脚步，也无力为胜舞老会的发展进行系统地、科学地策划和执行。

另一方面是传承人的生计困难。在市场经济大潮的冲击下，胜舞老会的传承人难以凭借武术技能获得生存资本。在市场经济背景下，人们做事往往会考虑投入产出比。中青年传承人不能从胜舞老会的传承中获得经济收入。他们为了维持生计只能另谋出路，导致没有太多的时间和精力投入胜舞老会的传承和发展事业中去。面对这无奈的现实，势必导致广大武术爱好者只能将之作为一项爱好，而不能视为一项事业。这也必将导致传承人后继乏人的问题将越来越突出。值得重视的是，这种失传是双向的。武术是师傅带徒弟，从动作到套路，从技法到技巧都需要师傅口传心授。传承人生计困难会最终导致师傅找不到徒弟，徒弟也找不到师傅的窘境，从而形成传承断代。

十八、胜舞老会自身造血能力差

胜舞老会作为中华传统武术的宝贵内容之一，正遭遇着严重的传承危机。总的来看,危机的构成主要有三方面的原因。

一是,传统武术的本质是一种搏杀术,在现代社会中已没有实践舞台。二是,传统武术所产生和发展的农耕文明和宗法社会的土壤逐渐削弱和消失,当前文化生态的剧烈变化使得数千年传承的传统武术的封闭社会基础已被摧毁。三是,人类生存的自然环境产生了极大改变。现代中国人的生活方式、生活节奏、思想价值观等已发生巨大变化。这对武术传承带来较大影响。面对这三方面原因,胜舞老会尚无与时俱进的能力,亟须相关部门的扶持和资深专家的指导。

我国的非遗项目保护往往更关注静态的原始保护,偏重的是“输血性”的行政式保护,这种保护的缺陷就是一旦代表性传承人无法传承给新的传承人,就面临整个非遗项目的断代,而一旦传承断层,非物质文化遗产即面临消亡。

胜舞老会的静态保护相对比较好,前辈遗留的老器械、老拳谱、老照片等都被一一保存。但动态保护则相对薄弱。既无法强制会员进行大量刻苦的练习,也无法保证会员按时出席活动,更没有制定科学系统的课程安排。这导致会员对武艺的掌握不全面,无法达到精湛程度。并且胜舞老会完全没有市场化和时代化。即使会员习得了精湛武艺,也难寻展示的机会和平台。

此外,胜舞老会作为社团性质的组织,对自身的定位不明确,对社团前景尚无以发展视野为基础的规划。总的来看,首先胜舞老会不注重内部控制制度的建立与完善,目前没有相对系统、科学的管理岗位控制,也没有全职工作人员。胜舞老会也没有市场化转型的科学规划,没有着手预测和评估会员未来的需求。其次,任何传承活动都需要有一个条件相对完善的场所作为保障。据赵振志表示,目前虽有杨柳青镇十二街提供的老厂房作为

活动场所，但该场所条件简陋，且有被拆迁的可能性，只能作为临时场所使用。赵振志表示，希望有固定的场馆用于陈列胜舞老会的历史资料及进行教学和交流。

十九、胜舞老会传承对策的八大建议

建议一：胜舞老会会员高龄化趋势明显，抢救性记录是保护胜舞老会这一非遗项目工作的现实需要。目前来看，抢救性记录可包含两项内容。一是抢救性采集，采用数字多媒体等现代化技术手段，对传承人自身及其代表性项目信息进行访谈和记录，并将采集到的图像、音频、视频等资料通过一定的数字化技术标准规范进行整理、编辑和录入。二是胜舞老会相关文献的收集，包括纸质文献、音像出版物与电子文献和实物文献。同时，在此基础上制作纪录片，构建传承人档案，并进行公开传播。可以说，抢救性数字化成果可为胜舞老会日后的发展、会员的招募、文创产品的开发和利用、所在地区的文旅深度融合提供丰富的素材。

建议二：胜舞老会应多注重武术技击价值的研究和探索。武术的技术来源于技击实战。数千年来，经过中华儿女不断的加工、提高，然后再用于技击实战，这是历史上武术发展的基本线索。可以说，技击性是传统武术的灵魂。胜舞老会创办人赵魁梧流传至今的诸多传说故事中，其揭恶扬善的行为凭借的就是武艺过人。从这些传说故事中可看出，赵魁梧所掌握的武术技击性很强。事实上，在大众的思维中对传统武术的认知也是如此。

然而，现代社会已没有适合传统武术技击性生长的土壤了，造成现在的传统武术基本是以实路演练为主，只是在演练中包含攻防意识而已，至于能否达到技击实战作用是有待商榷的。总体来看，如果传统武术最后多是实路演练，而丧失了技击实战价值，就失去了武术最原始的意义，传统武术也

就失去了灵魂。因此,建议胜舞老会的传承人在以后的传播和教学过程中,应多注重武术技击价值的研究和探索。另外,胜舞老会的传承人可将对武术技法的精髓以及演练心得以文图形式或录制视频予以记录并保存。

建议三:建立科学有效的传承机制,激发会员的学习动力。胜舞老会所研习的戳脚拳是一项优秀的非物质文化遗产,但现在的传习者对胜舞老会的传承完全凭借兴趣,缺乏激励性。笔者认为,没有统一的尺度来衡量会员武艺高低是主要原因之一。没有评比,就没有目标;没有先进的人,就无法激发后进者。所以,应组织资深专家通过对胜舞老会武术的内容进行分析,分性别制定相适宜的胜舞武术段位制考评办法。建议每年定期考核,按时颁发证书,使习练者有追求目标。段位制还能有效地激发青少年学习武术的积极性和创造性,促进武术的传承和发展。

胜舞老会还可尝试引入和参与学校体育课程教育。胜舞老会的发展就单从社会人群来进行传习是远远不够。倡导武术进校园,不仅能让青少年强身健体、提高升学率,更能使胜舞老会的武术得以传承和弘扬。

建议四:确立胜舞老会的代表性人物,培养理论与实践相结合的接班人。数千年来传统武术的传承方式主要通过三种方法进行传授,即口传心授、身体示范和观念影响。在这三种方法的基础上分为六种传承途径,即群体传承、家庭传承、师徒传承、地域传承、学校传承和社会传承。

今日的胜舞老会虽然秉承着入会仍需拜师的传统,但师徒关系少了传统师徒如父子的色彩,更多地呈现出当代教育中老师与学生的关系。此外,诸如赵魁梧的三个儿子都在父亲的影响中选择习武的情况,在现代家庭中很难得以实现了。时代发展到今天,因年轻人各有志向,家庭传承难以继续。

另外,胜舞老会所掌握的武术内容繁多,文化底蕴深厚,想要完全继承

和发展需要的周期相对较长。中华传统武术不同于散打、拳击等其他训练周期相对要短、技术提高也较快的格斗性项目。传统武术的习练和研究，往往需要很长的时间。旧时的习武者，常常是穷尽一生，不断练习，从而才能深刻领悟武术所蕴藏的文化内涵。但现在的习武者只继承了胜舞武术的套路，常常无法深刻体会武术中所蕴含的思想精髓。笔者认为，首先胜舞老会应建立健全代表性传承人档案，全面记录传承人的基本信息及所传承项目的文化内涵、核心技艺、后继人才培养，准确掌握传承人情况，形成动态化、常态化管理，强化代表性传承人队伍建设。其次，胜舞老会在传承中，应有意识地培养代表性传承人，多培养文通武备、练打结合的接班人，使其更有效地继承和发展。

建议五：重视武术在女性群体中的传承，为老会发展注入新力量。纵观中华武术数千年来的传承始终都是以男子为主。实际上，传统武术作为一种文化、一项技艺，本该是男女协调发展的。故而胜舞老会应重视武术在女性中的传播与传承，使女性群体也应成为胜舞老会武术继承和发展的重要趋势。

笔者认为，胜舞老会应牢牢抓住青少年强身健体的需求，尤其是应鼓励女孩子们习练武术。对成年女性，应创新性编排一些适合女性习练，能够体现女性柔美的套路、技法和动作，从而实现增强她们习练武术的主动性和积极性。胜舞老会的传承人应把握女性这个群体，为发展注入新的能量，使胜舞武术走上传承的新趋势。

建议六：打造武术文化名片，推动文旅融合发展。杨柳青历史悠久，文化资源丰富，发展文化旅游具有独特优势。津西大地历来是“武术之乡”，应着重发挥杨柳青镇武术文化的独特优势，加快武术文化与旅游业的融合发展与创新。

借杨柳青大运河国家文化公园建设之机，胜舞老会应为文旅深度融合，为地区经济的发展做出应有的贡献。首先，要创新演出形式，将古老的庙会表演融汇创新为旅游地情景演出，让游客在旅游地获得深刻而丰满的文化体验，这样的旅游演艺产品才能打动人心，赢得市场，也体现出旅游演艺产业的真正价值所在。其次，要创新武术参与体验感。通过胜舞老会相关民间故事讲解、现场教学，武术体验，武术擂台赛等多种形式，让游客在欣赏武术表演的同时，了解武术，走近武术，亲身体验，感受到武术的魅力，从而喜欢上胜舞老会，增加对杨柳青的了解，把武术文化带回家。胜舞老会博得大众的喜爱就是获得市场的认可，有了营收的渠道才能更好地传承下去。

建议七：加强宣传力度，增强群体认知水平。胜舞老会2016年被列入区级非物质文化遗产，这对胜舞老会的传承和发展给予了很大的提升动力。

总体来看，相比少林、武当这种享誉华人世界的宗师级武术品牌，胜舞老会在宣传上总是心有余而力不足，加强舆论宣传是胜舞老会发展的重要途径之一。首先，胜舞老会应加强与政府相关部门的沟通，力争得到来自政府层面的各方面支持。其次，重视媒体的传播性，利用一切资源来加强宣传力度。借助政府宣传平台、网络媒体、自媒体等多种形式宣传胜舞老会的思想理念和价值功能。最后，利用好西青区的旅游资源，努力想办法让自身成长为西青区的重要旅游文化品牌，建设好胜舞老会宣传推广平台，从而达到良好的传播效应。

建议八：争取相关部门和企业的支持，拓宽资金来源渠道。胜舞老会想要得到保护，可分为三种方式。一是原样保护；二是加强传承；三是研究发展。这三种方式都离不开钱、人和科学的运营手段。

目前，胜舞老会没有专人专职全职负责日常运营、发展规划、招生传承等工作，归根到底还是因为没有任何收入来源。我们在不少大型体育赛事

现场都可以看到企业赞助的身影，这说明企业对传统文化是非常关注和感兴趣的。胜舞老会如果能够得到有实力的企业的支持，不但可以解决办公场地、练功房的问题，甚至还可以解决全职工作人员的收入问题。对企业而言，参与救助非遗项目可以帮助他们树立起良好的市场形象。双方达成双赢。因此，胜舞老会应认真、深入地研究国家体育方针政策，利用在西青区旅游文化的优势，积极谋求与政府和地方企业的合作，争取参与到地方政府出台的各项文化经济发展政策中去。

总而言之，胜舞老会应开阔胸怀，用发展的眼光看待自身的文化资源，搞好内部团结，最终实现将胜舞老会进一步推向市场，提升影响力，实现互利双赢的社会效益和经济效益。

《张梦元墓志铭》浅析

李　刚

民国版《天津政俗沿革记·卷之十六》载述:"……法人越南之役、日本朝鲜之争,均于天津有相涉者。光绪二十年,朝鲜之事复起,朝议趣鸿章进战,复命王文锦、曹克忠、张梦元、邓启元办团练于天津。迨北洋海军失利,日本战舰游行海中,东西声击,天津沿海,一日数惊。"其中的张梦元(1825—1896)系原天津县人(一说今天津河东区人),曾官拜福建布政使职。清光绪十六年(1890),因为疾病,返回天津休养。甲午战争后,被清政府重新启用,负责办理天津团练,与侍郎王文锦、提督曹克忠、总兵邓启元同时被朝廷任命,在当时号称为所谓"四钦差"。他于光绪二十二年(1896)卒,是年七十有二,于当年十月归葬于今杨柳青镇胡羊庄村附近。

张梦元,字子善,号蓉轩。清咸丰元年(1851)顺天恩科举人。初以县佐湖北军幕,以叙功铨德补授福建邵武县知县职。历官建安县、闽县知县;调补邵武、汀州府同知;历任福宁、兴化、福州府知府。清光绪二年(1876)后,历任台湾府知府,奉旨任按察使衔台湾兵备道,以及福建按察使,职掌一省的司法大权,俗称臬台,同时督办船政事宜。清光绪九年(1883)任广西布政使。清光绪十一年(1885)官任福建布政使,执掌一省之行政大权,即藩台。

民国版《重修台湾府志》载述:"张梦元……光绪二年由福宁府知府调任(台湾府知府)未到任。是年五月,调署福州知府。"同年十一月,张梦元卸任,随丁日昌赴台湾。从中透露出张梦元只不过是接到委任,并未亲自到任视事。张梦元在福建任职期间,不仅削平地方存在若干年的匪患,而且剔除各种社会弊端,厉行勤俭节约,"库储有积,初仅二十万金,及去任乃赢百万”。史称:“梦元服官四十年,治盗理财最著声誉。”卓著的吏治,博得清政府中包括左宗棠等一些重臣的赏识,先后“莫不扬厉其治行,相继疏荐于朝”,向朝廷举荐张梦元。张梦元殁后,清政府给其礼遇颇高,先是赏孔雀翎,旋赏头品顶戴,加赠太子少保衔。其遗著有《原始汇钞》《敬述斋遗稿》。民国版《天津县新志·卷之二十一》有其传。《张梦元墓志铭》载于《天津县新志·卷之二十四》。

《张梦元墓志铭》全文如下:

诰授荣禄大夫加赠太子少保衔原任福建布政使张公墓志铭

公讳梦元,字子善,号荣轩。天津张氏。曾祖文博,祖士然,父祖垣,皆以公贵,累赠荣禄大夫,母李一品夫人。公少劬于学,长老目为大器。咸丰元年恩科举于乡。粤寇事亟,以已拣选知县投湖北军营,叙劳选授福建邵武知县,因守城功尚带蓝翎。嗣是擢补丁州同知,调邵武府同知,晋福宁府知府,调台湾府知府,升补台湾兵备道兼学政赏按察使衔,福建按察使,寻开缺以三品卿衔督理船政,旋简授广西布政使,以疾告归。历署建安、闽县知县,永春直隶州知州,邵武、兴化、福州等府知府。三署福州府同知,筹办甘饷赏戴花翎,扬历仕途三十年,为开藩桂林者一,其他皆闵境耳。筹粤、越军事功,赏头品顶戴。公为政以廉为本,而综核精密,尤能济之以勤,所至案牍无滞,库藏常赢,豪贵莫敢干以私,吏胥无敢扰其法,事几所迫,人或敛手蹙额而沮于难,公则徐察条理所在,声色不惊而措之于至当,往往贰者咸平,纷者毕理,以故大吏嘉其勚,异族亦感其诚。近世才俊喜言兵,公恒自谢未能,然公之出实佐戎幕。始为令即已保甲联甲著成效,引疾后复偕王侍郎文锦等同奉命办理团练,是公之生平实以戎事为终始,虽谦让未遑其见器于当时,见褒于身后,盖有由也。公由牧令至监司,自奉简约,无异寒素,其执事一主于敬,不以簿书钱谷为烦,暇则手一编,终日无倦容,著有《原始汇抄》若干卷。光绪二十二年八月以疾薨于里第,春秋七十有二。疆吏以闻,天子轸悼,诏以头品顶戴加恤,加赠太子少保衔,异数也。配李、继配王,俱封一品夫人;以弟庆元子毅为嗣,现为河南试用同知。女二,适萧山王秉端、天津石绍曾。光绪二十二年十月,葬公于静海县胡羊庄之原。铭曰:

渤澥左陆,亘带坤维。百川紫汇,实毓瑰奇。嶷嶷张公,忻津之言。绩学孔纯,为国祯干。智以学浑,才以学储。即学既仕,岂曰绪余?始宰岩邑,惟闽邵武。兵燹迭罹,主客龃龉。诉告麇集,公曰无猜。比闾相保,隐杜奸回。以严巡徼,以别良莠。外侮不乘,黠寇授首。有群不逞,亦絷其渠。罪人斯得,胁从系锄?听讼于乡,讼无弗理。民知有官,殆惟公始。大吏激赏,用勖百僚。谓张令者,足式尔曹。檄权建安,神君交拜。观听一倾,堂皇为隘。比濒受代,剖决若流。讯有弗逮,牵衣泣留。吏胥贪饕,罚无或宥。民有鸡豚,愿为公寿。继摄闽令,值民教乖。訹我以威,铁舰突来。民懦仇民,民怒仇吏。平情执法,驯其很鸷。巨室通谒,是非弗彰。阳纳阴拒,鬼域潜藏。乃贰福州,晋权邵君。公来何暮,顽梗效顺。斋匪鬨突,奋起枪欃。飞书乞援,一鼓聚歼。闻望日隆,俾赞商务。首要暂权,爰始东渡。峨峨台峤,亘起天南,形势必争,万目眈眈。赋敛烦苛,作俑于郑。公与蠲除,民苏其命。乃核租入,以裕馕源。刍糗具备,整我篱籓。寮名半天,亡命所窟,陆围雍弥,缚之于猝,泉厦通电,执事参商。继则购田,民拒于乡。倭尤恣睢,我事强与,苟失机宜,进退鲜据。唯公翊赞,运机于微。秉信守正,中外弗违。跻身卿班,督修列舰。众艺呈能,群材受范。寻移桂岭,屏翰攸资。几

务丛集，艰危力措。取义必严，见几宜审。境有廉泉，庶几式饮。死囚狡脱，铤险而嚣。永安平南，衅起民猺。唯公坐镇，功昭安内。负隅有诛，畏威可贷。继还旧治，仍绾藩符。五载于兹，爰赋遂初。综核之才，当路所与。委任无惭，百工攸叙。海氛飙起，畿甸震惊。简在帝心，俾治乡兵。积劳告殂，闻者陨涕。贤才不作，时艰孰济？吁嗟我公，祀世名垂！我铭匪夸，用谂来兹。

赐进士出身诰受奉直大夫候选知州　陈泽霖顿首拜撰

何谓"墓志铭"，严格地讲墓志铭其实是两部分，即"志"与"铭"。"志"是记述部分，记载墓主人生平梗概，镌刻的内容有官衔、姓氏、世系宗支、业迹、卒葬年月。"铭"是一种对仗工整而骈俪的文体，缀于志的后部，以华丽的铭辞赞颂墓主人所谓不平凡的一生。辽代《张继墓志铭》曰："志谓纪其年代，铭者述其功类。"墓志铭是中国古代文学最精美的部分之一。为了抬高墓主人的身价，其家属均邀居官煊赫的达官贵人为墓主人编撰志文。现知标明为墓志的方形墓志，以南朝刘宋大明八年(464)刘怀民墓志为最早。北魏以后，方形墓志成为定制。下底上盖，底刻志铭，盖刻官衔姓氏，相合而置，与棺椁共同瘗葬于墓穴之中。墓志毋庸置疑就是地下文字档案，是最原始的历史资料，可用来厘定和纂修史实不足之处，最重要的是墓志是墓葬断代最确凿的证据。

张梦元墓志铭是一方普通的墓志铭，赞颂张梦元的铭文洋洋洒洒，对其溢美之词赞不绝口。最后的这段铭文仍然采用古代骈文体裁，对张梦元的一生给予高度的总结，即所谓"吁嗟我公，祀世名垂！我铭匪夸，用谂来兹"。这些就是通常所说的"盖棺定论"。

张梦元墓志铭开篇仍然是对其家世进行追溯，少年时期由于发奋勤劳，刻苦学习,终于学业有成,于咸丰元年(1851)中举。他所生活的年代正值太平天国运动风起云涌。先是在湖北投身军营,后来因功劳拣选福建邵武知县,同时赏带蓝翎。

“嗣是擢补丁州同知……虽谦让未遑其见器于当时,见褒于身后,盖有由也。”这段志文反映了张梦元所谓“服官四十年”的仕途经过。

“公为政以廉为本,而综核精密,尤能济之以勤,所至案牍无滞,库藏常赢,豪贵莫敢干以私,吏胥无敢扰其法。”“公由牧令至监司,自奉简约,无异寒素,其执事一主于敬,不以簿书钱谷为烦,暇则手一编,终日无倦容。”反映了张梦元为官时的所为,即“清正廉洁”,各种社会势力以及大小官吏均不敢对其各项施政要略进行非议活动。他殁之后,甚至于光绪皇帝都对其沉痛悼念。

张梦元死之后,于清光绪二十二年(1896)十月,归葬于今杨柳青镇胡羊庄村。

后世,他的两个夫人李氏、王氏,均被封为一品夫人。由于无子,过嗣其侄子,即继子张毅,时为河南试用同知(尚处于试用期的副知府)。两个女儿,一个嫁浙江萧山王秉端,一个嫁天津石绍曾。

张梦元墓志铭由清廷著名保皇派人士陈泽霖撰文。

《重修文昌阁碑记》再考

谢连华

二十世纪六十年代初期，家父谢玉明在杨柳青镇文化馆（后改为文化站）工作，曾策划编写《杨柳青镇史》，其间从一老者手中获得《重修文昌阁碑记》（以下简称《碑记》）的抄文。后因“文革”，资料遗失。至二十世纪九十年代初期，家父在主持编写《西青区文史资料汇编》（后为《西青文史》）的过程中，无意间重新获得，幸甚备至，遂撰文《清代〈重修文昌阁碑记〉小考》发于《西青文史》第六册。

《碑记》记述了清朝咸丰十年（1860）秋九月，杨柳青文昌阁屡修屡毁的情况，以及咸丰十年大修文昌阁之盛况。

文如下：

重修文昌阁碑记

咸丰十年秋九月高景先仰山撰

文昌阁建自前明，载在县志。阁应建在河北柳口东，与三官庙相隔数武，嗣以河势北流恐坍入河内，康熙四十八年梁公沛龙与同乡士庶主议，遂改建斯壤。又恐遗址无存，即于三官庙上建一奎星小阁，迄今犹存焉。自改建以来修葺非一，或十年、或七八年、或五六年、或四三年，虽屡经岁修而年月无考，弗敢详记。至道光二十八年戊申，因阁被风雨凋残，同人不忍坐视，请出阖镇士商合力捐资重修。阁之底座、巅顶、牖户、栏楹、梁柱、檐牙、月台与虔朔神像外，又新建东西配房六楹，大门楼一座，院落砥平，墉垣铜固，规模整饬，焕然可观。讵意咸丰三年十月初八被逆匪用火焚烧，当幸大兵云集将贼杀薨，而斯阁俨成巨炉，无可扑灭。至咸丰十年庚申二月，同人敬起惜字社咸集于此，怅望空阁不胜欷歔，既而群相叹曰：此吾侪讲学之地也，此吾乡向善之区也，而顾若是之倾圮耶！同人数辈遂邀出厚重老成者数人，先求富者捐资，贫者亦量力捐资于焉。庀材鸠工，择吉兴作。畚挶如云，斧斤雷动。董事者不置余力，出资者亦无懈心，及其成也。凡高三层，窗仍六面。下奉朱衣，中奉文昌，上奉奎星。玲珑明洞，丹丹蔓增新。结构均停，轮奂更美。而记事因之雯，观瞻因之肃。自兹以往，犹望后之君子念创造之维艰，思捐资之不易，务期岁岁修除，永远勿替，文风丕振，而圣教弥尊矣，是为志。

家父从《碑记》的抄文中发现，《碑记》原撰者为高景先，字仰山。因对其人其事一无所知，但可推定在咸丰十年（1860）秋天，重修文昌阁之后确立此碑为志；抄录《碑记》者，因用旧式红格竖行“呈文纸”，且在页边印有“中华民国”及空白的年月日，虽缺抄者署名，也无抄录年月，已可断知绝非咸丰年间的遗存，更不是高景先的原稿，当属后人抄写所为，尽管如此，也有历史参考价值，进而或可臆定在抄文之时此碑尚存，起码可以断定有资料可依。抄录者又是何许人也？因未署名，又成疑窦。后因家父研究《河北省天津县杨柳青镇春阳桥落成记》，经查其笔体为行楷，巧与《碑记》抄文笔迹一脉相承，其风韵也吻合无误，在《河北省天津县杨柳青镇春阳桥落成记》中，撰稿及书写人则署以“里人李风名”，李风名其人又是何者？因参阅《河北省天津县杨柳青镇春阳桥落成记》所述，皆为沦陷时期杨柳青的情状，涉及对伪县镇官吏之溢美浮夸，乃悟知李风名并非庶民，应当是胸有文墨的乡绅，或官或吏。另因抄文未曾断句，为了方便阅读，家父试加标注，以供存史备考。

关于元宝岛相关历史文化资源的思考与建议

冯　立

按照习近平总书记关于保护好、传承好、利用好大运河历史文化遗产的重要指示，结合西青区杨柳青大运河国家文化公园建设的需要，我们对本区与大运河相关的历史文化资源进行的发掘和梳理，进行了深入的研究和思考，提出了一些意见和建议，供大家参考。

一、总体思路

杨柳青是历史文化传承名镇，它和它所在的西青区有着众多的历史文化资源，其中多与运河有着这样那样的关联。从历史原真性和文化传承性的角度出发，我们首先要知道，我们到底有哪些资源(有什么)，其中哪些可以供大运河国家公园的设计和建设所利用。“有什么”需要以历史原真性为基础，而不是编故事，或者硬造。无锡泥人有著名的大阿福。当地为了拓展外延，硬造出一个女孩形象，命名阿喜，结果被人斥为“什么玩意儿”。

其次，我们要知道这些资源是什么。一是知道它们承载的真实的历史信息是什么。二是要知道它们的历史价值是什么。三是各历史文化资源之间的关系是什么。其目的是把握我们的历史文化资源，并使之系统化、体系化，呈现深度，体现元宝岛、杨柳青、西青历史文化的博大精深，进而引人入胜。在此基础上，也是最重要的，是确定我们可资利用的IP是什么！

再有，我们还要知道哪些资源是受众所需要的(要什么)。在物质和精神文化生活日益丰富的现状下，在市场经济的条件下，受众有很大的选择权，不是我们提供什么大家就接受什么，而是要考虑大家需要什么，要考虑我们借助历史文化资源推出的产品的市场定位。

最终,要归结到怎么干。这是在充分掌握了元宝岛及其周边有什么历史文化资源,以及对资源本身和它们之间关系进行了深入研究的基础上展开的。也只有如此,才能让我们的文化公园既有门道,又有热闹。进而确定我们的IP及其市场定位,形成历史文化资源与业态衔接的IP链条和体系,做出可以取得经济效益的业态。

二、对历史文化资源的发掘、梳理和宣传

其实,这就是要知道我们有什么 。

我们发掘和梳理的思路是以元宝岛为核心,以杨柳青为重点,以整个西青的历史文化资源为借助,以大运河全流域与西青相关的历史文化为拓展,围绕人、事、物三个方面的内容进行发掘和梳理。

目前,文化公园的设计重点在元宝岛,它也是文化公园设计的开篇,同时也为了保持元宝岛历史文化的原真性,所以,目前的发掘和梳理以元宝岛为核心。

但单独一个元宝岛内的历史文化资源不足以让文化公园的内容丰满起来。所以,我们应该把杨柳青的历史文化资源作为发掘和梳理的重点。同时,元宝岛上的一切历史文化资源又都是与杨柳青密不可分的,所以把杨柳青的内容作为重点既是必要的,又是可能的。

同样的道理,整个西青区的历史文化资源也都可以为我所用,因为大运河流经西青区的四个街镇,但其他街镇都有大运河的支流。整个西青区的历史文化与大运河密不可分。

前三条是做好文化公园的基础,做出了地方特色才能避免运河景区、文旅项目的同质化,这是做好大运河文化公园的基础。

同时，我们要拓展我们的视野，提升我们的格局，把大运河全流域与西青历史文化相关的内容纳入我们发掘和梳理的范围。他为我用，既丰富我们的内容，又不失我们的特色，更增加了与运河各地的联系，吸引了域外人士。

而我们要发掘和梳理的内容，无外乎人、事、物。

“人”是本地有影响的人物，比如霍元甲、韩慕侠、杨光仪，这是现成的IP。另外，就是与本地发生过密切关系的名人，比如乾隆、李开芳、周恩来、张学良、冯景泉、田连元等。我们要利用他们与本地的关系打造出有影响力的IP。

“事”就是重大历史事件和轶事珍闻。比如周遇吉在元宝岛伏击满洲兵、乾隆巡游杨柳青、普亮宝塔传说、理门禁戒烟酒和毒品、太平天国北伐、义和团在西青、赶大营等等。这些事不仅是我们宝贵的历史，可以向游人展示，更丰富我们文化公园的内容。比如周遇吉伏击满洲兵、乾隆巡游杨柳青等都可以成为公园的互动项目，进而形成相应业态。

“物”就是元宝岛、杨柳青，甚至西青的物质形态的文化遗存。比如，曾经在元宝岛活动的十六街东寓法鼓，它的整个仪仗、乐器还在，而且法鼓老会的人们还可以演奏。又比如，十六街的年画灯笼，以前每年元宵节都有东寓法鼓会众负责悬挂展示。现在大部分还存在十六街村委会仓库。这些物至今还可利用，在元宝岛展示我们的活态的文化。

又比如，文史指导组已经通过特殊渠道找到西青籍诗人徐湛恩的《通介堂诗稿》、杨光仪的《碧琅玕馆诗抄》的扫描版，我们可以制作仿古的书籍，作展馆的展示品。当然，类似可用于展馆的物品还有很多。

再比如，杨柳青著名的小吃，如酥糖、槟榔糕、西渡口黎记包子等也完全可以丰富文化公园的业态。

同时，我们还应该做好宣传的前置工作。我们应该提前把西青运河有什么历史文化资源以及它们的特点宣传出去。对其中内涵要做出充分的展示，做到提前引流，让我们的这些资源深入受众内心，引起到杨柳青一游的渴望。

三、对历史文化资源的研究

其实，这就是要弄清楚我们的资源是什么。

首先，是这些资源本身的属性，也就是原本的历史信息，也就是历史原真性。

一是知道它们承载的真实的历史信息是什么。比如，公所胡同，很容易被误认为村公所所在地，其实它是理门公所所在地。二是要知道它们的历史价值是什么。比如，年画灯笼是全国唯一的，普亮宝塔是非常罕见的道士塔(罗哲文说他只见过三座道士塔)，在元宝岛伏击满洲兵的周遇吉在历史上的重要地位。又比如，娃娃年画的真实寓意是什么？目前我只看到王宝铭先生指出其性寓意和生殖寓意。对此，其他的年画生产者和研究者基本不了解。我们不知道其内涵、价值是什么，就不可能真正利用好这些资源。三是各历史文化资源之间的关系是什么。比如，乾隆、管干珍与杨柳青运河段的是什么，韩慕侠与元宝岛有什么渊源，张学良与元宝岛有什么关系等等。理清了这些关系，才能使我们的资源形成相互之间的历史脉络、逻辑关系、时空联系，使之系统化、体系化，让人感觉有系统、有深度，体现元宝岛、杨柳青、西青历史文化的博大精深，进而引人入胜。

四、要研究受众需要什么

产品如果不符合消费者的需要，是不能得到经济效益的，甚至得不到社

会效益。文旅产品也必须找到它的市场定位，才可能是成功的策划。所以，就文化公园相关的历史文化资源研究而言，最重要的是确定受众最需要的是什么，进而跟进我们的资源确定要重点打造和推出的产品。就像相声，从二十世纪九十年代中期到二十一世纪初，送票都没人听。郭德纲只是让相声重新回归到逗笑的市场定位就救活了相声，甚至一票难求。

传统杨柳青年画以一句“一年鼓一张”带动过年销售两亿张的市场。而那些精美的改良年画，早已没人记得。如果只是把年画当成一种装饰用的工艺品，甚至艺术品，杨柳青年画也只有死路一条。杨柳青画店的首任经理盛玉红曾经说，五十年代，杨柳青年画的中堂画曾经创造过年销售额一百万元的纪录，所以周总理才格外重视。中堂画在传统文化里主一家之运，其实也就是寄托了人民对美好生活的向往。画的寓意实现了，就是“鼓”了。也就是说，杨柳青年画的最大的市场功能其实是祈福纳祥。

我曾经多次带人参观古镇。文化人对其建筑、历史比较感兴趣，一般朋友则觉得都是破烂，没啥意思。我们必须认识到，受众中，文化人是少数，消费能力也不在他们这里。所以，我们必须在深挖、精研的基础上，让我们的产品既是对历史文化资源的保护和传承，又让它符合市场需求，特别是普通大众的需求，得到充分利用。

五、关于文化公园业态的设想和建议

在充分发掘和梳理我们的历史文化资源，并做好充分的研究工作，确定资源本身的属性和它们之间的关系的基础上，我们就可以确定文化公园核心的IP，并依此确定其业态了。

当然，这要以保护好、传承好为基础。

在保护文化公园所在地历史文化原真性（保护好）的基础上，我们对其进行充分的展示(传承好),进而实现与业态的对接。

就年画文化来说,我们可以抓住其祈福纳祥文化内涵把吉祥文化这个IP做大。也可以抓住年画中生育文化的内容把生育产业、酒店住宿做大。

就武文化来说,我们可以组织风云、胜舞老会的展演,武术的培训,武术相关产品的售卖,可以做周遇吉伏击满洲兵的互动项目。

就赶大营文化来说,我们可以做西部特产,比如和田玉的销售。

总之,我们可以对接的业态很多,但这些只有建立在我们的特色文化的基础上才可能做好。这一切都要求我们更深入地做好历史文化资源的发掘、梳理和研究工作,并与设计团队做好充分的对接。

关于杨柳青年画传统文化内涵及其与市场定位的调查研究

冯　立

一、杨柳青年画市场和业者认识现状

（一）杨柳青年画市场现状

近年来，杨柳青年画市场急剧萎缩，营业的年画店从2014年的72家下降到现在的31家。画店的经营状况也是每况愈下。以某个曾经经营很好的个体年画店为例，其年画销售最好时年营业额曾达数十万元人民币，而近几年直线下降，2013年营业额为9万元，2014年为5万元，2015年为2万元，2016年为2万元，呈逐年下降趋势。如今已经倒闭。其他一些画店情况类似。一些画店的年销售额仅维持在1万多元。

（二）业者对杨柳青年画传统文化内涵的认识

目前业者只认识到杨柳青年画是传统文化里的一个艺术品种，而对于中华传统文化的深层次内涵，特别是传统文化的认识论、方法论层面的东西并不了解，更不了解杨柳青年画背后的“取类比象”这样的认识论和方法论问题。

戴廉增年画的第十九代传人戴敬勋老先生曾对我讲，杨柳青年画与其他年画最大的不同是，杨柳青年画里有大量谐音吉祥话的应用，而其他年画里没有。但他也只是指出这点，而不知道所谓谐音吉祥话的学名，即外应音义决。

我曾经把外应音义决拿给年画业者看，他们都说这就是杨柳青年画“口诀”，但从来没听说过外应音义决。

（三）业者对杨柳青年画市场的认识

目前，杨柳青年画业者基本都把杨柳青年画当作一种艺术品来经营。近年来，一些业者打了非物质文化遗产的牌。但对杨柳青年画的介绍基本囿于它的制作工艺——勾、刻、印、绘、裱，以及年画的故事。

二、问题分析

（一）杨柳青年画不是艺术品，而是工艺品

工艺化是杨柳青年画的重要特点，它不同于那些具有唯一性的、画家的画作。而是大批量生产的工艺品。工艺品有艺术价值，但更重要的是实用价值。它只是一个载体。把它当作艺术品经营是一种错位。

（二）杨柳青年画是用于祈福纳祥的工艺品

爆竹声中一岁除，春风送暖入屠苏。

千门万户曈曈日，总把新桃换旧符。

杨柳青年画来源于符咒、门神,它本来就是祈福纳祥以及镇邪的载体。

如果给杨柳青年画一个定义,那么可以说,杨柳青年画是发展、兴盛于杨柳青的,基于人们祈福纳祥心理的,以绘画为载体,运用传统文化外应窍诀,可以让内容“鼓”起来(即美好愿望变成现实)的工艺品。

(三)祈福纳祥是杨柳青年画的市场定位

正是由于几乎所有的业者对于杨柳青年画背后的深层次文化背景不了解,所以,对于杨柳青年画的市场定位也就只定位在艺术品上。认识的错位,则必然导致市场的错位。

杨柳青年画既是绘画,也是过去人们祈福纳祥的重要方式。而无论何时,祈福纳祥的市场是非常巨大的。

三、对策和措施

(一)及时改变认识,调整杨柳青年画的市场定位

对于杨柳青年画,首先政府官员和从业者应该认识到其祈福纳祥的传统文化功能和市场定位。同时,加大宣传,让受众认识到杨柳青年画的祈福纳祥功能,主动引导市场。

(二)建立专门机构,对杨柳青年画的深层传统文化背景进行研究

深层次的传统文化是需要研究的,这不是靠讲故事就能解决的问题。而对于西青这样的传统文化大区来说,研究也是必要的,否则不但杨柳青年画的市场定位找不准,年画产品的研发也成为无源之水了。而自古,杨柳青年画外应窍诀的掌握者、外应年画的创作者与年画的生产者是脱节的。因为,研究者需要更深的传统文化积淀。西青应该有专门的机构研究杨柳青年画以及其他历史文化遗存的传统文化背景。

(三)对相关官员和业者进行传统文化培训

传统文化是杨柳青年画的源头活水,真正保护好、发展好、经营好杨柳青年画,相关官员和业者必须了解相关知识,真正掌握相关规律,改变研究和生产脱节的状况。

(四)研发可以"鼓"起来的、进入受众无意识中并起相应作用的年画

杨柳青年画有它的时代特点,过去的内容未必适应时代的发展。让年画更大程度地发挥其"鼓"起来的作用,同时又让人们喜闻乐见是重新让年画市场热起来的关键。因为,必须在外应窍诀的指导下,在现代技术的条件下,研发出新的杨柳青外应年画。

关于杨柳青大运河国家文化公园设计、运营、宣传的建议

冯　立

目前，杨柳青大运河国家文化公园的设计、运营招商、宣传工作都已经紧锣密鼓地开展了起来。根据市领导提出的相关要求，本文结合对目前工作的了解和对杨柳青、大运河历史文化的调查研究，特就设计、运营、宣传工作提出如下建议：

一、有关设计的建议

（一）应该确立杨柳青大运河国家公园的设计目标、方向

1.要保持杨柳青建筑的风格、特色。个人认为，杨柳青大运河国家文化公园的建设首先要对杨柳青这个千年古镇和它的居民有所交代，要为历史负责。此前，由于历史文化保护意识不够，杨柳青的很多古旧建筑在城市建设的大潮中被拆除，这是非常可惜的。保持杨柳青建筑的风格、特色，复建部分有代表性的建筑应该成为文化公园设计、建设的重要内容。

2.要通过杨柳青、大运河的历史文化传承中华传统文化。大运河是中华传统文化和历史的重要载体。我们的设计要通过大运河与杨柳青的地方文化，体现出其背后的传统文化，给人以精神的启迪。

3.要兼顾运营。公园的核心地区元宝岛主要是公益性质，不以商业为主，但我们要兼顾运营。只是盈利不是唯一、更不是最主要的目的。盈利可以通过历史名镇和文化小镇板块实现。如果单纯考虑盈利必然影响设计风格和运营招商的方向，忽视对杨柳青古旧建筑风格的继承。但我个人认为

对古旧建筑风格的继承并不妨碍兼顾运营和盈利，这就要从深入挖掘和研究我们的地方文化和中华传统文化的魅力着手了。

(二)应该明确设计的步骤

设计之前，我们首先要知道自身的资源有什么，再就是要知道它们是什么，最后是研究怎么做。

1.有什么？关于杨柳青古旧建筑，西青还是保留有大量资料的。文史指导组搜集了有关旧镇区七个小时的视频资料、上千张照片，以及大量其承载的历史文化的文字信息。设计之先应该对这些资料进行深入研究。

2.是什么？杨柳青的建筑风格与特色是什么？

古人描写杨柳青“临漕河，人家皆曲折随水，比屋如绣，树色郁然，风景可恋”。房屋街道垂直于运河，临河房屋一面进货一面售卖。这是“临漕河”的特点。

其建筑风格上，五方杂处但却不是简单的大杂烩，而是借着运河汇集了南北建筑的精华。很多华北地区罕见的建筑形式如“瓦檐、瓦脸、滴水”三部分的瓦当结构、八字门、仿石库门在杨柳青非常多见。

精美的石雕、砖雕更是杨柳青清末建筑的最大特点。

而最为独特的是“外应音义决”在杨柳青建筑上的大量应用。“外应音义决”是基于中华传统文化天人合一的世界观和取类比象的方法体系的一种认识世界、改造世界的具体方法。它根植于中华传统文化这棵大树。它本来大量运用于杨柳青年画，用于祈福纳祥，是杨柳青年画的特点，但杨柳青人也把它运用到了建筑装饰上。

3.怎么做？当我们了解了杨柳青的历史文化资源，知道了其背后的中华传统文化是什么之后，我们也就知道应该如何设计了。

一是设计应该体现杨柳青古旧建筑的特点。比如前面提到的瓦当、八

字门、精美的砖雕，以及垂直于运河等特点。

二是留古、复古、仿古。留古是指对保留尚存的古旧建筑，切实加以保护，该进行文物定级的及时定级。复古，是指对一些杨柳青原有的、有历史文化价值的，今已不存的古旧建筑进行原地复建或者移植。仿古，不是指没有根据地建仿古建筑（如现在的杨柳青明清街），而是根据既有的资料，仿制出具有杨柳青特色的建筑，填补原地的空白。这既是对杨柳青人感情的一个交代，又是恢复古镇气象、做到“古风古韵”的重要方式。

三是，体现祈福纳祥特色，为做好运营打好基础。这需要我们的设计引入杨柳青古镇传统建筑设计里祈福纳祥的理念。

二、关于运营的建议

（一）运营商的选择

在接触运营方的过程中，我们深深感到，多数文旅企业缺乏应有的文化积淀，特别是对传统文化的认识。也就是说，不知道我们的文化是什么。

比如有的文旅企业介绍他们的成功案例时就说，他们在南方给考生送粽子，寓意高中。我说你们这是对“外应音义决”的应用，他们瞪大眼睛，根本不知道“外应音义决”是什么。还有的文旅企业看到历史名镇板块的房子就提出这些旧房子必须都拆掉。

所以，就运营商的选择而言。我们应该选择有比较高的文化水平，特别是对中华传统文化有研究、有感情的企业。

（二）抓住市场就可以抓住经济效益

我曾经就杨柳青年画的经营状况做过调研。近年来，杨柳青年画市场急剧萎缩，基本上所有业者只认识到杨柳青年画是传统文化里的一个艺术品种。我曾经把外应音义决拿给年画业者看，他们都说这就是杨柳青年画口诀,但从来没听说过“外应音义决”。他们对于中华传统文化的深层次内涵,特别是传统文化的认识论、方法论层面的东西并不了解,更不了解杨柳青年画背后的“取类比象”这样的认识论和方法论问题。也就是不知道杨柳青年画到底是什么。由此,也就找不到杨柳青年画的市场定位。杨柳青年画不是艺术品,而是工艺品。工艺化是杨柳青年画的重要特点,它不同于那些具有唯一性的、画家的画作,而是大批量生产的工艺品。工艺品有艺术价值,但更重要的是实用价值。它只是一个载体,把它当作艺术品经营是一种错位,它承载的附加功能其实是祈福纳祥。过去,杨柳青年画“一年鼓一张”的说法就可以带动两亿张的市场。这其实就是人们借助一定的载体表达对美好幸福生活的寄托。这不单单只是一个谐音民俗的问题,其背后有着深厚的文化内涵和方法体系,是中华传统文化。

无论古今中外,人们祈福纳祥、寄托对幸福生活的美好向往的心理是一样的,这是一个非常巨大的市场。文化产业专家张金玉就曾经提出杨柳青这个IP最大的卖点是吉祥文化,杨柳青的建筑都可以搞成吉祥大院等等。这与我的认识不谋而合。

三、关于宣传的现状和建议

(一)现状

杨柳青国家大运河国家文化公园指挥部专门成立了文史指导组。到目前,文史指导组发现重要文史资源二十多项,新发现古诗词五十二首(不包括《通介堂诗稿》),就十四个文史问题开展研究并撰写文章,对十九篇古代文献进行了点校,考察了香塔法鼓、东寓法鼓、胜舞老会等进行了考察并撰写调查报告,撰写文史文章近百篇。这些都及时通过微信公众号进行了发布。

以文史指导组成员为主，由西青新闻中心主编的，近一百三十万字，汇集杨柳青运河文化历史文化资源新发现、相关研究新成果的《寻根大运河系列丛书》已由天津人民出版社出版。本书即是由杨柳青大运河国家文化公园建设指挥部主编的，反映杨柳青历史文化发掘、研究新成果，供公园设计参考的成果集合。

（二）建议

首先，对于相关历史文化的宣传不应只满足于我们的资源有什么，还要把是什么，即我们资源背后的中华传统文化的背景讲出来。这样，才能让我们的历史文化资源散发出更深的魅力。

其次，除了书籍出版外，一些历史文化资源可以通过视频进行展现。当年我撰稿拍摄的视频《话说准提庵》上网后，有一些意大利人不远万里专门来杨柳青看准提庵。可见更直观的视频传播的影响力。

最后，就是宣传应该前置和全方位。要在公园建成前进行宣传，同时新媒体、传统媒体都要利用起来，内容更要全面具体，尽量做到雅俗共赏。

话说运河

大运河是西青的母亲河。历史上，古镇杨柳青更是因得运河之利而兴盛，成为运河名镇。运河到底给杨柳青带来了什么？与西青人有怎样的关系？运河遗迹还有哪些？……对这些问题，我们在本章做出探讨。

大运河给杨柳青带来三次辉煌

晨　曲

京杭大运河由南方逶迤而来，路过静海县后，从大杜庄进入天津市西青区的辛口镇，然后流经杨柳青镇、中北镇和西营门街道，出赵庄子再进入天津市红桥区，直达北大关的三岔河口。

据传，宋代杨柳青地方就有人居住，时称“流口”。到金代，流口已经改为“柳口”。据文献记载，金政权派李咬住为巡检驻柳口镇。那时，尚无天津卫，地方称直沽寨，是由柳口镇的李咬住和武清巡检梁佐两个官员代管。金代开通大运河水运，因此，作为运河畔的柳口镇才得到发展，人口逐渐增多。可以说，古镇的渔航之利是从金代开始的。

那时的柳口镇周围洼淀密布，镇西有莲花淀，再向西有东淀和白洋淀，可谓一片泽国。古镇人几乎是在水上生活，可耕地极少，淡水资源丰富。元朝翰林修史官揭傒斯于至正三年(1343)小住杨柳青，留下著名诗篇《杨柳青谣》，此诗在其遗作《文安集》中被发现。这一珍贵诗篇十分形象地记述了杨柳青人当时的生活状态和大运河给杨柳青人带来的好处：

杨柳青青河水黄，河流两岸苇篱长。
河东女嫁河西郎，河西烧烛河东光。
日日相迎苇檐下，朝朝相送苇篱傍。
河边病叟长回首，送儿北去还南走。
昨日临清卖苇回，今日贩鱼桃花口。
连年水旱更无蚕，丁力夫徭百不堪。

惟有河边守坟墓，数株高树晓相参。

这首描写杨柳青的诗篇距今已有六百多年。由此诗可知，杨柳青在那时水产品资源极其丰富，人们的生活每日都离不开逮鱼摸虾，割芦卖苇之类。

《中国文物地图集·天津卷》载：1992年在杨柳青席市大街挖掘出金、元、明三代陶器、瓷器和度量衡用具之类，还有青花瓷器。并于三米深处发现灶膛、灰坑及草木灰，燃料是芦苇。考古专家推断，此处是漕运中转站码头。

文物是埋在地下的历史，此次挖掘强有力地说明，明代时杨柳青已有水运码头。

揭开这一历史封沉的面纱，我们可以想象，作为大运河岸边的杨柳青水运码头在那时的景象是多么繁荣。大运河千帆竞进，码头上樯桅如林；南货北货集散有序，装船卸船一片繁忙。水码头带动起旱码头，白沟市场、霸州市场以及河北腹地数百里之内的商贸货物都依赖杨柳青运河码头的货物吞吐而生存。水旱码头带来众多就业机会，养船户逐渐增多，为船户打工的船工、纤夫更多。旱路运输的养车户也多起来，卖苦力的装卸工、脚力更多，都有了饭碗子。古镇上，酒肆、客栈、茶馆、说书场、杂货店及各类服务场所都应运而生。杨柳青因大运河水运的繁忙迎来繁荣。

据《津门保甲图说》载，杨柳青在船运最兴盛时养船户有五百余家。天津八大家之一的杨柳青石家便是靠漕运起家的，还有周家、梁家等也是如此。

漕运催生一批巨富，其他众多杨柳青人也都随之不同程度地获益。养不起漕船的养帮摇，搞不起漕运的便就近搞运输或做生意。靠山的吃山，傍水的吃水，杨柳青人南临大运河，北靠子牙河，这一得天独厚的水运之便，为古镇带来第一次辉煌。

给杨柳青带来第二次辉煌的是年画。

杨柳青年画其实也是大运河催生。北宋战乱时期,有年画艺人逃难至此,恰巧杨柳青镇南有很多杜梨树和枣树,它们非常适合做年画画版,从此年画在杨柳青扎了根。到明清时期,杨柳青年画业得到发展壮大,在北方已经很有名气。这里坑塘洼淀多蒲苇,有充足的造纸原料,因此,经营捞纸业的人也很多,运河南北两岸均有纸房胡同。

由于大运河运输业的逐渐发达,南北货物的不断交流沟通,拉近了南北数千里的距离。南方运来的纸张、颜料都比本地精细、好用,对提高年画质量起到相当大的促进作用。

到清朝初年,年画艺人戴廉增采用套色印刷,并以手工敷粉、勾脸、描眉、点唇,使年画更加漂亮,鲜艳丰满。一时间,过年贴年画成为一种时尚,也是富贵的象征,日子过得不错的标志。这样,一般贫困人家省吃俭用也要在过年时买张年画贴在家里。

年画最初是赶集串街卖。卖出声誉后,便有外乡人来采买,趸货去卖,更有一些人借河船之便,沿运河南下北上,或沿大清、子牙等河进入河北腹地去卖。后来,年画不仅销售到山东、河北,还远销到山西、内蒙古和东北三省。

到清朝乾隆年间,杨柳青年画业达到鼎盛期。最多时,镇上操画业的达三十四家,从业者三千多人。随着画业的不断发展,年画销量的猛增,各作坊都忙不过来,便将手工彩绘的活儿分散到南乡各村。这就形成杨柳青镇和南乡三十六村"家家会点染,户户善丹青"的画乡之势。

戴廉增利用运河之便,把杨柳青年画店办到北京城,后来不少年画作坊纷纷跟进。这一举动不光扩大了杨柳青年画的影响,也为提高年画质量和品位带来难得的机会。

由于行业和市场的需要,在那一时期,不少南方著名画家纷纷沿运河北上,到天津杨柳青为年画作坊作画出画稿。有众多著名画家的参与创作,更使杨柳青年画名声大作。因年画的品相和品位都提高了，年画不光是进入寻常百姓家，也进入了富贵人家和王侯府第，并张贴到紫禁城的大门上。

“赶大营”事件是杨柳青的第三次辉煌。

赶大营的主体方位是在大西北，但它起自大运河。因为，没有大运河就没有安文忠拉纤去西安为左宗棠大军运送物资，没有那一次拉纤运送军需物资就没有安文忠发起赶大营事件。因此说，赶大营事件是因大运河而发端，并且给杨柳青带来了第三次辉煌。

大运河与西青人

晨　曲

大运河在西青境内有26.4千米长(老河道),辛口镇、杨柳青镇、中北镇和西营门街的大部分先民都是沿河而居。张家窝镇、南河镇、李七庄街、大寺镇的大部分村庄也位于南运河支流的运粮河畔。由此可知,南运河是西青人的母亲河,曾经养育了一代又一代西青人。

一

三国时曹操往辽西征讨乌桓,因军粮难运,开挖平虏渠,以沟通杨柳青这一带的天然水系。为使运粮船能继续随军北上,曹操又下令开挖泉州渠。泉州是汉朝武清东南的一个小城,故而得名。泉州渠南通海河,向北开挖接通坻河和潞河。曹操借助运粮河最终达到征服乌桓的目的。

607年,属于隋朝的藩国高丽串通东北契丹对抗朝廷,隋炀帝震怒,欲兴兵讨伐。但苦于路远军需难运,遂决定征集百万民夫,向北开挖永济渠。永济渠路过山东省临清,到青县入平虏渠。由此可知,隋炀帝开凿的永济渠通过水路也通达杨柳青。

平虏渠和永济渠的先后开通,当是杨柳青地面历史上发生的两次重大事件,因为,这个地方从此便有了沟通南北的航运之便。

元朝定都北京后,用十年时间开挖洛州河和通惠河,把杨柳青至江苏清河的天然河道和湖泊连接起来,向南直达杭州。这次连接奠定了京杭大运河的走向和规模,沟通了海河、黄河、淮河、长江和钱塘江五大水系,极大地提高了运河的运输功能。这是前所未有的,运河两岸的城镇和村庄都因此充满勃勃生机。然而,元代自统治以来仅有二十年的安定期,从此便不太平,农民起义运动此起彼伏,社会动荡不安。作为元朝命脉的大运河充满危机,未能充分持久地发挥作用。因此,沿河两岸城镇村庄也大大放慢了发展脚步。柳口镇亦不例外,在元代没能有太大发展。

杨柳青地面水资源丰富,洼淀密布,北有子牙河,南有大运河,古镇在两河之间。

二

春秋战国时,西青境内已有少量先民居住。从出土文物看,当城红土岗遗址出土过红陶片之类;张家窝战国遗址出土过燕国鬲;大任庄战国遗址出土过红陶釜、虎纹半瓦当之类。这说明,战国时期西青境内就有先民居住。公元前200年,西青隶属渤海郡,分隶章武(今河北青县)、平舒(河北大城)二县。至汉元帝初元元年(前48),史志记载:渤海水溢,饥荒,人相食。朝廷令运钱谷救济全郡。东汉永康元年(167),渤海再次水溢。西青地界连遭两次灭顶之灾,变成一片泽国。后来海水渐退,却给这片土地留下了厚厚的盐碱。后经上游九河多次洪水冲刷,仍不能洗净盐碱,一直危害人们垦荒种田。从那以后数百年,西青境内不宜居住,人烟稀少。

隋朝前后,西青地界可垦荒地渐增,人烟村庄也多起来。尤其隋炀帝开凿大运河(永济渠)后,沿河两岸得渔航之利,开始有起色。辛口镇沙窝村出土过一块明朝的"重修法藏寺碑"。碑文载:"静海北去三十里许,地名沙窝村,有寺曰法藏者,始创陈隋间。"由此可知,隋朝大运河开通后运河沿岸居民已较稠密,并建造法藏寺。

杨柳青有人居住的时间应晚于当城。杨柳青初名流口,后为柳口。《杨柳青镇志》载,金朝贞祐二年(1214),金政权派完颜咬住为巡检,驻柳口镇。

可见,金朝时这里已经是个镇,人口较多,与周边村庄相比已经是个大地方。巡检是以巡察关隘要地维护治安为专职的,所以多为武官任之,属州县指挥。这一职务从宋朝就有,一直延续到明清。柳口镇有运河航运和码头,因此金政府十分重视。

据宋朝军事史书《武经总要》记载,宋朝与辽国是以白沟河、大清河、海河为边界的,宋朝在河南设很多军寨做边疆防卫。西青区界内有当城、百万、沙窝、小南河诸寨,以知寨总理各项军事政务。可见,当时这些军寨已经有人居住并有村名且沿用至今。宋朝设军寨是在景德二年(1005),金朝在柳口镇设巡检是在贞祐二年(1214),两者相距两百零九年。在这两百零九年中,作为军寨的当城、小南河诸村依然是村庄,而柳口却发展成镇,其主要原因显然是运河码头的作用,为杨柳青带来发展与繁荣,在周边数十里鹤立鸡群,成为热闹的市镇。

精武镇付村曾在大运河支流运粮河畔出土过窖藏钱币,共两百一十斤。钱币数量大,涉及朝代多,从唐朝"开元通宝"、宋朝"宋元通宝"到金代"大定通宝"都有。张家窝镇小甸子村元代屯田遗址出土过犁铧、铲、耙等农具四十九件。曾经出土过文物的村庄还有很多。

西青境内人口猛增是在明朝初年。燕王扫北后,惨烈的战争使这里的先民惨遭屠戮,很多村庄被灭绝。为使这里重新繁荣,以达拱卫北京之目的,燕王朱棣开始从山西、山东、长江流域大量移民,向这里填充。也有不少军人转业成为这里的居民。

三

据周志安考证,南运河曾经有过支流,叫运粮河。运粮河是由明朝初年开凿,其走向是从静海良王庄南运河段分流出来,向东入西青区张家窝镇的西琉城、东琉城、老君堂、高村，然后进入精武镇的大、小卷子、马家寺、郭村、潘楼、姚村、付村、小南河，又进入李七庄街的边村、于台、杨楼、王兰庄、梨元头，再向东进入大寺镇的门道口、张道口、大任庄等村，向下流经津南区的咸水沽后入海河进渤海，能接通上海刘家港至天津的海上运输线。此支流在杨楼又分一汊，经纪庄子进入卫津河，再进海河、北运河可达北京。

运粮河中段与卫津河、海河相通，东与海运相连，当时起的作用相当大。运粮河水流一直充沛，至解放前后，因上游南运河水枯竭，此河道才日渐干涸。

运粮河上有很多美丽的传说，付村流传的《付老打渔斩红蟒》的故事至今脍炙人口。现在，付村还有一棵老槐树，树干须两人合围尚有余，树龄已有六百多年。传说此树是付老拴船木桩，后成活长成大树。付村的运粮河段较宽，北岸就在老槐树处，南岸在村南的苇坑边。

运粮河道上曾经挖掘出古船。小南河村东有一座古庙，俗称东庙，“文革”时期是第八生产队队部。庙前有一水坑，春季干涸，八队社员挖坑泥积肥，所谓“家土换野土，一亩顶二亩”，水坑里的污泥就是肥料。人们挖污泥积肥时，在坑底挖出一条船来。此坑过去是运粮河水道，当地百姓都知道，过去村里人就是吃河道里的水。

1968年，河道里突然又有湍急水流，村民争先恐后去河道桥头挑水。老人们都说河水比井水甜，但挑满缸后要放白矾让缸水沉淀。河水很柔和，很甜，不像井水那样又硬又咸。遗憾的是，从那以后，再也没见这条大运河支流来过水。

看村落布局可知，各街镇的大部分村庄都是沿运河走向而建。由于地势低洼，不易耕作，人们只能靠渔猎为生，过着“一网鱼虾，一网粮”的生活。有些宋元时就有的村落，大多也沿河建村，从运粮河弯弯曲曲的走向可知，在开凿时一定也借用了老河道，再加宽加深而已。

在西青区界内，南运河主河道流经辛口镇、杨柳青镇、中北镇、西营门街道，南运河支流运粮河流经张家窝镇、精武镇、李七庄街道、大寺镇。至于王稳庄镇，其实也与大运河有关，因为，赤龙河连接运粮河，然后向南走，经过大寺镇，进入王稳庄镇。这样，西青区的九个街镇就都与运河有了关系。因此可以说，不光古镇杨柳青是因运河而生，因运河而富，其他村落也基本都是因运河而生，因运河而富。

水乡杨柳青

晨　曲

明清时代的杨柳青，是九河入海的必经之地，从太行山下来的漳河、卫河、滹沱河、子牙河、大清河，还有从南方逶迤而来的大运河，多条河流汇聚到杨柳青，然后进入海河再入渤海。因此，杨柳青周边常常是一片泽国，不光河流多，水淀也多，这造就了古镇杨柳青养船户多，富户养大船，小户养小船，贫穷者只好为人家当船工或纤夫。

江南水多，杨柳青也是水多，因此被人称作北国小江南、沽上小扬州。空说无凭，请看明清诗人是怎么描写杨柳青的。

查彬：一水苍茫汇众流，暨南回望使人愁。遥看杨柳疑为岸，行到芦花不见洲。孤艇稳如天上坐，千村低在浪中浮……

在诗人笔下，杨柳青已经不是优美的水乡，而是在遭受九河水患了。由此可以感受到，历史上的杨柳青是水源过剩之地。

樊彬：津门好，到处水为乡。东淀花开莲采白，北河水下麦翻黄，潮不过三杨。津门好，烟水渺无涯。柳口芦飘三尺雪，葛沽桃放一枝花，孤棹老渔家。

杨柳青镇西有莲花淀，再向西是东淀。东淀西是白洋淀，白洋淀是西淀，东淀便一直延伸到杨柳青镇西。东淀和莲花淀多产莲子与荷花，因此杨柳青人用此做原料酿酒，美其名曰“莲花白”。《西游记》作者吴承恩作《泊杨柳青》第一句便是“村旗夸酒莲花白，津鼓开帆杨柳青”。可见，在明代，杨柳青的莲花白酒就已经很有名气。至于“潮不过三杨”，那时是没有闸坝阻拦海潮上涌的，由于地势的原因，再大的海潮也不会越过“三杨”，即杨柳青、杨芬港、杨村。

曲念徐：隔堤一望是汪洋，红有芙蕖绿有秧。门泊渔舟墙晒网，村名不愧水高庄。

这简直写的就是江南水乡，渔民生活。然而，清代的这位曲先生写的又的确是杨柳青周边。水高庄离杨柳青不过五千米，就在过去的莲花淀中。就此，说杨柳青是北国小江南、沽上小扬州可以名副其实了吧。如果还嫌不够，请再看。

永瑆：家家绿柳在门前，门外乌篷小小船。黄鱼雪白随潮上，切做银丝不值钱……

高承埏：……青青杨柳堤边，且系住乌篷小船。荻笋新芽，河豚欲上，拼醉炉前。

永瑆是乾隆的儿子。两位诗人都写"乌篷小小船"，这分明是江南水乡的符号与象征，却用在古镇杨柳青身上，说明那时的杨柳青太像江南水乡了。

之所以要写这篇文章，是因为"寻根大运河"记者团来到了扬州，笔者被扬州秀丽的水乡风光所震撼。大运河宽阔得超出想象，往返航运的船只穿梭不断，城内古老街巷，小桥流水人家，以瘦西湖为中心的众多湖水点缀在扬州城内城外，真个是风光旖旎，景色宜人。

这一切一切，过去的杨柳青都曾经有过，所以才被人们称作北国小江南、沽上小扬州。

随着时代的变迁，水源的匮乏，杨柳青水乡美景已经不复存在，然而，一切都会因人而变。现在的杨柳青运河段已经别有一番风韵，很多地方胜过当年。相信，西青区大运河段会以出乎人意料的风姿凸现人间。

小杜庄还有沉船待挖掘

晨　曲

2012年7月24日，西青报记者李焕丽、田健、于洪伟和笔者，一行四人去天津市西青区辛口镇小杜庄，实地勘察小杜庄沉船处。

此事缘起于“寻根大运河·北运河”采访期间。那天笔者正在通州，突然接到一个陌生电话，对方说他姓周，是西青区辛口镇小杜庄村人。他说在四十多年前，还是少年的他在大运河岸边放羊，发现在外河滩地块处的南运河河坡上有裸露出的古船帮。他说：“你们寻根大运河，这件事对你们来说肯定很重要。”笔者非常感谢他的热心，费尽周折找到电话向记者团提供这一重要信息，并表示北运河采访归来后，一定拜访他。

今日拜访成真，最终有如下结果。

一、小杜庄的位置

京杭大运河从南方逶迤而来，进入天津市西青区后，第一个村庄是大杜庄，第二个村庄便是小杜庄，小杜庄紧靠南运河东岸。南运河在外河滩处拐一个弯，朝东北方向流去，小杜庄就离那个拐弯处不远。

二、老河道与新引河

在辛口镇党委宣传委员黄维国主任安排下，小杜庄村党支部书记谢顺国、已退休多年的老书记刘玉来和热心的周俊海先生陪同我们实地勘察。勘察发现，小杜庄的沉船位置是在三岔河口处。据刘玉来老人介绍，沉船隐藏在大树和深草之间的幽深处。地处南运河老河道，通向西南方宽阔而又笔直的河道,是解放初期开挖的南运河引河。从那以后,外河滩处便被隐藏在大运河三岔河口南侧。

老河道是古老的大运河。解放初期,为治理水患,政府开始投大力量开挖独流减河。独流减河要横跨大运河,因此运河水从上面被切断,改成涵洞式,从独流减河河底穿过。这样大运河的水还能向北流淌,往来船只却无法穿过涵洞了。为解决运河水上运输问题,又开挖引河。引河从独流减河上游绕过防洪闸,进入第六埠、水高庄之间,向东北到小杜庄的外河滩处接上南运河继续北行,那里便形成现在的三岔河口。

三、三岔河口处挖出过沉船

站在外河滩处的南运河东岸,刘玉来老人手指河对岸说,1971年南运河清淤时,中北镇李家园大队负责这一河段清淤工程。当时,就在对岸挖出一只古船,但船体破裂,没能成型。

《中国文物地图集·天津卷》记载,天津考古队于1971年在西郊区南运河清淤过程中,发现一艘沉船埋于河堤下,距地表2米,船体长40米,宽4米,高1.5米,对槽4个仓,满载青砖。砖长48厘米,宽24厘米,厚12厘米。砖上有“明嘉靖十二年”“三十年加派窑户许大成、作头王大用造”刻字。同时出土青花瓷碗、碟子和“天启”铜钱等文物。

由此可知,小杜庄的三岔河口处,确实挖出过沉船,但是在运河西岸,而且是在运河清淤过程中发现并挖出的。

四、三岔河口处还有古沉船

周俊海先生强调,他当年放羊时发现的沉船另有所指,并不是已经挖出的那只沉船。理由有两个:其一,当年他发现的那只沉船的船帮,是在南运河清淤后，运河河坡很陡，在夏天经暴雨冲刷后，才露出的船帮；其二，他当年十几岁，家住运河东岸的小杜庄，决不会把羊群赶到河西去放牧，也过不去。因此，他发现的沉船不会是河西那个被挖出的。周先生指认他发现的沉船地点是在南运河老河道入口处的东岸，靠小杜庄外河滩地块处。

周先生还有一个可靠证据，说他母亲在世时常说，那个地方有三次沉船，那是老祖宗一代又一代传下来的信息。

沉船之所以被埋在土里，是日久年深南运河泥沙淤积的结果，沉船越久远，被泥沙淤积的就越厚，离河道距离也就会越远。

此次采访所得权作一个备案，待日后有机缘开挖那一段运河时，真相总归要大白于天下。

南运河上的客船

徐文路

1937年至1957年期间，镇西有四家专门做水上运输买卖，他们是十六街的徐老、一街的刘震、二街的梁德(梁德荣)、一街王洪。他们每家一条机船(大木船)，长约十米，宽约两米，可载客四十余人。客运船为露天，船前为蒙头，后尾有舵，中间每边两人使用竹篙。每船雇有十余位"伙友"(雇工)，四人分左右拉纤，六人在船上撑船，船主掌舵。拉纤人分头尾拉纤人，最前一人是头杆纤，不但力气要大，还要会耍技巧，尤其与其他船相遇，他是往中间放，还是往怀里收，这要看他怎样处置和变通，更关键的是他会依据当时两船位置和水流动向瞬间做出决断。而尾纤也担负着一项别人替代不了的任务，即挑杆。就是两船相遇时，尾纤必须把各自船上拉纤的绳索挑过对方桅杆，这是力气活也是技巧活。首先是这几根粗绳子的重量，然后是用手腕抖过去。这个"抖"是有技巧的，如果抖不好，几条绳子和对方的绳子缠绕在一起，那就麻烦了。另外，还有一种说法，拉纤的方式不同。在下庄子(旧时称过杨柳青，向东向走即为下，也就是现在的中北镇)运河的一边有纤道，即为运河北岸，南岸没有。拉纤人只在北岸。采访时，我提出，船很可能跑偏。老人说，从这一段开始，行船主要靠船上竹篙，而拉纤人只是起一个辅助拉劲，也就是说不需要太大的往前行的劲头。如果碰上海水涨潮，那就要拉纤人，如果是落潮，船就会顺流而下；如果都在北岸拉纤，来回相遇的船只就会更多，所以挑杆的尾纤更重要了。

乘客先上谁的船，四家讲好规矩，即先上梁德家的，排在他后头的是王洪，第三是刘震，最后是徐老，每天按这种顺序发船，船内部事务由梁德总负责。四家船户的水上运输线路从东摆渡口始发,顺流而下,大丰桥为终点站。第一班船始发时间为早晨七点左右,在终点站最后一班船时间定在下午七点左右。每趟路途中间不休息,途中赶上吃饭时间,采取了轮流上船方式。拉纤的吃饭,一人先上去,形成一边一人另一边两人的局面,无多余人替换一人的只好坚持,另一边有意识稍慢一些以保持船体平衡和匀速行驶。中间有内急,拉纤伙友只好坚持,到站再解决。船在运河中行驶,沿岸尚有乘客招手,船行靠岸拉纤伙友帮其登船。杨柳青大多数人去市里办事、做买卖基本都乘运河客船。

运河上客船船主与伙友同拿工钱是当时杨柳青客运船的一大特色。船主投入资金购买机船和相关营运器械,而所得收入却与伙友大致相同。他们是这样分配的:他们同拿同等工资,只是多挑出一份给机船作为维修费和吃饭。

1949年前,外部事务由内河局水上警察负责,他们建了个检查所,着重检查来往河道内船只,特别是出天津市的船只,看看有没有贩私的,特别是违禁物品,即军用的药品、棉布、火柴、食盐等。这些警察只在岸上骑着自行车来回巡查,看到可疑的船只就强令其靠岸,登船检查船内所运货物,凡违禁物品一律查收,人被逮捕。

杨柳青南运河上四渡口

谢连华

京杭大运河杨柳青段,自西向东蜿蜒穿过镇区,把杨柳青镇南北分割。杨柳青人对京杭大运河杨柳青段简称南运河。旧时杨柳青在南运河上有四处渡口,方便镇北和镇南人员往来,分别为西渡口、东渡口、中渡口、小渡口。

最初,在杨柳青只有西渡口和东渡口,在《津门保甲图说》上也是标注了这两处。西渡口,从《津门保甲图说》杨柳青部分中可以看出,在旧杨柳青镇奶奶庙(一称"泰山行宫")向南,直到南运河边,就是西渡口所在位置。东渡口,天齐庙大街向南至南运河边,即为东渡口所在位置。

又因南运河水自西向东流动,西为上,东为下。西渡口又称杨柳青上渡,东渡口又称杨柳青下渡。两处渡口都在府县志有明确记载,并记述当时有司渡人在渡口值班,往来摆渡运河南北两岸人员,且有年支经费。

在东、西渡口之间,后来又慢慢形成一个私人司渡小船,往来南北接送人,称为中渡口。

清朝光绪末年,运河南岸紫竹庵在每年农历七月十五日举办盂兰盆法会,为了香客自运河北岸到南岸朝拜、参加盂兰盆法会,贾家瓦木作坊派出成员驾船义务接送南北两岸人员,后经武汛衙门、沧六盐汛及周围居民公议,认为保留此渡口便利,便改为常设渡口,定名为"小渡口"。

至民国初年,杨柳青南运河上已有四个渡口。

后历经发展,清朝乾隆年间,西渡口附近又演变成居住片,并以"西渡口"为名。由南运河西渡口向北,形成一个长67米、宽3.8米,最窄处2.6米,两侧为砖木结构平房的居住片西渡口。其北侧为泰山行宫,即"奶奶庙"。

解放后，庙宇荒废，此地称为供水站。西渡口居住片，为南北方向，形成胡同，中间跨过席市大街、河沿大街。

东渡口以北为天齐庙东大街。清代乾隆年间形成，因其坐落在天齐庙，故称为天齐庙东大街。天齐庙在1912年荒废，后改为杨柳青第三小学。

中渡口成为杨柳青镇东与镇西的界线。

小渡口北为河沿大街，南至南运河，对岸就是元宝岛上的紫竹庵。紫竹庵东为冰窖前、武汛胡同，紫竹庵西为义合庄。紫竹庵是清代嘉庆年间兴建。清代曾有“杨柳青十景”一说，其中“女墙新月”即是对紫竹庵的描绘，“紫竹庵有红色围墙，院中古槐高入云霄，夜深人静，皓月当空，隔河相望，景色悠然”。

冰窖前，位于元宝岛，清代武汛衙门，曾经冬季“窖冰”，天热之时，卖给过往船只，鱼虾、蔬菜保鲜之用。窖冰之处称为冰窖，因此居住片位于冰窖之前，故称冰窖前。

武汛胡同，位于元宝岛上，清朝光绪年间，此地曾为武汛衙门，管理南运河往来船只漕运。后衙门废，此地形成居住片。

义合庄，位于元宝岛上，相传清乾隆年间形成，时称义合庄。后改名祥和胡同。1949年复原名。

清朝咸丰三年（1853）太平军北伐战争中，杨柳青东渡口毁于兵乱。从此镇北小梁庄、三官庙的居民想到运河南岸佛爷庙、文昌阁等处办事，需要绕道中渡口，并支付船钱。且中渡口船小，客流量骤增，给这里带来了不便。后来镇绅士石宝珩（尊美堂石元仕的父亲），捐赠一条摆渡用大船，并在船头挂上“义渡”二字，且每月向摆渡人发放两吊钱，因此中渡口居民乘船，不再向摆渡人交钱。但是东渡口船只问题，仍未解决。

光绪二十年（1894），杨柳青成兴平韩家为了打赢官司，酬谢为其出头办

事的儿女亲家张呈泰，使张回家过河方便，于是赶造大船一艘，张也在船头书写“便宜东里”，东渡口才算正式恢复。

1937年8月，日军侵入杨柳青，因其军队人少，恐当地群众反抗，于是实行宵禁，规定渡船只能在早六点至晚六点运营，宵禁时渡船一律停靠运河北岸。后伪政权在运河中渡口上建立起第一座桥，定名“春杨桥”，为木质结构。桥建好后，日本帝国主义让所有的渡船停止运营，另在春杨桥设立岗哨，来往人员必须接受检查。

1945年，抗战胜利后，国民党军队仍然采取日本帝国主义的管理模式，在中渡口桥头设哨卡盘查过往群众。1948年，国民党冬季溃逃时，曾企图放火毁桥，幸好当时为冬季，河上结冰，没有得逞。此桥于解放后曾维持一段时间，因桥桩损坏，终被拆除。后在光明路南头和西当铺胡同南头，各修两座水泥桥，方便了镇南镇北群众出行。

《杨柳青四面水灾图》记下的过往

谢连华

杨柳青位于京杭大运河(杨柳青段,简称南运河)两岸、子牙河南岸。两河滋养了杨柳青一方百姓。运输的便利,给沿岸市面带来了繁荣,促进了南北物资交流,丰富了百姓生活,但也因河水多,夏秋之际,雨水连绵,洪水暴发,仅靠下游一条海河通道入海,有时因水急量大,容纳不下,就要给百姓造成严重灾难。

天津《杨柳青四面水灾图》,是民国六年(1917)杨柳青辅善社派人绘制的“发大水”情景,并在画的上部,用文字记述了1917年杨柳青子牙河以南、南运河两侧地区遭受洪水灾害的情况。

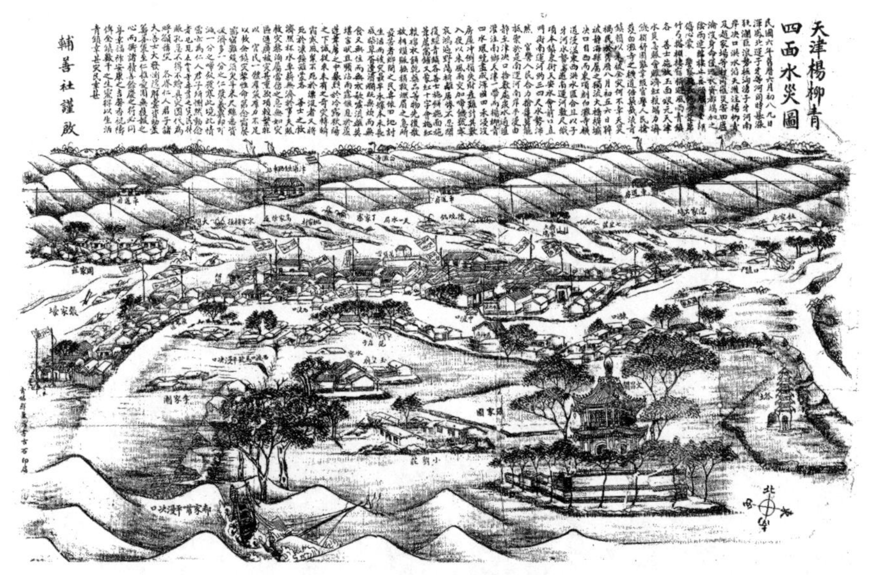

杨柳青四面水灾图

辅善社成立于清朝光绪年间，由杨柳青漕运大户石氏族长石元士创议，地方上知名士绅等资助捐款。它仿照天津市内备济、济生等善社的办法，主办冬舍、义学、恤金、义地、掩骨借纸、施材等慈善事宜。其与天津各善社均有联系，遇有杨柳青灾情较大时，由辅善社向各方呼吁募捐，后来“赶大营”的杨柳青人也每年汇寄巨款襄助辅善社。

天津《杨柳青四面水灾图》图文并茂，其上部文字如下：

民国六年旧历六月初八九日，浑风北运、子牙等河同时暴涨，狂澜巨浪势急汹涌。子牙河南岸决口，洪水滔天灌注杨柳青及赵家场等村，同罹灾害，田庐沦没，身命仅逃，衣资都竭，加之阴雨连绵，栖止无所，触目当即伤心。蒙警察厅长施济苇席、竹弓，搭棚栖宿，稍避风雨。青镇各善士施放玉米、银元，天津水灾急赈会赈济红粮，竭力济饥，稍舒困难。幸经官警人民抢护白滩寺之横道，倍筑截流，青镇赖以未被全灾。何不幸，天灾祸民于旧历八月初五六日，猝被静海县属之独流大桥横坝决口，自西而东。顷刻，白滩寺横道漫溢，东西洪水汇合，且以子牙河水势高逾南运河数尺。俄顷，本镇东街天安水会前、口直门街南运河约三四尺，水势沛然。官警人民合力抢护，莫能抵御，于是南运河南岸平漫，由静至津决口，拾数处重水通汇，灌注南乡天津一带，而杨柳青四水环绕，尽成泽国，田禾浸没，房屋冲到，损失财力，难以计数。入夜以来，风雨交加，啼饥号寒，哀鸿遍野，荡析离居，惨不忍睹。复经青镇各善士施饼施面施苇席窝铺，又蒙红十字会施红粮棉衣、饼干、药品等物，先后散放，相继赈抚，稍救燃眉之急。所最苦者乡间之民，专依田地讨生活，而被灾最早，禾稼本禾长成柴草，胥遭溃烂，既无炊而无食无住而无衣，唏嘘流离，莫堪言状，且频沾雨露，偃息于尽。蓬苇席之中，暴烈于冷露秋阳之下,诚徙来未有之奇灾,转瞬霜寒风紧,不死于漂没者,又将死于冻馁。虽蒙各善士之救济,然杯水车薪,无济于事。夫赈救灾黎洵属,当务之急,无如灾区过、广被灾甚重,款项较繁。非以官民一体,群策群力,不足以救全镇灾黎性命,第念霜餐露宿难缓,须臾斗米尺丝悉资,援济多一分之仁浆义粟即可,减一分之啼饥号寒,此境此情当亦为仁人君子所恻然动念者也见在,贫苦无靠之灾民待赈孔急,不得不绘具灾图代为呼吁,务望各界仁人君子诸大善士大发恻隐,解囊资助,尽筹善策,至仁推爱固无获报之心,而衡诸积善余庆之符,必同享幸福祚安康之吉,馨香祝祷俾全镇数千之生灵得以生活,青镇幸甚,灾民幸甚。辅善社谨启。

《杨柳青四面水灾图》除了上边的文字能使人读懂,是杨柳青辅善社呼吁天津社会各界给予1917年杨柳青大水灾的灾民资助外,其图画也生动形象地描绘出了杨柳青遭遇大水的情况,更为难得的是图中绘制了民国初年,杨柳青的建筑布局、地名位置,是一幅保存完好的杨柳青地理示意图,有一定的研究利用价值。

杨柳青曾为内河航运的重要节点

谢连华

杨柳青坐落在京杭大运河由北京至天津转道河北、山东的航道枢纽节点上，加之具有子牙河、大清河、南运河三河交汇、水系发达的特殊地理位置，从元代开始逐渐成为贯通南北、东西的交通枢纽，物流集散地和工商业重镇。

据民国时期的《静海县志》载："风帆运舟，昔年漕运，船帮一至，蜿蜒数十里，大有可观。"二十世纪六十年代前，杨柳青镇水运交通发达。南运河、大清河、子牙河均辟有航线，内河航运呈繁荣之景象。

杨柳青离北京城、天津卫咫尺之遥，是京城南下水路必经之地，也是南方入京的重要水运通道。南运河、大清河、子牙河在周围将杨柳青包裹住，且三河在杨柳青上下游就有汇合点，子牙河流经山西、河北、天津，全长730余千米，流域面积7.87万平方千米。子牙河经杨柳青西河闸至天津市静海区十一堡与南运河交汇；至西青区辛口镇第六埠与大清河交汇，此段至天津市区金钢桥，又称为西河，在金钢桥又与北运河合流，汇入海河。

杨柳青的航运起底，要从"南粮北运"的运河说起。金代迁都中都（北京）后，有居民二十万人，同时又有大量政府机构和大量驻军，每年需要从山东、山西、河北、河南等地通过运河调运大批粮食、军需物资，据史料反映，金大定二十三年（1183），漕运转运量可以达一百七十八十万石。

元代定都大都（北京）、明清两代均建都北京，运河漕运更是经济发展和军队、居民生活的生命线。

"依河而建，因河而兴"的杨柳青，是金、元、明、清南北漕运的必经之地。

明朝宣德年间(1426—1435),大运河上船只万艘,漕粮经杨柳青地区就达四百万石。清代漕粮物资的运输相比明代更是繁盛,漕运的发达,促进了杨柳青镇的形成和经济发展。

清代漕运体系沿袭明代制度,设漕运总督一职,各省设置巡抚,沿河设置巡漕御史。南运河一线,设置天津巡漕御史,北运河一线设置通州巡漕御史。康乾盛世,大运河南北漕运也是最为兴盛,除了运输漕粮以外,人口的增加,使得对于盐的需求与日俱增,南运河一线盐运繁荣,天津长芦盐向河北、山东、河南等地运输;河北地区是重要的产棉大区,棉花的进京和向周边地区输送,也靠南运河,而杨柳青也是长芦盐南下,棉花北上南下的重要枢纽。

明清漕运兴盛一度使杨柳青名噪一时,南运河两岸作坊店铺林立,各色小吃摆摊设点,叫卖声此起彼伏,河流上漕船、商船、客船往来穿梭,河岸边武汛衙门的巡丁盘查过往船只,冰窖的伙计们向过往销售鲜鱼蔬菜的船只兜售窖冰,年画作坊的伙计们正向南方过来的船只购买宣纸和颜料,并把成捆的年画送上进京船只,发往北京,不少船只停船靠岸,船上的客商、伙计下船进入河边的饭庄、酒楼、旅馆……这些为我们勾画出一幅康乾盛世运河商旅图。

鸦片战争后,外国侵略势力进入中国,纷纷开办轮船公司,逐步垄断了海运和内河航运。清代后期,政治腐败,社会动荡,大运河的航运环境日益恶劣,至咸丰三年(1853),漕运尽废。光绪二十九年(1903),民族资本经济的轮船公司在艰难中诞生,河南商人贾润才在津成立南运河轮船公司,在天津到德州之间从事轮船拖带运输,期间杨柳青再次成为运输枢纽。

辛亥革命推翻了腐朽的清王朝,直隶的爱国人士强烈要求打破外轮势力垄断海运和侵入内河的局面,在此影响下,官办“直隶全省内河行轮董事局”产生,简称“行轮局”,先后开辟了“津保航线(天津至保定,大清河航

线）”“栏沽航线（塘沽经天津至牛栏山，北运河航线）”“蓟运线（天津至上仓，蓟运河航线）”“津磁航线（天津至磁县，子牙河航线）”“滦迁航线（滦县至迁西，滦河航线）”，其中“津保航线（天津至保定，大清河航线）”“津磁航线（天津至磁县，子牙河航线）”于1915年5月6日投入运营，途径主要码头为：天津、杨柳青、高庄子、独流镇、霸台、王口、子牙、姚马渡、南台埠、白洋桥、双摆渡、刘各庄桥、范家疙瘩、念祖桥、沙河桥、康宁屯、沙窝桥、臧桥、贾庄桥、范屯桥、小范镇、赵桥、龙店、圈头、衡水、范庄、岭闸口、李家庄等。每年客运量有5万—7万人次。

1915年3月25日，“津保航线”进行延长，由苏桥延伸至安新县新安镇，途经站点为：天津、杨柳青、高庄子、台头、石沟、左各庄、苏桥、苑口、药王庙、史各庄、十方院、王家寨、再到安新县新安镇。每年客运量有5万—7万人次。

上述航线均途径杨柳青，在杨柳青均有航运站点。

1931年，国民党河北省政府成立后，成立河北省内河航运管理局，在此期间增加了南运河航线、蓟运河航线。南运河航线，是从天津出发，过杨柳青，经过沧县、德州至临清，长500千米，在津保、津磁航线航道淤塞，航程缩短，营业收入减少的情况下，为了扭亏为盈，河北省内河航运管理局派人查看南运河航道，经过准备于1935年10月正式开通“津德航线（天津出发，经过沧县、泊镇至德州，长290千米）”，单说天津到泊镇这一段，称为“津泊航线”。

除了官船运输之外，城乡之间的民船运输也是内河航运的一大亮点。粮食、食盐、棉花仍是航运的主要货品。

抗战期间，日本帝国主义对天津航运进行了掠夺式的管理，严重破坏了经营秩序，并利用航运业进行军事侵略行为。1945年抗战胜利之后，国民党当局内河轮船公司建立，一度恢复天津至王口的子牙河航线、天津至石沟的大清河航线，两趟航线均通过杨柳青。

1948年底平津战役开始，从当年夏季起，华北人民政府就开始支前准备，战役最紧张的时候，正值隆冬时节，河水结冰，冀中军区船运大队接到冀中后勤司令部紧急命令，将一大批苇席和粮食从白洋淀运输到天津杨柳青，足见当时杨柳青举足轻重的战略地位。

于是，当地政府动用4万多民众，在长134千米的河道上，一字长蛇摆开，用木锤、镐头、铁锹将坚冰砸碎，开出10米宽的航道，为克服重新冻冰，昼夜坚持，25艘大对漕船，载有1850吨粮食和大批苇席，从白洋淀出发，沿途又有80艘小船破冰护航大对漕船，胜利完成支前任务，顺利输送到杨柳青。

随着三大战役胜利结束，中国人民解放军大军南下，解放全中国，杨柳青在航运中更是发挥着重要的作用。1949年1月31日，北平和平解放后，冀中运输公司派出70余艘木船，把野战军医院的人员、设备和药品，通过南运河运送到山东省临清。

1957—1964年是河北航运发展的黄金期。河北、山东、河南共同组织的以卫运河为中心，融航运、铁路、公路、港口及物资部门为一体的水陆联运形成，杨柳青区域内的南运河、大清河、子牙河河段呈现出一派繁忙景象。

1960年后，随着国家铁路、公路运输体系的日益完善，加之1958年南运河下游杨柳青枢纽工程的建立，南运河引黄河水后泥沙沉淀，航道恶化淤塞，沧州附近戴家园、强家坟等地碍航桥的建立，南运河航线逐渐荒废；子牙河与大清河也因冬季不能行船，不能与铁路、公路运输四季均可通航相比，逐渐停航。1961年后，杨柳青三条河流逐渐停航，杨柳青航运枢纽的作用已经失去，但是从元代开始至二十世纪六十年代，七百余年来，杨柳青曾经是支撑中国南北航运的重要节点，其在航运史上的地位永远挥之不去。

古籍拂尘

古籍文献是研究历史文化的重要资源和依据，进行历史文化研究必须深入其中。我们在众多的古籍文献里搜寻与西青、与杨柳青相关的内容。在这个过程中，我们得到杨柳青董氏后人董克兴先生提供的《董氏家谱》等诸多宝贵文献，在王振良先生的帮助下找到的《通介堂诗稿》，查找到反映有“徐半朝”之称的大侯庄徐氏家族渊源的《先恭勤公年谱》等重要文献，分门别类，转简点校，拂去蒙在其上的灰尘，将其呈现在世人面前。

古籍中有关周缙的记载

冯　立/整理

《明史》:周缙,字伯绅,武昌人。以贡入太学,授永清典史,摄令事。成祖举兵,守令相率迎降。永清地尤近,缙独为守御计。已,度不可为,怀印南奔。道闻母卒,归终丧。燕兵已迫,纠义旅勤王,闻京师不守,乃走匿。吏部言:“前北平所属州县官朱宁等二百九十人,当皇上‘靖难’,俱弃职逃亡。宜置诸法。”诏令入粟赎罪,遣戍兴州。有司遂捕缙,械送戍所。居数岁,子代还,年八十而没。朱宁等皆无考。

《国朝献征录》:周缙,字伯绅,湖广武昌人。洪武中以贡入太学,初授永清典史,居官廉谨摄令事,捕蝗弭盗。俄而,靖难兵起,一时守令多相率迎降。永清地尤近燕,缙极力拒守,计顾其民寡弱争先逃散,缙度不可,怀印南奔,将他图焉。道闻母丧,还家以礼葬毕即出,纠义旅勤王。战舰戎器略具则闻南师熸而天命去矣。缙乃走匿民间。已而踪迹渐露,有司即其家捕获械送京师。缙自分必死慷慨就行,至则朝廷特下之狱。久之谪戍兴州居数年。子代还,屏迹田园年八十而终。吴文定宽为缙传,有曰:以愧世之为丁公而幸免者。是时,吏部言:“前北平属州县官朱宁等二百九十人当,皇上‘靖难’时俱弃职远避,宜寘法典俱逮戍。”缙其一也。宁等不可考矣。

古籍中有关张愚的记载

冯 立/点校

《天津卫志》:愚,军生,嘉靖辛卯科举人,壬辰科进士。除户部主事。赋性刚方,莅政明敏。巡抚延绥,严饬戎务。钦此蟒玉。五十三岁卒,官赐谕祭。父凤,官生,赠山西按察司,佥事。荫子元性,官生。祀延绥名宦,祀天津乡贤。家有懋功祠,在天津鼓楼东大街南。

《天津县志》:愚,户部主事,历升都察院右副都御史,巡抚延绥。以痨瘵卒于官。

《畿辅通志》:愚,嘉靖进士,巡抚延绥,莅政明敏,边民辑服。

《延绥镇志》:巡抚延绥都御史之官,自有明始也。嘉靖时张愚任之。

《赤城县志》:分巡口北兵备道张愚,天津左卫籍,进士。嘉靖十六年以佥事任。

《太学题名碑录》:愚,天津左卫,军籍。嘉靖十一年壬辰科二甲第四十六名进士。

《津门诗钞》:愚,字若斋。著有《蕴古书屋诗文集》。《思归》诗云:"投老惟耽物外情,青山原有旧时盟。才疏谋国无长策,学薄持身耻近名。贫剩橐余诗百卷,家遥蝶梦月三更。水云何日梅花外,结个茅庵了一生。"

《缄斋杂识》:忆往时,天津北门内有黄甲联芳坊,为若斋抚军立者,今废。若斋仕宦在嘉靖年间。其文章勋业必有昭人耳目者。然代远年湮,实难徵采。崇祯时徐公光启重修《天津卫学记》所谓"津门先达策高第仕,为国华竖,为国桢如世庙时建。制府中丞之纛者,勋名烂然史册",盖指若斋与刘仁甫耳。愚,《通志》作遇。

重修张大中丞公墓碑记

徐光启/撰文　李　刚/点校

编者按：张大中丞墓原位于杨柳青运河南岸，1971年因运河裁弯取直，部分没于河道中。民国版《天津县新志·卷之二十四》载有《重修张愚墓碑》又称为《重修张大中丞公墓碑记》一文，并附说明曰："碑在杨柳青镇，缺左上角；高四尺五寸，广二尺；二十四行，行约五十字，正书。"原文抄录点校如下。

赐同进士出身，光禄大夫、礼部尚书、东阁大学士徐光启撰文

赐同进士出身，光禄大夫、礼部尚书、东阁大学士钱象坤篆额

赐同进士出身，资善大夫、礼部尚书兼任侍读学士李康先书丹

公之先出山东青州诸城县，迁天津者五世，至都御史大夫东居公，而张始大。(阙)……皇帝庚戌，时虏入古北口，所杀掠以数万计，京师大震，而三大营尽老弱，不足以军；公时初巡抚延绥，尽拔其麾下精骑及兵勇一万人入卫，而时简练召募以补之，于是各路援兵具至，虏薄都城无所得，逡巡出塞去，九鼎以安。公履任仅六月，遂晋副都御史，巡抚延绥如故。公至延绥一年，身拊循其士卒，所指授方略，激昂大义，益刍饷，禁侵渔，砺磨峙储，与死士相劳苦。如备兵延绥时，军中感愤乐战，有投石超距之气，皆愿得一当虏，而公特严防御，以伺叵测，不欲邀功。所修筑城堡、墩台四千六百所，恃有备以无患，每逢虏入寇，出拒战，斩首辄百许级，所获器械、名马以数千计，时套(阙)……入犯辄不利，乃相戒曰："张太师在，我何为自贻伊感。"于是，督府及部使者上功格、赐宝钞、飞鱼、锦嘉劳之，未及满秩而卒。奇谋秘画多不传于世，礼官为请赐(阙)……祭一坛，录

其子元性入太学，以旌戎功，盖异数也。公即卒于任，而元性与诸子俱少，旅旐言归，间关数千里，沐风烟霭，扶服至瀛，夫人季为襄大事，嘉靖甲寅十二月二十七，葬于杨柳青之原。东西六十一步，南北六十三步，亥堂枕丙，(阙)……步有飨台，以便祭扫。又前十六步口之外，二十四步为墓门，门以内五步为亭者四、一碑、两表，一碑墓记，而左右所列翁仲石物等如常仪。基图弘光，木石壮丽，松柏森蔚，风烟杳霭，真巨观也。历年即远，公子孙各附葬于后，凡三封，皆枕丙趾壬如礼，而门以外去数十步，为飨堂五楹，以春秋子孙聚集，治牲醪，致芬苾(阙)……私，虽本支百世，勿替引之矣。岁久圮荒，所在皆是。于是公元曾孙鲲翼怅然悲之，恐祀事之弗虔，先公之恖恫，间顿复旧观，征不佞为记，而勒石以垂永远，鲲翼之能赞戎祖考，振举废坠。余于是乎观孝矣，是为铭曰：

□□赖之，家有凤毛，丘墓焉依，桓桓中丞，节镇西土，天骄来威，以笃明祜，上帝飚召，骑尾而生，王命三赐，贲尔幽冥。

□□□□，亦显亦世，司农司臬，秦晋攸芘，宜尔子孙，振振绳绳，春霜秋露，是尝是烝。

崇祯壬申六月上浣之吉

仝督修曾孙太学生张延年勒石

《池北偶谈》之《周将军》

王士禛/著　文史指导组/点校

材亦中萬歷丙午舉人丙辰進士廷對甲第悉同官遵
化道副使以忤魏忠賢為閹黨巡撫劉詔所誣逮繫累
官山西巡撫干支狀貌無一不同中丞孫顧魯亦中康
熙丙午舉人庚戌進士今為翰林編修

周將軍

前明崇禎十五年
本朝大兵入畿輔山東次年始北歸封疆大帥無敢一
矢加遺周將軍遇吉時調防天津大兵至巡撫馮元颷

欽定四庫全書　池北偶談

《池北偶谈》书影

前明崇祯十五年，本朝大兵入畿辅、山东，次年始北归。封疆大帅无敢一矢加遗。周将军遇吉，时调防天津。大兵至，巡抚冯元飏令出战。周以五百骑伏杨柳青。大兵至，邀击之，自辰鏖战及酉。其夜大兵徙营北去。闻满洲诸公言：“壬癸入关之役，往来数千里，如入无人之境，惟见此一战耳。”周后与其夫人御闯寇，死偏关，最烈。

杨柳青《董氏家谱》董嗣舒序

董嗣舒/撰文　董克兴、董克明/点校

文史指导组按:董氏为杨柳青大族,津西八大家之一。但此前有关董氏的历史资料并不多。文史指导组在发掘杨柳青历史文化的过程中,得到杨柳青董氏第十九代董克兴先生提供的大量资料,本书收录的八篇皆出自杨柳青《董氏家谱》抄本。这些文献让笔者对董氏的历史有了深入认识。董嗣舒序虽然只是一个族谱的序言,但反映出杨柳青董氏崇尚耕读,不务虚名的人生观、价值观。而这民风实在是杨柳青文化重要的组成部分。

家譜序
自吾家遷徙靜邑以來居住楊柳青鎮計歷二百餘年傳系至
予已經八世伯叔兄弟從堂遠堂兄弟子姪輩繁七十餘人漸
次科第歲逢恩附貢員　三十餘名子孫繩繩人才
濟濟不禁有感於
祖功宗德之積累者至矣而水源木本之思胡可以不講也因聚族
中衆兄子弟之老誠者共議追續族譜以爲承先啟後之計衆
兄子弟皆稱善各據所見所聞云我董氏原籍浙江省江寧府
江寧縣值元之季明之初一遷而至順天府通州再遷而至靜

《董氏家谱》书影

自吾家迁徙静邑以来，居住杨柳青镇计历二百余年，传系至予已经八世。伯叔兄弟，从堂远堂兄弟、子侄辈繁七十余人渐次科第，岁选恩附贡员三十余名。子孙绳绳，人才济济。不禁有感于祖功宗德之积累者至矣。而水源木本之思胡可以不讲也。因聚族中众兄子弟之老诚者共议，追续族谱以为承先启后之计。众兄子弟皆称善。

各据所见所闻云：我董氏原籍浙江省江宁府江宁县，值元之季明之初，一迁而至顺天府通州，再迁而至静海县杨柳青镇，入籍辛口里中五甲。但世谱失传，事无可考。惟得诸祖若父口传，曰：老祖不记名。少祖号志诚，永乐中举孝廉，存忠义不仕而隐于农者也。故其名亦讳而不表久之，而竟忘矣。

予曰：志诚祖，予八世祖也。上世既无可考即尊志诚祖为始祖可也。

众兄子弟又云：志诚祖既归于农，一传而至刚祖、正祖，再传而至升、堂、鸾、凤、英、雄、杰，七位祖皆相安于农，登诸谱恐非所以裕后世、教子孙、壮观瞻也。何若讳言农以彰声势，使后世子孙务远大之谋？

予曰：不然。正德、利用、厚生具为功，一也。况食为民天，四民之中农为首乎。余本士庶，清白传家，耕读继世，由来已久。未尝不见重于人。何必势豪显宦，妄自期许，冀倖为也。试思我四世祖讳锜者，天资颖异，秉性刚直，博综世务，有过人之才。犹亲任农桑，躬耕陇亩，堂名耕乐，人号耕乐先生。迨家道丰裕，延师教诸子弟，博取功名。又训以义方，联以至性，直至五世同居，百口共爨。慈孝之誉播诸声闻，仁厚之风溢于闾里，载之县志，自不诬也。吾六世祖讳廷讲、讳廷训者，俱崇祀忠义祠。谁得以老农目之？虽后遭乡变各自分居，散处东西，而家声振振，至今余辉犹然未堕。何莫非躬亲农商者积德累仁所致乎？又谁得以老农目之？抑知追续族谱冀垂永久，原欲使后世子孙知远近支族同出一祖，有富贵而见贫贱者存乎轸恤之念；有远居而偶相遇者关乎一脉之亲共相敦睦，无相侵害已也。岂未作声势、壮大观、盗虚名乎哉？

书曰：“施于有政，是亦为政。”又曰：“九族既睦，平章百姓。”积厚流光，端有厚望，其共勉之。

崇祯十四年八月二十九日八代孙 嗣舒 谨撰序

杨柳青《董氏家谱》董溥序

董　溥/撰文　董克义、董克明/点校

予家楊柳青鎮稱望族焉五世同居百口共爨慈孝仁厚之譽
溢於里閭而且箕裘絡繹文明丕振後遭鄉變各自分居散處
四方予五世祖諱　繪者遷於縣之永豐街没葬于城之東北
車店後及予之身又予六世矣予係
志誠祖十一代孫幼之時曾記青鎮伯叔兄弟往來于家猶有族氣
迨雍正八年天津建府縣楊柳青撥屬津鎮雖地之相去非遥
而兩縣所關事體攸隔往來亦自不便漸遠漸疎其不與予族
人相見也久矣舊譜雖存久未曾續即今青鎮族人中亦不過
僅知静邑永豐街董爲同姓焉耳散漫無紀爲已甚矣敦睦之

《董事家谱》书影

予家杨柳青镇，称望族焉。五世同居，百口共爨，慈孝仁厚之誉溢于里闾。而且箕裘络绎，文明丕振。后遭乡变，各自分居，散处四方。

予五世祖讳绘者，迁于县之永丰街，没葬于城之东北车店后。及予之身又予六世矣。予系至诚祖十一代孙，幼之时曾记青镇伯叔兄弟往来于家，犹有族气。迨雍正八年天津建府县，杨柳青拨属津镇。虽地之相去非遥，而两县所关事体攸隔，往来亦自不便，渐远渐疏，其不与予族人相见也久矣。旧谱虽存，久未曾续，即今青镇族人中亦不过仅知静邑永丰街董为同姓焉耳。散漫无纪为已甚矣，敦睦之风从何而起？可胜叹哉！

然杨柳青系予始祖坟墓所在，历年久远，地近人居，灰土尘埋几乎平地，纵异姓尚且目睹心伤，况气脉相关为子孙者能不动追远之思乎？

予族伯字圣如、族兄字有年奋然图谋改葬一事，通会阖族，努力办理，成此义举。更有予族叔字望周愿将己地作祖茔。遂于是年三月十二日到青镇起穴。与我宗族相见彼此模糊，问及支派，茫然莫应。予不禁叹曰：此世谱失续故也。于焉聚集细加搜访，乃知某系某支所出，原编一帖。将成于十五日起锜祖穴得明堂并堂祖坟券砖，书："董氏乃京邸腾骧卫人，居顺天府通州广济坊，永乐中徙居静邑杨柳青家焉，正德六年五月十一日葬茔于斯。"则始末源流非改葬而何以得悉乎？

即于十八日启祖于卫河南马家庄安葬焉。是举也，不惟安所自出，兼以得所从来，实为幸中之大幸也。惟望予族人即谱溯源知支分而根同，远近亲疏共相劝勉，彼此敦睦，庶几踵前修而继美增华，不至坠厥祖绪也，是为。

乾隆十五年三月十九日十一代孙 溥 撰序

杨柳青《董氏家谱》董定国序

董定国/撰文　董克兴、董克明/点校

聞之世遜則譜作譜之作也所以存祖脉篤宗族重本敦親爲後世子孫立標準也吾家世譜始於崇禎十四年係吾高叔祖諱嗣舒者所作傳至八十餘年歷三世不曾復續蕃衍日多疎遠日甚無論散處異地偶爾相遇漠不關心即同居本鎮者不時覿面亦如路人吾叔祖諱溥者心切傷焉聚集族衆詢明支派備述嗣舒祖從前續譜之意叮嚀告戒再續於乾隆十五年斯時也吾輩子姪等傾心側耳起舞起蹈共相勸勉使皆知和宗睦族以盡一本之義而吾族家風爲之以振今又傳至四十餘年支分派衍之衆系序易淆不續之重重將數世以還必

《董事家谱》书影

闻之世逊则谱作。谱之作也，所以存祖脉，笃宗族，重本敦亲，为后世子孙立标准也。吾家世谱始于崇祯十四年，系吾高叔祖讳嗣舒者所作。传至八十余年，历三世不曾复续，繁衍日多，疏远日甚，无论散处异地偶尔相遇，漠不关心。即问同居本镇者，不时觌面亦如路人。吾叔祖讳溥者心切伤焉！聚集族众询明支派，备述嗣舒祖从前续谱之意，叮咛告戒，再续于乾隆十五年。斯时也，吾辈子侄等倾心侧耳、起舞起蹈、共相劝勉，使皆知和宗睦族以尽一本之义，而吾族家风为之以振。今又传至四十余年，支分派衍之众，系序易淆，不续之重重，将数世以还，必致忘其所自出，昧其所从来，亲者疏之，疏者远之，见小利而起争端，缘微嫌而戕大义矣，而吾族风不日见消薄耶？吾虽不敏，而先人之遗训尚不遽忘。有志重续，奈力不从心，幸吾族侄名有志者，素行孝友心乎宗族，乾隆五十六年正月间请来族谱问及支派，坚意重修。噫！竟与吾心相契而合也，何乐如之？即于本月十九日操觚查续，一切资用俱出有志侄己囊，不数月而族谱已成，质之族众，人人称善。皆曰：吾族家风赖以不坠，宁非族中之贤子弟乎哉！我祖宗安得不默佑于冥冥中乎？倘吾族之为子弟者，父戒兄勉，是则是效，为士为农，各念祖脉，若远若近，共相亲亲，一族之内少敬长，卑承尊，父慈子孝，兄友弟恭，雍穆之风以起，嚣凌之气息矣。焉有子孙之不昌大于将来者哉？至是永垂不朽云。

十二代孙 定国 谨撰序

杨柳青《董氏家谱》董应斗序

董应斗/撰文　董克兴、董克明/点校

予自成童時即留心族譜第以未諳宗圖恐有毫釐千里之差
無敢躁率置而不講矣每見世之好大喜誇者流盛談某輩祖
富某輩祖貴不顧祖脉隔膜凡同姓有聲勢者輒填寫譜内列
箇譜賬名曰一字譜以裝門面其如氣脉不相通何名不正言
不順再世竊　而笑之焉能垂訓永久以示後世子孫乎後抵
楊柳青時與族人相見搜閱族譜見有予　伯高祖諱　嗣舒者
之序繼有予　胞伯諱溥之序繼有予　族兄諱定國之序三
序愷切詳明捧誦之下予董氏始來歷履衍系分派豁然心目
更訪諸邑中敦宗睦族之家亦有與予家族譜相似者特屢備

《董氏家谱》书影

予自成童时即留心族谱，第以未谙宗图，恐有毫厘千里之差，无敢躁率置而不讲矣。每见世之好大喜夸者流，盛谈某辈祖富，某辈祖贵，不顾祖脉隔膜，凡同姓有声势者辄填写谱内，列个谱账，名曰一字谱，以装门面。其如气脉不相通，何名不正言不顺，再世窃而笑之，焉能垂训永久以示后世子孙乎？后抵杨柳青时与族人相见，搜阅族谱见有予伯高祖讳嗣舒之序，继有予胞伯讳溥之序，继有予族兄讳定国之序。三序恺切详明，捧诵之下，予董氏始来历履、衍系分派豁然心目。更访诸邑中敦宗睦族之家，亦有与予家族谱相似者，特屡修屡续不致生疏遗失耳。至是而修谱之心渤渤欲动！道光四年春，予族孙名永庆者，竟以修谱事专任于予。又有予族侄名有志者、益和者亦愿相附。予遂不惮烦瘁，纠集各门旧谱，随处查续，经年而稿以成。因录及鼻祖以至于祖父，列图以观便知我子孙出于某父，某父出于某祖，某祖出于某曾祖，以至高祖、高高祖而同出于鼻祖焉。鼻祖始祖也，号至诚，生子二。长曰刚，次曰正，二世祖也。正祖回南无考。刚祖生子七，长曰升，次曰堂，次曰鸾，次曰凤，次曰英，次曰雄，次曰杰，三世祖也。升祖生子四，有津、沂、官、宝之名，亦回南。鸾、凤、英、雄、杰五位世祖俱散处北直州县地面，俱缺考。我堂祖居二，固守桑梓，生子三，长曰铃，次曰锜，次曰钊，四世祖也。从此分为三大门焉。铃祖生子五，仅存三子，长曰经，次曰纯（出继胞叔），次曰纻（乏嗣），次曰绘，次曰绅，五世祖也。锜祖继子一，生子二，共三子，长曰纯，次曰纬，次曰绣，亦五世祖也。钊祖生子二，长曰纤，次曰绎，亦五世祖也。绎祖回南，纤祖传二世亦无考，仅存西大门。故后又分铃祖之后为东少三门，锜祖之后为西少三门，六少门各名列图于后。自永乐以至于今，历经四百余年，子孙绳绳，箕裘络绎，相衍于无穷者，无非我六门之子孙也。虽分门别派，而若源若委，按序按图展阅，井井可稽，不爽毫厘。他如富贵功名俱录实迹，亦无粉饰装点隔绝祖脉之弊。我等子孙后而致富致贵者有之，或贫或贱者亦有之，勿以贵而凌贱，勿以富而欺贫，勿恃尊而凌卑，勿恃长而欺幼，勿因贫贱而嫉彼富贵，勿不安卑幼而上忤尊长，彼此体恤，各念族分，不忘所自，不昧所亲，俾百代如一日，百口若共爨，异地若同居，或有戕宗害族而忤伦者，久而自化族谱之续不綦重哉。

道光七年正月十八日十二代孙 应斗 谨撰序

董锜墓志铭

陈　耀/撰文　冯　立/点校

赐进士第奉训大夫刑部浙江清吏司员外郎邑人陈耀撰

赐进士第文林郎陕西道监察御史马平余勉学书

赐进士第奉训大夫礼部清吏司员外郎南海李义壮篆

公讳锜，字时用，世为在京腾骧卫人，居顺天府通州。永乐中徙静海县杨柳青家焉。

曾太父讳志诚，太父讳刚，父讳堂，母张氏。公性刚直果断，博综世务，早孤事母，得其欢心。兄病躬侍汤药，殁哭尽哀，事嫂如母，抚其孤如己。子绘天资颖异，公独爱之曰："远器也。"遣学于京。自是文誉日新。提学御史王公奇之，取为学官弟子员。公益笃爱。尝病其弟钊居宅狭隘，以所居借之，其中所有毫发莫取。叔氏二，俱乏嗣。公侍养如父。初无子，立兄仲子纯为后，于后遂生子者二人，以为孝友所致也。善治生，早岁弗裕，不数年家累万金。而自视歁然，动辄以礼。凡农桑贾贩由身任其劳。尝谕人曰："世有无知子，少得志便欲骄人。然富而好礼，斯为可尚。"乡人服其言。且自奉甚约，待宾客则致丰洁。用度虽一介不苟。人有告以困穷，辄捐所有济之。人以为俭而能惠也。情最真率，每遇酒辄饮，饮辄醉，醉辄默然不语。众皆悦之。雅好儒绅，至定交士夫久敬弗衰，缙绅多与之游。至是名重乡闾，而往来者多拜其家云然。公善教诸子弟，平日延师于家，人皆授学，及长始委以家务。至其病笃，犹遗言戒之曰："不读书何以为士？不为士何以图补报也？"又曰："尔虽读书得享世业，不可不知勤俭守家之道。尝思古人以艰苦立门户，子孙以侈纵荡之者。尔等戒之哉。"公以勤俭起家，故每言及如此。

公生于成化丁酉九月二十日，卒于嘉靖壬辰六月十四日。享年五十有六。首配孙氏，先公十三年卒，享年四十有三。继配朱氏，后公十日以疾卒，享年四十四。俱有懿行，称于乡族。男三，曰纯，曰纬，曰绣。女二，长适盛宾，次适宋楷。孙男六，曰廷对，曰廷试，其四俱幼。将以嘉靖十二年二月二十九日合葬于先茔，从祖兆也。其子纯等以余有姻娅之好，持状乞为之铭。呜呼！公未尝学问而事多用其天资，言出中理不妄作为，好恶取予亦大分明，至面折人过，人皆畏服。其真义士也哉。铭曰：义气之行，德显于言，一闻于乡，一贻厥子孙，是之谓不朽者存。

董积厚遗训

董积厚/撰文　冯　立/点校

文史指导组按：董积厚，字见省，杨柳青董氏族人，生活在明末清初。明崇祯十五年(1642)、清顺治十四年(1657)分别中副榜。顺治十一年(1654)任州判改河南阳武县丞。因为官勤慎清廉，当地士绅给他送匾：赞符河阳，清标博浪。当地潭口寺因河水决堤被冲坏，他奉命修缮，工作积极，被当地人称为董佛。董氏后人董克兴给文史指导组提供了董积厚在阳武任上所写的遗言。文中不涉琐碎家事，多是嘱咐其子孙如何进取、做人。一位杨柳青士绅的人生观、价值观跃然纸上。以今观之，不啻可鉴，同时亦为不可多得的研究杨柳青清初士绅思想的宝贵文献。特点校以示邑人，以垂后世。

余於甲子登黌偶進三名壬午補廩即獲副榜丁酉再副真乃
蓍窮難明屢經應試無如數奇不遇癸巳產麟兒幸有萌蘖之
生意甲午蒙聖取擢得碌碌之功名州判改縣丞只為速於涖
任廸功者將仕誰知苦於一身焦其心勞其思受千般困楚塵
其體靈其足幾經萬淒傷迴想從前愈念幼學之壯行之感思
深現在益嘆老來無後成之淒得癱疾而抱病回籍苦而復苦
留遺言而將教子孫悲而又悲嗚呼子未成名女未成立忽而
無知二豎竟彌縫綿是余之命也夫是余之命也夫因命而行
前來執筆寫吾遺稿寸金易尋分陰不再雖曰天行假塞究偶

《董积厚遗训》书影

余于甲子登黉,偶进三名。壬午补廪,即获副榜。丁酉再副。真乃梦寐难明。屡经应试,无如数奇不遇。癸巳产麟儿,幸有萌萌之生意。甲午蒙圣取,犹得碌碌之功名。州判改县丞,只为速于莅任迪功、署将仕,谁知苦于一身。焦其心,劳其思,受千般困楚。涂其体,濡其足,几经万凄伤回。想从前,愈念幼学乏壮行之感。思深现在,益叹老来无后成之凄。得瘫疾而抱病回籍,苦而复苦。留遗言而督子教孙,悲而又悲。呜呼!子未成名,女未成立,忽而无知二竖竟嗣缠绵,是余之命也。夫是余之命也。夫因命裔衍前来执笔写吾遗嘱。

寸金易寻分阴不再。虽曰天行偃蹇,究属人事蹉跎。临渴掘井,妄言功到难成。上阵磨枪,借口闱场不利。认寸积为尺累,真是矮人观场。依曲径为周行,何异盲人撞路。不求棒喝,焉得头回?或先达,或后辈,俱是师资。有新进,有旧交,孰非藻鉴?会则不惜小费,居肆成事效百工。文则求正大方,遵矩投绳需宗匠。常存虑以下,人之念不萌,居之不疑之心。可屏者,博弈饮酒之徒。可亲者,直谅多闻之士。疏食豆羹,勿视淡薄,淡薄即是福禄之本。膏粱文绣,无生欣羡,欣羡实败祸之基。兄姪和气毋生嫌,惟念人烟甚少。一脉书香大相继,尝思关系非轻。千亩田园堪为日用,两层房屋亦可栖息。心求丕振家声即当日就月将,意存光昌后嗣可谈朝讽夕攻。果如吾言是从,虽死他乡,亦怀乐于地下。如或过于奢靡,不知勤俭,任尔流荡,不知功名,直谅多闻之士远而弗顾,博弈饮酒之徒见而生欣,则汝虽祭奠丰洁,余岂安于九泉之下哉?

辛亥十二月二十三日
在河南开封府阳武县粮衙官署辰饭
后因命裔衍写出俟余故后以为遗言

杨柳青董氏《齐家要言》

冯　立/点校

文史指导组按：中华法系是礼法相结合的法制体系。礼往往在世俗生活中代替了法的作用，是维系社会稳定的重要基础。杨柳青人讲礼。董克兴先生提供给文史指导组的董氏《齐家要言》是研究传统杨柳青大家族礼义的重要文献。特点校以供研究者参考。

齊家要言

夫婦禮式　夫婦人倫之始君子之道造端乎夫婦此禮所關甚大近人習於燕昵置之不講正中知和而和不以禮節之之弊本原不端何以齊家凡在斯文人家此禮不可不明嘗見親友家夫與婦行禮有夫坐受者有夫婦交拜者抑知妻者匹也敵體也若坐受婦拜與旁何分如此行去固有未合然交拜亦有所不可夫者天也婦者地也夫為君道妻為臣道三綱之義昭昭矣以服制論夫及服杖服婦正服斬衰三年其義之重等於母子且以祭禮（婦論）婦至夫墓欲不拜安乎夫至婦墓則未有叩

董氏《齐家要言》书影

夫妇礼式

夫妇,人伦之始。君子之道造端乎夫妇,此礼所关甚大。近人习于燕昵,置之不讲正中,知和而和,不以礼节之之。弊本原不端,何以齐家?凡在斯文人家,此礼不可不明。尝见亲友家夫与妇行礼,有夫坐受者,有夫妇交拜者。抑知妻者匹也,敌体也,若坐受妇拜与旁何分?如此行去固有未合,然交拜亦有所不可。夫者,天也。妇者,地也。夫为君道,妻为臣道。三纲之义昭昭矣。以服制论,夫及服杖,服妇正服,斩衰三年。其义之重等于母子。且以祭扫礼论,妇至夫墓欲不拜安乎?夫至妇墓则未有叩拜者。何此礼竟行于既没之后而昧于在生之时?岂非燕昵情胜,俗习而不自觉耶?今以坐受、交拜酌之,夫宜端立,妇行礼夫还两揖。如此则妻妾有分。夫主之分亦素矣。此礼行于新妇。三日庙见即宜先行夫妇礼。夫妇礼成即拜见翁姑,礼毕翁率新庙见,然后至伯叔尊长前行礼。非先夫妇后翁姑,以夫妇不成礼不敢拜见翁姑,亦不敢庙见也。此礼重要,不可不加意焉。故书之于谱序。

叔嫂礼式

尝见叔嫂行礼多用手扶,不知男女授受不亲,况答拜时正宜肃静,岂宜简亵?今议嫂端立,叔行礼,嫂还半礼,一腿跪一手扶地。即兴至于兄弟,亦当如叔嫂仪注。弟行礼,兄一腿跪,一手扶地。即兴若父没则当从兄。弟行礼,兄还揖可也。今兄弟只彼此相让似非(校者注:原文缺。)

闺女礼式

闺女、孙女、侄女俱当如子侄辈一样行礼。俗弊闺女在家不行礼,骄悍

成性。欲出阁为贤妇不能也。若出阁，服既降，礼宜稍变。如年节，父母至女家，女行礼，父还揖可也。

按女至父母坟前，俱要下拜，何至生时高拱不拜？正所谓知和而和，不以礼节之者也。是谁之过耶？咎在父母。

交拜礼式

大姑、小姑、嫂子、弟妇、妯娌俱宜行之。小姑与嫂子行礼，小姑在下手，嫂子在上手，小姑让兴。嫂子转下手，小姑转上手，嫂子让兴。今人溺爱闺女，在家即以客礼待之，行礼时居然在嫂子上手。长幼之节何在？不可不辨。弟妇与大姑行礼，大姑在上手，弟妇在下手，弟妇让兴。弟妇转上手，大姑转下手，大姑让兴。今有大姑直受弟妇之拜而竟不答拜者，村俗之甚也。礼法只在日用，行常责在家长。平日教子侄辈，言之详明，久久行之，习成自然矣。

杨柳青董氏《修身八则》

冯　立/点校

文史指导组按：这是在发掘西青历史文化的过程中，董克兴先生提供给我们的一份难得的杨柳青大家族的家训。虽然是董氏的家族守则，也难免旧时代的局限，但反映了旧时杨柳青人的伦理观念，是一份研究杨柳青地方历史文化的宝贵文献。由此也可窥视董氏之所以成为津西八大家之一的原因。其中很多观念不啻为今人之借鉴。

修身八则
其一
勿不孝百行之原宜敦諺語云養子方知父母恩自己有子顧
復之恩無所不至以此思父母真是昊天罔極雖昏定晨省問
寢視膳亦不能報答萬一若能自有善報不孝自有惡報歷觀
往古以迄近今善惡之報絲毫不爽人何不急以自勵而甘為
罪辜之府耶人生所尤宜慎者不幸而有繼母事之更當盡心
若事繼母不孝與父親便不合是絕去父子一倫矣昔宋主遇
繼母兩宮不睦泣語宰相曰太后待我不慈宰相魏公對曰自

董氏《修身八则》书影

其一

勿不孝。百行之原宜敦。谚语云:养子方知父母恩。自己有子,顾复之恩无所不至。以此思父母真是昊天罔极。虽昏定晨省、问寝视膳亦不能报答万一。若能自有善报,不孝自有恶报。历观往古以迄近今,善恶之报丝毫不爽。人何不急以自励,而甘为罪辜之府耶?人生所尤宜慎者。不幸而有继母事之更当尽心。若事继母不孝,与父亲便不合,是绝去父子一伦矣。昔宋主遇继母而两宫不睦,泣语宰相曰:“太后待我不慈。”宰相魏公对曰:“自古帝王未有不孝者。夫子独称大舜,盖以父慈子孝理之常也,无足称者,独遇父母不慈常欲害舜,舜事之不失其孝,卒能感动父母,所以可称。太后止患君事之未至耳,岂有不慈者?”由是两宫释然。由此观之,事父母固当竭力,若遇继母尤不可不善事,方可成的个人。

其二

勿不弟。手足之爱宜笃,兄弟本属天性。后来汩于私欲,便渐失此性。汩没之久遂习为狼恨。有兄弟相仇至死不堕泪者。孟子云:“孩提之童无不知敬其兄。”古来圣贤止能保此心始终如一耳,非有所加也。尝辨孟子“象忧亦忧,象喜亦喜”两句。讲义有说“象之忧喜即父母之忧喜”,若如此舜惧父母全是一团伪了,不知舜之待象是人生以来兄弟一体之情,原是如此。试看人家兄弟当四五岁时一处相儿戏,偶被手触,出血满面,哭泣入室,复出相聚,若不知前日事者。盖天性兄弟之情本来如是,舜之待象正是不失其赤子之心。人竟以后起之心律舜,宜其谓有所畏耳。

其三

勿不慈儿。人自孩提时，为父母者教以方长不折、启蛰不杀，以养其慈。爱之天性渐充之，以至手足之爱，叔伯之戚，下而至于仆奴亦可不欺凌。迨入学读书，又教以勿欺慢窗友，亲近有德，勿侮逆师长，受其教益。至授室之后，又教以同气之爱。凡各屋子女，入室俱是一气相传，情意关系不可视之如路人。俗情止爱自己子女，他屋子女入室漠不相关。此弊皆责妇人之心太毒，不知作男子者，若见的情意真切，枕边言语亦不相入。尝辨俗言“清酒红人面，最毒妇人心”两句，似专责女流。学者诚知反观自省其为毒更有甚焉者。子孙诚能时时以此自戒，便成一个善良好人。

其四

勿纵饮。纵饮丧德。凡人当慎所习，若任情以往，不知检制，习为纵饮，言语必多狂放，行事必多率略。久久成习，未有不渐失其本来天性之真者。孔子曰：“惟酒无量不及乱。”又曰：“不为酒困。”至哉言乎！诚万世修身之宝鉴也。试看人家少年本性亦能饮几杯酒，不能节检，习久成性，遂至不饮酒即不能寐者，困孰甚焉。且甚至饮酒成疾多不可救药，岂不可惧？后世永子孙，诚知酒不能不饮又不可过饮。即客至饮酒而又节以礼，和之以乐，不至载号载呶，乱我笾豆之诮。即时而自饮亦必适可而止，时凛三爵不识、矧敢多又之戒。如此则满座宾朋献酬饮毕，固足以和众人之欢。即静室衔杯，检而有节，亦可养一己之性。诗曰：“我有旨酒，以燕乐嘉宾之心。”又有曰：“饮酒孔嘉，维其令德(校者注：德字应为仪)。”庶当之无愧焉而幸甚。

其五

勿赌博。凡裘身破家，疏亲慢友，败人品，坏家声，种种不肖皆由于此。子孙辈甚勿以吾姑一为之断不至于是自宽。试看今之人有最聪明、最伶俐者，由小习大，竟溺于其中，至死而不知悔者。汝曹不深信，试以庞德(校者注：应为庞德公)戒子孙诗为证，诗云："凡人百艺好随身，赌博门中莫去亲。能使英雄为下贱，管教富贵作饥贫。衣衫褴褛亲朋笑，田地消磨骨肉嗔。不信但看乡党内，眼前败落几多人。"(校者注：此诗应出自《明心宝鉴》，托名庞德公所作。)此言虽浅近，言之痛切明著，稍有人性者读之真堪回首。远有昔贤可效，近有家法可传，差堪垂训云。

其六

勿淫荡。十恶淫为首。凡人持身，最宜小心严戒，一有失足终身莫赎。岂不可叹？又甚勿以人亦有习为此事而不为恶报者以自宽。不知此等人定禄寿不永长，暗中已减，故不自觉耳。试以诗为证。徐神公有云："为善逢善，为恶逢恶，仔细思量，天地不错。"又云："善有善报，恶有恶报，若还不报，时辰未到。"邵康节先生云："若无报，天地必有私。"汝曹试看天地果有私否？何得以此自为宽解？凡为家长者，己身要为正，尤当正及一家。凡一家之中，当买男女使用最要自己相看，务要老成敦朴者。若所用非人，自己虽能戒，他人坏事罪坐家长，不可不慎。至于各有田地，麦间大秋，或亲自在乡料理，慎不可与少年女人交谈，尤不可自入佃户闺房内。虽自己心意无他，而整冠纳履之嫌自当远避者。常见有身被此诬，虽自剖白者不可乎。

其七

勿贪财。财命自有定数,命里有财自然有财,命里无才巧取得财,适足为祸。紫虚元君戒心文有云:“害生于多欲,祸生于多贪。”(校者注:原文为“患生于多欲,害生于轻慢,祸生于多贪”。)至哉言乎,诚养心之宝也。何人不清心寡欲以养其身,为子孙积累无穷之福?人之持家慎不可为子孙希图官爵。无德而贵,得罪万民,为祸更大。紫虚元君又云:“休休休,盖世功名不自由。”此言约而可味。人莫不愿子孙贵显。紫虚元君亦言之矣。诚能孝父母、睦兄弟、敬长上、尊有德、别贤愚、恕无识、不恃势、不傲物,方寸之地不失静中之天,不官爵自至福禄,兼全其身,康强子孙,逢吉直如操券而获。不此之求而徒贪昧妄想,福不可得而害已随之。司马温公戒子孙云:“吾欲多积金玉以遗子孙,子孙未必能守;积诗书以遗子孙,子孙未必能读。不如冥冥中暗积阴德,以为子孙长久之计。”先此正之格言至论,诵之可当暮鼓晨钟惊醒。遇述言之谆谆,慎勿听之藐藐。

其八

勿惑于风鉴。尝言风水之理无不必求,风水之理有求不得。经云:“积善之家必有余庆,积不善之家不有余殃。”此种或增或减,由人自致。不此之求,求之风鉴,惑甚矣。余又尝言:“人心自有好风水。术士相不出学者。当清夜自思。”徐神翁有云:“闲中检点生平事,敬业思量昼所为。常将一心行正道,自然天地不相亏。”邵康节先生亦有云:“ 风水人间不可无,全凭阴骘两相扶。富贵若从风水得,再生郭璞也难图。”(校者注:语实出《醒世恒言》。)后世子孙若能守此训,正心无惑好风水。

《通介堂诗稿》李中简序

李中简/撰文　冯　立/点校

文史指导组按:《通介堂诗稿》是清运河东河副总督徐湛恩的诗作。徐湛恩康熙五十四年(1715)登武进士,授侍卫。因奉康熙帝之命赋诗,深得赏识,特改文职。官累至内阁学士兼礼部侍郎,出治两河,为运河东河副总督。徐湛恩罢官后,徐家迁居静海县东乡大侯庄(今属西青区王稳庄镇)。徐家能人辈出,被大侯庄人称为徐半朝。

徐湛恩诗作为其孙、山东巡抚徐绩编为《通介堂诗稿》。其诗不分古近体,五言二十四首,七言一百零七首。徐绩请名士李中简作序。文史指导组在搜集西青历史文化资源时得到此序,不忍埋没,故点校发表。

李中简(1721—1781),字廉衣,一字子敬,号文园。任丘人。

乾隆十三年(1748)进士,选庶吉士,入翰林院。后授翰林院编修,入直上书房,擢升侍讲学士。历官云南省提督学政、山东省提督学政等。后负王伦起事之累,受贬黜。但仍授编修。乾隆四十二年(1777),因病乞退,从此杜门著述,潜心治学。

李中简是清代乾隆时期享誉文坛的文学家,诗人。与纪晓岚等人并称瀛州七子。

序

辛卯冬余與大中丞樹峰徐公後先承

命来山左始識面以道義相尚比三年矣中丞

邃於學顧任封疆務繁任鉅退然不欲以詞章

自見而獨雅重余文暇日出令祖沛潢先生詩

屬敘余考先生生平事蹟磊落奇男子也世徒

見先生晚年任分巡晉陳臬入參閣部出總北

河畧兼儒臣敭歷之榮遇而不知其初由武科

《通介堂诗稿》李中简序书影

辛卯冬，余与大中丞树峰徐公后先承命来山左，始识面。以道义相尚比，三年矣。中丞邃于学，顾任封疆，务繁任巨，退然不欲以词章自见，而独雅重余文。暇日出令祖沛潢先生诗嘱叙。余考先生生平事迹，磊落奇男子也。世徒见先生晚年任分巡，晋陈臬，入参阁部，出总北河，略兼儒臣。扬历之荣遇，而不知其初由武科致身。又或见先生以武进士谒座师临川先生，奋笔和诗名传都下，及官侍卫扈驾应制赋《水猎诗》，称旨遂膺，特达之知，改授文资，咸惊先生异才天赋而不知其由寒畯精进而成。

中丞尝从容为余言，曾祖某公令宝鸡时，罣吏议籍没，家无尺椽。先生早岁缔姻贵族，至是策蹇就婚，孑然褴褛。诸僚壻或轻之。先生洒如也。外

舅家故多藏书，或劝其读，先生意若不屑，及抽架上诸帙试之，则略已上口。于戏！先生聪明固什百庸众，乃其志量远大于困穷潦倒中，早自刻励，故树立至于如此。

先生居官有风节，林居二十年不问田舍。性喜为诗，稿成辄弃之，多为人拾去。其存者百数篇耳。余读先生《题顾用方先生辩性篇》二诗，义精河洛，语妙老庄，殆非仅词人之诗也。他皆华赡流宕，自成一家之言。

贤者固不可测生平，奇遇岂偶然哉？闻宝鸡公居官有大阴德，卒负累以没。先生既卓然振其家声，再传而中丞继之。皆名德硕望衍积善之庆。

功存经国不必以文显，而先生之诗乃必可以垂后而无疑者。中丞用忠孝绳武，又念先泽不忍没，将授之梓俾。余以里词导扬篇首，附名行远，讵不幸与。

乾隆三十九年岁次甲午春三月吾邱后学李中简顿首拜撰

副河督徐公家传

王元启/撰文　冯　立/点校

文史指导组按：王元启（1714—1786），浙江嘉兴人。乾隆十九年（1754）进士。官福建将乐知县，三月而罢。历主讲席，多有成就。研《易》专讲义理，也精于历算。著有《只平居士文集》《惺斋论文》《惺斋杂著》《读韩记疑》等。

《副河督徐公家传》文字不多，但把徐湛恩身世、性情写得清晰、生动，是西青文史工作者研究徐氏家族不可多得的文献。

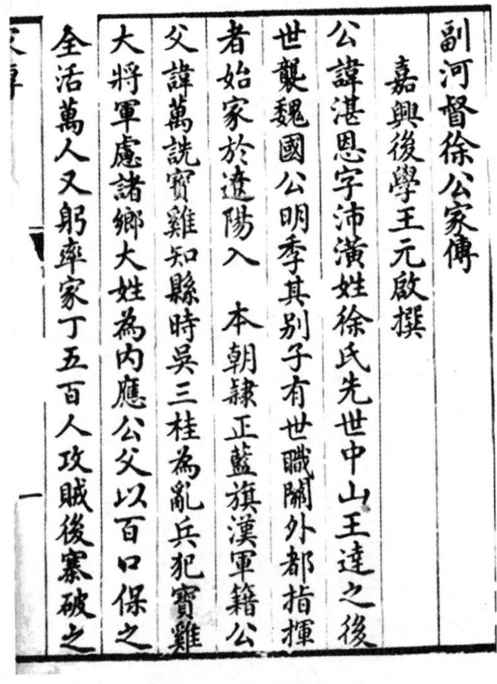

副河督徐公家傳
嘉興後學王元啟撰
公諱湛恩字沛潢姓徐氏先世中山王達之後
世襲魏國公明季其别子有世職關外都指揮
者始家於遼陽入　本朝隸正藍旗漢軍籍公
父諱萬誂寶雞知縣時吴三桂為亂兵犯寶雞
大將軍處諸鄉大姓為内應公父以百口保之
全活萬人又躬率家丁五百人攻賊後寨破之

《副河督徐公家传》书影

公讳湛恩，字沛潢，姓徐氏，先世中山王达之后，世袭魏国公。明季其别子有世职关外都指挥者，始家于辽阳。入本朝隶正蓝旗汉军籍。

公父讳万诜，宝鸡知县。时吴三桂为乱，兵犯宝鸡。大将军虑诸乡大姓为内应，公父以百口保之，全活万人。又躬率家丁五百人攻贼后寨，破之。会有攘其功者，竟遭诬劾以去。公少以高等生入贡，例选教谕不得，投效河工，累题借补他职，皆格于例，遂弃去。康熙五十年，改应武科获举。后四年成进士。以侍卫应制赋诗得召见。问家世，因痛哭陈其父令宝鸡时事。上为之挥涕，遂改授文阶，得官职方郎中。

雍正元年，出为兖宁道佥事。峄县有湖壖荒地，许贫民开垦，势家占为己业，私纳耕者之税；又各属濒湖草厂地，例纳草以备工料、胥役，株及他所民田，公悉为革其弊。

为河道三年，所在安澜。自以无所效其力，因奏乞改臣武职置之边徼，庶得勉，尽死力以报陛下。不报，俄擢山东按察使，改调广西。时巡抚都御史入觐。世宗谕之曰："徐某，汉军中第一人物。朕故特擢以佐汝。"巡抚言："其精力已衰。"坐是，被调及秩满入觐。上见之惊曰："徐某矍铄乃尔，谁言老者？"擢佥都御史，出为河东河道副总督。谕令与总督田文镜和衷办事。又赐奏折，令有事密以闻。公不敢奉命。上问故，对曰："臣与督臣共事，苟有所见，竭诚商榷，虑无不听。如果刚愎自专，臣亦可以露章弹劾。动辄密奏恐各怀猜忌，有负陛下和衷之训。"上以为然。至河南，文镜接见首述上谕及奏对语。文镜大服，诸事委心焉。语人曰："徐公乃直桶子人。"直桶子，谚语，言其无回曲也。

时山东鲁桥以南至黄林庄岁苦淹决。公建石堤为捍御，运道赖之。未几，内升内阁学士兼礼部侍郎，改直隶副总河。时北河督臣喜自逸。公驰驱河上，躬与下吏均辛苦。总河笑之。或劝公宜密以陈奏，不然将被累。公曰:“吾为副,当如弟之事兄。一切代服其劳即已。不宜讦兄以自白。”俄而,总河奉严旨切责,公请一并列名请罪。奏上,总河革职,公降调。会前任按察使以他事被议,今无级可降,遂被黜。

初公膺乡举出临川李绂之门。榜后随例一谒而已。绂坐事西曹,公独朝夕视护唯谨。及为兖宁道,有钦使数辈勘阅河道,意有所需不遂,厉色曰:“君所司何库?”曰:“四大库。”问:“安在?”曰:“南旺、南阳、蜀山、马场四湖是也。”使大忤。会绂为诸使首,独折节公。众怪之。绂具言其故。众乃感服。按察广西,值土司岑某就抚,后复蠢动。先时巡抚奏功者即李绂。上怒革其职,责令协剿。公密遣人入其巢,获首逆十八人以献。事始平。绂得免于戾。

公博学多能,自诗、古文外,下至方伎之书,靡不究。初罢归贫甚,诸子虑无以为养。公笑曰:“汝等各自力无忧我,我持一桌倚官墉与人谈星卜尚能自食有余耳。”平居检御,精明对客,终日无惰,容虽老犹自谓能挽强弓、骑生马。

十五年,特旨复职。二十年卒。年八十四。

三十六年,公孙绩以兵部右侍郎巡抚山东兼提督军务,覃恩赠公振威大夫。

赞曰:余旧客公所。公口不言人过。子弟有言某人为某事者,必正色斥之曰:事多同行而异,情况非目击则其事尚无确据,汝何得遂为传谤?以是,谮愬之语无有能至于其前者。呜呼!此可谓得大臣之度矣。

通介堂诗稿

徐湛恩/著　徐　绩/编次　冯　立/整理

大师西征同高富二侍卫赋

长鲸恣桀骜,肆恶罔知惧。
觊我伊吾庐,赫然震天怒。
遴将启玉门,祝纛驻金辂。
掣电腾龙骧,清霜肃武库。
榆关白日昏,紫塞寒冰沍。
静处若渟渊,动驰如脱兔。
铙鸣北海风,旗卷西崑雾。
繁弱落欃枪,龙渊剪负固。
绘图姓氏彰,勒石勋猷著。
恨不从军行,磨盾草露布。

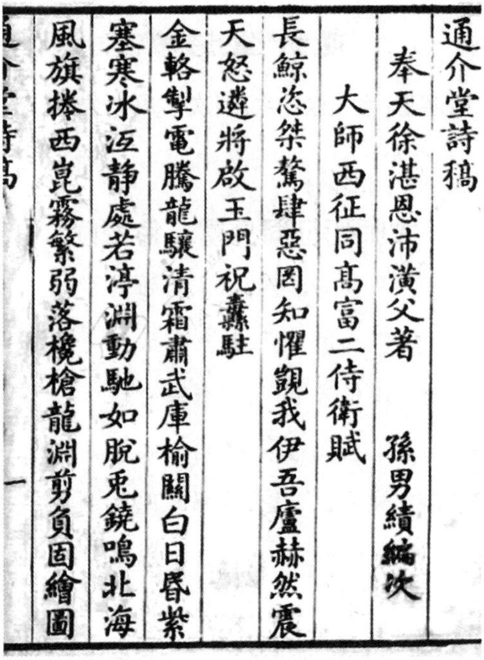

通介堂詩稿

奉天徐湛恩沛潢父著　孫男績編次

大師西征同高富二侍衛賦

長鯨恣桀驁肆惡罔知懼覬我伊吾廬赫然震
天怒遴將啟玉門祝纛駐
金輅掣電騰龍驤清霜肅武庫榆關白日昏紫
塞寒冰沍靜處若渟淵動馳如脫兎鐃鳴北海
風旗捲西崑霧繁弱落欃槍龍淵剪負固繪圖

通介堂詩稿　一

《通介堂诗稿》书影

读顾用方先生性善性恶辩题后二首

一

性本无二致，情则有分施。
分施众且万，惟一以贯之。
潜飞与动植，秉赋各异资。
人独具灵觉，践形赞两仪。
苟不务操存，情驰性乃漓。
雁亦知礼义，寒燠不失期。
犬且能司夜，贫富志不移。

彼尚守恒性，人何可昧斯？

二

荀孟言善恶，辩论盈篇幅。
若将体用究，直破人心惑。
性体本纯素，奚可杂黑白？
行有得于心，此乃谓之德。
情若不能胜，性则被戕贼。
譬月在水中，水月可参测。
水清月清明，水浊月失色。
水则有清浊，与月无臧慝。

题画箑

数艇聚云根，晚山色苍郁。
澄湖浸遥空，乐此意无怫。
举纲得鲜鳞，抵酒有长物。
饭熟呼儿吃，衣冷看妇熨。
斫玉荐瓦盂，醉饱无请乞。
不贵亦不贱，无伸乃无屈。
夫谁绘素扇，烟云生仿佛。
坐我在潇湘，清风时披拂。

次友人留别原韵

磊落海鹤骨，胡立鸡之群？
清才谢灵运，逸情王右军。

长风关外路，匹马岭头云。
别后吾衰矣，鹏抟试望君。

夏日早起即事

睡醒虚斋静，侵晨一欠伸。
窗延蕉荫绿，几纳竹凉新。
得意观鱼乐，无猜看鸟驯。
安心无个事，自拟葛天民。

七夕

乌鹊填桥夜，人间乞巧天。
晚风银汉外，落月锦机边。
一夕酬离绪，双星乐大[①]年。
针楼多思妇，莫为女牛怜。

赋得春水满四泽应制

日暖泉初动，涓涓到处流。
碧澄垂钓浦，绿净采苹洲。
岸雪行将尽，溪烟漫不收。
野田滋润泽，在在浴春鸥。

---

① 双星乐大，一作相逢慰隔。

陇麦应制

宿麦经甘雨，青青满近畿。
迎风将作浪，晞露渐添肥。
嫩绿滋三月，菁葱遍九围。
更谁识帝力，耕凿乐无饥。

恭和御制陇麦元韵

置闰重三月，葱茏麦满畦。
雪占应有验，风信岂无稽？
彩雉藏难见，黄花入未齐。
穗歧长亩瑞，先已悦群黎。

赋得既雨晴亦佳和桐轩元韵

雨歇天容淡，风轻柳带长。
数峰当晓户，两部聒方塘。
晞露花房拆，烘云蝶粉香。
阴晴诗纪略，幽事费平章。

秋蝶

栩栩来荒圃，娟娟过小楼。
暮花为伴侣，寒梦尚风流。
露气粘须冷，溪光过影愁。
有形皆是寄，不用赋悲秋。

卧松和刘孝升孝廉元韵

偃亚孤松好,龙蛇势断连。
枝低横䩕地,叶密翠围天。
镇觉含风韵,长疑抱月眠。
游人席地坐,对影亦萧然。

次履祥见赠元韵

与世忘机客,无猜自可亲。
聆言征实学,接物见天真。
赋就才如海,诗成笔有神。
卿云拟藻思,郁郁复轮囷。

扈从汤山

德懋原无垢,温泉豫圣躬。
丹崖春活活,水殿气葱葱。
枫已含朝露,荷犹恋暑风。
地灵真有验,万壑尽呼嵩。

盆梅花携自遐方伎干已枯溉之复放一花喜而有作

种自遐方至,名将玉萼传。
故山不解住,老干复谁怜?
傲骨仍冰雪,清芬本性天。
为酬勤灌溉,特作一花妍。

己巳元日

入春已半月，腊尽又新年。
爆竹喧街市，辛盘列几筵。
持衔分贺拜，投老免周旋。
笑看儿童戏，群矜彩袖鲜。

山庄四季应制四首

春

为爱山庄好，郊圻绿渐匀。
和风来上苑，川谷遍阳春。

夏

溽夏销梅雨，熏风入帝弦。
曾岩舒远望，锦绣满晴川。

秋

荷香犹恋暑，柳色已呈秋。
咸惬西成望，应无不给忧。

冬

撼树北风急，侵檐瑞雪来。
仙山荣草木，梅萼已先开。

赋得静里清声别应制

静里闻天籁，泠泠指下弹。

雅音超正始，暖律协三端。
一奏宫商叶，初调宇宙宽。
泳飞鱼若鸟，歌舞凤将鸾。
穆穆含元气，融融会静观。
阜财复解愠，群颂万年欢。

乙未初春还居旧舍感赋十六韵

去住浑无定，归来隔两年。
莫忧室悬磬，差胜陆居船。
赤脚迎门候，乌龙近榻眠。
窗闲堪寄傲，墙短仅齐肩。
书幌尘封厚，山厨蕨饷鲜。
青窥新柳眼，翠袅旧溪烟。
顾甑堕非杰，因人热岂贤。
惟疏食水饮，肯问舍求田。
揽镜怜循发，闻鸡畏著鞭。
犹劳陶侃瓮，敢羡李程砖。
僧舍容周续，书航醉米颠。
曲针磁不受，清影镜空怜。
冗长才惭短，邅回志益坚。
情移碧峤月，心寄白云天。
对酒仍慷慨，违时耐弃捐。
南村共晨夕，有意未能宣。

游佟家台十二韵有引

余性迂踈，不晓治生，虽幼多坎坷而忧虑勿撄。宦途二十年，解组后徒四壁耳。偶从亲串间贷三百金置一庄，复不详审，乃不毛之水田也。未几而鱼苇生焉，食指虽繁可免寒馁。余年逾八旬，健步履时复游览于兹，因赋此以示儿曹。

解组还初服，诛茅在水乡。
田园新物色，吟眺旧疏狂。
芦苇丛春浦，鱼虾聚晓塘。
寻僧时策蹇，归路复牵航。
堤柳迎门绿，溪花入槛黄。
弄晴烟淡淹，选树鸟回翔。
豁齿全添瘦，华颠尽化苍。
素谙绵絮暖，粗识菜根香。
未觉聪明累，犹欣步履强。
开怀玩濠濮，濯足付沧浪。
荣悴皆虚幻，灾祥莫祓禳。
天怜迂拙叟，畀此养生方。

和蔡叔玉侍卫题朱一三画虎图原韵

画虎才人才似虎，题虎诗成虎欲舞。
壁间耸立势狰狞，令人骇视剑急抚。
半幅淋漓诗百言，行间飒飒来风雨。
当时惨淡两经营，默与神契口不语。
墨沈飞洒笔阵雄，虎就诗成心良苦。

狐威可假讵有之，羊质虽文亦何取。
赖君摛藻写虎真，毫端造化生阿堵。
会看感会腾云龙，万里山陬啸风去。
豺狼遁迹魑魅藏，爪牙功烈高千古。
虎头书生万户侯，投笔之日无尺土。

清明期内人不至

去年寒食客情恶，今岁清明一如昨。
榆羹杏粥冷未煎，谁家庭院飘彩索？
彩索轻飏花气芳，陌上游人醉羽觞。
打毬公子金勒马，镂胜青娥明月珰。
殊方风味亦如此，帷车未审行与止。
脉脉高楼杨柳风，盈盈衣带桃花水。
一水澄澄隔远人，香轮遥忆碾轻尘。
好鸟不将音息至，故园只见燕来频。
欲籍鸣鸢寄尾琐，长丝牵系风相左。
涤愁莫覆手中杯，散尽榆烟新燧火。

题云山图

崒崒嵂嵂青芙蓉，岚壑深窅神灵通。
突兀矗立插晴空，蓬蓬勃勃白云封。
白衣苍狗幻冥濛，佳哉郁郁复葱葱。
凌霄古桧盘虬龙，怪石蹲踞欹长松。
苍翠荫翳覆绀宫，丹楹雕甍碧玲珑。

境界清回绝尘迹，就中应驻方瞳翁。
愿随列子御长风，挟我逍遥肆游踪。
饥餐菖蒲花紫茸，看山万古无终穷。

七十七岁有作

六百甲子一百年，余度四百六十二。
发秃齿豁眼犹明，硬骨棱棱天所赐。
性耽射猎喜读书，不爱杯罍厌声伎。
回忆坎壈少年时，襟怀洒脱无忿忮。
世俗笑称无心人，几曾忧虑甘憔悴。
即今垂老益放旷，快如骏马脱衔辔。
孔颜真乐安敢希，彭聃上寿非吾冀。
南荣竹马交声喧，笑看童孙彩衣戏。

春雨分赋

每到春来风雨多，呼晴鸠妇坐柔柯。
寒销蝶粉飞初怯，湿咽鹦吭韵未和。
檐溜滴残回浅梦，唾壶击碎放狂歌。
前溪一夜平添涨，已拟投竿钓绿波。

次友人见怀元韵却寄

茗椀诗筒只自娱，殷勤谁复念迂儒？
碧云笺寄三山远，绿水洲翘一鹤孤。

寂寞更吟豪士赋，昂藏犹有丈夫躯。
郊扉且自从吾好，与世无争得坦途。

汉书斗酒兴偏娱，粗粝何曾厌腐儒。
云树漫增离客恨，鹤梅差慰野人孤。
抛荒药圃缘多病，葺就蜗庐仅着躯。
寄语社中同好者，道吾近不哭穷途。

癸巳下第归里都中同年以诗见寄答次原韵

清诗读罢喜狂夫，积得相思一旦无。
花陌联镳俊游兴，溪山戢影野人愚。
青精作粒日三饭，云母和羹晚一盂。
未得鸣珂还炼药，他时学步紫烟衢。

送理儿之鲁

裁罢家书夜已阑，离怀此际倍辛酸。
柳丝已结愁千缕，竹叶难浇绪百端。
别去不须多眷恋，到时应记报平安。
入秋未审能来否？屈指先期白露漙。

郇　居

为爱村居不力农，莳花栽柳未全慵。
鸠声几处唤春馌，人语四邻喧午舂。

荦蔓绿篱青勃勃，种莎绕径碧茸茸。
客来厨内多方物，野蕨山蔬尽足供。

有感示焕章侄

冉冉年增叹数奇，蝇头蜗角欲何为？
壮心未已髀生肉，豪气犹存鬓欲丝。
无术可辞叔向贺，有文虚负稚圭移。
秋来喜得身轻健，强饭从教万事痴。

次韵答李嵩高夜过留宿见赠

同君把酒玩清秋，剪烛裁诗兴更幽。
对剑浩歌缘底事？闻鸡起舞欲何求？
瑰琦自许无双价，潦倒谁推第一流？
骨相应惭飞食肉，漫嗟李广不封侯。

聒耳蝉声噪晚秋，白云红蓼助人幽。
诗倾怀抱君须听，酒竭瓶罍我更求。
塞雁叫霜寒响递，井梧带月碎光流。
床头金尽貂裘敝，羞向尘埃说觅侯。

赋得为有源头活水来拟应制

清溪活活势纡回，漱石穿云昼夜来。
日午波恬澄练影，月明风定现珠胎。

一泓应有发蒙象，万里方知向若才。
静止动流机趣好，甘泉銮辂幸追陪。

春夜感怀

轻寒轻暖最宜人，偏恼长安羁客身。
悔不当垆著犊鼻，妄思卖赋扑缁尘。
梦回孤馆鸿音续，翠锁横塘柳意春。
无限闲愁说不尽，萧萧两鬓已安仁。

索民部还西墅招饮诘朝得鲜鳞先寄附长句二首

翩翩裘马气凭陵，定省频来自凤城。
好客高筵倾玉斝，能诗清兴协银筝。
春风醉我非关酒，公望喧时愿识荆。
将敬自惭无长物，小鲜敢给校人烹。

清溪昨日泛渔舠，为觅鲜鳞寄户曹。
沙岸系牵红尾大，波心风飐绿杨高。
伴笺何以缄书鲤，斫鲙应挥切玉刀。
迟客南楼休怪晚，一蓑烟雨兴偏豪。

乙未二月二十四日舅氏扈驾驻跸河堤谒次恭呈长句二首

大辂鸣銮驰道晴，桃花夹岸飐龙旌。
宣房筑就劳宵旰，瓠子功成庆宴清。

久傍螭头荣侍从，近随豹尾话生平。
小才一旦承慈训，敢谓无人识饼伧。

头颅四十叹无能，与世浮沉任爱憎。
自慨迂疏艰遇合，欣瞻仪范得依凭。
官厨恩赐先分炙，宅相微言已服膺。
书剑不成饥欲死，渭阳属望愧难胜。

送友人之辽东

高怀直欲上云霓，旷达襟期孰与齐？
柳眼乍开方并辔，桃腮刚晕惜分携。
孤飞辽海千年鹤，独听芸窗五夜鸡。
沽酒旗亭须尽醉，骊歌声歇各东西。

次焕章侄上元日过京口元韵

轻舟如叶过京江，帆挂长风浪里撞。
万派合流波淼淼，二山对峙影幢幢。
龙蟠势合称雄镇，铁瓮名高是旧邦。
万里车书今一统，将军何必择奇庞？

次游昭关元韵

萍踪汗漫到江南，柳媚花明取次探。
游子放歌天乍霁，古城纵饮兴偏酣。

橐载雄心终有以，江浮愤气未全甘。
当年一夜髭须白，往迹空余野老谈。

和天坛道院牡丹元韵二首

紫萼檀心腻粉房，缤纷花气正清芳。
移来瑶圃根偏固，留得仙家日欲长。
倚醉阑边芝是伴，步虚声里玉成妆。
大郊金辂经过处，掩映觚棱五色光。

漠漠繁香绽晓房，开时不逐李桃芳。
紫坛近拂金鞓艳，青鸟低衔玉佩长。
异种正宜云朵殿，仙班偏称露华妆。
知他羞与凡姿并，竞秀琅玕夜有光。

丰台次韵

寻幽挈榼入丰台，尽涤烦襟眼乍开。
绿萼花飞纷蛱蝶，草桥人渡恍蓬莱。
诗豪盘礴争题壁，香国氤氲共把盃。
薄暮兴阑归路好，软风轻逐马蹄回。

阻雨次韵

连朝阴雨阻游期，走马名园忆往时。
孤馆恰同僧舍静，湿云犹似远山移。

风翻燕剪回珠箔，露染蜂针上密[1]脾。
酒伴不来思正苦，客窗无赖咏新诗。

赠子镇弟

忘机不作不平鸣，与世无猜无所争。
见猎能忘盘马兴，逢秋一动忆鲈情。
耽游爱着东山屐，纵饮豪倾北海觥。
解组归来心地稳，樵渔久已结深盟。

乙未榜后谒李临川座师以聚奎堂夜坐诗见示敬和元韵三首

六翮凌风天宇清，三年雌伏一飞鸣。
翘关自古称材力，贯札而今愧俊英。
亥豕未谙多错误，霄泥已判荷生成。
不才幸附孙山列，喜听旗铃报五更。

侵晨随众步朝廊，叨附名流一榜光。
弧矢志酬年尚壮，云霄路近气初扬。
连镳得意看花市，折简亲趋问字堂。
感得一番深顾遇，弹冠何必羡王阳？

一第初沾四十余，樗材那称佩金鱼？
惭陪桃李门墙植，敢比参苓药笼储。

---

① 密，应为蜜。

有志但劳陶侃瓮,无才空读子房书。
衔恩盛世知难报,马革疆场意不殊。

和孙韬光请假西归留别元韵

柳暗河桥离思生,骊歌一曲动行旌。
归心已趁枝头絮,世路真同水上萍。
帝里好花曾共赏,山城皎月只孤明。
临岐莫漫频回首,吟罢新诗怆客情。

恭和御制水村元韵

风定平湖好放舟,郊圻额手庆宸游。
千枝柳眼绿堤放,万点苹花绕岸流。
草长依依侵蟹舍,雁飞故故下芦洲。
圣王巡幸非行乐,耕者应无不足忧。

舟中观猎应制

龙舻春泛绿波平,照水春蒐列羽旌。
沙际挽弓鸿雁下,岸边收网柳丝晴。
帆欹五两风恬早,禽舍三驱棹扬轻。
夏谚豫游歌圣主,渔村童叟尽欢声。

玻璃口即事同陶庵中丞桐轩侍卫分赋

一湖绿净漾玻璃,稚柳垂青渐拂堤。

水色远连天上下，渔罾横挂埭东西。
拏烟渔父归前浦，载月扁舟过别溪。
晓雾乍开风淡荡，隔林沸耳叫黄鹂。

赵北口

桃花夹岸飐龙旌， 扈从归来放棹轻。
两岸雪消春水绿， 一帆风正晚天晴。
远山浓淡邀游辔， 碧柳低徊送客程。
极目长桥虹卧影， 东西齐唱棹歌声。

磬棰峰

孤峰突兀插云根，矗处全无斧凿痕。
遂有嘉名留戛击，那无灵籁彻黄昏。
一茎可悟禅机熟，半偈应知觉路存。
莫讶巨灵神力幻，千秋留峙九重阍。

过陶庵佟中丞西山山房

新构仙居傍帝宸，清幽面面绝嚣尘。
峰纵霁后青当户，鸟为晴初韵可人。
山麓孤亭新葺草，花田小径渐铺茵。
自公退食多潇洒，可许游人一问津？

秋日偕友山行

北塞风凉爽气横，闲骑羸马傍山行。
一湾青涧乱流渡，数点野花豁眼明。
到耳晓钟知寺近，隔溪社鼓快秋成。
村醪觅醉休言薄，趺坐层岩对客倾。

秋夜塞上闻笛

玉笛无端恼客情，况当秋塞夜三更。
数声吹彻边关月，几曲消残旅帐檠。
漏促清商惊短髩，梦回白雁过高城。
落梅折柳伤心极，此夕思家梦不成。

塞上从行围

朔雪霏霏集客袍，西风猎猎动旌旄。
黄花古戍云成阵，紫塞荒山树响[1]涛。
霜雁叫残红叶下，斜阳照彻玉峰高。
短衣射虎寻常事，火出风生兴自豪。

中秋后一日大雪塞外作

窄衣驰马猎边城，日傍龙旗豹尾行。
黯黯同云埋大漠，霏霏朔雪拂长旌。

① 响，一作涌。

烟斜野戍知风紧，梦断旃庐讶月明。
遥忆故园秋正好，高堂应动[①]念儿情。

九日归至热河陶庵桐轩招饮西山山房用少陵蓝田崔氏山庄韵

猎罢思归期尚宽，玉砧峰下共君欢。
呼鹰须记曾联辔，纵酒休嗔不整冠。
地冷黄花真太瘦，兴酣白社哪知寒？
持螯且作茱萸会，莫作他乡客里看。

和桐轩佟侍卫留别热河元韵

塞垣数月幽楼惯，闻道归家反系情。
林壑耐供诗思苦，云山忍送马蹄轻。
漫嗟霜鬓随秋老，约看黄花隔岁明。
笑问联镳共来往，情怀何以耦而耕。

次同年孙韬光见怀元韵却寄

新诗读罢怆离群，北阻燕山西阻秦。
谈剑曩时邀侠客，过酵此际忆芳邻。
无多别日犹嫌久，定约来期可及春。
百二重关风气隔，幽居曾否念劳人。

① 动，一作切。

接得云笺气候凉，别离愁共碧天长。
论交讵敢忘三益，友善宁甘在一乡。
陇树远连秋漠漠，诗筒遥寄路茫茫。
明春千里吟鞭到，好摭风烟入锦囊。

赋得二月春风似剪刀

柳色垂金二月中，独将天巧付春风。
划开青眼寒犹浅，镂出颦眉暖渐融。
韶景尽资陶冶力，纤条全讶剪裁工。
当年缀彩诚多事，试看群芳取次红。

重九次韵

满目萋萋塞草黄，疏风细雨过重阳。
半林丹叶荒山冷，一望陇沙驿路长。
菊酒纵能浇块垒，萸囊终不疗疏狂。
登临此际添乡思，听彻长空雁叫霜。

初夏夜坐次汾西弟韵

庭槐带月影婆娑，鼍鼓冬冬已数过。
漏促方知春去久，夜良可奈酒无何。
一檠明暗茶烟歇，半榻清凉诗兴多。
吟罢绕阑思不极，摩挲双眼看银河。

偶 成

唾面无惊任自干，漫随世俗强追欢。
阅来冷暖嗟交少，行尽崎岖觉路难。
虫语夜阑如有约，燕惊秋去似无端。
休嗤此老成疲苶，养就胸怀抵海宽。

赠同年周云倬侍卫

爽迈人争羡异才，自惭驽足附龙媒。
联舟水驿从围去，并马边城避暑来。
已拟勋名开玉帐，应期事业画云台。
秋深弓力频添健，扈从霜林射虎回。

七月十五日热河观河灯

塞上风清荐早凉，一轮满处漏添长。
针楼刚乞天孙巧，玉宇犹迟桂子香。
聒耳滩声连社鼓，绿堤灯火泛慈航。
公余喜值今宵暇，天与良时侑客觞。

塞上从围

短衣匹马冒霜华，扑面风来百里沙。
地冷三春无碧草，秋清九日有黄花。
阴山雪暗狐吹火，古戍冰深客忆家。
薄暮行帏栖未稳，数声悲雁和鸣笳。

次佟六侍卫雪晴元韵

仄径斜穿玉糁平，冻云晴敛晓风清。
映林最爱摇虚影，压竹行闻堕细声。
凝处正当严气候，销时犹觉冷心情。
地炉火活檐冰释，坐看茶烟一缕生。

晚春登陶然亭次韵

宽厂闲亭敛落晖，垂垂弱柳碧周围。
近郊车马多相访，佳节登临自不违。
麦陇青滋春渐老，芹泥香暖燕初归。
风前多少儿童戏，争系鸣鸢到处飞。

和友人夏日移居

卜筑无教俗事侵，尘氛屏尽宛山林。
安排几砚闲临帖，检点图书静养心。
梅雨乍青阶下草，薰风时韵壁间琴。
应知地以人称胜，枝上黄鹂亦好音。

僧舍虞美人花次韵

虞兮无复念江东，兰若芳名讶许同。
风动翠鬟闻半偈，露凝娇面忆重瞳。
衔来鹿女三生后，饭遍香厨一笑中。
寄迹空门真不二，而今已悟色为空。

旅社闻比邻书声叩之遇履祥须秀才因赋赠

不复清谈已月余，忽惊邂逅乐何如。
朝随猎骑争鸣镝，晚伴幽人静读书。
斑管题诗秋几净，玉义读[①]画夜窗虚。
连宵更不嫌岑寂，旅舍欣联道者居。

热河雨窗即事次韵穆庵元韵

层阴结盖昼偏长，风满山楼诗兴狂。
翻幕燕儿冲雨乱，到窗蜂子觅花忙。
千岩云气犹屯黑，六月边城已作凉。
景物尽堪供啸咏，羁人何必苦思乡。

赋得鸟从花里带香飞限韵

紫陌芳林一径穿，金衣公子任盘旋。
啼时自趁风光好，飞去犹沾露气鲜。
叶底巧翻歌扇妒，枝头轻扑舞衣怜。
忍香归路纷蜂蝶，应妒幽禽独占先。

雨后庭花初放分赋

初莳幽花小砌边，雨晴蕌拆露珠圆。
旧同众卉侵阶碧，乍逞孤芳动客怜。

---

① 读，一作评。

风送狂蜂沾蕊去，云烘痴蝶抱须眠。
一经诗侣分题后，独倚斜阳色倍妍。

暑日山窗早凉应教

仙居溽暑逢庚后，坐爱山风到晓窗。
侵槛花房香细细，隔帘松盖影幢幢。
竹炉茗煮三升露，草阁图开万里江。
朱邸无尘炎热涤，披襟水阁听淙淙。

热河连雨和韵

夏日频逢边塞雨，客亭为爱早凉生。
云流野馆含秋气，风满山楼醒客酲。
战酒雄心犹磊落，斗吟清兴尚峥嵘。
公余退食层阴豁，溪畔扶藤看耦耕。

塞上七夕应教

山馆新秋散晚霞，鹊桥云护七香车。
声摇仙珮天风冷，光掩星房塞月斜。
今夜莫添乡国思，此身如泛斗牛槎。
王家馔玉承恩渥，灯火红延列果瓜。

题兴公秋葵红叶图

驱暑风清律转商，谁将彩笔逗秋光。

叶疑仙令还丹赤，花学家人衬额黄。
羡尔心倾常捧日，爱他颜驻独凌霜。
两般绝色相依倚，不似重阳似艳阳。

苦　雨

砌长莓苔壁挂钱，萧萧秋雨咽寒蝉。
连村陇亩禾生耳，平地人家水入廛。
山色四围浑似沐，羁愁此日恰如年。
放晴安得天风至，披拂闲愁一洒然。

避暑山庄直宿对月次韵

宸居嵽嵲暮云开，扈从年年避暑来。
素月逢秋添气象，清辉今夕满楼台。
苦吟只合酬良夜，觅酒无从拨绿醅。
晓晕凉波佳句在，君家何让玉溪才？

月　晕

抱晕霜轮巧幻图，水晶盘内捧神珠。
寻常噫气皆成象，宛转圆光未许摹。
桂殿重关难窃药，玉楼深锁尚惊乌。
淮南旧说仙方好，试画芦灰验也无。

之任粤西行近全州有作

炎方冬令如秋令，初试轻裘乍冷时。
万壑霜林枫绚色，千寻峭壁藓为衣。
未能偕隐达亲命，
母因余性憨直，有不宜出仕之语。
深愧无才答主知。
屈指桂林行渐近，计程雨雪未愆期。

得晤女兄感赋

剩得同怀只二人，那堪睽隔十余春。
当年落拓劳提耳，此地逢迎倍怆神。
疾可医治须不惜，
女兄时染微疴
官今清要姊休嗔。
剪灯话罢分携去，肠断推梨让枣辰。

济上阅视河堤

两浆[①]轻摇绿一湾，辛勤犹自忆前班。
余前曾任兖宁道
十千畚锸经营后，百万储胥挽运间。
南北分符钦简命，漕河协赞愧疏顽。
吏民争向篷窗看，群讶官非旧日颜。

---

①浆，应为桨，为尽量保持原貌，从原文。

移菊次薛玉田韵

奚童移得东篱菊，带露移栽对客门。
冷艳自应香满院，多情谁送酒盈樽。
但依居士新松迳，肯上田家老瓦盆。
分得萧斋一枝影，纸窗灯下写秋痕。

辛亥秋奉命协理直隶河务同刘沈二僚长勘河王子元日至束鹿作

历尽秋冬又见春，征鞍宛转傍河津。
漕渠赞画恩荣大，僚友同舟道义亲。
贾让固饶平治策，季驯尤是典型人。
鹿城路近邯郸郡，学步蹒跚讬后尘。

勘堤工值大雪有感

雪洒长空行役时，同云漠漠四郊垂。
不贪索笑梅心绽，独喜含青麦陇滋。
马足乱抛银凿落，柳条冷绾玉罘罳。
好闲高士犹耽卧，此际情怀那得知。

余与河督刘公同效力河干刘公恩免回籍出郊送之有作

薰风拂拂枣花香，驻马旗亭劝一觞。
共矢驰驱期报国，独宽负担许还乡。

青青草色愁心结，袅袅鞭丝客路长。
唱罢骊歌分袂去，向时劳瘁莫相忘。

侣松酷好长生术忽小疾思得鲜果作长句讽之

闻道功深顶聚花，朝餐薤露暮餐霞[①]。
烂柯一瞬逢仙院，化鹤千年忆故家。
白石只应餐[②]玉屑，赤松自合饵丹砂。
何缘已预蟠桃宴，又羡安期枣似瓜。

王河督饮席赋赠

玳瑁筵开画锦堂，氍毹匝地拥红妆。
未惊静婉腰肢细，早识娇娆姓字香。
罗袖开时飞蛱蝶，金钗堕处护鸳鸯。
知[③]君好客殷勤劝，谁[④]不开怀倒玉觞？

牛司马园赏荷即席赋赠

谁氏园亭荒废久，待君经理辟蒿莱。
云生高栋青莲堞，溪引长流绿浸台。
水榭人疑天上坐，池莲花似镜中开。
不辞褦襶宁辞醉，悦目怡情酒百杯。

---

① 一作夕餐沆瀣晓餐霞。
② 餐，一作调。
③ 知，一作多。
④ 谁，一作哪。

客　中

客亭潇洒掩重关，赢得三庚一月间。
典尽绮裘仍恋阙，抛荒药圃未归山。
人逢盛世元无讳，兴发狂吟更不删。
为忆陂塘莲正茂，林岚应待老人还。

清明有感

儿童争戏纸为鸢，老病忽[①]惊物候迁。
釜甑生尘非辟谷，间阎熟食值藏烟。
李桃别墅春方丽，杨柳长堤绿正妍。
不敢希荣辱自寡。底须禊祓水亭边。

雨后次韵

震雷挟雨绕山鸣，策马堤头戴笠行。
云阵快移风力健，河流怒卷电光明。
已知暑减三庚酷，应拟秋深万宝成。
敞尽轩窗邀爽气，尘氛净浥[②]晓凉生。

听莺次韵

花满园林绿满溪，莺吭圆滑晓窗西。

---

① 忽，一作翻。
② 净浥，一作洗净。

菲关喜报檐前鹊,差胜谈元牖下鸡。
玉管吹烟花正发,金梭织月柳初荑。
何须载酒携柑去,野馆春深物候齐。

答次王说岩孝廉见赠元韵二首

挥毫清兴与谁同？爽朗高怀气谊通。
旧业草荒三径失,新诗珠贯百篇工。
可人心醉真醇酒,使我襟开对好风。
鄙句未堪酬白雪,支离休笑老衰翁。

归兴已赋十余年,放浪人呼作散仙。
诗思瘦来同沈约,酒情豪处逊青莲。
半床残帙风当户,一院浓荫月在天。
笔墨久荒声律滞,殷勤和罢兴便便。

答友人南归留别

凭陵爽迈爱狂吟,投老思归万里心。
唱罢骊歌行意速,数残更漏别情深。
三千界里同为寄,五十年来独是今。
友人时年五十
空谷幽兰香自远,相思收取入鸣琴。

赴佟家台

春晚郊行眼乍开，绿堤花柳好徘徊。
千樯乱矗三河口，一蹇横过八里台。
野鸟选枝求友去，老夫纤迳课农来。
无猜妇孺相存问，活火烹茶进一杯。

癸酉四月初九日赴台庄书所见二首

连年淫潦今消尽，此日扶犁处处同。
勉强执鞭驱瘦犊，殷勤携馌走村童。
西成兆卜三秋候，东作情殷四月中。
炎旱经时怜望岁，正忧二麦又成空。

环抱孤村水一湾，周围绿树护桑田。
碧桃隔岁将悬实，枯竹经春复掣鞭。
茅屋三间销万虑，南华一卷足余年。
老来习静多生意，散发披襟体自便。

春日漫兴

眼底曾无一点尘，梅花已报岭头春。
黄鹂不是山家鸟，自趁携柑载酒人。

太平心地绝纤尘，风月平分一半春。
莫谓客怀岑寂甚，看经人是灌园人。

仲夏村居连雨杂兴三首

野蔓绿薵壁挂苔，闲栽药圃辟蒿莱。
散人不是偏多事，为趁雷声雨气来。

幽草闲花满院栽，苏松肥土润根荄。
不烦小力勤浇灌，才吐朝霞又作雷。

输囷云物气犹昏，屐怯泥深昼闭门。
安得放晴天檄至，荷筐中谷掯兰荪。

次焕章侄上元日过京口元韵

浩浩长江卷碧涛，帆欹五雨送轻舠。
故园灯火看鳌驾，不抵乘风破浪豪。

客舍次壁间韵

行踪著处即为家，半亩荒园尽种花。
解事居停能款客，箬笼新饷武夷茶。

寓旁酒楼甚雅雨中同友人醉题

行窝移住小楼东，乘兴登临酒百盅。
绿树青山无限好，连朝赢得醉颜红。

烟雨霏霏来自东，敧斜醉态剧龙钟。

楼头兴尽同归去，蜡炬笼纱一寸红。

六里桥铁柱应制

铸铁中流矗石桥，支祁潜迹涨痕消。

圣皇威德千灵肃，一柱功成抵射潮。

仲冬二十一日大风竟夜同高富二侍卫直宿口占

万木寒痴睡不醒，忽惊号怒势砰訇。

天门夜直灵祇下，故作金戈铁马声。

湘江雨中

周遮芦岸白茫茫，猎猎风来带雨凉。

湘水泸溪声浩浩，楚山粤岭郁苍苍。

余抵任城女兄已舟行二日矣闻椟南阳相待口号三首

十月霜风吼彻宵，畏寒仆马滞星轺。

山程水驿隔消息，及到任城迟二朝。

策马南来复上船，轻摇两桨缆还牵。

风帆今已先三日，那得船如缩地仙。

一帆迅过枣林庄，水驿邮籤报路长。

阿姊停舟苦相忆，计程人说住南阳。

三月途中值雪

一天风雪雁初来，柳为寒侵眼倦开。
分付夭桃应少待，暖云晴日自相催。

和沈侣松河督寓清风店题壁元韵

月色空明到处同，与君今夜坐清风。
壁间松树含天籁，如在千岩万壑中。

题朱元长画二首

荫翳深林屋数椽，烟岚凝碧水潺湲。
投闲识得闲中趣，野服芒鞋兴自便。

绿笠青蓑寄懒情，近从渔父结深盟。
卷纶钓罢归来晚，月落山前半浦明。

失马绝句

玉勒闲抛迷蹑影，锦鞯空卧失追风。
不知蹀躞归何处，赢得逢人说塞翁。

雨后归途口占

片片花飞柳亸丝，春阴初霁麦苗滋。
寻耕课织诚多事，莫遣高人笑剧痴。

《通介堂诗稿》朱孝纯跋

朱孝纯/撰文　冯　立/点校

文史指导组按：朱孝纯，字子颖，号思堂，一号海愚，人呼戟髯。隶奉天汉军正红旗，东海人。乾隆二十七年举人，任四川叙永县令，官至两淮盐运使。诗画得家法，工山水。著有《海愚诗抄》等。

孝純守泰安之明年大中丞徐公出其先大父
沛潢先生所為古近體詩如干首屬付較讐且
命為序蓋將大表章於前人而又以非孝純不
能職其詳也孝純初逡巡不敢當既念先生生
平與先大夫為忘形交居同里仕同朝直常對
省出或聯鑣一時庖
踔周廬陪豹尾而上螭頭橫槊之餘繼以刻燭
二老風流今猶宛若既忝世講又辱公言其敢

《通介堂诗稿》朱孝纯跋书影

孝纯守泰安，之明年，大中丞徐公出其先大父沛潢先生所为古近体诗如千首，属付校雠且命为序。盖将大表章于前人而又以非孝纯不能职其详也。

孝纯初逡巡不敢当。既念先生生平与先大夫为忘形交、居同里、仕同朝，直常对省，出或联镳，一时扈跸周庐，陪豹尾而上螭头，横槊之余，继以刻烛，二老风流今犹宛若。既忝世讲，又辱公言，其敢以不文辞休暇卒业，乃不禁掩卷而三叹也！

曰：先生其犹未亡也与。夫诗之为道，原本性情。后谐声病声，病工而性情转汩，此与买椟还珠亡异。后世论诗各立门户专事藻缋者既多，剪彩为花，即或矜言风致，课无责有，理翳翳而思乙乙，此又所谓过屠门而说龙肉者也。读先生之诗，廉直劲正，不屑屑于俪青妃白而自然合符。此无异故良由胸次浩落，独晤古怀，不啖世味。故其下笔时超超元箸，罗罗清疏，蔚然而跃龙凤，铿然而鸣韶钧。其中多有片言移人只字不朽者，正使后来怀铅握椠之士穷力追之而亦只到其所能到。夫必有真性情而后有真风雅，然则先生之诗存不犹如见先生之为人也与。孝纯既重违中丞之命，而又得与校勘为荣，敬谨编摩，盖浃旬日而后蒇事，爰别缮洁本附志数言于简末。而以上志中丞凡皆行中丞之志也。

犹忆童稚时荷衣出拜，早蒙先生奖诱，有家驹之目。后数游天津，先生年已八十。地炉圆几引与侍坐，则课诗艺而说平生。至若趋庭之暇，先大夫题评人物又尝举以示孝纯曰：“世上唯血性男子持身立论有禅名教最深，其徐公之谓与。”因是习知先生之为人。

至所为诗大半多揽遇酬人，感慨淹绵之作，故常自辟畦径，不设藩篱。然其义色仁心自然流露于尺管寸蹄之外，使人读之往往回肠增气，可以当雍门之琴，亦可以代枚生之发。噫嘻！是先生之所以为诗，即先生之所以为人。其真有不亡而存者乎？

唯是，孝纯以通门子弟行能谫劣，既已惭负长者。今则一麾初把，四十早衰，夙夜兢兢，惟惧陨越无以报主恩而答知遇。先大夫以三朝耆旧著书等身，名列艺苑，有家集数十卷，尚弃箧衍，未谋梓人。此则孝纯读先生之诗所由忽焉根触俯仰，长怀旋至，欷歔而不自禁者也。

乾隆三十九年岁次甲午上元日东海年家子朱孝纯顿首再拜谨跋

《通介堂诗稿》胡德琳跋

胡德琳/撰文　冯　立/点校

文史指导组按：胡德琳，字碧腴，一字书巢，广西临桂人，清藏书家。乾隆十七年（1752）进士，历任什邡县、历城县知县，简州知州，济南知府等职。主持编纂有《东昌县志》《济阳县志》《济宁直隶州志》等。私人收藏亦具规模，有“碧腴斋”藏书处，家所蓄书籍堆满房间，因无暇整理，以至于来访者无坐立之地，自嘲为“书巢”。著有《碧腴斋诗》《燕贻堂诗文集》等。

右通介堂古今體詩一百三十一首故督河使
者徐公所譔公以從龍貴胄登武甲科官侍衛
以能詩受
仁廟特達之知改官職方
世宗即位以忠直荷
眷顧出為監司累遷至副相兩督北河以星誤
去官
特旨復職壽躋大耋老成宿望巋然為一代名

《通介堂诗稿》胡德琳跋书影

右通介堂古今体诗一百三十一首，故督河使者徐公所撰。公以从龙贵胄登武甲科官侍卫。以能诗受仁庙特达之知，改官职方。世宗即位，以忠直荷眷顾出为监司，累迁至副相，两督北河。以罣误去官，特旨复职。寿跻大耋，老成宿望，岿然为一代名臣。

今大中丞树峰夫子，其文孙也。曩夫子守济南，琳由济阳调历城，擢济宁牧，因得悉公家世。而济宁又为公观察旧治，惠泽在人，湖壖荒地及濒湖草厂悉除积弊，迄今犹尸祝不衰。琳纂修州志，与秀州王惺斋先生博采舆论，往复商榷，郑重载笔，庶可征信于后顾，以未得见公诗文为憾。

迨夫子由少司空出抚山东，琳适守东郡，受知独深亲炙亦最久。暇日，出公遗诗属琳校录，琳受而卒业。根柢性情，直抒胸臆，其光明洞达、磊落嵚崎之概有令人穆然想象而得者。窃惟古之名臣多不乐以诗自名，而一二篇什流传后世，往往视同拱璧。所谓余事作诗人而诗以人传者也。况诗实可传且为先皇帝所亟赏者乎？爰编次付梓，刻既成。谨拜手书于后。

乾隆三十九年七月望桂林门下后学胡德琳识

《通介堂诗稿》徐绩跋

徐　绩/撰文　冯　立/点校

文史指导组按:徐绩,汉军正蓝旗,世居静海县大侯庄(今属于天津市西青区王稳庄镇),《通介堂诗稿》作者徐湛恩之孙。乾隆十二年(1747)举人。捐授通判。累迁山东济东泰武道。三十四年(1769),以按察使衔往哈密办事。三十五年(1770),擢工部侍郎、乌鲁木齐办事大臣。三十六年(1771),授山东巡抚。三十八年(1772),乾隆幸天津,迎谒,赐黄马褂。三十九年(1773),授河南巡抚。四十二年(1777),授礼部侍郎。四十七年(1782),因事夺官,以三品顶带往和田办事。召授正黄旗汉军副都统,迁正红旗汉军都统。六十年(1795),因事夺官,以六品顶带往和田办事。

嘉庆元年(1796),授三等侍卫、乌什办事大臣。召授大理寺少卿,再迁宗人府府丞。十年(1805),以病乞休。十二年(1807),重与鹿鸣宴,赐二品衔。十六年(1811),其子徐锟,授建宁总兵,调正定总兵。徐锟官至直隶提督。

徐绩有文采,作有《蓬莱阁阅水操记》《崂山观日出记》和《崂山道中观海市记》等。遍为搜访,得其祖父徐湛恩古今体一百三十一首,辑为《通介堂诗稿》。

先大父閣學公為人洞朗軒闢不設城府其遇
事斟酌必歸至當所見一定人莫之移然第問
我所當為者何若至於榮辱利害之來毫不以
介於其心雖履險蹈危不恤也喜吟詩顧不屑
為世俗妖冶之辭直寫胸襟意盡輒止晚歲自
評其詩至比之乾柴烈火足以見其表裏洞達
豁然偉人也公以能詩被知遇然未嘗輒以辭
翰自居凡有所作率皆隨手散去以是存稿甚

《通介堂诗稿》徐绩跋书影

先大父阁学公，为人洞朗轩辟，不设城府。其遇事斟酌必归至当，所见一定，人莫之移。然第问我所当为者何若，至于荣辱利害之来毫不以介于其心，虽履险蹈危，不恤也。喜吟诗，顾不屑为世俗妖冶之辞，直写胸襟，意尽辄止。晚岁自评其诗至比之干柴烈火，足以见其表里洞达，豁然伟人也。公以能诗被知遇，然未尝辄以辞翰自居。凡有所作，率皆随手散去。以是存稿甚希。

绩惟公之历官行事略已备于家传，独其吟咏所寄，一生居处、笑语、志意、乐嗜皆可于此见之。顾一任其散佚而莫之收将，后世子孙奚以寓杯棬之慕？因遍为搜访，得古今体百三十一首，中有传写互异之句，不敢偏废，为附注当句之下。

录既成帙，学使李文园学士见之，以为必可以垂后而无疑者，因为序。而行之刻竣，绩复敬书其后如此。

乾隆三十九年三月望日孙男绩百拜谨识

《先恭勤公年谱》节选

徐　桐/撰文　冯　立/点校

先恭勤公年譜卷一

男彤桐恭輯

府君姓徐氏諱澤醇字梅橋晚年自號樂天翁
先世籍隸江西餘干縣至明嘉靖年間遠祖文
亨公以遼東定遼後衛官籍登戊戌科進士後
遂遷籍遼陽三傳至可魁公從
世祖章皇帝入關官至都督使隸漢軍籍是爲始遷之
祖二世祖諱效忠未仕三世祖諱萬詵康熙癸
卯科舉人官陝西寶雞縣知縣時吳三桂叛隨

《先恭勤公年谱》书影

府君姓徐氏，讳泽醇，字梅桥，晚年自号乐天翁。先世籍隶江西余干县。至明嘉靖年间，远祖文亨公以辽东定辽后卫官籍，登戊戌科进士，后遂迁籍辽阳。

三传至可魁公，从世宗章皇帝入关，官至都督，使隶汉军籍。是为始迁之祖。

二世祖讳效忠,未仕。

三世祖讳万诜,康熙癸卯科举人,官陕西宝鸡县知县。时吴三桂叛,随大将军图公海军中,救胁从难民数万人。皆以太高祖赠资政大夫。

太高祖讳湛恩,官至河道总督。罢归卜居津南静邑东乡大侯庄。

高祖讳国璟,官江南高淳县知县。

曾祖讳绂,乾隆甲午科举人,官江西乐平县知县。皆以府君官赠光禄大夫。忠厚相承,代有阴德。

至先大父,赠光禄大夫,讳镐,隐居不仕,惟以积善训子为事。先大母赠一品太夫人。于太夫人恭俭仁厚,称于族中。生三子。长讳昌兴,封奉政大夫,赠光禄大夫。次讳昌起,赠朝议大夫,晋赠光禄大夫,嘉庆戊辰恩科举人,山西交城县知县。府君居幼。乾隆五十二年丁未十月十二日巳时,府君生于静海县东乡大侯庄。

…… ……

嘉庆二十四年己卯三十三岁(编者注:指徐泽醇),应礼部试报罢。四月,不孝桐生。

徐相国年谱节略序

魏元旷/撰文　冯　立/点校

徐相國年譜節略序

右翌徐君予座師體仁相國之從侄也介於申甫同年始通辭而相知既乃郵相國年譜節
略屬以一言弁其端右翌之意蓋以相國生平立朝定論未易得人惟奏疏之傳足以考信
於後能藏於家者悉燬於亂典於史官者莫由具其本末後之秉筆者雖能鑒孤忠而彰直
節然無徵不信而侮正忌直者類不憚以筆舌淆惑千古之是非是以撰次斯編以昭其立
朝之心迹奏疏存則無用此已方予出相國門下適當日東之役心知相國之賢未嘗一獻
言於庭者慨時事無可爲志於遯野之已久及相國蒙難則慮之已劇龍戰之象既呈而九
廟傾危之禍至無日終不可用矣自儒生俗吏不識時務識時務者在乎俊傑之言傳於是
有國家者莫不惟浮薄建言是用而老成端恪執仁義道德以伸天下之正氣扶植綱常使
天下人民之心愛君親上固結而不可解者目爲迂腐究其所建功利之策實亦無功利之
可言有速禍而已矣相國之於謀慮於時雖未盡效然其體國一本之公忠即其不忘一戰
未嘗不爲立國之正道昔朱子之進當孝宗之世南北相安甯宗之朝國勢不振然其召對
必以絕和好爲言夫絕好則必啓釁啓釁則必用兵宋於是時初無足勝戰伐之任者君相

《徐相国年谱节略序》书影

右翌徐君，予座师体仁相国之从侄也，介于申甫。同年始通辞而相知。既乃邮《相国年谱节略》，属以一言弁其端。右翌之意尽以相国生平立朝定论未易得人，惟奏疏之传足以考信于后，能藏于家者悉毁于乱，典于史官者莫由具其本末。后之秉笔者虽能鉴孤忠而彰直节，然无征不信。而侮正忌直者类不惮以笔舌淆惑千古之是非。是以，撰次斯篇以昭其立朝之心迹。

奏疏存则无用此已。

方予出相国门下，适当日东之役，心知相国之贤，未尝一献言于庭者，慨时事无可为，志于遁野之已久。及相国蒙难，则庐之已剥，龙战之象既呈，而九庙倾危之祸至无日，终不可用矣。

自儒生俗吏不识时务，识时务者在乎俊杰之言传。于是，有国家者莫不惟浮薄建言是用。而老成端恪执仁义道德以伸天下之正气，扶植纲常使天下人民之心爱君亲上固结而不可解者，目为迂腐。究其所建功利之策，实亦无功利之可言，有速祸而已矣。相国之于谋虑于时难虽未尽效，然其体国一本之公忠，即其不忘一战，未尝不为立国之正道。昔朱子之进当孝宗之世，南北相安，宁宗之朝，国势不振，然其召对必以绝和好为言。夫绝好则必启衅，启衅则必用兵。宋于是时初无足胜战伐之任者，君相是以不敢轻于听信。使果得位而行，丧师失地之咎恐亦不免加与厥身。是岂冒昧固执而出哉？

未有纲常不植、正气不伸而可以守宗庙社稷者也。相国以同朝之蔽蒙难于拳祸，负疚莫白。然教案自是衰息，政治得自直于国中，未始不足以慰蒙尘之侮。是故孔子为政必正名去食以存信。

国于天地必有与立也。光绪之季，正气徂丧，宗程朱而述孔孟在上位者独相国一人。清流诸君子且私相诋讪。然在下之士有志于正谊明道者，犹争濯磨思维世变而主张新说。期用夷以变祖宗之法者，内而虞山，外而文达，方澡拂其人惟恐不逮。力主夷务之勋臣屡遭劾责亦复韫憾于心。然以相国刚严皆不得逞。观于相国蒙难之后，朝局遽更坏法乱纪，彝伦殄灭，尧舜以来相传之治法莫不刍狗弃之，卒成无君之中夏。

夫邪说权与实在咸同之际。其时倭文端以程朱之学启迪湘乡相国，而楚之名将则皆出于讲学，遂以削平大乱，邪说者不得作逮。阎文介之丧，相

国为朝之硕果，否泰往来之胜负交视于一身。相国非有房、姚、韩、范之略，独以程朱之诚、正、修、齐距淫邪以弼冲幼。卒能祈永命者，十数载于此。足以知道学之讲、俊杰之求，乃国家存亡之所系，百世所当深鉴而不可或忽者。斯编之告，岂独以昭相国之心迹已哉？

丙寅嘉平之暮门人魏元旷撰

静海徐相国传

魏元旷/撰文　冯　立/点校

文史指导组按：观魏元旷的这篇文章，一个既不了解现代政治，又不真正懂得传统文化，却满腔报国忠心的迂腐且又顽固的老人形象跃然纸上。对于徐桐，历史已经定论。我们且不管文章观点、取舍如何，单就文章而言，笔触老到，且有助于研究徐桐乃至清末历史，故点校发表。

靜海徐相國傳
公諱桐字蔭軒姓徐氏明中山王之裔也後占籍遼陽隸漢軍旗太高祖洪恩罷直隸副總
河卜居津南靜海縣大侯莊曾祖紱江西樂平縣知縣父澤醇禮部尚書謚恭勤均起家甲
科公生於大侯莊幼以聰孝聞始通籍由拔貢補工部七品小京官升用主事舉道光庚戌
科進士咸豐二年授職編修歷充國史館總纂武英殿纂修文淵閣校理以科場案罣誤革
職改授檢討充實錄館協修同治元年着在上書房行走三年派進養心殿說書講治平寶
鑑每入必先齋祓四年授讀弘德殿升翰林院侍講充日講起居注官六年二月上奏　皇
太后臨幸親王府第具疏諫曰　皇上以沖幼之年未親庶政郊廟大祀遣王恭代臨雍閱
武悉未舉行今乃先臨藩邸雖示篤親之誼揆諸典禮輕重失宜　皇上春秋日富知識日
開既思念典之殷當杜游觀之漸既存寅畏之念當防逸樂之萌此　兩宮皇太后所宜深
思而豫計者也至於道路傳聞雖屬無稽總由非時臨幸而起請自今以後一概停止則浮
言自息　聖德益彰五月升授侍講學士七年偕同官奏請召對樞臣　皇上入座疏曰
皇上自入學讀書以來於今七年矣凡學問思辨之功言動威儀之則以及古今之治亂安

《静海徐相国传》书影

公讳桐,字荫轩,姓徐氏,明中山王之裔也。后占籍辽阳,隶汉军旗。

太高祖湛恩罢直隶副总河,卜居津南静海县大侯庄。曾祖绂,江西乐平县知县。父泽醇,礼部尚书,谥恭勤。均起家甲科。

公生于大侯庄。幼以聪孝闻,始通籍,由拔贡补工部七品小京官,升用主事。举道光庚戌科进士。咸丰二年授职编修。历充国史馆总纂、武英殿纂修、文渊阁校理。以科场案罣误革职,改授检讨,充实录馆协修。同治元年,着在上书房行走。三年,派进养心殿说书,讲《治平宝鉴》,每入必先斋袚。四年,授读弘德殿,升翰林院侍讲,充日讲起居注官。

六年二月,上奉皇太后临幸亲王府第,具疏谏曰:“皇上以冲幼之年,未亲庶政,郊庙大祀遣王恭代,临雍阅武悉未举行。今乃先临藩邸,虽示笃亲之谊,揆诸典礼轻重失宜。皇上春秋日富,知识日开。既思念典之殷,当杜游观之渐;既存寅畏之念,当防逸乐之萌。此两宫皇太后所宜深思而豫计者也。至于道路传闻,虽属无稽,总由非时临幸而起。请自今以后一概停止,则浮言自息,圣德益彰。”

五月,升授侍讲学士。七年,偕同官奏请召对枢臣,皇上入座,疏曰:“皇上自入学读书以来,于今七年矣。凡学问思辨之功、言动威仪之则以及古今治乱安危、人材之贤奸邪正,皆能略举大端,剖析是非,未尝或爽。第明其理而不知其事,尚无以开益宸聪。嗣后拟请召对军机大臣时并请皇上入座。上可以恭聆皇太后之训诲;下可以默察臣工之敷陈;闻水旱盗贼之警,可以生敬畏而惩宴安;视经营规画之方可以扩聪明而广闻见。便朝昼接不过数刻,必不至有防圣学,有劳圣躬。而所以辅德业裕政原者,裨益实大。”从之。转补侍读学士。

八年六月,武英殿灾,奏疏曰:“武英殿为收藏钦定诸书之所,深严重地,规制崇闳。一旦灰烬实为异常灾变。谨按魏青龙中,崇华殿灾,高堂隆对以为人君苟饰宫室，不知百姓空竭。故火从高起。宋天圣中，玉清昭应宫灾，苏舜钦上疏亦以此为言。今者，陇西未靖，民困未苏，黄河漫决，库帑不支。比年以来，宫廷之内屡有兴作，灾变未必不由此。自今以后，皇上正宜刻励修省，躬行节俭，凡一切大小工程概行停止，传办诸物并予罢除，饬谕廷臣直言得失，庶灾变可弭。”

九年，升授太常寺卿，署都察院左副都御史。

十年，升授礼部侍郎。议定先儒张杨园从祀。

十二年，会议夏良胜从祀，公以良胜虽忠孝无亏，皆臣子分内事，无关从祀盛典，遂寝罢。八年，署户部左侍郎兼管三库事务，改署工部左侍郎充经筵讲官。十三年，以星变疏陈谨懔天戒，慎起居，严禁卫。不报。

光绪元年，议定陆桴亭从祀。充实录馆副总裁。

三年，署礼部左侍郎，升授都察院左都御史。

四年，升授礼部尚书，署吏部尚书。五年，题请入祀名宦、乡贤祠须俟其人身没三十年后方准。具题著为令。三月，署都察院左都御史，会议吴可读豫定大统遗摺，疏曰：“我朝家法不建储贰。恭绎同治十三年十二月懿旨，于皇子承嗣一节，所以为统绪计者至深且远。今吴可读既有此奏，而懿旨复有，即是此意之论若不将圣意明白宣示恐天下臣庶转未能深喻。臣等以为宜申明列圣不建储贰之彝训。将来皇嗣蕃昌，总定绍膺大宝之元良，即为承继穆宗之圣子。揆诸前谕则合，准诸家法则符。则贻谋之远，亿万世无疆之休，实基于此矣。”诏如所议。八月，充顺天乡试正考官。《穆宗实录圣训》成，赏加太子少保衔。

六年，疏陈严辨忠奸暨和约不可轻许，战备亟宜速修。均不报。寻以恭送玉牒安奉盛京公宴不合被议。

七年，议驳朝鲜民越土(图)们江私垦，疏曰：“该国咸镜道刺史擅给执

照,纵民渡江盗垦,事阅多年。该国王竟未咨部请奏,吉林将军毫无觉察,均大不合按例。应将游民檄交本国惩办。即云朝鲜恭顺,夙著此数千人遣归。失业不无可矜,然弛禁令何以肃边界?若给照收租,无论岁入,区区罔补边费,而一有收税之名,恐成租界之实。彼狡焉思启者得无籍口效尤。况聚此不夷不夏之众于幽敻广莫之乡,自为种类,啸纳逋逃,边境从此多故。为久远计,宜令该国王尽数招回,设法安置,重申科禁,方为正办。至于欲广皇仁须存国体,既种中原之地,即为中原之民,除领照纳租外,必令供我徭役,隶我版图,遵我政教,置官设兵如屯田例,并酌予年限,易我冠服。一切咨明该国王知悉,务使彼民不至失业,我国不至失地。否则,又为兴安岭、绥芬河之续也。"

八年,充翰林院掌院学士、稽察京通十七仓、顺天乡试正考官。

九年,充国史馆正总裁、会试正考官,管理八旗官学事务。

十年,调补吏部尚书,署兵部尚书,充上书房总师傅。时法越肇衅,边事孔亟。奏定战功保奖章程,凡属海疆夷务出力者不与内地同其限制,以资策勉。

十三年,派管户部三库事务,奏定缎疋颜料两库支放章程。

十四年,充武乡试内场正考官。

十五年,命协办大学士加太子太保衔,充会典馆正总裁。以部议御史屠仁守处分革职,改留任。署工部尚书改署户部尚书,充顺天乡试正考官。十六年闰二月,皇上奉皇太后祇谒东陵命留京办事。

十八年,偕尚书翁同龢奏建京师首善义仓备赈。

十九年,山西灾奏,拨首善义仓米二万石运往接济。

二十年,署礼部尚书,派覆看大考翰詹试卷。八月,以敌军深入窥伺奉天奏请启用亲贵重臣筹办军务,复以军事日棘疏请严惩枢臣。

二十一年,充会试正考官,署兵部尚书,疏劾辜恩误国大臣,请循成宪严谴。不报。复疏陈厘剔各省冗费,谓:“自保举捐纳之途开,仕进猥滥,率皆营私罔利形同市道。一厘差养闲员至数十人,一盐务、关务养闲员至数百人。甚至持人一荐书坐领干条亦数百金。上病国计,下朘民生。至如内地腹省本无军务,籍口弹压多招勇营,岁糜重饷,动逾巨万,上下一气,公然朋分。拟请严饬各督抚破除情面,痛加删汰。除沿江沿海暨有土匪各省须酌留勇营外,其余不准籍故招募。候补各官如有不堪造就者,咨送回籍,勿令滥充局差虚糜薪水。并请皇上仰稽彝训,崇尚节俭。当此圣主思患豫防之日,各国必隐窥朝廷之举动,为目前向背之机。若非有忧勤惕厉之心,震动恪恭之气,感孚中外,激励臣民,彼族将视我为无志奋兴,必有益肆。其欺侮者不独倭之前事为足。仰劳宸虑也。”派稽查钦奉上谕事件处,复疏陈大计曰:“自与倭夷议款以来,后患何勘设想?备豫不虞,自以练兵制械为急。至将领不得其人,其故有二:一则中兴宿将多酣豢于声色货利之中,有生之乐,无死之心;一则军法不严,去年丧师失律之臣或幸免行诛,或逍遥法外。夫折冲御侮必激励而始奋,无严刑峻法以随其后,则虽才有可造亦相率安于委靡,习于欺侮已耳。况乎士气不振,邪说潜兴,凡荒唐无稽之徒皆得逞其浮游不根之论,夤缘干进以希诡遇而言自强变法,尤其揣摩之秘钥。臣窃揆今日时势,自以固结民心、振奋士气为出治之原。尤必以劝廉惩贪、综覈名实为整饬纪纲之具。伏愿皇上明以察几,健以致决,勿以新奇淆视听,勿以姑息纵奸邪。并请敕下各督抚破除积习,共济艰难。先之以简拔廉吏保卫民生,重之以训练军旅制造兵械。简拔廉吏当考之实事,勿使滥臣游士得遂其钻谋之私。保卫民生当行之以实政,勿使瘝官墨吏敢施其苛虐之术。训练军旅当责之实效,勿使骄兵窳卒狃安于偷生惜死之常。制造兵械当核之实用,勿使市侩局员大肆其罔利营私之计。其有训练不实,制械不精,侵吞官

项以饱私囊者，立予严惩，则人人懔法纪之严，孰敢不争自濯磨，一洗委靡欺伪之习？如是则不必矜言变法，而自强之本立矣。”

二十二年，充玉牒馆副总裁，拜受体仁阁大学士，管理吏部事务。奏请端学术以崇治本，疏曰：“世运之纯驳系乎人心。人心之邪正根乎学术。未有教化不先而能蔚起人才、赞成郅治者也。晚近之士，学术多歧，杂糅诸子，剽窃百家，炫博矜奇，习非胜是。又其甚者狃时尚变诈之谈，溺外人新奇之论，离经叛道，见异思迁，流弊所极，敢于蔑视六经，非毁先儒，斥正学为迂谈，薄名教为多事。心术既坏，行检随之。世运所以波靡，人才所以驳杂。识此之由，今欲痛除斯弊，非讲明正学无以遏异教之猖狂，非屏斥邪说无以救人心之陷溺。伏愿皇上万几余暇取宋臣真德秀《大学衍义》一书朝夕观省，由修齐以进求治平。天德王道一以贯之。并请晓谕学臣，按临所属发落士子，务以儒先；性命之书，濂洛关闽之学启迪多士。其笃学潜修躬行不怠之士随时荐举，以示旌异；其敢有为异端邪说者，摒斥弗庸盖超向端，则邪说无自而入。志趣定则异端罔得而干。数年之间必可转移风气，变化士习。以之立身而束脩自好之儒可资世用，以之任事而公廉有守之士必饬官方。举贤使能之要于是乎在。今者人心不古，学术日漓，溃吾道之大防，倡异端之邪焰。臣心日夜忧之。冀我皇上久道化成，俾海内承学之士咸知率循正道，笃守遗经，不至为诐邪所陷诱，人心幸甚，世道幸甚！”复奏整顿武备，疏曰：“德人借衅生端，占据胶澳，夺我炮台，扰我内地。德既首发大难，他国难保不相率效尤。一旦接踵而起，竞相割据，蹂躏中原，我又将何以待之？念自东事既平，叠奉谕旨饬各疆吏整顿武备，迄今三年仍复弱不能支。今虽不能遽言战事，亦不可不豫为筹防。拟请饬沿江沿海各督抚激励忠义，将备之疲软者速即更换，营勇之缺弱者赶紧募补，朝夕淬厉，如临大敌。其各省将官有老于兵事缓急可恃者，准其一律奏调密速布置。尤望我皇上默察各疆臣任事之是否实心，选将之是否得当，军士有无整顿，边备有无振兴，分别黜陟，以示劝惩。果使朝廷之上雷厉风行，则人心一振，士气自新。否则，敌焰愈张，人心愈涣，国威日削，大局将危。”

二十五年，命照料大阿哥读书。

二十六年，以拳匪之乱，敌军入京师，乘舆西幸，殉节于私第，年八十二。

公立朝刚正，派查钦案无所顾忌。于编修丁惟提贿通内监、营差，御史钟德祥收受宗室贿免入参，以纲纪所在，均请予严谴。尤以北洋治军三十年戎务废弛，屡为劾奏。遇贪渎诸贵臣行而避道，新进之士务于邪说者皆绝其门籍。子承煜为户部郎，尚书翁同龢日于宅中为文酒之会赉，公文往辄，讬以他出。煜取车几坐于其门以俟。翁不得已绕道至门，若自外入者，一一画毕乃去。后遂常川入署，升太常卿，前任闻其至，所废官器先一日购补，而后与见。历刑部左侍郎。忌者入于庚子之罪，其所遇尤可悲云。

论曰：公于同治朝陈善闭邪，惟思以正学弼成君德。景帝继世外侮交侵，日以边备为忧，所筹策军事者无不至。后更以士习中于邪说，力图挽救。观于先后陈奏莫不胥关体要，洞中症结，但一言得用，国祚可永。

诗曰：“曾是莫听，大命以倾。”公之谓夫。

《醉茶志怪》五则

李庆辰

白衣妇

杨青驿舟人，夜泊河干。有少妇呼渡，颜貌甚丽，凶服练裙。诘其何往，云："自母家归。"问家何处，不答。既渡，酬以钱十枝。舟子怪而尾之，迤逶数里，至一村寺，推扉遽入。舟子邀村人共搜之，见妇面墙立。近迫之，乃白杨棺板也，火之。次日薄暮，妇至河干，责舟子曰："吾丧神也，阎君命我有要差，干尔甚事？且我渡河酬以钱，更不负尔。何故毁我所凭，致我误公受责？此怨誓必相报！"舟子大号，邻舟咸至。妇展白袖风旋而去，至夜，舟子溺死。

醉茶子曰：少妇夜渡，穷诘颠末而尾之，其心之叵测可知，死于非命，不亦宜哉！邪僻者盍鉴诸此。

巨釜衆健夫折骸以爨碎剉屍骸投沸鼎中烈燄飛紅腥
風殆不可忍張不覺失聲僧云毋畏不殺爾向衆誦誦不
知何詞即有數人登屍墻下高與垣齊僧挽張踏屍而上
至牆頭僧力推之張躓墻外驚定審視乃饒陽城下徘徊
間家人尋至蓋失去五日矣此事殊令人莫解果爲陰曹
何以勾生人謂爲陽世何以有鬼役究不知是何幻境

白衣婦

楊青驛舟人夜泊河干有少婦呼渡顔貌甚麗凶服練帬
詰其何往云自母家歸問家何處不答即渡酬以錢十枚
舟子怪而尾之迤邐數里至一村寺推扉遽入舟子邀村

《醉茶志怪》书影

碌　碡

杨青驿某家场院，置碌碡一具。有闽人指谓村人曰：“此良药也，宜宝藏之。数年后，此地当有大疫，研服可以活人。”村人均未之深信。壬戌岁，邑患霍乱，传染辄死。巫医佥穷于术。或取碌碡研而试之，奇效，于是全活甚伙。金石入药，亦理之常，而是人能预知将患大疫，不亦神哉！

古　瓶

杨青驿何氏家有古磁瓶，置案头。一夕，雷电入室，龙攫于地，瓶无

少损,化为金色。每天阴晦,则出云气缕缕然,可以验雨。插花则落后成实。何氏宝之。

蝶　蛛

静海草米店村古坟中,有蝴蝶与蜘蛛二物,变形奇异,蝶每自穴出,与常蝶无异。渐飞渐大,至云端,则如纸鸢飘逸。遇踏青女儿,则飞穿裙底,翔舞髻端,扑之终不可获。邑朱氏有别业在此村,皓壁朱门,廊舍华丽。蝶入其厅,展翼则墙为之满。翅上花草云霞,五色炫烂,虽工于画者不能描。好隔窗以喙吸人口鼻,血流不止乃死。村人患之,伏军器于穴外,待其出,弩箭齐发,而蝶已飞起。蜘蛛夜出,如火团,结网林间,坚如弦索,木即枯槁,尚不为人害。数载后,村中来两道士。一服饰鲜华,仪质洒脱;一褐衣博带,神采魁梧。揖村人曰:“吾兄弟托庇多年,今将别矣。”或询其姓氏,一胡姓,一朱姓,飘然而去。二怪自此不见,或云仙去也。此道光初年事,有徐媪曾亲见之。

张　杰

张杰者,山右人,流落津门,为逆旅佣工。一日,自杨柳驿乘船归。有妇人与共渡,年可三十许,风致嫣然,仿佛富室仆妇。心窃好之,与之语,言词便捷。既渡,各分路去。迂回数里,始至旅店。妇人先候于门。张讶其先至,惊诘之。妇云:“天色已晚,无所投止,浼君寄宿耳。”张错愕未及答,而妇已入。仓卒间,旋失所在。

及夜张归,寝室逼仄,土榻仅容一人,妇已坐于榻,展裀褥焉。速其灭烛,相与共寝,绸缪备至。张询其为谁。妇云:“我仙人也,与汝有缘,当秘之,不为君祸。”天明自去。每来必先灭烛,不但人不之知,即张亦未睹其容也。

如是两年余，有僚仆夜闻张室人语声，疑其纳妓也，迫诘之，张以实告，某不信。至夜，坐以待之，遂不复来。张已绝望。一日，张出西郊，有妇人自后呼曰："戒尔勿泄，何便失言？缘尽于是矣。"张回顾，殊不相识，妇曰："两载好合，临别不会面，亦属憾事。"张恍然，顿首谢罪，既起而妇杳然矣。自此遂绝。

醉茶子曰：

两载绸缪，妍媸莫辨，此不奇于仙之幻，而奇于张之愚也。夫西子、无盐，以暗室逢之，应无所异。张之愚，正张之黠矣。彼空即色，色非即空耶？

《桑梓纪闻》二则

马鸿翱

割肉疗夫

王淑媛，天津人，名诸生王猩酋先生之女弟也。性贞静，精女工，适杨柳青镇处士齐鼎鸿。处士家贫，而廉洁自持，取与不苟。少与兄析产，而两兄均善治生，家境各裕。处士自食其力，两兄有薄润则受之，未尝一往干也。民国十七年正月，以忧劳致疾。淑媛躬侍汤药，奉侍惟谨，子女虽多，不使代。稍暇则鬻针黹。费约而制良，人争购之。度日颇有小补，夷然忘其贫也。闰二月初吉，疾益笃，百计调治无效。淑媛割乳旁肉和羹以进。乃天不佑善，疾卒不起，四月杪，病故。夫夫妇敌体也，而奉事过于子女，其能尽妇职已不可及，况得天独厚，知有夫，不知有身？呜呼，可以为难矣！彼近世女子，自由离婚，往往有之。观乎此，其将何以为情乎？余与齐氏为葭莩亲，知其事较详，谨述其大略如右。

杨烈妇

杨烈妇马氏，余从堂兄锡三之女也。光绪丁酉，适天津宜兴埠杨恩荣，后移居杨柳青镇。庚子春，夫患瘀疾，日久不痊。六月联军陷天津，避难于大城县之黄盆村。十月归，夫卒，乃与前室已嫁女从容言曰："上无舅姑，下无子嗣，吾将从夫泉下矣。"遂仰药以殉，年二十有九。时值大乱，无人请旌。大城刘芷衫师为赋《烈妇行》，诗曰："鸳鸯共命生，芙蓉并蒂死。只期见黄泉，岂企书青史？扶风有彼姝，继配弘农氏。为炊歌扊扅，谋生藉针黹。来嫔过丙申，大乱逢庚子。奔逃兵火中，夫殁因痰痞。幸矣狐首丘，伤哉鱼失水。舅姑封马鬣，膝下无麟趾。万箭攒一心，仰药归蒿里。妇以夫为天，夫亡复何倚？就义耻偷生，文山正如此。青松挺劲姿，雪埋终不靡。湘竹摧为薪，泪痕依旧紫。谁能表其人，首向金门稽。”

古韵新彰

杨柳青是一个充满了诗情画意的名字，是一个让诗人流连忘返的地方。在这里，诸多名人骚客留下诗篇。此前我们在“寻根大运河”活动中发现西青文献中没有记载的涉及西青的古诗词（元代到清代）八百七十九首，摘录其中的二百三十五首，并考证原有记载的八十五首，汇集成《西青古诗词集萃》。文史指导组成立后，在查阅古籍过程中，我们又新发现古诗词一百八十五首（含《通介堂诗稿》）。特别是董积厚、刘学谦二位杨柳青本镇诗人的诗，让我们尤感珍贵。今将这些新发现汇集于本章，以补《西青古诗词集萃》之遗憾。

过杨柳青

沐　昂(明)

迢递京畿路,融合春半天。

山川殊富丽,花柳更芳妍。

伐鼓催归棹,挥毫续短篇。

凭高舵楼上,吟罢思悠然。

客中入事異靜裏歲時更自是歸心切慵聞杜宇聲

過楊柳青

迢遞

京畿路融和春半天山川殊富麗花柳更芳妍伐鼓

催歸棹揮毫續短篇憑高舵樓上吟罷思悠然

磚河舟中遇雪

同雲四野合大地雪花飛林下迷樵徑溪邊失釣磯

有腴滋壠麥無力拂征衣獨坐推篷久殘鴉數點歸

竹深處為郭九揮使賦

高人性愛竹深處結軒居坐挹清風細吟看翠影虛

〔**出处**〕《素轩集》卷四

〔**发现过程**〕在杨柳青大运河国家文化公园项目建设工作指挥部文史指导组(后简称文史组)发掘杨柳青及大运河西青段历史文化过程中,冯立查阅古籍时发现本诗。

〔**作者简介**〕沐昂(1379—1445),字景颙,明开国名将、黔宁王沐英第三子。历官散骑舍人、府军左卫指挥佥事、右都督、左都督、云南总兵官。正统十年(1445),沐昂去世,追封定边伯,谥号武襄。

沐昂为人和易,喜交文人,好诗文,为当时云南文坛领袖。著有《素轩集》等。

静海逢炒米店旧主人甲辰下第曾饭其家

杨　巍(明)

萧条野店大河滨,三十年前旧主人。

今日相逢无限意,一裘犹记苦风尘。

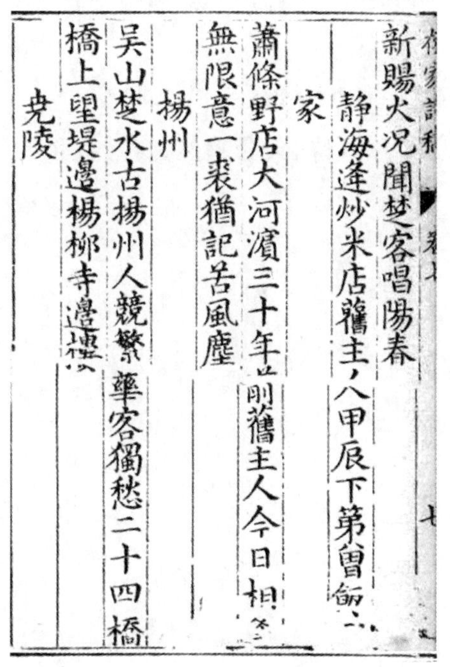

新賜火況聞楚客唱陽春

靜海逢炒米店舊主人甲辰下第曾飯其

家

蕭條野店大河濱三十年前舊主人今日相逢

無限意一裘猶記苦風塵

揚州

吴山楚水古揚州人競繁華客獨愁二十四橋

橋上望堤邊楊柳寺邊樓

竟陵

〔**出处**〕《存家诗稿》卷七

〔**发现过程**〕在文史组发掘杨柳青及大运河西青段历史文化过程中,武清区文史专家李汉东发现本诗后提供给冯立,冯立考证于《存家诗稿》。

〔**作者简介**〕杨巍(1516—1608),字伯谦,号二山,又号梦山,海丰县尚义里(今属无棣县)人,明代重臣。嘉靖二十六年(1547)进士。除武进知县,擢兵科给事中,后出为山西佥事。屡有战功,隆庆初,屡迁至右副都御史,山西巡抚。万历元年（1573），神宗召杨巍回京，升授兵部右侍郎。翌年转吏部，不久升任左职。又请辞官奉母，其母逾百岁而终。万历十年（1582），起南京户部尚书，旋召为工部尚书。据理力争，阻止了万历皇帝建造离宫的计划。第二年，改户部尚书，迁吏部尚书。后年因近八十，屡疏乞归，万历二十一年（1593）获准。万历三十六年（1608）病逝于故里，享年九十二岁，追赠少保。《明史》有传。

杨巍工诗，著有《存家诗稿》八卷。

《四库全书提要》称其诗“天分超然，自然拔俗，故能不染埃壒，独发清声”。

杨柳青

谢肇淛(明)

万木落冥冥,虚传杨柳青。
片帆风雪路,残角夕阳亭。
卒岁人无策,祈年鬼不灵。
愧他双白鸟,天地任飘零。

萬木落冥冥虛傳楊柳青片帆風雪路殘角夕
陽亭卒歲人無策祈年鬼不靈媿他雙白鳥天
地任飄零
村居六首
菟裘安所卜一水抱孤村老厭居城市慵愁入
縣門鄰鐘江月晚漁火岸花昏身世浮沉事逢
人總不言
釣弋從吾好衣冠不到鄉性多疎禮法家自習
農桑舊釀寒泉碧新炊晚稻香日斜林叟過箕
小草齋集　卷十五　四十四

青縣道中
夜渡滹沱北風高落木蕭河聲挾海壯野氣壓
城昏疋馬霜中路三家水畔村傷心離亂後盡
日閉柴門
流河驛感舊
滄海復瀛洲淒涼憶舊遊河流無日夜人世自
春秋蜃氣晴成市鴻聲晚近樓客心如木葉憔
悴不堪秋
楊柳青

〔**出处**〕《小草斋集》卷十五

〔**发现过程**〕在文史组发掘杨柳青及大运河西青段历史文化过程中,冯立查阅古籍时发现本诗。

〔**作者简介**〕谢肇淛(1567—1624),字在杭,福建福州长乐人,出生于钱塘,号武林、小草斋主人,明代博物学家、诗人。明万历二十年(1592)进士,历任湖州、东昌推官，南京刑部主事、兵部郎中、工部屯田司员外郎，曾上疏指责宦官遇旱仍大肆搜刮民财，受到神宗嘉奖。天启元年（1621），任广西按察使，官至广西右布政使。

著作有《五杂俎》《太姥山志》《北河纪略》《北河纪余》《小草斋诗话》《小草斋集》等。

有“晚明文坛盟主”之称的李维桢称谢肇淛“其诗率循古法而中有特造孤诣，体无所不备，变无所不尽”。

游华藏庵

董积厚(明末清初)

为厌烦嚣寻古寺,特于老衲觅知音。
云封户外花封径,月在天中禅在心。
宝篆风微烟缕细,残碑雨洗断文深。
闲愁消落无多少,夜半钟声到远林。

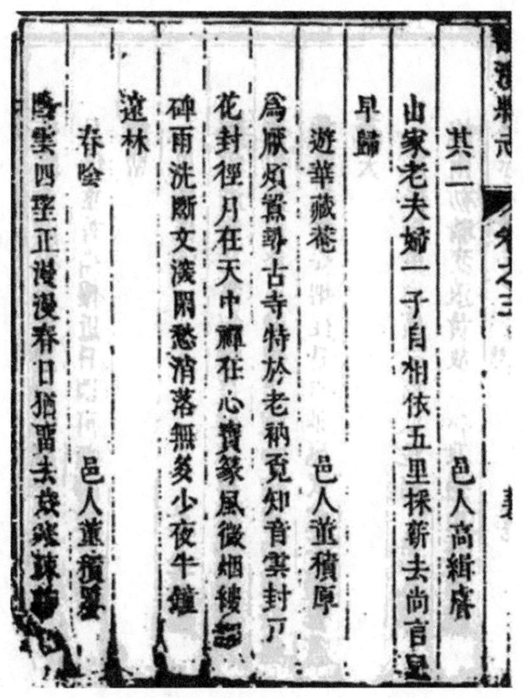

其二　邑人高[illegible]
山家老夫婦一子自相依五里採薪去尚言[illegible]
早歸
遊華藏菴　邑人董積厚
爲厭煩囂尋古寺特於老衲覓知音雲封戸
花封徑月在天中禪在心寶篆風微烟縷細
碑雨洗斷文淺閒愁消落無多少夜半鐘
遠林
春陰　邑人董[illegible]
[illegible]四壁正漫漫春日猶留去[illegible]

〔**出处**〕《静海县志》

〔**发现过程**〕在文史组发掘杨柳青及大运河西青段历史文化过程中,杨柳青董氏志诚公十九世董克兴先生提供线索,冯立发现本诗载于清康熙版《静海县志》。但该书字迹残缺,董克兴先生又提供了董氏家谱中对这首诗的记载。

〔**作者简介**〕董积厚(1608—1677),字见省,杨柳青董氏族人,生活在明末清初。明崇祯十五年(1642)、清顺治十四年(1657)分别中副榜。顺治十一年(1654)任州判改河南阳武县丞。因为官勤慎清廉,当地士绅给他送匾“赞符河阳,清标博浪”。当地潭口寺因河水决堤被冲坏,他奉命修缮,工作积极,被当地人称为“董佛”。自幼嗜古勤学,尤善作诗。康熙版《静海县志》收有他的两首诗。

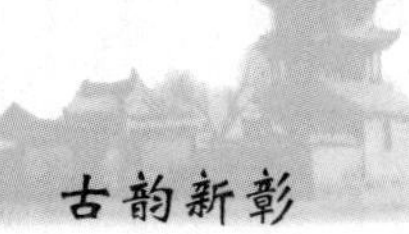

春 阴

董积厚(明末清初)

阴云四望正漫漫,春日犹留去岁寒。
疏柳乍疑千树合,高峰只得半山看。
时逢薄暮心偏壮,酒尽长川兴未残。
愿倩东风吹雾散,邀同月影焕江干。

千樹合高峯只得半山看時逢薄暮心偏壯
盡長川興未殘願倩東風吹霧散邀同月影煥
江干
語潼關新進諸子　　邑人李棲長 進士
修文自古說槐林 潼關槐林 多士英英紫氣
道三場與不盡要知天下皆吾任
闔門童士翠步送至關西夫子坊口占贈
坊在潼關西十里　　邑人李枝長 進士
勞君十里步坊表在於茲不願承三疊常
四知
靜海縣志 卷之三
其二　　邑人高緝
山家老夫婦一子自相依五里採薪去尚
早歸
遊華藏菴　　邑人董積厚
爲厭煩囂尋古寺特於老衲覓知音雲封
花封徑月在天中禪在心寶篆風微烟縷
碎雨洗斷文淡閑愁消落無多少夜午鐘
遠林
春陰　　邑人董積厚
陰雲四望正漫漫春日猶留去歲寒疏柳

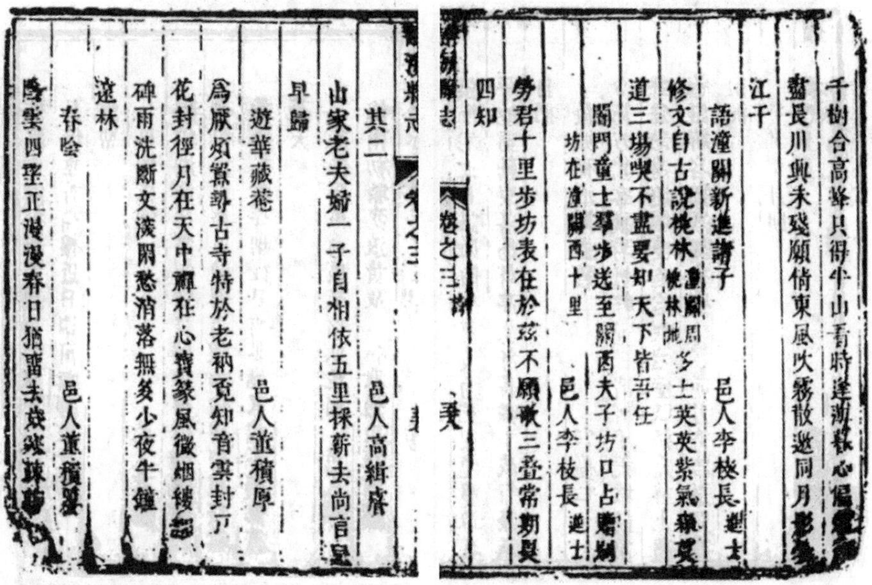

〔**出处**〕《静海县志》

〔**发现过程**〕在文史组发掘杨柳青及大运河西青段历史文化过程中,杨柳青董氏志诚公十九世董克兴先生提供线索,冯立发现本诗载于清康熙版《静海县志》。但该书字迹残缺,董克兴先生又提供了董氏家谱中对这首诗的记载。

〔**作者简介**〕前文《游华藏庵》诗后有介绍,不赘。

泊杨柳青

俞　逊(清)

何处垂杨柳,犹传杨柳青。
人烟连北甸,海气识东溟。
落日寒原暮,春流远棹停。
数声歌欸乃,独客不堪听。

莆風清籟集卷三十九　二
二月江城冷青烟帶雨遮客衣催典酒鄰火乞烹茶濕
燕愁還語殘梨落尚花淹留春強半寒食倍思家
俞遜　三青
字遜侯號思園維屏曾孫順治辛卯鄉薦第二
壬辰進士官新安知縣
蘭陂詩話思園作宰當亂離之後安輯流亡人
被其澤分校文闈所得皆知名士詩亦清婉雅
潔
泊楊柳青
何處垂楊柳猶傳楊柳青人烟連北甸海氣識東溟落

日寒原暮春流遠棹停數聲歌欸乃獨客不堪聽
丁字沽遇清明
潞河將入海丁字向東陂兩岸人烟逈孤帆夕照遲衰
途寒食後鄉思落花時忽憶故園柳應垂金縷絲
田家
一逕人烟水竹叢幾家雞犬白雲中原田初熟鄰舂急
澗漲新添釣艇通沙岸芹香飛燕子汀洲蒲長浪鳧翁
此間嘯傲翛然足風景依稀似瀼東
周韓瑞　十三青

〔**出处**〕《莆风清籁集》卷三十九

〔**发现过程**〕在文史组发掘杨柳青及大运河西青段历史文化过程中,冯立查阅古籍时发现本诗。

〔**作者简介**〕俞逊(生卒年不详),字逊侯,号思国,莆田人,清初诗人。顺治九年(1652)进士。新安知县,曾经主持重修函谷关。

乾隆时期的名士郑王臣称其诗“清婉雅洁”。

依韵训半郇见怀泊杨柳青作二首

彭孙贻(清)

一

黄金谁上郭隗台?
行遍关河感七哀。
久托幽栖甘遁迹,
不烦开阁礼贤才。
多愁平子研京老,
毕顾禽生访岳回。
惭愧古人遥问讯,
马蹄秋水羡新裁。

二

幽冀从来古帝都,
少微天畔客星孤。
黑龙淫雨无衔烛,
赤水轩红尚索珠。
把臂云霄分出处,
归心鸥鹭满江湖。
萧萧绵上隐臣烬,
泪血重看沁绿芜。

爐淚血重看沁綠蕪

東風殘歲報將春入夜晴光展燭銀帥府難勝除夕酒燈花喜對遠歸人宵中白虎參旗轉海錯山門夕響頻莫話年來惆悵事高談擊鉢更增新

依韻酬半邨見懷泊楊柳青作二首

黃金誰上郭隗臺行徧關河感七哀久托幽栖甘遁跡不煩開閣禮賢才多愁平子研京老早賴禽生訪嶽回慚愧故人遥問訊馬蹄秋水菊新栽

二

幽冀從來古帝都少微天畔客星孤黑龍澍雨無銜燭赤水軒丘尚索珠把臂雲霄分出處歸心鷗鷺滿江湖蕭蕭綿上巳臣

〔**出处**〕《茗斋集》卷二十三

〔**发现过程**〕杨柳青大运河国家文化公园文史组在发掘杨柳青及大运河西青段历史文化过程中，由冯立查阅古籍时发现。

〔**作者简介**〕彭孙贻（1615—1673），明末清初学者。字仲谋，一字羿仁，号茗斋，浙江海盐武原镇人。自幼聪慧，过目成诵。后曾五试于学使，皆为第一，名噪一时。崇祯十五年（1642）秋试锁闱，陈子龙以绍兴府推官考荐之，主司翰林院编修吴国华、吏科给事中范淑泰，皆极为赞赏，定为第一，因病不能终场，报罢。陈子龙说：“恨彭生不得出吾门。吾虽不及欧阳（修），此子实不愧子赡（苏轼）也。”彭孙贻感知已，遂称弟子，次年以贡生首拔于两浙。

其父为南明隆武朝太常寺卿彭期生，于顺治三年（1646）九月清军破赣州城后遇难。明亡后，彭孙贻终身不仕，杜门奉母。去世后门人私谥孝介先生。著有《茗斋集》《茗斋诗余》《茗斋杂记》《彭氏旧闻录》等。

《重修浙江通志稿》称其"于诗自汉、魏、六朝以迄明之何、李七子,无体不备,亦无不逼似。弘深奥衍,穷变极奇,为明季一大家"。

夜泊大稍子口月始望皎如白昼
与士伟臣飏百龄儿晓孙坐玩久之喟然兴感

彭孙遹(清)

晓行小直沽,暮宿大梢口。
秋深日易夕,暝色在榆柳。
迟之月始上,清光射窗牖。
微云散泬寥,澄碧无纤垢。
惟见数寒星,罗罗挂鱼罶。
对此不成寐,揽衣呼朋偶。
坐听柝声残,荒村绝鸡狗。
孤旅多艰辛,安从谋斗酒。
夜气怆我神,风霜龟我手。
岁宴怀百忧,谁能不皓首。

曉行小直沽暮宿大稍口秋深日易夕暝色在榆柳遲之月始
上清光射窗牖微雲散泬寥澄碧無纖垢惟見數寒星羅羅挂
魚罶對此不成寐攬衣呼朋偶坐聽柝聲殘荒村絕雞狗孤旅
多艱辛安從謀斗酒夜氣愴我神風霜龜我手歲宴懷百憂誰
能不皓首

己酉夜宿靜海用臣飈韵

歧路蒼茫客思盈西風愁聽逆河聲舟依古戍忽忽佳月上荒
城慘慘明來雁離羣棲更起夜魚回洑擲還驚傷心最是今年
甚深負妻孥媿此生

臨清牐贈趙僉事

松桂堂全集 卷三十 二

松桂堂全集 卷三十 一

遲所期在貞確

野泊

秋氣一何深原野日蕭索河水既縈紆衡飈復回薄輕舸邇急
流十里九停泊坐使羈旅人慘慘心不樂何以寫我憂吳吟聞
相作舟子何招招帆影疾揮霍因聲寄同袴慎此風波惡

晚眺

空艫延晚色朔氣入秋天河轉輕帆卸林疏落照懸雄屯千壘
錯遠漕萬艘連北顧多形勝神京可卜年

夜泊大稍子口月始望皎如白晝與士倬臣飈百齡兒昢
孫坐談久之喟然興感

〔**出处**〕《松桂堂全集》第三十卷

〔**发现过程**〕在文史组发掘杨柳青及大运河西青段历史文化过程中，武清区文史专家李汉东发现本诗后提供给冯立。冯立考证于《松桂堂全集》。

〔**作者简介**〕彭孙遹（1631—1700），清初诗人、词人，字骏孙，号羡门，又号金粟山人，浙江海盐武原镇人。

清顺治十六年（1659）进士，官内阁中书。康熙十八年（1679），召试博学鸿词，擢一等一名，授翰林院编修。历官礼部侍郎、吏部侍郎，充经筵讲官，兼翰林院掌院学士，纂修《明史》总裁。年七十，致仕归，康熙赐“松桂堂”额。

彭孙遹少年颖悟，据陈康祺《郎潜纪闻四笔》记载：“相传公七八岁，即开口咏凤凰，至十五六，已斐然成帙。见《徐孝穆笔记》。尝步萧寺，二僧方制琉璃长明灯，请为赋。公诺之，僧煮茗以饷，茗未熟而赋就。见《浙江通志》。”

彭孙遹工词章与王士祯齐名,称“彭王”。著有《松桂堂全集》《南往集》,有《延露词》,附《金粟词话》,选入《倚声初集》。

《百名家词钞》选录一卷。诗工整和谐,以五言、七言律为长,近于唐代的刘长卿。词工小令,多香艳之作,有“吹气如兰彭十郎”之称。

清代诗人严绳孙称:“羡门惊才绝艳,长调数十阕,固堪独步江左。”

清代词家邹祗谟称:“词至金粟,一字之工,能生百魅。”

清代文学家谭莹甚至称彭孙遹:“大科名重千秋在,开国填词第一人。”

杨柳青

吴　光(清)

一

垂杨处处接前汀,此地偏名杨柳青。
望里何人不肠断,白云苍雾又孤亭。

二

江上人家柳色多,画艭烟雨共婆娑。
渡头更恼江南客,仍遣长条蘸碧波。

楊柳青
垂楊處處接前汀此地偏名楊柳青望裏何人不腸斷
白雲蒼霧又孤亭
其二
江上人家柳色多畫艭煙雨共婆娑渡頭更惱江南客
仍遣長條蘸碧波
流河驛
驛岸平連水官橋遠聚船天高雙鳥外雲細一帆前野
艦依波荇居人采渚蓮清吟樽有緣會遣百憂牽
舟中即事
芳草迎舷近疎林卷幔遲川雲無定所夏日易爲姿白

〔**出处**〕《使交集》

〔**发现过程**〕在文史组发掘杨柳青及大运河西青段历史文化过程中,武清区文史专家李汉东发现本诗后提供给冯立。冯立考证于《使交集》。

〔**作者简介**〕吴光(生卒年不详),字迪前,号长庚,浙江归安人。清顺治十八年(1661)探花,授翰林院编修。工诗,著有《南山草堂集》《耕余集》等。

吴光出生前,其母曾梦见一白衣拄杖,自称长庚星。所以,吴光号长庚,他幼年颖悟,经史过目成诵,八岁即能赋诗。

康熙三年(1664),吴光奉命谕祭安南(即今越南)的两位国王,并册封黎维禧为新国王。后安南按惯例馈赠礼物,吴光一概不受。吴光将出使安南所咏往返沿途风光之诗合为一集。因安南古称交趾,古诗集名《使交集》。

同时代的名士、诗人,康熙三年(1664)状元严我斯称《使交集》"神思萧朗,风格遒上,虽无境不臻、无奇不剖,而矩镬高古,撷汉魏开宝之菁华。五言古体,则神似康乐,上过东阿,行具少陵之沉雄,与陇坂、剑门诸作争驰。律体合右丞、常侍为一人,不涉大历以后,备得扶舆、磊砢之概"。

杨柳青

顾嗣立(清)

两岸人家水半扃,秋风吹浪过沙汀。

寒蝉老树斜阳里,不是春来杨柳青。

兩岸人家水半扃秋風吹浪過沙汀寒蟬老樹斜陽裏不
是春來楊柳青
早發靜海縣勵學士南湖高方伯鏡庭各以滄酒
見餉因作
曉色揚帆未及辰紛紛候吏集城闉監司抱病乘輿穩高方伯乘籃輿過訪學士迎賓借騎新勵學士以廄馬相迎開瓮乍驚千頃碧提壺慢試兩家春不愁水驛三千遠爛醉猶能過十旬
廿二日得寶慶四兒凶問哭賦四首
潦倒憐兄病淹留幸我歸未曾連理植又作斷行飛遠宦
容顏老修書歲月違儻能忍死待猶得話柴扉
棘達官曹譽勞謙鄉黨評專城推靜謐家廟費經營況今

〔**出处**〕《秀埜草堂诗稿》卷四十五

〔**发现过程**〕在文史组发掘杨柳青及大运河西青段历史文化过程中,冯立查阅古籍时发现本诗。

〔**作者简介**〕顾嗣立(1665—1722),字侠君,号闾邱,长洲(今苏州)人。少孤失学,二十岁始学诗。康熙五十一年(1712)会试,特赐进士,任翰林院庶吉士。后以散馆改知县,移疾而归,以豪饮闻名。

著有《秀埜草堂诗稿》等。

重阳前一日泊舟杨柳青村名 率诸子步至宋上舍斋头小憩次诚儿韵并示勖

钱陈群(清)

舟行才十日,且喜当浮家。
排闷棋为药,安贫饭带沙。
柳村听唤犊,蓼渚看捞虾。
整帻劳人问,支筇趁日斜。
未须卯后酒,试点雨前茶。
爱客供寒具,呼童捡画叉。
晚花初拂水,残墨乱涂鸦。
行乐随心赏,薄游感鬓华。
思乡终得到,去国已嫌赊。
汝志珍初旭,予情托晚霞。
一衣思必敝,半食要防奢。
莫以随南棹,而忘返北车。

时诚儿奉旨随归。

親串

重陽前一日泊舟楊柳青村名率諸子步至宋上舍齋頭小憩次誠兒韻并以示勗

舟行纔十日且喜當浮家排悶碁爲藥安貧飯帶沙柳村聽喚犢蓼渚看撈鰕整幘勞人問支笻趁日斜未須卯後酒試點雨前茶愛客供寒具呼童撿畫叉晚花初拂水殘壘亂塗鴉行樂隨心賞薄遊感鬢華思鄉終得到去國已嫌賒汝志珍初旭予情托晚霞一衣思必敝半食要防奢莫以隨南棹而忘返北車時誠兒奉旨隨歸

〔**出处**〕《香树斋续集》卷二

〔**发现过程**〕在文史组发掘杨柳青及大运河西青段历史文化过程中，冯立查阅古籍时发现本诗。

〔**作者简介**〕钱陈群(1686—1774)，字主敬，号香树，又号集斋、柘南居士，嘉兴人。清康熙六十年(1721)进士，改庶吉士，授编修。雍正时任陕西宣谕化导使，后任侍读学士，入值内廷，充日讲起居注官，督学顺天。乾隆初年擢右通政使，仍督顺天学政。后迁内阁学士，官刑部侍郎，充经筵讲官、会试副总裁，两典江西试。乾隆十七年(1752)引疾归乡。

钱陈群得乾隆尊宠，退休后仍与乾隆唱和诗作，赴京为乾隆和皇太后祝寿，随同乾隆到塞外行猎。乾隆也多次赏赐，邀其迎驾、扈从。钱陈群归乡后仍加尚书衔,食全俸,进太子太傅。去世赠太傅,谥文端,祀于贤良祠。

钱陈群善书能画,诗文亦佳,著有《香树斋诗集》《香树斋文集》。

同时代的著名学者陆奎勋称其诗“自可兼括两汉三唐而树诗林之标准”。

杨柳青

杨锡绂(清)

五旬风露历朝昏,尺寸河流日较论。

只有海潮循旧约,迎人先已过津门。

天津潮直到杨柳青。

七月二十八夜坐
歸帆初御棹歌停漠漠涼生草露零正好夜來無月上水窗
風細數流螢
螢
風前雨後往來頻入幔依簾解近人剛有流光能自照已忘
腐草是前身
查園
花枝落盡對簾空亭角蛛絲半網蟲只有青蠅仍抱樹盡情
啼到夕陽紅
楊柳青
五旬風露歷朝昏尺寸河流日較論只有海潮循舊約迎人
先已過津門 天津潮直到楊柳青

〔**出处**〕王昶《湖海诗传》卷四

〔**发现过程**〕在文史组发掘杨柳青及大运河西青段历史文化过程中,由冯立查阅古籍时发现。

〔**作者简介**〕杨锡绂(1700—1768),字方来,号兰畹,江西清江人。雍正五年(1727)进士,历官吏部主事、贵州道御史、广东肇罗道、广西布政使、广西巡抚、礼部侍郎、刑部侍郎、湖南巡抚、山东巡抚、漕运总督等。有政绩,任漕运总督时编有《漕运全书》。著有《四知堂文集》。

王昶在《蒲褐山房诗话》中称其诗“清新疏秀”。

雨中过杨柳青距天津三十里

杨锡绂(清)

气候犹余暑,风帆已背城。

双旌分雨色,一叶挂秋声。

亭馆来时渡,蒹葭望里情。

行当谋一醉,前路即沧瀛。

神仙事服食山澤藉廢放豈有萬乘尊甘爲緇流誑
碣石不可求注海功無恙竊據昔雍奴擁護今屏幛
玉粒貢
神京輸輓茲喉吭暇日屢登臨層雲看胸盪
雨中過楊柳青距天津三十里
氣候猶餘暑風帆已背城雙旌分雨色一葉掛秋聲
亭館來時渡蒹葭望裏情行當謀一醉前路卽滄瀛
再過德州半村居叠前韻
風帆飽歷羨崖居况占淸幽樂有餘別後知懸高士
榻秋來仍駐故人車紅因雁過花相似綠到蘿深柳

〔**出处**〕《四知堂文集》卷三十

〔**发现过程**〕在文史组发掘杨柳青及大运河西青段历史文化过程中,冯立查阅古籍时发现本诗。

〔**作者简介**〕前文《杨柳青》诗后已有介绍,不赘。

从津门至杨柳青两岸居民多业种蔬舟行即景偶成十韵

杨锡绂(清)

两岸余高壤,由来业果蔬。
幸无忧水潦,聊得事耰锄。
抱瓮朝曦后,分秧晚照初。
棘悬匏磊磊,畦剪韭疏疏。
韭叶萌方动,芹芽短未舒。
抉根新芋出,露齿海榴余。
作苦真如稼,为羹欲胜鱼。
万钱无乃泰,一亩足相于。
闲矣东陵业,归欤下泽车。
咬根余素志,老圃或堪如。

人力與天爭智士以爲憂
從津門至楊柳青兩岸居民多業種蔬舟行即
景偶成十韻
兩岸餘高壤由來業果蔬幸無憂水潦聊得事耰鋤
抱甕朝曦後分秧晚照初棘懸匏磊磊畦薤韭疎疎
蕹葉萌方動芹芽短未舒抉根新芋出露齒海榴餘
作苦真如稼爲羹欲勝魚萬錢無乃泰一畝足相於
閒矣東陵業歸歟下澤車咬根余素志老圃或堪如
舟過泊頭

〔**出处**〕《四知堂文集》卷三十一

〔**发现过程**〕在文史组发掘杨柳青及大运河西青段历史文化过程中，冯立查阅古籍时发现本诗。

〔**作者简介**〕前文《杨柳青》诗后已有介绍，不赘。

杨柳青阻风

杨锡绂(清)

狂风吹水如拥山,浪花倒射苍崖间。
龙骧万斛不敢下,小舟一叶穷湾环。
青青杨柳来时树,秋色苍然满前渡。
人生有福始能闲,谁遣艰难阅行路。

前甚稽阻今卒如期抵津筮詞驗矣津門堪計日程限未稽留

流河遇雨

十載青滄路今來凉雨多好秋無毒暑上瑞是嘉禾漕轉聯飛棹神清走歷魔瀨行須記取高閣峙流河

楊柳青阻風

狂風吹水如擁山浪花倒射蒼厓間龍驤萬斛不敢下小舟一葉窮灣環青青楊柳來時樹秋色蒼然滿前渡人生有福始能閒誰遣艱難閱行路

〔**出处**〕《四知堂文集》卷三十四

〔**发现过程**〕在文史组发掘杨柳青及大运河西青段历史文化过程中,冯立查阅古籍时发现本诗。

〔**作者简介**〕前文《杨柳青》诗后已有介绍,不赘。

天津口号

于豹文(清)

一

然花[1]巧匠出西郊,腊月春回绽丽苞。
博得富儿齐解橐,争言富贵在堂坳。

二

纱窗晨启静无哗,侧耳遥听唤卖花。
蜂蝶忽来知已至,千红万紫是生涯。

惠沾老少并疲癃大沽分財仰至公就裡咀含恩不盡水
精鹽味最沖融
其四十
爇花巧匠出西郊臘月春回綻麗苞博得富兒齊解橐爭
言富貴在堂坳
其四十一
紗窗晨啟靜無譁側耳遙聽喚賣花蜂蝶忽來知已至千
紅萬紫是生涯
其四十二
正月中旬已歲新津門竿韭勝關尋栽培不假陽和力換
取休言價似銀

①然花,指于密闭房中燃火升温,令花冬季开放。

〔**出处**〕《南冈诗草》卷十五

〔**发现过程**〕在文史组发掘杨柳青及大运河西青段历史文化过程中，由天津市文史专家王振良提供给冯立。冯立考之于《天津图书馆孤本秘籍丛书》第十四册中《南冈诗草》卷十五。这两首诗原题为《天津口号五十首并序》，收入本书时改为现题。

〔**作者简介**〕于豹文（1713—1762），字虹亭，号南冈，天津人。清乾隆十七年（1752）恩科进士，未仕病故。有《南冈诗草》。

明永乐年间，于豹文先祖于国义迁居静海县辛口里（今西青区辛口镇）。清初，有于氏后人于京迁居天津城南门里。雍正四年（1726）于京之子于玕改籍天津。于豹文为于玕孙。

《津门诗钞》收录其诗文达一百五十五首，称其“短身貌陋，口能自容其拳。天才警敏，目下十行，博通今古，无所不读。借人书，一览即归之，终身成诵”。

《志余随笔》称“虹亭取材富，出笔厚，优于学也”。

寒食过杨柳青

彭元瑞(清)

春光已作寒食节,客路始逢杨柳青。
地脚渐南衣觉重,潮头近海气多腥。
伤心时物乌衔纸,望远程涂乌刷翎。
不见野棠花似雪,何年窀穸妥先灵。

破甑難收既墮初空憐十六載相於石交終判中
心薄文士徒工半面餘老氏漫云能守黑韓公又
笑不中書萬緣成毀皆前定磨墨磨人信有諸
寒食過楊柳青
春光已作寒食節客路始逢楊柳青地腳漸南衣
覺重潮頭近海氣多腥傷心時物烏銜紙望遠程
塗烏刷翎不見野棠花似雪何年窀穸妥先靈
颶風
颶風終日客帆過住或如膠去似梭大舸萬鈞掀
不起輕舟一葉蕩如何排頭傍岸我心定抵足高

〔**出处**〕《恩余堂辑稿》卷四

〔**发现过程**〕在文史组发掘杨柳青及大运河西青段历史文化过程中,冯立查阅古籍时发现本诗。

〔**作者简介**〕彭元瑞(1731—1803),字掌仍,一字辑五,号芸楣(一作云

楣),江西南昌人,清代学者、楹联名家。乾隆二十二年(1757)进士,改庶吉士,授编修,累官历礼部尚书、兵部尚书、工部尚书、文渊阁领阁事。嘉庆时,任实录馆正总裁、会典馆正总裁。嘉庆八年(1803),彭元瑞去世。皇帝赐银千两治丧,遣官致奠,赠协办大学士,谥文勤。

彭元瑞为官勤勉。乾隆四十二年(1777),他先后充浙江乡试正考官,任浙江学政。彭元瑞皆亲自批阅试卷,几案置卷数百,二仆人侧侍,左展卷,右收卷,循环不息,侍者告疲,而元瑞犹批览自若,有“大场则万卷全批,小试无一字不阅”之语。

彭元瑞也是一位著名诗人,“少以诗文名”,著有《恩余堂辑稿》等。

杨青驿

彭云鸿(清)

短棹轻帆日未停,杨青驿下水泠泠。

天涯何地无离别,留得几株杨柳青。

江西詩徵 卷七十八

苦口真同受罰觴（子性畏飲藥）客中對此倍茫茫水心漸已成
塵冑今病猶堪試古方孤榻夜闌燈黯淡半窗月落夢荒
唐吟身料理煩鄉輩更遣新詩急足將
惆悵東陽瘦不如束腰寬減帶圍初胸中堅壁銷精氣紙
上奇兵擲素書入世大都愁宦海閉門便可號僧居故人
莫笑襄陽孟多病翻來怨跡疎

潞河舟中晚望

落日照長河秋風捲白波扁舟人去遠前路雁行多亂樹
迎帆轉飛星逆浪過滄洲無限興宵渺起漁歌

楊青驛

短棹輕帆日未停楊青驛下水泠泠天涯何地無離別留
得幾株楊柳青

冬日感懷雜詩

萬樹留寒影孤峰插遠天幽人歎暇日志士惜殘年歲月
風霜逼賤貧妻子憐荒雞聞夜半空著祖生鞭
斯人不可作令我起長嗟豈得死無恨其如生有涯山川
志魏晉身世托煙霞過客空瞻仰頹垣暮噪鴉

徵生

徵生卒苟且即事多謬誤青春去我早脫帽白髮露帶劍
出門來不識門前路
夢中立天地不測高與深帳中看日月不辨晴與陰帳中
與夢中疑盡今生心

〔**出处**〕曾燠《江西诗征》卷七十八

〔**发现过程**〕在文史组发掘杨柳青及大运河西青段历史文化过程中,冯立查阅古籍时发现本诗。

〔**作者简介**〕彭云鸿(生卒年不详),字夷鹄,号仪庵,宁都人。清乾隆十五年(1750)优贡,选义宁训导,未任而卒。

幼家贫,其学皆母口授。工于诗。著有《情话编》《咄咄吟》《远游草》《缺壶吟》等。

过杨青驿

钱维乔(清)

不觉秋行晚,推篷野色移。

掠波双燕喜,噪柳一蝉悲。

高卧虚縻日,将归正感时。

迢迢千里思,应有水云知。

蓮憐剪燭長安話隔斷離愁又一方

過楊青驛

不覺秋行晚推篷野色移掠波雙燕喜噪柳一蟬悲高

卧虛縻日將歸正感時迢迢千里思應有水雲知

自天津以下悉上水行甚遲

帆桅偏滯客一水勢多慳岸柳頻看在檣烏幾去還秋

心已搖落遠路况蕭閒坐負長風願愁分舟子顏

閏七夕泊安陵

銀漢初斜清漏移入秋二七復星期塡河兩度勞烏鵲

不管人間有別離

獨夜推篷露氣繁瓜盤野月照清罇此時定有停針歎

〔**出处**〕《竹初诗钞》卷五

〔**发现过程**〕在文史组发掘杨柳青及大运河西青段历史文化过程中,冯立查阅古籍时发现本诗。

〔**作者简介**〕钱维乔(1739—1806),清代文学家、戏曲家、画家。字树参,季木,小字阿逾,号曙川,又号竹初、半园、半竺道人、半园逸叟、林栖居士等。江苏武进人。状元钱维城之弟。乾隆二十七年(1762)举人。

杨柳青邨名

韩崧(清)

聚落无多屋,垂天绿雾漫。
捞虾花溆暖,放鸭柳塘宽。
斜照依帆去,闲云当岫看。
水程三百里,忽忽又春残。

前船後船蒿跕水左船右船牛觸角船船擊撞無停聲
雷聲雨聲鐵騎鳴浮橋吞吐久不囓人命祇與弱纜爭
方予晏坐兀不動謝公雅量頗矜衆及見人舟任畏途
箕簸旌搖頓惶恐吁嗟身世遭播弄大抵局中都夢夢
題伊雲林丈梅花書屋圖
生長梅花國看花福獨慳十年香雪夢一片美人山逸
格將雲澹疎枝漏月彎烏郇三百樹著個冷官閒
楊柳青郵名
聚落無多屋垂天綠霧漫撈蝦花漵暖放鴨柳塘寬斜
照依帆去閒雲當岫看水程三百里忽忽又春殘

〔**出处**〕吴翌凤《印须集》卷六

〔**发现过程**〕在文史组发掘杨柳青及大运河西青段历史文化过程中,冯立查阅古籍时发现本诗。

〔**作者简介**〕韩崧(生卒年不详),清代诗人,字颂甫,号听秋,元和人。乾隆四十八年(1783)举人。

著有《水明楼诗钞》。

题梁筱素白描打包行脚小照

筱素，扬州名士也

张道渥（清）

与君邂逅便忘形，风度深惭说九龄。

曾向孔门同受戒，何来佛国独听经？

逃禅酒泛蒲桃绿，结社诗连杨柳青。

所居在天津，去杨柳青镇不远。

此地纵宜身说法，梦魂应绕竹西亭。

怨天憑杖白描工寫照非空非色兩能全
難從物外甦勞筋踏遍天涯兩脚勤家在江南能脫
屣身來冀北合空搴遥思故國二分月高躡名山一
片雲記得杜陵曾戴笠三生畫裏又逢君
由來儒釋不相能也許才人悟上乘忘世君堪稱達
士無官我亦是遊僧嚌深貝葉心如水修到梅花骨
即冰成佛自甘靈運後讓教彼岸且先登
與君邂逅便忘形風度深慚説九齡曾向孔門同受
戒何來佛國獨聽經逃禪酒泛蒲桃緑結社詩連楊

些小關陋規切勿自我始累民縱無多歲歲罵不已
剪除眞惡少勸化莫遊手第一重斯文流風乃能久
苟有利於民當爲莫患失欲除患失心即作不曾得
冷官太索寞熱官太喧嘈不冷不熱間眞堪置吾曹
書生眞面目始終莫相忘願當列鼎食猶作菜根香
宦海原無盡位高行不全清俸如有積伴我作神仙
題梁篠素白描打包行脚小照 篠素揚州名士也
閒雲孤鶴致飄然行李無多恰半肩羅漢前身原是
客英雄末路半歸禪回頭經卷堪消日憎命文章肯

水屋賸稿 卷二

柳青所居在天津去楊柳青鎮不遠此地縱宜身說法夢魂應繞竹西亭

賃居得小閣月夜與姬人酌酒看山興到遣懷

南北蹤無定携家苦屢遷只看常賃屋難說是歸田

謝客閑居日無官強仕年琴書未忍典留作買山錢

其二

客裏忘岑寂朝雲慣解愁詩聲閨內出畫稿道旁收

已覺騎驢穩重思跨鶴遊依然張果在遊戲遍神州

其三

〔**出处**〕《水屋剩稿》二卷

〔**发现过程**〕在文史组发掘杨柳青及大运河西青段历史文化过程中，冯立查阅古籍时发现本诗。诗有四首，这是其中涉及杨柳青的一首。

〔**作者简介**〕张道渥(1757—1829)，字水屋，一字封紫，号竹畦，又自号张风子，平阳府浮山县(今山西临汾市浮山)人。以贡生捐纳，历任两淮运判、简州州判、金川屯田使、霸州知州、蔚州知州。其诗、书法、画，时有“三绝”之誉。

张道渥天性耿直，奔放风趣，曾独自一人骑驴到北京游历。后历官各地，必登临名山，与当地文人饮酒赋诗。因为他出则骑驴，所以人称“骑驴公子”。著有《水屋剩稿》。

同时代的名士王茂松称其诗“发于至性至情，佐以驰骋不可一世之气，任意抒写，神动天随，无不自协”。

天津道中杂诗

舒　位(清)

杨柳青边啼鸟,桃花口外游鱼。

此是浓春烟景,秋来定复何如?

盼得今宵月一芽龍詩猶有碧窗紗寒蟬不語栖身啞惟聽
池塘兩部蛙
七月十二日偕鄭玉峰太守自通州登舟作
舊雨中堂樹新秋下水船樓遲凡幾處欸乃又今年燕子誰
家好鱸魚也自賢高堂明鏡月歸及倚閭圓
來時春事早楊柳路旁菲去日秋風急梧桐樹上飛歲華年
卿熟書札雁行稀失笑年年放翻偕計吏歸
天津道中雜詩
楊柳青邊啼鳥桃花口外游魚此是濃春烟景秋來定復何
如
入市魚鹽蜃蛤過關竹木帆檣暫欲停橈相問不識水西舊
莊

〔**出处**〕《瓶水斋诗集》卷十三

〔**发现过程**〕在文史组发掘杨柳青及大运河西青段历史文化过程中,冯立查阅古籍时发现本诗。诗有三首,这是其中一首。

〔**作者简介**〕舒位(1765—1816),字立人,号铁云,自号铁云山人,小字犀禅。直隶大兴(今属北京市)人,生长于吴县(今江苏苏州)。清代诗人、戏曲家。乾隆五十三年(1788)举人,九次会试不第,绝意仕途,以馆幕为生。博学，善书画，尤工诗、乐府。著有《瓶水斋诗集》《乾嘉诗坛点将录》等，《瓶笙馆修箫谱》收入其所作杂剧四种。

后世词家谭仪称其“诗篇雄峻畦町，独辟同时”。

路次杨柳青

张　埙(清)

路次杨柳青，青青两岸被。
八月无繁霜，西风有寒意。
我来数此树，一树千行泪。
泪尽眼骨出，血肉成干骴。
又谁护丹旐，得到江南地。
长兄移塞外，音书难频寄。
驻乌鲁木齐。
受代卜何时，赀装良不易。
小妹去长沙，长沙动劳勚。
近闻吾母耗，多病实可悸。
杨柳今季枯，明季还生穗。
只有人已死，灰钉闷幽隧。
代死儿何曾，冤气化孛彗。

中人耑居懽百憂鵝鴨喧白晝鶯燕開紅樓揚竈百萬戶一筴
一持籌十倍於河東稍次於揚州雞鳴暨鄉晦衣食祖源流鄙
人何區區畏涉吾道羞一錢辨所來一飯識去所由母未上邱
壠兒蚤廢田疇何季訪魯連臺在海東頭次天津
路次楊柳青青兩岸被八月蕪繁霜西風有寒意我來數此
樹一樹千行淚淚盡眼骨出血肉成乾骴又誰護丹旐得到江
南地長兄移塞外駐烏魯木齊音書難頻寄受代卜何時貰裘良不易
小妹去長沙長江勤勞勩近聞吾母耗多病實可悸楊柳今季
枯明季還生穗只有人已死灰釘閟幽隧代死兒何曾毙气化
孛彗
悄悄復悄悄夜行船已少旗鐙閃盡落莅月匿西朓牀下即黃
泉撲漉驚沙鳥此時斷腸人一灘臥秋蓼

〔**出处**〕《竹叶庵文集》卷十四

〔**发现过程**〕在文史组发掘杨柳青及大运河西青段历史文化过程中，冯立查阅古籍时发现本诗。

〔**作者简介**〕张埙（生卒年不详），字商言，号瘦铜，江苏吴县（今苏州）人，清代诗人、书法家、鉴赏家。乾隆三十四年（1769）进士，内阁中书。

王昶称“商言才情椭厉，硬语独盘”，袁枚称“吴门张瘦铜中翰，少与蒋心馀齐名。蒋以排奡胜，张以清峭胜”。

杨柳青喜晴

斌　良(清)

穿树刍尼噪嫩晴,梅黰湿减嫌衣轻。
水杨拂舫绿犹润,杲日注窗红有情。
沙净喜堪投客屐,莆芬势解助秋声。
狂飙细浪时相激,见惯长年已不惊。

抱沖齋詩集卷九
長白　斌良　笠耕
句吳轉漕集八
楊村夜
邨落饒淸曠商飆拂水涼月乘窗有隙茶與睡相妨擊柝來門
尹絃歌豈狷狂去都方百里遮莫客思鄉
過芬園僧舍
遥天卵色媚初晴灌木陰濃蔭繡甍廬雪涼依眠鷺夢旛風靜
度棹謳聲觀空難撤周何累嗣法誰聯粲可盟飽食鰣魚下沽
字秋朝合喚雁名臣
楊柳靑喜晴
穿樹芻尼噪嫩晴梅黰溼減覺衣輕水楊拂舫綠猶潤杲日注

窗紅有情沙淨喜堪投客屐蒲芬勢解助秋聲狂飆細浪時相
激見慣長年已不驚
潞河新樂府八章
楊村撥
溫榆水漲無定程涸淺沙嘴露浩瀚高岸平蘇松船行有節制
七八月之交南糧應歸次觀瀾計米酌盈虛輪轉嘉猷均六四
（國朝定制南糧至通州屬之楊村視水之大小爲斷水大之年則起四成存六減水小則起六存四以利漕運）楊林驛
畔瀰縣西重舟起載輪丁齊豆子航邊溯流轉腰環牽挽勢攀
躋軍船銜尾塡涇港撥船附麗紛來往檣竿蝟集眾蟻屯人語
河喧雜聲響艨艟粟向艖艄撥片席敞斜攤蓋括雨淋日炙蠹
蓋藏智取巧偷弊誰過米賊由來鬼蜮同觭辛耳熟楊村撥耳
熟焉故能詳或糴升與斗舂作日食糧或和水與泥暗易肥私

〔**出处**〕《抱冲斋诗集》(卷九)

〔**发现过程**〕在文史组发掘杨柳青及大运河西青段历史文化过程中,武清区文史专家李汉东发现本诗后提供给冯立。冯立考证于《抱冲斋诗集》。

〔**作者简介**〕斌良(1771—1847),字吉甫,又字笠耕、备卿,号梅舫、雪渔,晚号随莽,瓜尔佳氏,满洲正红旗人。初以荫生捐主事。历官刑部侍郎,为驻藏大臣。

有"一代文宗"之称的阮元称其诗"处处雅饬,可称作家"。

津淀词

斌　良(清)

赛会鸥弦初作,嬉春线贴全停。
郎待桃花港口,妾依杨柳村青。

桃花口、杨柳青皆地名。

惯种豆萁一顷,盼收禾黍千塍。
学得江南栽植,西风罢亚初登。

天津向不种稻,始于明,汪应蛟传江南种地法。

家款竹莊
畫樓晼晚駐春多繞砌葳蕤鬭錦簇風定涼生人撫檻幾痕乾
雪鷺橋過
莵裘一粟枕通津觸撥香禪悟契眞欲倩畫師摹粉本臥遊差
勝蟲車茵
喜侍御和精額駙荔枝
何來青雀舫遺送絳羅襦海月隨潮滿晶丸拓掌無色香都未
減朱紫格應殊一品誇腴美君謨譜舊圖
津淀詞六言
賽會鷗絃初作嬉春線帖全停郎待桃花港口妾依楊柳村青
桃花口楊柳青皆地名
慣種豆萁一頃盼收禾黍千塍學得江南栽植西風䆉稏初登

天津向不種稻始於明汪應蛟傳江南種地法
東沽西沽淥漲南客北客船歸亦有季鷹秋興稻田紫蟹初肥
風急浮花飄影堰高煙樹搖晴正值鄉思無那玉盤捧出空明
倘入五都郊隧秫鞨柵瑚木難番舶連朝應到獠奴時相風竿
雙塘
松牌柳驛路程程亭堠單雙舊送迎船底水聲聳背雨征人聽
得最分明
流河驛農家林亭頗得幽趣來時曾艤舟散步歸舟復
經其地溪柳摇落秋風送涼感時紀行復題二絕
林陰層構藹飛甍柳栗曾拖步晚晴警眼鶯黃染疏柳淫花依
舊水風聲
瓜廬掩映帶坡陀燕燕差池尾掠波稻刈葵烹場圃淨柴門雲

〔**出处**〕《抱冲斋诗集》(卷九)

〔**发现过程**〕在文史组发掘杨柳青及大运河西青段历史文化过程中,武清区文史专家李汉东发现后提供给冯立。冯立考证于《抱冲斋诗集》。原文题为《津淀词六言》,但实际上只有五首。本书收录其中与西青有确切关系的两首。

〔**作者简介**〕前文《杨柳青喜晴》诗后有介绍,不赘。

得胜口谣

癸丑九月,贼犯津门,义民杀贼无数。改稍直口为今名。

法　良(清)

一

逆寇扰畿疆,锋锐不可当。
焚掠郡邑如贪狼,鼠纵直沽津西乡。

二

官惊吏哭守城,焚屋义民竞起。
揭竿斩木迎战,十里我生贼戮。

三

火枪如林水中伏矣,鸣金一呼万众行矣。
杀贼若犬羊,滨河血花紫。远遁静海七十里。
成城之效有如此,飞章献捷报天子。

四

嗟余行间一载余,曾习贼技如黔驴。
几人奋勇当驱前,逆焰消尽正气扶。
得胜口真堪呼,此郡忠义天下无。

漚羅庵詩稿　卷十一

城之效有如此飛章獻捷報　天子（三解）嗟余行間一載餘會習賊技如黔驢幾人奮勇當前驅逆燄消盡正氣扶得勝口眞堪呼此郡忠義天下無（四解）

返里

返里兒童喜那知百感侵傷時惟扼腕投劾豈初心櫪伏轅中驥桐焦爨下琴一枝笻竹杖結侶在山林

山莊題家藏沈啟南谿山無盡長卷

石田老叟筆如蒴蓊碎江山入畫卷元精耿耿亘在胸揮灑煙雲彈丸轉嵐光樹色路益修漁村蟹舍山之幽巨靈所擘石齒齒水聲琴筑風颼颼尋詩驢背者誰子

廟焚已見舊神無（賊所在焚毁廟宇）淒涼落照行人少蒼莽風煙戰骨枯稍喜東菑聚蓋笠浮青薺麥長平蕪

靜海有感謝明府死節

殺賊津門氣已揚書生國士竟無雙孤軍百戰王琳死遺恨丁沽流水長

得勝口謠（癸丑九月賊犯津門義民殺賊無數改稍直口爲今名）

逆寇攙鑱疆鋒銳不可當焚掠郡邑如貪狼竄從直沽津西鄉（一解）官驚吏哭守城焚屋義民競起揭竿斬木迎戰十里我生賊戮（二解）火槍如林水中伏矣鳴金一呼萬衆行矣殺賊若犬羊濱河血花紫遠遁靜海七十里成

漚羅庵詩稿　卷十一　七

〔**出处**〕《沤罗庵诗稿》(卷十一)

〔**发现过程**〕在文史组发掘杨柳青及大运河西青段历史文化过程中，武清区文史专家李汉东发现后提供给冯立。冯立考证于《沤罗庵诗稿》。

〔**作者简介**〕法良(生卒年不详)，字以庵。满洲正红旗人，瓜尔佳氏，斌良之弟，官江南河库道。清代诗人，著有《沤罗庵诗稿》，且工花卉、书法。

清代散文家梅曾亮称其诗“学东坡，得清旷之而远以唐贤优游平夷之情”。

杨柳青曲

韩羹卿(清)

杨柳青时柳絮飞,攀条欲别挽郎衣。

劝郎莫向芦洲去,恐惹芦花满鬓归。

文起堂詩集 十九

僧寺忽臨風詩情會有浮瓜雅畫卷人摹倚杖工時與阮補齋昆季納涼山寺屬錢春波繪圖吳中詞人各有題詠愁絕小桑園對酒此地出國公酒甚佳舟過買得十餅船窗聽罷夕陽紅

楊柳青曲

楊柳青時柳絮飛攀條欲別挽郎衣勸郎莫向蘆洲去恐惹蘆花滿鬢歸

遊芥園晤邃西田明經淮靜峰上人茶話歇山樓下

芥園舊是水西莊莊爲查芥園別墅旋圮於水乾隆辛卯重建即以芥園名其園五十年來草樹荒風送片颿初艤岸我尋幽趣屢追涼野花翻蝶有開意深柳抱蟬無夕陽關外詩人方外友相逢萍梗話他鄉

〔**出处**〕《文起堂诗集》之《扬帆集》

〔**发现过程**〕在文史组发掘杨柳青及大运河西青段历史文化过程中,静海区文史专家李佳阳发现后提供给冯立。冯立考证于《文起堂诗集》。

〔**作者简介**〕韩羹卿(1779—1849),自号优罗山人,人称二桥先生,萧山人。清代诗人。嘉庆十八年(1813)举人,曾官太常博士。四十岁时以亲老乞养致仕回乡。著有《文起堂诗集》《瓶花诗舫诗集》。

其同乡、藏书家王曼寿称其诗“超远清幽,自然高妙”。

天津望海楼歌

张祥河(清)

双眼尘中思一豁,百尺登楼向辽阔。
洪波浩浩朝夕池,岛屿浮空元气活。
危阑兀望横紫烟,天外皆水水接天。
扶桑枝高挂珊网,析木一角幽州偏。
方丈蓬壶渺何许,魏碣秦碑谁可语?
射雉台无帝剑弓,卯兮城少童男女。
成山运道近芝罘,转漕南来十万舟。
寄碇潮生螭鹢集,唱筹声满凤麟洲。
太平景象云烘日,海宇排云百神出。
杨柳青边走捷旗,鱼盐市上看萍实。
我忆簪毫澄海楼,玻璃丈六拜宸旒。
当年豹尾叨随扈,此日輶轩赋壮游。
中条山色环瑶席,会踵南皮盛裙屐。
桓客巾斜欲堕风,苏髯袖大常携石。
还朝不碍小勾留,犹念疮痍在独流。
丁字沽前问渔者,拾来海月赠人不?

壺無帝劍弓卯兮城少童男女成山運道近之
呆轉淮南來十萬舟寄碇潮生蝸鵲集唱籌聲
滿鳳麟洲太平景象雲烘日海宇排雲百神出
楊柳青避走捷旗鼠蹤帝上看洋貨我憶曾毫
澄海樓玻璨丈六拜　宸旒當年　豹尾叨隨
扈此日輶軒賦壯游中條山色環瑤席會蹕南
皮盛碧展桓路巾斜欲墮風蘇髯袖大常攜石
還朝不礙小勾留猶念擔痍在獨流丁字沽前
問漁者拾來海月贈人不
脂粉筆幾枝紅蓼泥人憐
不須唐突笑無鹽漸見花枝出草籬怪底水鄉
誇水色澤門舊換邑中黔
天津望海樓歌
雙眼塵中思一豁百尺登樓向遼闊洪波浩浩
朝夕池島嶼浮空元氣活危闌兀望橫紫煙天
外皆水水接天扶桑枝高挂珊網析木一角幽
州偏方丈蓬壺渺何許魏碣秦碑誰可語射雉
畿輔輶軒集　七一

〔**出处**〕《小重山房诗词全集》之《畿辅輶轩集》

〔**发现过程**〕在文史组发掘杨柳青及大运河西青段历史文化过程中，冯立查阅古籍时发现本诗。

〔**作者简介**〕张祥河（1785—1862），原名公璠，字诗舲，江苏娄县人。清嘉庆二十五年（1820）进士，授内阁中书，充军机章京。至道光二十四年（1844），累官擢至陕西巡抚。其人工诗善画，曾被言官劾其性耽诗酒。

咸丰三年（1853），召还京。后授内阁学士，寻迁吏部侍郎，督顺天学政。咸丰八年（1858），擢左都御史，迁工部尚书。后加太子太保。同治元年（1862）去世，谥温和。

《清史稿》称其为官“优于文事，治尚安静，不扰民”。

张祥河未及弱冠中童子试第一。然而，他却五次赶考才中进士。未中前其家人推测，是皇帝不喜欢他名中“璠”字带王字旁，故改名祥河。后果然考中。

张祥河从小就学于王昶门下，十岁时，就随父亲张兴镛学习诗词格律，十二岁时就已能创作诗词。著有《小重山房初稿》《诗舲诗录》《诗舲诗外录》《诗舲词录》等。

《松江府志》称其诗“玲珑其声，笃雅其节，一官一集，时人比之陆放翁”。

舟过杨柳青有作

黄香铁(清)

天津桥南酒初醒,轻帆已抵杨柳青。
夕阳未落月已上,市风卷出鱼虾腥。
河流之字凡百折,漕船衔尾催严程。
是时晚凉袭衣袂,汀花岸草生微馨。
水鸟掠船有野趣,浦云过江无滞形。
却思燕市正苦热,黄尘十丈连郊坰。
城根日色作旱瘦,丝丝惨绿垂河柽。
高驼如山影在地,驮煤归去摇空铃。
凉棚连天起大厦,筛壶洒地霏冰厅。
填门车马聚热客,堆盘酒肉围饥蝇。
斋名往往榜吴舫,好风不到愁轩棂。
热肠取冷觉无谓,岂如云水浮空冥。
我离京师近十日,梦魂空旷神清凝。
风声水声答吟啸,仿佛广乐钧天听。
夜深倚篷恋清景,远洲渔火迥明星。
朝天客梦应唤起,九门鱼钥催开扃。

天津橋南酒初醒輕帆已抵楊柳青夕陽未落月色上
市風捲出魚鰕腥河流之字凡百折漕船銜尾催嚴程
是時晚凉襲衣袂汀花岸草生微馨水鳥掠船有野趣
浦雲過江無滯形却思燕市正苦熱黃塵十丈連郊坰
城根日色作旱瘦絲絲慘絲垂河檉高駝如山影在地
馱煤歸去搖空鈴凉棚連天起大厦飾壺灑地霏冰[illegible]
墳門車馬聚熱客堆盤酒肉圍飢蠅齋名往往榜吳舫
好風不到愁軒檻熱腸取冷覺無謂豈如雲水浮空冥
我離京師近十日夢魂空曠神清凝風聲水聲答吟嘯
髣髴廣樂鈞天聽夜深倚篷戀清景遠洲漁火迴明星

東蒙非同古鄒魯
頗聞此間民終年患盜賊其地復當衝捜捕難為力百
案不一破舊卷已山積紛紛訴牘繁彈章例溺職不愁
吏不文反愁吏不墨墨吏多酷吏藉以懲捕役此語出
鄉氓聽之亦堪惻
我知君有守尤冀君有為儒林與循吏其道本不歧刀
劍易牛犢不過一轉移明年吾儻來道出蒙山陲棗花
開纂纂豆葉抽離離坐聽謳使君村市環羣兒作詩代
晰言以為賢者期

舟過楊柳青有作

朝天客夢應喚起九門魚鑰催開扃

雜詩

咄咄當世士動輒悲詩窮臨觴發浩歎塊壘塡心胸斫
劍悲壯懷焚琴洩哀衷究其所處境祇與常人同遂若
六合間皆為荊棘叢詩歌尚敦厚豈必窮始工茹苦常
如甘吾將師蓼蟲
孔孟與伊呂窮達迴不侔誰云布衣業不如廊廟優今
人重仕進但為溫飽謀謬云為功名汲汲生煩憂功名
乃僥讀卒貽鐘鼎羞要知事業見不在爵位求君看乘
軒鶴何如服軛牛

〔**出处**〕《读白华草堂诗》初集卷六

〔**发现过程**〕在文史组发掘杨柳青及大运河西青段历史文化过程中，冯立查阅古籍时发现本诗。

〔**作者简介**〕黄香铁(1787—1853)，原名黄钊，字谷生，广东蕉岭县人。清乾隆五十二年(1787)生于江苏苏州黄丽坊。嘉庆二十四年(1819)甲申科举人。著名诗人、方志学家和教育家。

黄香铁自幼聪颖好学，十岁即能诗。后与他人被称为“南粤七才子”“梅诗三家”。

著有诗集《读白华草堂诗》、地方志《石窟一征》等。

杨柳青

晏贻琮(清)

大将行师地,当年转战轻。
河流浑夕照,堤柳变秋声。
树接西沽近,兵称北府勍。
时清残垒在,把酒泪纵横。

沅湘耆舊集 卷百四十八 五

三年客孤蓬萬里遊貂蟬未可得猶許對兜鍪

楊柳青

大將行師地當年轉戰輕河流渾夕照堤柳變秋聲樹接
西沽近兵稱北府勍時清殘壘在把酒淚縱橫

僑寓大覺寺三首

背郭得幽徑入門蘭桂叢茶煙禪榻暗芋火地爐紅花散
諸天雨松來萬壑風華嚴三卷在法藏本龍宮
行腳無常住叢林偶寄身法能離老病人自苦風塵守藏
毒龍穩投鉢野象馴貝多羅樹葉覆地幾由旬
十笏維摩室天琴手自張木魚晨唱粥金鴨夜焚香得句
思呈佛歌詩恐類倡再來參下衙應作海潮鄉

〔**出处**〕邓显鹤编《沅湘耆旧集》卷百四十八

〔**发现过程**〕在文史组发掘杨柳青及大运河西青段历史文化过程中,冯立查阅古籍时发现本诗。

〔**作者简介**〕晏贻琮(1788—1815),字幼瑰,号湘门,湖南新化人。清嘉

庆十二年(1807),考中举人。会试不中,流落京师授徒。工诗,著有《过且过斋诗钞》四卷。

同时期的著名学者邓显鹤称其诗“格律严峻,风骨清迥,求之时贤殆亦罕觏”。

杨柳青

张际亮(清)

杨柳青青杨柳青,渡头风色接长亭。

粮船擫遍江南笛,独有征人月下听。

楊柳青青楊柳青渡頭風色接長亭糧船擫遍江南笛
獨有征人月下聽
靜海舟中
濁漳復清沚誰辨此茫茫夕照閃帆影月華生水光心
隨去鳥遠秋與斷蟬涼夜泊不須問歸舟同故鄉
洗象行
六月樹齋太史招同蔣笙陔立鏞費善陳登之
別駕小集是日爲每歲洗象之期因約爲詩余
怱怱未暇作七月十一日衞河舟中補賦此奉
寄

卒於寓舍年未三十昨舟中偶簡舊篋得君所
貽嶽墨慨然傷之爲賦長句將以寄其家
盛年豈曰厭仕宦況君江左之豪宗去家千里一病促
骨肉猶在夢魂中固知富貴生死際如彼花事隨飄風
嗟余顑頷寡歡笑相逢道路尤怱怱名香先茗手持貽
枯煙燒出黃海松報以錢紙淚沾臆天涯靈與招不得
秋月春風又一年錫匣摩挲愁嶽墨我雖失意能生歸
幽弁忍受塵土汨浪跡何妨狎鳥笑索飽任取河魚食
求仕之變豈有極誰爲世人苦嘆息
楊柳青

思伯子堂詩集 卷十一 四

〔**出处**〕《思伯子堂诗集》卷十一

〔**发现过程**〕在文史组发掘杨柳青及大运河西青段历史文化过程中,静海区文史专家李佳阳发现后提供给冯立。冯立考证于《思伯子堂诗集》。

〔**作者简介**〕张际亮(1799—1843),字亨甫,号华胥大夫、松寥山人,福建建宁县人。十六岁中秀才,道光四年(1824)选为拔贡第一,道光十五年(1835)举人。

张际亮是鸦片战争时期享有盛誉的爱国诗人，与林则徐交好，互相影响很大，与魏源、龚自珍、汤鹏并称为道光四子。

杨柳青避寇

林昌彝(清)

杨柳青人家,两岸罗云屏。

司关小吏如蝗螟,洋烟吐纳闻臊腥。

沧州城门血为醹,流离万室愁伶仃。

一妇抱子逃駉駉,我救其子哀三龄。

令殉难,其妻携子逸。

其母投水同蜻蜓,举足一跃归河灵。

鲤鱼风起扬飞舲,顷刻舟返天王廷。

得大风,二时舟折回天津卫,复诣京师。

苍苍佑我少微星,幸免去饮探丸硎。

迟一时便为贼所掳。

天津道中

一別桑乾道濛濛海氣通天低惟見草地曠易驅風落日晴山北橫鞭塞馬東歸心問流水明日向征蓬

楊柳青避寇

楊柳青人家兩岸羅雲屏司關小吏如蝗螟洋烟吐納聞臊腥滄州城門血爲釅流離萬室愁伶仃一婦抱子逃駉駉我救其子哀三齡令殉難其妻攜子逸其母投水同蜻蜓舉足一躍歸河靈鯉魚風起揚飛舲頃刻舟返 天王廷得大風二時舟折回天津衛復詣京師蒼蒼佑我少微星幸免去飲探丸硎遲一時便爲賊所擄

金臺秋感十六首時避寇折回京師作

〔**出处**〕《衣讔山房诗集》卷六

〔**发现过程**〕在文史组发掘杨柳青及大运河西青段历史文化过程中，冯立查阅古籍时发现本诗。

〔**作者简介**〕林昌彝（1803—1876），字惠常，又字芗溪，晚号茶叟、五虎山人。侯官（今福州）人。清道光十九年（1839）举人。清代爱国学者、诗人、诗评家。

林昌彝幼时家贫，其母亲课。族人以为读书无用，逼其母让其经商。其母以跳井抗争。林昌彝得以继续求学。十七岁县试、府试均名列前茅。后得鳌峰书院山长陈寿祺赏识，拜其门下。陈寿祺家中藏书有八万余卷，林昌彝用七年时间读遍。

与林则徐意气相投，林则徐的女儿普晴和女婿沈葆桢都从学于林昌彝。鸦片战争时，给林则徐献《平夷十六策》和《破逆志》。林则徐称："其间规划周祥，可称尽善，此百战百胜之长策。"

鸦片战争失败后，林昌彝"目击心伤，思操强弓毒矢以射之"，命名所居之楼为"射鹰楼"。著诗评《射鹰楼诗话》，该书表现出林昌彝强烈的爱国反侵略的情感。

林昌彝本身也是一位诗人，著有《衣讔山房诗集》。

同时期的著名学者阮元称其"诗笔沈雄幽逸，兼汉魏盛唐之胜。其坚实妍雅则虎头、遗民、金风、亭长之劲敌也"。

津门怀古

华长卿（清）

黑堡城南古战场，腥风吹堕月昏黄。

髑髅带血无人掩，磷火成团出短墙。

子牙河畔櫓聲哀千古漁翁剩釣臺一櫂扁舟三十里
蓬蒿夾岸野花開
帽影鞭絲不暫停曉風殘月短長亭行人下馬攀條去
飛絮粘天楊柳青
離離芳草富家村董永流風今尚存沽水無聲春浪煖
菜花滿地上河豚
兩岸樓臺似畫圖酒旗風裏叫提壺蜻蜓亂颭三叉水
一片蘆聲小直沽
黑堡城南古戰場腥風吹墮月昏黃髑髏帶血無人掩
燐火成團出短牆

〔**出处**〕《梅庄诗钞》卷四

〔**发现过程**〕在文史组发掘杨柳青及大运河西青段历史文化过程中，本诗由天津市文史专家王振良提供给冯立。冯立考之于《梅庄诗钞》。诗有八首，这是其中一首。清光绪版《重修天津府志》载：“黑堡城，在府西二十里，地名稍直口。”清乾隆版《天津府志》援引《读史方舆纪要》谓“静海县北五十里为杨柳青，又十里为黑堡城”，由此可知，光绪版《重修天津府志》“稍直口”

之谓未必正确，但其地应在今西青区范围内。

〔**作者简介**〕华长卿(1805—1881)，原名长懋，字枚宗，天津人。童年随舅父沈兆沄读书。后专从梅成栋学诗。清道光十一年(1831)举人，选开原训导。在任二十六年，以病告归。奉天学政王家璧以勤学善教荐，奉旨加国子监学正学录衔。对于文字、易经、历史、诗词等皆有研究。在开原时受聘编纂《盛京通志》，第二年就成稿三十卷。开原地处边隅，有志于学的人少，华长卿就以经史规劝，士风日起。著有《古本易经集注》《尚书补阙》《梅庄诗钞》等。

《清史列传》称其"幼有夙慧，工诗，与边浴礼、高继珩称'畿南三才子'"。

杨柳青歌并序

炊白一梦,弹指十年。衣裳已施,嗟囊箧之空存。儿女成行,缅音容其安在?长河官舫,明燎灵輴,旧路重经,新愁欲绝。歌也有思,惨不成声矣。

董　恂(清)

杨柳青青拂御河,振触年光感逝波。
人言海潮不到此,月明珠泪空长歌。

何年杨柳不垂青?何处杨花不作萍?
湘江斑竹今尚在,此去扁舟发洞庭。

昔我往矣杨柳青,今我来思杨柳黄。
柳青柳黄何足叹?人间天上两茫茫。

拂牙旂燈明野渡喧成市鑰下嚴城靜掩扉記得歇山樓上望小
桃新御燕初飛
過芥園
又聽鳴鉦急關南極目望風帆時下上霜葉半蒼黃夾岸人聲襍
跳波雨氣涼舵樓看一轉已過水西莊
楊柳青歌并序
炊白一夢彈指十年衣裳已施嗟囊篋之空存兒女成行
緬音容其安在長河官舫明燎靈輴舊路重經新愁欲絶
歌也有思慘不成聲矣

楊柳青青拂御河振觸年光感逝波人言海潮不到此月明珠淚
空長歌
何年楊柳不垂青何處楊花不作萍湘江斑竹今尚在此去扁舟
發洞庭
昔我往矣楊柳青今我來思楊柳黃柳青柳黃何足嘆人間天上
兩茫茫
獨流鎮
水合淇漳衛何緣號獨流微生不可作醯甕古香留
村居

〔**出处**〕《荻芬书屋诗稿》卷二

〔**发现过程**〕在文史组发掘杨柳青及大运河西青段历史文化过程中，本诗由静海区文史专家李佳阳发现后提供给冯立。冯立考证于《荻芬书屋诗稿》。

〔**作者简介**〕董恂（1807—1892），初名椿，小字长春，字寿卿。科举时，两淮运使俞德渊称其姓名与前任盐政相同，于是改名为醇。后为避同治帝讳又改名为恂，字忱甫，号酝卿。他是晚清著名的政治家、外交家、诗文家、方志学家和书法家。

董恂体貌高大魁梧，从小举止异常。他生于扬州府甘泉县邵伯镇运河边。八岁丧父，家庭陷入困境，母亲靠做女工、卖首饰而请名师，为其训蒙。董恂于道光二十年（1840）中进士。前后事道光、咸丰、同治、光绪四朝，曾在户部、工部、吏部、兵部诸部任职，因而被称为四朝元老、四部尚书。曾入总理各国事务衙门，作为全权大臣，奉派与比利时、英国、俄国、美国等国签订通商条约。在条约签订和实施过程中，他为维护国家利益，据理力争，不辱使命。

董恂自幼嗜读，为官几十年，公事之余还是手不释卷。一生著述不辍，各种著作近百卷，其中《甘棠小志》是其为家乡邵伯镇写的镇志。

十九世纪美国著名诗人朗费罗（1807—1882）有代表作《人生颂》为世人所传诵。董恂受英国驻华公使威妥玛之请，以九首七言诗改译《人生颂》，并将译诗誊在一把折扇上，通过美国驻华公使蒲安臣将其作为礼物带回美国，赠送给朗费罗。朗费罗十分得意，专门为此举办了一场庆祝宴会。1865年10月30日，他在日记中写道："邀蒲安臣夫妇饭，得中国扇，志喜也。扇为中华一达官所赠，上以华文书《人生颂》。"钱锺书先生考证此事后，称董恂为"具体介绍近代西洋文学的第一人"。

董恂去世后,光绪帝赐祭文,其中写道:“董恂性行纯良,才能称职……名垂青史,聿昭不朽之荣。”

董恂工于诗,作有《荻芬书屋诗稿》。

津门怀古

董 恂(清)

屹屹当城砦,风帆杨柳青。

边防严捍卫,河水入沧溟。

塘泺乃葭菼,光阴几絮萍?

咸平遗迹在,目击漱江亭。

屹屹當城砦風帆楊柳青邊防嚴捍衛河水入滄溟塘濼仍葭菼
光陰幾絮萍咸平遺跡在目擊漱江亭
粳稻通遼海漂榆更有津石勒煮鹽於此金符千戶貴玉屑萬家春沽覓
塘兒遠航傳豆子新豆子航今鹹水沽米鹽誇富庶爭羨太平民

喜晤柏東專觀察奉檄催樹差旋

輕塵冉冉拂征衣菊正含苞蟹正肥策馬記衝烟雨去魏材新獲
棟梁歸興高自不因時減才大何妨與俗違銀漢無聲秋夜永詩
星照我有光輝

九日書懷

〔**出处**〕《获芬书屋诗稿》卷二

〔**发现过程**〕在文史组发掘杨柳青及大运河西青段历史文化过程中,本诗由冯立考证董恂《杨柳青歌并序》时发现于《获芬书屋诗稿》。原诗有八首,这是其中一首。

〔**作者简介**〕前文《杨柳青歌并序》后有介绍,不赘。

晚泊杨柳青

戴惠元(清)

杨柳青青杨柳村,柳荫鸡犬报黄昏。

行人系缆柳枝下,指点绿荫遮到门。

長安車馬月紛紛獨上燕臺看暮雲更盡筵前一尊酒
蕭風冷雨薄餘醺
晚泊楊柳青
楊柳青青楊柳村柳陰雞犬報黃昏行人繫纜柳枝下
指點綠陰遮到門
過連鎮懷僧忠親王
連兒窩草萋萋夕陽滿地鴉亂啼客子緬懷記往事粵
寇虎踞江南西李林二賊圖北犯津門咫尺烽烟迷我
皇命帥典北征賢哉藩邸羅甲兵十萬熊羆資保障誓
搗賊首氣不平日月壯旌旗雷霆助鼙鼓埽清東直靖

〔**出处**〕戴燮元编《瑞芝山房诗钞》卷八

〔**发现过程**〕在文史组发掘杨柳青及大运河西青段历史文化过程中,冯立查阅古籍时发现本诗。

〔**作者简介**〕戴惠元(生卒年不详),字慕桥,号稚梅,丹徒人。清代诗人,约生活于清代中后期。监生,两浙候补盐运副使。著有《迪斋诗草》。

还乡吟

梅宝璐(清)

名山坛坫任遭逢,旧雨重联磊落胸。
镕铸光阴入诗卷,碧琅玕灿墨华浓。

编订杨香吟《碧琅玕馆诗稿》。

聞妙香館詩存稿下卷

天津 梅寶璐 小樹

還鄉吟

久客還鄉水災漸息中秋對月岑寂難名感舊雨之無多悵停雲而曷旣心傷白社淚灑黃壚爰走筆以志慨

名山壇坫任遭逢舊雨重聯磊落胸鎔鑄光陰入詩卷碧琅玕燦墨華濃 編訂楊香吟碧琅玕館詩稿

西平舊裔隔滄州別後相思十八秋一樣海門今夜月水天分照明吟樓 懷滄州于阿璞

聞妙香館詩 下卷 一

〔**出处**〕《闻妙香馆诗存稿》下卷

〔**发现过程**〕在文史组发掘杨柳青及大运河西青段历史文化过程中,本诗由冯立查阅古籍时发现。杨香吟即清末诗坛领袖、木厂村(今属西青区辛口镇)人杨光仪。诗有四首,皆怀人之作。这首涉及杨光仪,故收入本书。

〔**作者简介**〕梅宝璐(1816—1891),字小树,号罗浮梦隐。清代诗人。梅成栋次子。梅宝璐秉承家学,早有诗名;少时随在当地为官的父亲到永平,后来在畿辅为幕僚。与诗人杨光仪交好。《碧琅玕馆诗钞》亦其编订。天津知县宫昱闻名拜谒。梅宝璐诗作很多,部分被集结刻印成《闻妙香馆诗存》。该书存诗不过其诗作的十之二三。

题杨香吟《濒海看云图》

梅宝璐（清）

幽燕高踏万峰回，怀抱嵚崎郁未开。

何似沧波飞雁外，块舒双眼看蓬莱。

自感

離奇變相任紛乘百鍊千錘志早凝感舊慣賡人宛在
推恩甘讓客何能已沈孽海難成佛曾住名山悔不曾
賴有二三知己友抗懷同礪骨崚嶒

題楊香吟瀕海看雲圖

幽燕高踏萬峯回懷抱嶔崎鬱未開何似滄波飛雁外
快舒雙眼看蓬萊

王節母章安人長歌

豫章女瑱瑯郎年十七偕鴛鴦隨翁之汴宰太康翁姑
喜說新婦真能體親心調羹湯和諧娣姒親之傍如賓

聞妙香館詩　下卷　三

〔**出处**〕《闻妙香馆诗存稿》下卷

〔**发现过程**〕在文史组发掘杨柳青及大运河西青段历史文化的过程中，冯立查阅古籍时发现本诗。

〔**作者简介**〕前文《还乡吟》诗后有介绍，不赘。

次杨香吟感怀原韵

梅宝璐(清)

销尽雄心剑尚鸣，强支烦恼且偷生。
未能自了偏增累，转觉无私似矫情。
竹瘦易招风乱舞，云开方见月孤行。
从来慧业天多忌，怕听人前道姓名。

梓桑七十五齡返仙鄉哲嗣追遠心悲傷屬予紀爲後
人望噫嘻乎津沽之水清且剛鍾成女子振綱常君不
見彤管騰輝門祚昌松筠比操延馨香長歌難罄安人
長已覺禿毫作作生光芒
次楊香吟感懷原韻
銷盡雄心劍尚鳴强支煩惱且偷生未能自了偏增累
轉覺無私似矯情竹瘦易招風亂舞雲開方見月孤行
從來慧業天多忌怕聽人前道姓名
寄懷徐壽莊兼懷蔚州釋迦寺潔塵方丈
浮青疊翠寫煙鬟三載聯吟燕代山別緒忽增千里外
聞妙香館詩 下卷 四

〔**出处**〕《闻妙香馆诗存稿》下卷

〔**发现过程**〕在文史组发掘杨柳青及大运河西青段历史文化的过程中，冯立查阅古籍时发现本诗。

〔**作者简介**〕前文《还乡吟》诗后有介绍，不赘。

雪鬓次杨香吟原韵

梅宝璐(清)

一

生涯讵必叹羁縻,疏冷心情不合时。
有限光阴余眷恋,无穷世态任离奇。
升沉靡定空求卜,黑白分争怕对棋。
且莫临风感衰鬓,东篱犹挺傲霜枝。

二

分明是路忽相歧,赏识何容遇项斯。
格变自今谁鉴古,心防涉险断难夷。
莺花过眼都成幻,风月澄怀半入诗。
一样须眉肝胆重,须知此相本非皮。

差羨東籬傲霜菊淡如之子寄吟身
霜鬢次楊香吟原韻
生涯詎必嘆羈縻疏冷心情不合時有限光陰餘眷戀
無窮世態任離奇升沈靡定空求卜黑白分爭怕對棊
且莫臨風感衰鬢東籬猶挺傲霜枝
分明是路忽相歧賞識何容遇項斯格變自今誰鑑古
心防涉險斷難夷鶯花過眼都成幻風月澄懷半入詩
一樣鬚眉肝膽重須知此相本非皮
乙酉元旦試筆
紅是梅花綠竹枝迎年喜伴歲寒姿更新氣象饒生趣
閨妙香館詩 下卷 十八

〔**出处**〕《闻妙香馆诗存稿》下卷

〔**发现过程**〕在文史组发掘杨柳青及大运河西青段历史文化的过程中，冯立查阅古籍时发现这两首诗。

〔**作者简介**〕前文《还乡吟》诗后有介绍，不赘。

津门竹枝词

周宝善(清)

四月峰山竞进香,水车络绎舍梅汤。
世人争说孙思邈,要到南洼作药王。

萝葡何分汉与胡,冬青春白特相殊。
咬春曾荐辛盘味,别种偏教紫水呼。

芽韭交春色半黄錦衣橋畔價偏昂三冬利賴資何物白菜甘
鬆是窖藏
蘿蔔何分漢與胡冬青春白特相殊咬春曾薦辛盤味別種偏
教紫水呼
葛沽荸薺味多甘生熟挑來共一擔春日兒童宜買食能消積
滯化生痰
荷鋤荒原掘地栽味甜質嫩偏春畦似丸未許宜儕弄辣刺森
森鐵蒺藜

當晚茶棚搧比稠輝煌陳設炷清騂若興鑼鼓元宵曲預約十
番上戲樓
四月峯山競進香水車絡繹捨梅湯世人爭說孫思邈要到南
窪作藥王
四月下旬鑼鼓聲藥王幾處要巡行夜深怕閉南關裏偏是河
東不進城
賣花人到日烘窗小擔低呼手指雙芍藥一聲天氣暖向門偏
要撇京腔

〔**出处**〕《津门闻见录》第三卷

〔**考证**〕在文史组发掘杨柳青及大运河西青段历史文化的过程中,该诗由天津市文史专家王振良提供给冯立。冯立初考之于郝福森辑录的《津门闻见录》。其中有署名天津周楚良的《津门竹枝词》三百首,这是其中两首。

〔**作者简介**〕周宝善(1817—?),字楚良,号木叶。诸生。著有《石竹斋诗稿》等。

丙子上巳西郊登福寿宫大楼即景口占

陈　珍(清)

去年花时人看花,今年花落寒食节。
去年寒食踏青人,更醉今年上巳日。
王母侍儿许飞琼,低眉似道浑相识。
劝我花时酒满斟,莫待无花空愁绝。
试看门外红杏枝,不作去年恼人色。

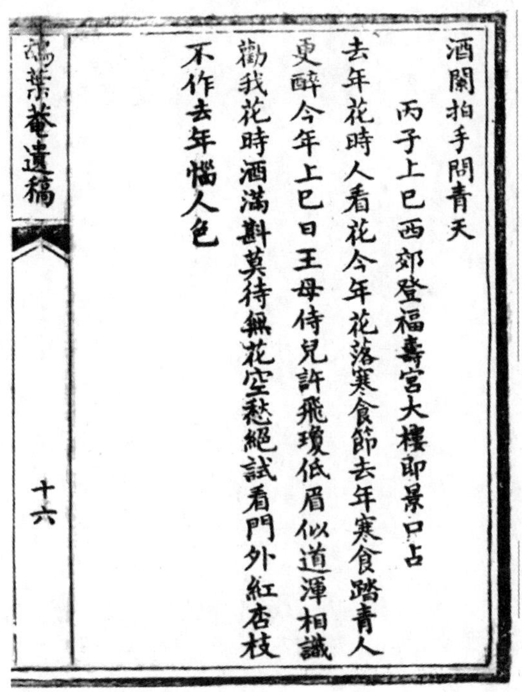

酒闌拍手問青天
丙子上巳西郊登福壽宮大樓即景口占
去年花時人看花今年花落寒食節去年寒食踏青人
更醉今年上巳日王母侍兒許飛瓊低眉似道渾相識
勸我花時酒滿斟莫待無花空愁絕試看門外紅杏枝
不作去年惱人色

鴣葉菴遺稿　十六

〔**出处**〕《鸪叶庵遗稿》

〔**发现过程**〕在文史组发掘杨柳青及大运河西青段历史文化的过程中,冯立查阅古籍时发现本诗。

〔**作者简介**〕陈珍(1852—1876),字亚兰,号沽上陈人。因身体弱病,无意科名,他博览群书、过目成诵,山水、人物、花鸟、鱼虫无所不精。“老母病瘵,潜割股肉和药饵母”,时称之为陈孝子。人以名重,后人建祠坊祀之。著有《鸪叶庵遗稿》。

梅宝璐称其“独倾心于诗画,临池染翰,兴到笔随,不囿于今,自合于古。见其诗与画,如见其人”。

杨光仪称其诗“古近体俱有逸致,挥洒自如,不落前人窠臼……其诗格雅近板桥,画亦无多让”。

潼关道中逢数车载杨柳青妇女赴嘉峪关外，作此哀之

许承尧（清末到民国）

无食当远行，无家当流离。
道逢东来车，鱼贯临路歧。
车中载妇女，凌杂无幨帷。
大妇襟被肘，中妇手拄颐。
小妇病呻吟，蓬首颦两眉。
亦有襁中儿，索乳呱呱啼。
亦有颁白叟，龙钟勉扶持。
问汝何从来？丁沽水之湄。
问汝何所适？关外天之西。
早春发蓟疆，孟夏及秦圻。
迢迢嘉峪关，卒岁以为期。
千山复万山，难如上天梯。
大风吹尘沙，利镞砭骨肌。
夜宿无枕褥，晓寒无裳衣。
嗟汝适远道，去去将何希？
无食当远行，无家当流离。
故乡米价贵，遑恤行路疲？
同行数十人，亦有妍与媸。
妍者抱衾裯，能作贫家妻。
媸者筋力健，能把锄与犁。
关外人口少，鬻嫁多得赀。
关外荒地多，垦辟事易治。

牛乳持作酪，青稞持作糜。
羊毛持作绳，马矢持以炊。
吾乡昔去妇，今已捆载归。
有钱当归来，无钱死边陲。
汝曹各有挟，问汝何所携？
零星远方物，琐琐钗钏微。
边人诧未见，价贵如珠玑。
妇言未终陈，我为常嗟咨。
我闻安西县，久旱民苦饥。
肃州潘道尹，寓书言之悲。
父老跽马首，泣诉惫不支。
边役如虎狼，边吏如夔魑。
五种新税法，锱铢不曾遗。
敲骨吸髓尽，乞命须臾迟。
嗟彼馁且死，何能货珠玑？
有钱始娶妇，无钱持底为？
哀哀泽中鸿，粥粥埘下鸡。
天末无稻粱，何处容汝飞？
可怜故乡树，杨柳青依依。

〔**出处**〕《疑庵诗》

〔**发现过程**〕在文史组发掘杨柳青及大运河西青段历史文化的过程中，本诗由武清区文史专家李汉东发现后提供给冯立。冯立考之于许承尧撰，汪聪、徐步云点注，黄山书社1990年出版的《疑庵诗》。

〔**作者简介**〕许承尧（1874—1946），字际唐，号疑庵，晚号芚叟。安徽歙

县人。近现代方志学家、诗人、书法家、文物鉴赏家。二十一岁中举人，光绪三十年(1904)中进士，点翰林院庶吉士。次年返歙创办新安中学堂、紫阳师范学堂。又在歙县唐模协助祖父创办敬宗小学、端则女学，开徽州新式教育先河。光绪三十三年(1907)，复入京，授翰林院编修，兼国史馆协修。

辛亥革命兴，返歙，应皖督柏文蔚聘，任筹建芜屯铁路总办等职。1913年随甘肃督军张广建(皖人)入陇，任甘肃省府秘书长，补甘凉道尹，代理兰州道尹，调署省政务厅长等职。1921年随张广建返北京。1923年再赴甘肃，任渭州道尹。1924年辞官回京，同年由京返歙，从此绝迹仕途，在家乡以著述终老，著有《歙县志》《歙故》等。

国学大师、诗人汪辟疆在其《光宣诗坛点将录》称："疑庵诗，风骨高秀，意境老澹，皖中高手。"

赋得报雨早霞生得生字五言八韵

刘学谦（清末民初）

早识为霖兆，遥空象已呈。

预将新雨报，莫混晚霞生。

色变山云赣，辉余海日晴。

光阴抛鹜影，消息促鸠声。

意欲窥苍昊，标先建赤城。

半天开画本，一样助诗情。

彩映雌虹界，尘清客骑程。

依旬从可卜，佳气霭蓬瀛。

本房加批：细意熨贴工雅绝伦。

賦得報雨早霞生得生字五言八韻　劉學謙

早識爲霖兆遥空象已呈預將新雨報莫混晚霞生色變山
雲贑輝餘海日晴光陰拋鶩影消息促鳩聲意欲窺蒼昊標
先建赤城半天開畫本一樣助詩情彩映雌虹界塵清客騎
程依旬從可卜佳氣靄
蓬瀛

本房加批

細意熨貼工雅絕倫

〔**出处**〕《钦命四书诗题》(刘学谦)

〔**发现过程**〕在文史组发掘杨柳青及大运河西青段历史文化的过程中,本诗由冯立在查阅古籍时发现。

〔**作者简介**〕刘学谦(1863—1916),杨柳青人。就学于杨柳青乡绅创办的崇文书院。光绪八年(1882),乡试中举;光绪十二年(1886)丙戌科殿试,为二甲第六十名,赐进士出身,改庶吉士。其同科进士有徐世昌(二甲第五十五名,后任民国大总统)等人。光绪十五年(1889),任翰林院编修、国史馆协修。光绪二十年(1890),任山西道监察御史。光绪二十五年(1895),任掌云南道监察御史。光绪二十七年(1897),任礼科给事中,管理五城街道。光绪三十年(1900),任工科掌印给事中。光绪三十二年(1902),任四川永宁道,赴任途中丁忧,回家守制。宣统元年(1909),授浙江金衢严道,次年至上海,还未到任,辛亥革命起。民国时曾任禁烟局局长。

刘学谦晚年身体不好,1916年病逝。其家南临猪市大街,北面有一后门。因为刘学谦做翰林的原因,其家后门所在的胡同被称为翰林院后门。

刘学谦为官时曾上书建议设立半日学堂,以使贫寒子弟得到教育。回乡后积极参与民间办学。

其子孙皆学有所成,各有建树。

赋得松风含古姿得松字五言八韵

刘学谦(清末民初)

绘出湖边景,临风独抚松。
奇姿含飒爽,古色郁葱茏。
琴谱新翻曲,针藏不露锋。
传神宜舞鹤,作势欲盘龙。
黛影摇凉月,清标秀远峰。
涛余空际籁,云抱旧时容。
画意添幽壑,流音挟暮钟。
常依温树近,讬植沐恩浓。
本房加批:思清才丰雅韵欲流。

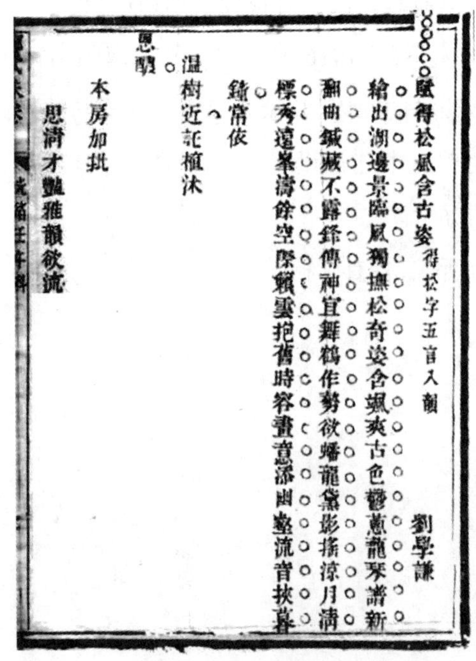

賦得松風含古姿得松字五言八韻　劉學謙
繪出湖邊景臨風獨撫松奇姿含颯爽古色鬱葱蘢琴譜新
翻曲鍼藏不露鋒傳神宜舞鶴作勢欲蟠龍黛影搖涼月清
標秀遠峯濤餘空際籟雲抱舊時容畫意添幽壑流音挾暮
鐘常依
溫樹近託植沐
恩醲
本房加批
思清才豔雅韻欲流

〔**出处**〕《钦命四书诗题》(刘学谦)

〔**发现过程**〕在文史组发掘杨柳青及大运河西青段历史文化的过程中，本诗由冯立在查阅古籍时发现。

〔**作者简介**〕前文《赋得报雨早霞生得生字五言八韵》诗后已有介绍，不赘。

津门杂咏

王韫徽(清)

晚香最爱玉为肌,秋色先看腊缀枝。

兰菊津门呼为江西腊,夏末秋初颇多。

清晓小窗人乍起,隔墙听唤卖花儿。

續天津縣志 卷十九 藝文四 詩 三十三

晚香最愛玉爲肌秋色先看蠟綴枝藍菊津門呼爲江西蠟夏
末秋初頗多 清曉小窗人乍起隔牆聽喚賣花兒
新妝不羨鬢堆鴉高髻梳成別樣誇四面盤旋中
東角一枝斜插像生花
盡道津門買妾宜桃根桃葉許同歸果然不惜黃
金價指日能教賦綠衣
津門剿賊紀事 陳蘊蓮
蘊蓮字慕青江蘇人長蘆批驗大使左晨室
賊勢鴟張逼郡城自憐閨閣妄談兵蚩尤妖霧如
延及便擬懷沙效屈平

〔**出处**〕《续天津县志》卷十九

〔**发现过程**〕在文史组发掘杨柳青及大运河西青段历史文化的过程中,本诗由天津市文史专家王振良提供给冯立。冯立考之于《续天津县志》。

〔**作者简介**〕王韫徽(生卒年不详),字淡音,女。江苏娄县人,知府王春煦女,长芦盐大使杨绍文妻。工诗画,著有《环青阁诗稿》。